ARBUSTES

ARBUSTES ET ARBRISSEAUX

ROGER PHILLIPS ET MARTYN RIX

ASSISTÉS D'ALISON RIX
MISE EN PAGE DE JILL BRYAN
TRADUCTION ET ADAPTATION DE JEAN-PIERRE DEMOLY

LA MAISON RUSTIQUE

Remerciements

Nous voudrions remercier Peter Barnes et Jacqui Hurst pour leurs aides et contributions, en particulier pour les *Hebe* et autres arbrisseaux à floraison tardive de l'hémisphère austral.

La plupart des échantillons photographiés en studio viennent des jardins suivants et nous aimerions remercier pour leur aide, ainsi que leur personnel :
The Crown Estate Commissionners des Jardins Savill et Valley ; Windsor Great Park ; The Royal Botanic Gardens, Kew et Wakehurst Place, Sussex ; The Royal Horticultural Society's Garden, Wisley ; The Hillier Arboretum, Hampshire ; University Botanic Garden, Cambridge ; The Chelsea Physic Garden ; Treasures Nurseries à Tenbury, Worcestershire and Cannington College, Somerset.

Nous voudrions aussi remercier les personnes suivantes pour leur aide, leurs encouragements ou pour les plantes qu'ils nous ont donné la possibilité de photographier :
Susyn Andrews, Peter Addington, Inge Baker, Oliver Baxter, Igor Belolipov, John Bond, Edward et Ann Boscawen, Christopher Brickell, James Compton, Duncan Donald, Pamela Egremont, Jack Elliott, Raymond Evison, Hans Fliegner, Jim Gardiner, Kathleen et Geoffrey Goatcher, François Goffinet, Tony Hall, Brian Halliwell, Carolyn et Alan Hardy, Diana Hewitt, Nigel Holman, Tinge Horsfall, Kasha Jenkinson, Jim Keesing, Shaun Killand, Roy Lancaster, Christopher Lloyd, Roger Macfarlane, Walter Magor, Peter Maudsley, Rosemary Meade, Bob Mitchell, Mike Nelhams, Mikinori Ogisu, Charles Quest-Ritson, Norman Robson, Peter Rose, Tony Schilling, James Smart, Philippa Staniland, Martin Stanniforth, John Treasure, David Trehane, Isabelle Vaughan, Dotty Wedderburn, Peter Wolkonsky, Peter Yeo.

Nous voudrions aussi remercier Martin Gardiner pour ses photographies prises au Chili dans la nature, ainsi que Brent Elliott et le personnel de la bibliothèque Lindley pour leur patience illimitée.

I.S.B.N. 2-7066-1220-7

N° d'édition : 1992
Dépôt légal: mars 1990
Imprimé à Singapour par Toppan Printing Co. Pte. Ltd

Sommaire

Introduction

Nous avons essayé dans ce livre de partager une partie du plaisir et de l'émotion que nous avons éprouvés en cherchant des arbustes à photographier, principalement dans les jardins, mais aussi sur les collines et montagnes depuis les Rocheuses jusqu'aux monts du Likiang et du Caucase. A l'exception de six d'entre eux, photographiés dans la nature au Chili, nous avons vu personnellement tous les arbustes et arbrisseaux illustrés dans ce livre.

La diversité des arbustes et arbrisseaux est immense ; ceux qui portent des feuilles persistantes sont décoratifs toute l'année, et peu de plantes peuvent rivaliser avec le spectacle des fleurs d'azalées, de lilas ou de seringats, ou avec leur parfum. Il y en a aussi beaucoup d'admirables à l'automne avec leurs feuilles jaunes, rouges ou pourpres.

De nombreux arbustes et arbrisseaux sont montrés deux fois ; une fois en gros plan réalisé en studio pour que les détails soient bien nets, et une autre fois dans la nature ou dans un jardin pour que l'on puisse voir leur port. Ces deux aspects sont utiles pour leur identification, et une connaissance de leur apparence générale et de leur habitat naturel aide le jardinier à les mettre au bon endroit dans le jardin.

Nous avons essayé de couvrir l'ensemble des arbustes et arbrisseaux qui veulent bien pousser sous climat tempéré. Tous ceux que nous montrons poussent en plein air quelque part dans les Iles Britanniques, encore que, dans certains cas, des climats plus chauds comme celui de la Californie ou de la région méditerranéenne soient plus sûrs. La plupart peuvent pousser aussi dans les Etats de l'Est des USA et dans le Nord-Ouest de l'Europe. Les roses sont décrites dans un volume séparé déjà publié ; les arbres ont été traités en 1978 dans *Trees* de Roger Phillips. Les arbrisseaux nains et alpins ont été omis du fait qu'ils s'associent naturellement avec les plantes alpines et de rocaille qui seront le sujet d'un volume ultérieur.

Il n'y a pas de séparation nette entre un arbre et un arbuste et pas toujours non plus entre un arbuste et un arbrisseau. On considère en général qu'un arbuste a un petit tronc et qu'un arbrisseau est ramifié dès la base ou formé d'une cépée de nombreuses tiges. Cependant, des arbres comme le chêne ou le hêtre sont naturellement arbustifs là où le climat est trop rude pour que des arbres deviennent de grands sujets, ou bien là ou les arbres sont traités en taillis pour le bois de chauffage ou d'autres usages. Les brûlis et pâturages répétés maintiennent aussi un état arbustif, surtout dans la région méditerranéenne, en réduisant périodiquement toutes les plantes ligneuses au niveau du sol.

Mode d'emploi de ce livre

Les arbustes et arbrisseaux sont classés *grosso modo* par période de floraison, commençant par la fin de l'hiver et le printemps et finissant par les fruits d'automne et couleurs d'automne. A l'intérieur de cet agencement, les grands genres comme les camélias et rhododendrons sont groupés ensemble. Les dates auxquelles les planches photographiques ont été réalisées sont notées pour donner une indication complémentaire pour l'identification et pour aider la conception de la disposition des plantations dans le jardin. Beaucoup ont été photographiés au cours d'un printemps exceptionnellement tardif dans le Sud de l'Angleterre et peuvent parfois fleurir 2 à 3 semaines plus tôt que les dates signalées.

Les noms

Le texte donne le nom latin de la plante et son nom français pour les plantes indigènes en France ou au Québec. Le nom latin, en caractères italiques, est suivi du patronyme (généralement abrégé) du botaniste qui a donné ce nom, avec dans certains cas, entre parenthèses, celui du botaniste qui a décrit pour la première fois la plante sous un autre nom de genre. Parfois, un autre nom latin, sous lequel la plante a été connue, est indiqué en synonymie. Ensuite on donne entre parenthèses le nom de la famille ; il est terminé en-*ceæ* ou en-*æ* et il est basé sur le nom d'un genre commun, par exemple *Ericaceæ* (famille de la bruyère, dérivé de *Erica* : bruyère). Le nom latin est composé de deux mots, le nom de genre, comme *Rhododendron* et l'épithète spécifique, comme *luteum* qui décrit l'espèce. Il peut être descriptif (*luteum* : jaune), géographique (*ponticum* : du Pont-Euxin, la mer Noire) ou rappeler le nom d'un botaniste ou d'un collecteur (*souliei* d'après le père Soulié qui récolta des graines en Chine) associé à l'espèce. Un signe de multiplication précédant l'épithète spécifique signale que la plante est un hybride ; le nom de celui-ci est souvent suivi d'un « nom de fantaisie » désignant un clone sélectionné, par exemple *Syringa* ×*hyacinthiflora* 'Buffon'.

L'origine

Le texte donne l'aire d'origine de la plante, c'est-à-dire là où elle est spontanée. Il précise aussi les endroits où une plante est répandue dans la nature après s'être échappée de jardins ou avoir été introduite d'une autre manière par l'homme. Le milieu dans lequel l'arbuste ou l'arbrisseau pousse est mentionné aussi, qu'il s'agisse de forêt, de coteau découvert ou d'abords de cours d'eau. Une connaissance de ceci est d'un grand secours quand il s'agit de faire bien pousser et fleurir une plante dans un jardin. En supplément, les mois de floraison dans la nature sont indiqués en espérant que ce livre rende service non seulement au jardinier, mais aussi, au voyageur qui voudrait voir et identifier les arbustes en fleurs dans leur habitat naturel.

Pour les hybrides et cultivars, la parenté de la plante et son obtenteur, lorsqu'ils sont connus, sont indiqués.

Compositions au jardin incluant des arbustes et arbrisseaux

Arbustes et arbrisseaux en lisière de bois. La bordure forestière est l'un des habitats les plus naturels pour les arbustes et arbrisseaux, formant une zone de transition entre le bois et la prairie ou le gazon. De nombreux arbustes bénéficient de l'abri des arbres et peuvent tolérer une ombre partielle. Là où une éclaircie a été réalisée dans une forêt existante, les arbres présentent en principe des troncs dégarnis, sans branches latérales, et les arbustes adouciront les bords artificiels du sous-bois et protégeront la forêt des vents froids. Des genres appropriés à cette association sont : *Ilex, Magnolia, Cornus, Rhododendron, Philadelphus, Prunus* et *Viburnum*.

Arbustes et arbrisseaux en sous-bois de grands arbres. De nombreux arbustes, et principalement ceux à feuilles persistantes, poussent naturellement dans des forêts claires à feuilles caduques ou mixtes, en dessous d'une haute voûte d'arbres. Les rhododendrons, camélias et magnoliers vivent naturellement dans ce type de milieu, et cette association constitue la base d'un grand nombre des célèbres jardins sauvages des îles Britanniques et d'Amérique du Nord. Quelques arbustes à feuilles caduques poussent et fleurissent bien dans ce milieu partiellement ombragé, à condition que la voûte ne soit pas trop dense. Ils sont nombreux, comme les *Hamamelis*, à fleurir bien avant que les feuilles des grands arbres ne soient développées ; sous climats plus chauds, la plupart des arbrisseaux caducifoliés, comme les azalées à feuilles caduques, profitent d'une ombre partielle. La plupart des arbustes qui tolèrent l'ombre sont appropriés dans cette composition, et particulièrement les *Rhododendron, Camellia, Magnolia, Mahonia, Hamamelis, Corylopsis, Enkianthus, Hydrangea* et bambous.

Arbrisseaux en massifs arbustifs. Dans les massifs arbustifs, les arbrisseaux doivent être plantés assez près les uns des autres pour que leurs rameaux se touchent, mais pas trop serrés au point qu'ils se gênent mutuellement dans leur croissance. Les plus grands et vigoureux sont plantés dans le fond et les plus petits ou les plus faibles sur le devant. Il faut un plan soigné pour obtenir le meilleur effet, et l'on ne peut éviter que le massif ou la bordure soit planté un peu trop serré et nécessite un éclaircissage après quelques années. Les arbrisseaux qui aiment la lumière seront pour la plupart plantés dans ce type de composition et cela conviendra particulièrement à ceux qui, comme les lilas et seringats, donnent les meilleurs résultats en plein soleil dans un sol riche. Le désherbage chimique est possible du fait que l'on ne cultive pas de plantes herbacées avec eux, mais des bulbes à floraison précoce, qui disparaissent en été, vont bien sous des arbrisseaux à feuilles caduques. Parmi les

Azalées à feuilles caduques à Standling Park, Kent

genres appropriés à cette composition, on peut citer les *Syringa, Deutzia, Hibiscus, Philadelphus, Weigela* et *Ribes*. On peut y associer des bulbes comme les perce-neige, aconits, scilles et narcisses.

Dans les massifs arbustifs qui ne demandent pas d'apport nutritif ou de paillage, on peut favoriser l'extension de la mousse en couvre-sol en passant du Paraquat (herbicide) ; lorsqu'elle est bien installée, l'effet peut être superbe.

Arbustes et arbrisseaux dans une *mixed border*. La *mixed border*, ou bordure mélangée, dans laquelle les arbres, arbustes, arbrisseaux, plantes herbacées et bulbes poussent ensemble en harmonie, est la composition horticole la plus difficile et la plus astreignante mais en même temps celle qui apporte le plus de satisfaction.

Ici, les arbustes et arbrisseaux peuvent constituer l'élément dominant et les autres plantations peuvent être laissées simples, ou alors on ne plante que quelques arbustes pour donner de la hauteur et de la consistance à la bordure, ainsi qu'un certain intérêt en hiver et au début du printemps. Dans les deux cas les arbustes devraient être plantés de façon à créer un effet de petites clairières ou éclaircies avec des plantes herbacées entourées par des demi-cercles d'arbustes.

Là où les arbustes et arbrisseaux constituent l'élément dominant de la bordure, on peut utiliser des plantes vivaces à feuilles persistantes capables d'étouffer les mauvaises herbes (appelées collectivement « couvre-sol »), mais de simples vivaces bien solides sont plus appropriées du fait qu'elles sont plus facilement désherbées et fumées. Des hellébores, primevères, pulmonaires et cœurs de Jeannette (*Dicentra*) pour le printemps ; des géraniums, hostas, hémérocalles et fougères pour l'été ; des lis et des anémones japonaises pour l'automne.

Tous les arbustes et arbrisseaux peuvent être plantés dans cette composition, mais avec l'expérience, ils seront généralement plus petits et plus raffinés, avec un caractère particulier comme le parfum, la rareté ou l'élégance du port.

Arbustes en haies. Toutes les haies sont faites avec des arbustes ou arbrisseaux, à l'exception de quelques-unes comme la haie haute de 26 m et longue de 800 m à Mickleour dans le Comté de Perth (Écosse) qui est constituée de hêtres de plein jet ; elle a maintenant env. 240 ans.

Les autres arbres souvent utilisés sont les *Cupressus*, ×*Cupressocyparis, Taxus* et *Carpinus*, mais dans la plupart des haies, on les maintient aux dimensions d'arbustes. Une haie peut être formée de petits arbrisseaux à feuilles caduques ou à fleurs aussi bien que des espèces d'arbres communément utilisées. Les plus grandes espèces de *Philadelphus* forment de bonnes haies, à croissance rapide, spectaculaires et parfumant tout le jardin au début de l'été. Il n'y a rien de plus impénétrable qu'une haie de *Poncirus trifoliata* qui, aussi, est beau en fleurs. Parmi les bonnes espèces de jardins, on peut citer : *Ilex, Prunus lusitanica, Buxus, Salix*.

Plantes grimpantes et palissées contre un mur. Dans la nature, la plupart des lianes grimpent dans les arbres forestiers, luttant pour s'élever jusqu'à la voûte et atteindre la lumière dont elles ont besoin pour fleurir et fructifier. Dans les jardins, la plupart des lianes sont plantées contre un mur, mais quelques-uns des effets les plus spectaculaires sont obtenus grâce aux *Wisteria*, aux *Hydrangea* grimpants ou aux immenses vignes qui s'élancent dans les arbres.

Les murs aussi assurent un milieu protégé aux arbustes qui demandent plus de chaleur qu'ils n'en recevraient en plein vent, aussi bien en hiver pour ceux qui sont sensibles au gel qu'en été pour fleurir ou durcir leur pousse estivale. Avec la protection d'un mur, on peut faire pousser de nombreux arbustes et arbrisseaux dans des régions qui seraient trop froides sans elle ; grimpants : *Clematis, Wisteria, Rosa* ; arbustes fragiles : *Ceanothus*.

Arbrisseaux couvre-sols. Des arbrisseaux rampants (naturellement ou par mutation) peuvent être employés comme couvre-sol à la place des couvre-sols herbacés plus habituels. De nombreux cotonéasters sont naturellement rampants et sont utilisés dans ce but ; de petites azalées à feuilles persistantes conviennent très bien aussi. Parmi les genres possibles, on peut citer : *Hedera, Hebe, Euonymus fortunei, Cotoneaster, Ceanothus*, azalées à feuilles persistantes.

Trachycarpus fortunei, un palmier de Chine rustique, et fougères arborescentes à Trebah Cornouailles

Rhododendrons au début du printemps

Arbustes isolés sur pelouses. Tout arbuste peut, bien sûr, être planté isolé sur une pelouse, mais certains sont plus appropriés que d'autres. On lui demande d'avoir principalement une bonne végétation assez dressée, une forme de feuilles, une couleur ou une écorce intéressantes et au moins une agréable apparence quand il n'est pas en fleur. On peut suggérer les *Cornus*, *Magnolia*, rhododendrons hybrides rustiques, érables, bambous, *Davidia* et fusains (à feuilles caduques).

Arbustes en pots. Les arbustes peuvent être cultivés en pots aussi bien par ceux qui ont seulement une cour pavée que par ceux dont le jardin a un sol qui ne convient pas aux arbustes, comme les rhododendrons ou les camélias, qui ne tolèrent pas le calcaire. Tous les arbustes et arbrisseaux peuvent être élevés en pots et, en fait, la plupart sont de nos jours élevés en conteneurs par les pépiniéristes ; toutefois, les sujets les plus appropriés à une culture en pot permanente sont ceux qui poussent naturellement lentement et fleurissent bien sans faire de longues pousses vigoureuses ; ils doivent aussi être capables de supporter le dessèchement pendant un jour ou deux sans mourir, du fait que même les jardiniers les plus soigneux peuvent souvent ne pas arroser suffisamment par temps sec. On peut aussi les transporter à l'intérieur en hiver. Les plus appropriés sont les camélias, rhododendrons, céanothes, fuchsias et lauriers roses.

Arbrisseaux sous serre. Tous les arbustes et arbrisseaux illustrés dans ce livre sont assez rustiques pour être cultivés toute l'année quelque part dans les îles Britanniques. Cependant nombre d'entre eux seront tués lors d'hivers sévères dans le Sud-Est de l'Angleterre ou au cours d'hivers normaux dans le Nord-Est des Etats-Unis ou le Nord de l'Europe mais on peut les cultiver facilement à l'extérieur en été avec leur pot enterré et les rentrer en serre ou en orangerie pour leur floraison en hiver. Un peu de chaleur artificielle pourra être nécessaire pour les protéger de températures inférieures à −5°C par exemple pendant les plus froides nuits d'hiver.

Parmi les sujets qui se prêtent à une culture estivale d'extérieur et à une culture hivernale d'intérieur pour la floraison, on peut citer les *Buddleia officinalis, Jasminum polyanthum, Correa* (espèces), *Erica canaliculata, Sutherlandia frutescens*, camélias et rhododendrons (les plus fragiles, voir p. 19).

Arbustes et arbrisseaux pour situations difficiles. La plupart des arbustes et arbrisseaux poussent facilement dans un sol bien drainé, surtout s'il est acide ou neutre, au soleil ou à mi-ombre. Ils sont plus rares dans une situation sèche et ombragée, particulièrement sous des arbres dominants ou en sol détrempé. Un sol très calcaire réduit aussi le nombre d'espèces cultivables, quoiqu'il y en ait beaucoup qui, normalement considérées comme calcifuges, sont en fait à leur aise avec un substrat calcaire dans la nature ou sous un climat très pluvieux.

Arbustes et arbrisseaux pour l'ombre dense. *Camellia japonica, Daphne laureola, Lonicera nitida, Mahonia, Euonymus* (à feuilles persistantes), *Aucuba, Hedera, Phillyrea decora, Pieris, Sarcococca, Viburnum davidii, Skimmia, Fatsia.*

Arbustes et arbrisseaux pour sols détrempés. *Cornus stolonifera, Cornus alba, Salix* (espèces), *Amelanchier, Aronia, Lindera, Sambucus, Viburnum opulus, Aralia.*

Arbustes et arbrisseaux pour sol calcaire. *Syringa, Colutea, Potentilla fruticosa, Philadelphus, Forsythia, Phillyrea, Deutzia, Fuchsia, Spartium junceum, Cistus albidus, Hypericum, Cornus sanguinea, Ceanothus, Sarcococca, Æsculus californiea, Pæonia.*

Les arbustes et arbrisseaux dans la nature

Les arbustes et arbrisseaux illustrés dans cet ouvrage viennent de toutes les régions tempérées du monde, et quelques-uns des montagnes subtropicales. Certaines contrées sont relativement pauvres en arbustes et arbrisseaux d'intérêt horticole et d'autres en sont abondamment pourvues. Les principales régions d'origine des arbustes et arbrisseaux de nos jardins, leurs climats et leurs plus grands introducteurs sont indiqués ci-dessous.

L'Europe et l'Afrique du Nord. Les arbustes et arbrisseaux les plus anciennement cultivés dans nos jardins sont des plantes fruitières, médicinales ou aromatiques comme le myrte, le grenadier, le buis, le sureau ou le cornouiller. Beaucoup venaient de l'Europe méridionale ou du Proche Orient et étaient cultivés par les Romains et, au Moyen Âge, par les Arabes. Clusius (Charles de l'Écluse, 1526-1609) fut un des premiers jardiniers-botanistes à réaliser une expédition de récolte de plantes, en Espagne, en 1564.

Les arbustes et arbrisseaux du Nord et de l'Ouest de l'Europe sont soumis à la fois au froid et à l'humidité en hiver, et ont besoin d'eau en été. Ceux de la région méditerranéenne tolèrent peu de froid mais supporteront chaleur et sécheresse en été.

Les îles Canaries. Les îles Canaries et Madère ont une flore arbustive inhabituelle qui comprend de nombreuses espèces anciennes qui poussaient en Europe avant les glaciations mais qui en ont disparu depuis, aussi bien que de nombreuses espèces d'affinité africaine ou des membres arbustifs de genres normalement herbacés. Il est triste que la plupart ne tolèrent que de faibles gels, mais les plantes canariennes poussent bien sur la côte méditerranéenne et dans les régions à hivers doux, sans température inférieure à −5°C. Le climat des îles Canaries est frais et humide en hiver, chaud et sec en été, mais dans certaines parties montagneuses où il existe une forêt de brouillards, il peut y avoir de l'humidité toute l'année. Du fait que les Canaries et Madère servaient d'étape aux bateaux qui reliaient les Indes en passant par le Cap, beaucoup de plantes canariennes ont été plantées en Europe occidentale depuis les XVIIe et XVIIIe siècles.

L'Asie Mineure et l'Asie Centrale. Les arbustes et arbrisseaux d'Asie centrale et occidentale sont pour la plupart très rustiques, mais ils ont besoin d'été chauds pour bien pousser et bien fleurir. Les régions steppiques de Turquie, Iran, Afghanistan et

Camellia 'Donation' Eccleston Square

Moupine, aujourd'hui Baoxing, dans le Sichuan, Chine ; le monastère où a vécu le père David en 1869

du Turkestan sont la patrie de nombreux arbustes intéressants, notamment des amandiers, cerisiers, pruniers et autres membres de la famille de la rose, ainsi que de nombreux genêts. Ils se plaisent pour la plupart dans les zones arides intérieures de l'Amérique du Nord. Ils bénéficient normalement d'un temps humide au printemps et en automne, et d'étés très chauds avec seulement des averses occasionnelles. Des espèces qui aiment davantage d'humidité et qui vont bien dans le Nord de l'Europe, sont originaires des côtes de la mer Noire et de la mer Caspienne ainsi que du Caucase, où les étés sont chauds et pluvieux.

On introduit dans les jardins des arbustes de cette région depuis le XVIe siècle.

L'Himalaya. Les rhododendrons sont la gloire de l'Himalaya et ont joué un rôle très important dans le développement des jardins de sous-bois de l'Angleterre victorienne. Joseph Hooker (le fils de William Hooker, le premier directeur du jardin botanique de Kew) a visité l'Himalaya oriental, aux alentours des frontières du Népal et du Sikkim, en 1848 et il y resta jusqu'en 1851. Il récolta des graines et de nombreuses plantes, notamment 24 espèces de *Rhododendron* en une seule journée. Cette grande chaîne de montagnes, qui s'étend de l'Afghanistan à la Chine occidentale, est un terrain fertile pour la chasse aux beaux arbustes rustiques et a été visitée de façon répétée depuis le voyage de Hooker par de nombreux et célèbres botanistes et jardiniers qui ont introduit de nouvelles plantes. Des noms bien connus comme Frank Ludlow, George Sherriff, Frank Kingdon-Ward, Oleg Polunin et Tony Schilling sont particulièrement associés à l'Himalaya du Népal, du Tibet, du Bhutan et du Nord de la Birmanie.

Le climat himalayen est caractérisé par des hivers froids et secs et par des étés chauds et très humides. La tolérance au froid des arbustes est étroitement liée avec l'altitude du lieu d'où ils viennent. La plupart des espèces forestières un peu fragiles sont particulièrement sensibles aux vents secs et froids en hiver et se plaisent le mieux dans les jardins très abrités. La plupart des espèces himalayennes demandent aussi des étés humides pour bien pousser, et sont moins tolérantes aux conditions contraires que des espèces chinoises similaires. La majeure partie des pluies vient avec la mousson qui commence en juin et se poursuit jusqu'à la fin septembre dans l'Est. Le printemps et l'automne sont chauds, secs et ensoleillés. Dans l'Ouest, les pluies de mousson durent de juillet à la mi-septembre et il tombe plus de pluie au cours d'autres périodes de l'année.

La Chine. La Chine occidentale est sans aucun doute la région la plus riche du monde en arbustes à fleurs rustiques. Toutes les surfaces planes sont nettoyées et cultivées depuis longtemps, mais les parties montagneuses, qui ont échappé à la dernière glaciation, ont une flore merveilleusement riche.

Les premières civilisations chinoises ont été les premières à propager des fleurs de jardin uniquement pour leur beauté et elles ont développé la culture d'arbustes aussi populaires que les roses, pivoines arborescentes, *Prunus mume*, pêchers, azalées et camélias dès le XVIIIe siècle. Les jardiniers chinois ont tendance à se focaliser sur quelques plantes choisies en ignorant la grande richesse en espèces sauvages de leurs montagnes occidentales.

Avant le XVIIIe siècle, la Chine était presque inconnue des Européens et les récits de Marco Polo furent probablement les meilleurs rapports de voyage disponibles. Quelques plantes parvenaient alors des côtes méridionales de la Chine aux jardins européens, mais le premier collecteur professionnel de plantes à visiter la Chine fut William Kerr, envoyé en 1803 par Joseph Banks. Il est commémoré par le *Kerria japonica*. Plus tard, Robert Fortune, envoyé par la Société d'Horticulture (anglaise) en 1842, fit plusieurs visites et pensait vers 1861 avoir bien parcouru le pays. Ce n'est qu'en 1869 que le missionnaire naturaliste Armand David passa une année à Moupine (aujourd'hui Baoxing) près de la frontière du Tibet et révéla l'étonnante richesse de la flore ligneuse des montagnes chinoises occidentales. De nombreuses espèces, ainsi que le genre *Davidia*, lui sont dédiées. Un collègue français, le père Jean Delavay, passa plusieurs années dans le Nord du Yunnan et explora les montagnes autour du lac de Ta-li (Dali). Plus tard, ces régions furent prospectées plus en détail par Ernest Wilson, qui récoltait pour MM. Veitch et l'Arboretum Arnold, et par George Forrest, envoyé plusieurs fois en expédition par un groupe d'amateurs de jardins anglais. Wilson se concentra sur des arbustes rustiques de toutes sortes, Forrest sur les rhododendrons, camélias et primevères. Après la Révolution de 1947, les voyages botaniques en Chine devinrent impossibles jusqu'aux années 1970. Depuis, de nombreux botanistes et jardiniers ont visité la Chine pour chercher de nouvelles plantes de jardin. Roy Lancaster a réalisé plusieurs visites et introduit de nombreuses plantes nouvelles ou peu connues. Personnellement, j'ai visité Li-kiang (Lijiang), le terrain de prospection préféré de Forrest, et Moupine (Baoxing) en mai 1984, et c'est alors que la plupart des plantes montrées en Chine dans ce livre ont été photographiées.

Le climat de la Chine occidentale est similaire à celui de l'Himalaya mais avec un hiver plus sec et plus froid ; un printemps sec et chaud est suivi de juin à septembre par de fortes pluies, des nuages et de l'humidité atmosphérique ; l'automne est à son tour sec et ensoleillé. La plupart des arbustes fleurissent en mai avant l'arrivée des pluies. Les sols varient de l'acide à l'alcalin, et le calcaire est plus commun en Chine que dans l'Himalaya central. De nombreux rhododendrons poussent dans du pur calcaire et on ne sait pas encore clairement pourquoi ils ne tolèrent pas des sols plus alcalins en culture.

Japon — La flore japonaise ressemble beaucoup à celle de la Chine. La Corée forme une extension du continent vers le sud-est et les plantes coréennes ont des affinités à la fois avec l'ancienne Mandchourie et avec le Sud du Japon. Hokkaïdo, l'île la plus septentrionale du Japon, a une flore plus proche de celle de la Sibérie orientale. Seuls quelques genres comme les *Ilex, Hydrangea* et *Prunus* sont représentés aussi bien au Japon qu'en Chine.

Les Japonais sont depuis longtemps des jardiniers très doués et ont développé la culture de beaucoup de plantes cultivées d'abord en Chine. Le commerce entre l'Europe et le Japon était très réduit pendant les XVIIe et XVIIIe siècles ; les étrangers n'avaient alors accès qu'à l'île de Deshima près de Nagasaki. Englebert Kämpfer y passa environ 2 ans autour de 1691, notant et dessinant quelques plantes mais c'est Carl Thunberg, arrivé au Japon en 1775, qui fut le premier à introduire un grand nombre de plantes japonaises en Europe ; d'autres plantes ont été envoyées de là-bas par Philip van Siebold (vers 1850), Charles Maries (vers 1879) et Ernest Wilson (en 1920).

Le climat est moins contrasté au Japon qu'en Chine ; les étés sont humides, chauds dans le Sud, tempérés dans le Nord et les montagnes ; les hivers sont plus secs, mais généralement moins froids qu'en Chine. L'île de Yakushima à l'extrême Sud reçoit de la pluie toute l'année, et fréquemment des grands vents humides et des ouragans. Les sols sont généralement acides mais bien drainés. Les plantes japonaises poussent bien dans les parties les plus chaudes du Sud-Est des Etats-Unis, au Pays Basque et autour des grands lacs italiens.

Afrique du Sud. L'extrémité méridionale de l'Afrique ne s'étend pas autant vers le sud que l'Amérique ou la Nouvelle-Zélande et comprend moins d'arbustes résistants au froid. Dans une récente visite à la partie la plus froide des monts Drakensberg au Natal et au Nord de la province du Cap, les arbustes étaient presque absents au-dessus de 2000 m, altitude où l'on enregistre régulièrement — 15°C. Des *Euryops* bas, d'autres Composées et des Légumineuses comme *Lotonotis* et *Sutherlandia* furent les principaux genres rencontrés. Nous espérons que *Sutherlandia montana* (illustré ci-dessous) sera assez rustique dans le Sud de l'Angleterre du fait que, dans son habitat naturel, il peut endurer le vent sec et froid du haut plateau du Lesotho. Les fameux arbrisseaux de la flore du Cap sont adaptés au climat méditerranéen et poussent bien en Californie et dans le Sud de l'Europe, mais sont rares à supporter un certain froid. Quelques bruyères, des *Loucodendron* et une ou deux *Protea* peuvent pousser en plein air sur l'île de Tresco ou donner de jolis sujets dans les serres de régions plus froides.

Sutherlandia montana dans le nord de la province du Cap

L'Est de l'Amérique du Nord. Les premières plantes à venir d'Amérique en Europe furent rapportées par les Espagnols du Mexique et des Antilles et comprenaient des plantes aussi gélives que les *Dahlia, Agave* et *Mirabilis.* Les premières plantes originaires de la Virginie et des parties plus froides des Etats de l'Est n'arrivèrent pas en Europe avant le XVIIe siècle. Une des premières expéditions pour récolter des plantes destinées aux jardins fut réalisée par John Tradescant junior en 1638. Il visita la Virginie et acquit même un peu de terre dans le Comté d'York. Des arbustes comme le *Lonicera sempervirens* furent cultivés par les Tradescant et répertoriés dans le *Museum Tradescantium* publié en 1654.

Un autre collecteur bien connu a été Mark Calesby qui est né vers 1682 dans le Suffolk (GB) et arriva en 1712 à Williamsbourg (Virginie). Il expédia en Europe de nombreuses caisses de plantes et de graines et publia, en 1763, *Hortus Brittanico-Americanus,* ou *Une curieuse collection d'arbres et arbustes, la production des colonies britanniques en Amérique du Nord, adaptée au sol et au climat de l'Angleterre*, etc. Soixante-deux arbres et arbustes sont illustrés parmi lesquels *Magnolia grandiflora, Cornus florida* et *Kalmia angustifolia.*

John Bartram (1699-1777), né en Pennsylvanie, a vécu et avait un jardin près de Philadelphie. Il est connu pour sa découverte du *Franklinia alatamaha*, arbre voisin des *Stewartia*, maintenant disparu dans la nature, mais conservé dans son jardin et aujourd'hui cultivé dans de nombreux autres jardins d'Amérique et d'Europe.

Le climat de l'Est de l'Amérique du Nord est plus contrasté que celui de l'Europe occidentale. Les étés sont plus chauds et souvent plus humides, les automnes sont beaux et ensoleillés, les hivers sont souvent plus froids ; les sols sont généralement pauvres et acides. De nombreux arbustes et arbrisseaux, comme les azalées américaines, poussent très bien en Europe ; d'autres comme les *Cornus florida* qui sont si beaux dans leur habitat naturel, ont besoin d'un climat comme celui du Pays Basque pour pousser et fleurir aussi bien.

L'Ouest de l'Amérique du Nord. Les premières plantes du Nord-Ouest de l'Amérique du Nord ont été vues par Georg Steller qui accompagnait en 1739 l'expédition de Béring en Alaska. Plus tard, d'autres furent récoltées par Archibald Menzies en 1792 ; il accompagnait le Capitaine William Cook dans son voyage d'exploration. En 1805, le Capitaine Merriweather Lewis et le Capitaine William Clark traversèrent les Rocheuses et récoltèrent des spécimens scientifiques et des graines, parmi lesquels *Mahonia aquifolium*, mais c'était encore 18 ans avant l'envoi vers l'est de ce qui allait être plus qu'un petit échantillon de la grande richesse de la flore du Nord-Ouest. Ainsi, en 1823, la Société d'Horticulture envoya David Douglas récolter des graines d'arbres et arbustes en Californie et Orégon ; celui-ci s'épuisa pendant les onze années suivantes à balayer le territoire à la recherche de nouvelles plantes. Parmi ses introductions, on peut citer *Gaultheria shallon, Ribes sanguineum* et *Garrya elliptica.*

Le climat de l'Ouest de l'Amérique du Nord varie considérablement, même sur de petites distances, à cause de la proximité de la mer et des hautes montagnes. Le climat de la majeure partie du littoral californien ressemble à celui de l'Europe méditerranéenne : humide en hiver avec quelques courtes périodes froides, sec et chaud en été. Beaucoup de ces plantes réussissent sur les côtes d'Europe occidentale mais il y en a peu qui tolèrent les hivers très froids et les étés humides de l'Est des États-Unis. Sur les côtes du Nord de la Californie, de l'Orégon et plus au nord, les étés sont plus frais et plus humides, et les risques de grand froid sont plus élevés, surtout à l'intérieur et au long de la vallée de la Columbia. La plupart des plantes de cette région poussent très bien dans le Nord-Ouest de l'Europe et peuvent pousser aussi sur les côtes des états du Nord-Est des USA.

L'Amérique du Sud. Du fait qu'il se compose de davantage d'océans et de moins grandes masses continentales, l'hémisphère Sud est plus chaud en hiver et plus frais en été qu'aux latitudes correspondantes dans l'hémisphère Nord. La pointe méridionale de l'Amérique du Sud s'avance plus au sud qu'aucune autre terre en dehors de l'Antarctique (qui est partout trop froid pour des arbustes). C'est là, dans le Sud du Chili et de l'Argentine, que les froids sont tels que certaines espèces de ces pays survivent en plein air en Grande-Bretagne. Valdivia, à 40° S, est à peu près à la même latitude que New York, Madrid et Pékin mais bénéficie d'hivers plus doux. Les espèces les plus rustiques viennent des Andes ou des côtes les plus méridionales comme celles du Chili ou de la Terre de Feu ; même là l'air froid est humide et chargé de neige, venant de l'Antarctique à travers la mer, et non pas sec comme dans la plupart des régions de l'hémisphère Nord. C'est pourquoi la plupart des arbustes chiliens ne peuvent supporter le froid que s'ils sont très abrités, et les plus beaux, comme les *Desfontainas*, *Eucryphia* et *Embothrium* (p. 216) ne survivent que dans les jardins humides et abrités des côtes occidentales d'Europe ou d'Amérique du Nord. *Fuchsia magellanica* survit comme arbuste, près des dites côtes mais se comporte comme une plante herbacée dans les régions plus froides, repoussant chaque année de l'intérieur du sol.

La flore chilienne a été introduite en Europe en majeure partie grâce aux efforts de la grande pépinière des Veitch. Ils envoyèrent William Lobb au Chili en 1840 et à nouveau en 1845. Il y eut par la suite dans cette région des collecteurs comme H. Elwes et Harold Comber, le fils du chef-jardinier de Nymans (Sussex), qui visita le Sud de l'Argentine et le Chili en 1925 et 1927. On peut encore voir de nombreuses plantes de Comber à Nymans.

Australie, Tasmanie et Nouvelle-Zélande. Les arbustes et arbrisseaux de ces régions sont généralement moins rustiques que ceux du Chili et sont également sensibles aux vents secs et froids.

De nombreux arbustes australiens poussent bien en Californie et dans la région méditerranéenne, au point qu'ils deviennent parfois envahissants. L'*Acacia dealbata* est largement naturalisé dans les régions les plus tempérées du monde, là où il peut survivre aux hivers. Les arbrisseaux néo-zélandais les plus communs en Europe sont probablement les *Hebe*, mais seulement quelques petites alpines sont vraiment rustiques, même dans le Sud de l'Angleterre. Parmi les autres genres ordinairement cultivés dans les jardins tempérés, on trouve des *Olearia*, *Eucryphia*, *Leptospermum*, *Correa* et *Sophora*.

Il n'y a pas de célébrité parmi les collecteurs de plantes australiennes et néo-zélandaises du XIXe siècle. Récemment, Lord Talbot de Malahide a introduit de nombreuses plantes de Tasmanie dans son jardin près de Dublin et Graham Hutchins de la pépinière County Park, Hornchurch, Essex, continue à introduire de nombreuses plantes de Nouvelle-Zélande.

La plantation

De nos jours, on achète généralement les arbustes et arbrisseaux élevés en pots. Essayer de choisir une plante vigoureuse et pas nécessairement une qui serait couverte de fleurs, et éviter celles qui sont manifestement privées de nourriture ou qui sont restées longtemps dans un petit pot.

Avant de planter un nouvel arbuste dans le jardin, il est essentiel de le baigner dans l'eau pendant une heure à peu près s'il a poussé dans de la terre, toute une journée ou une nuit s'il se trouve dans la tourbe ou un compost sans terre. Si c'est en hiver et que la plante est en repos, enlever des racines en les dissociant de la majeure partie de leur sol avant de planter. Ajouter beaucoup de tourbe et un peu d'engrais dans le trou de plantation. Un bon jardinier que je connais met toujours la moitié d'une balle de tourbe avec chaque arbre ou arbuste qu'il plante, ceci dans un bon sol neutre de Bretagne. Si cette plante est un *Rhododendron*, un *Camellia* ou telle autre avec un système racinaire compact du même type, il y a seulement lieu d'enlever 3 ou 4 centimètres de compost à l'extérieur ; autour du trou de plantation, le sol devrait être extrêmement tourbeux. Si c'est en été et que la plante est en pleine croissance, il faudrait la planter sans déranger ses racines, mais alors il est absolument vital de la ressortir du sol en automne, en hiver ou au début du printemps (pendant qu'elle est en repos) pour dégager ses racines ; dans le cas de plantes qui n'ont pas besoin de tourbe, enlever tout le compost tourbeux des racines et étaler celles-ci vers l'extérieur correctement avant de replanter. Les arbustes reçus à racines nues d'une pépinière, c'est-à-dire arrachés de plein champs, ne sont bougés qu'en état de dormance et sont plantés de la façon habituelle en étalant les racines tout autour du trou de plantation et en raccourcissant celles qui sont meurtries ou trop longues. Dans les régions sèches ou les sols très bien drainés, planter les nouveaux arbustes dans une cuvette pour les arroser plus facilement et plus efficacement.

Coronilla glauca à Eccleston Square

Le paillage. Tous les arbustes et arbrisseaux, et particulièrement ceux qui sont plantés depuis peu, sont avantagés par un paillage en surface qui retient l'humidité, apporte un supplément d'humus aux racines superficielles et réduit la compétition avec les mauvaises herbes.

La plantation dans l'herbe. Quand on plante de nouveaux arbustes dans l'herbe, ou dans un massif d'arbustes déjà installé, nettoyer une surface d'au moins 60 cm de large (ou pour un grand arbuste, d'1 m de large), en bêchant et en enlevant les mauvaises herbes et racines et, bien sûr, le gazon.

La fertilisation. Une fois installés, les arbustes et arbrisseaux n'ont pas besoin d'apport d'engrais sauf si le sol est trop pauvre et léger. Le paillage doit être une source d'aliments pour les racines superficielles, mais l'on peut ajouter de l'engrais à action lente si la croissance est encore faible. Les amateurs peuvent maintenant se procurer de l'osmacote et différentes formules sont recommandées pour les divers types de sol.

Les types de sol

Du point de vue horticole, les sols varient de 3 façons principales : ils peuvent être lourds avec beaucoup d'argile ou bien légers avec beaucoup de sable ou de petits cailloux dans leur composition ; ils peuvent être riches en humus, comme la tourbe ou certains sols foncés, ou bien pauvres en humus comme les sols sableux clairs, calcaires ou argileux qui proviennent de la dégradation du sous-sol ; ils diffèrent aussi chimiquement, pouvant être acides, neutres ou alcalins. La plupart des arbustes et arbrisseaux poussent mieux dans un sol neutre ou légèrement acide ; d'autres, comme la plupart des Éricacées, par exemple les rhododendrons, demandent un sol nettement acide ; d'autres tolèrent des sols calcaires ou alcalins.

Du point de vue du jardinier, une terre franche ou un sol assez léger est meilleur du fait que son acidité peut être plus facilement modifiée par l'apport de différents produits chimiques. La plupart des sols tirent aussi profit d'un supplément d'humus. On peut acidifier un sol neutre ou légèrement alcalin en lui apportant de la fleur de soufre. Dans un sol très calcaire, il vaut mieux ne pas tenter de faire pousser des plantes qui préfèrent un sol acide.

La taille

Il y a davantage d'arbustes et arbrisseaux empêchés de fleurir par une taille inappropriée qu'il n'y en a qui soient aidés par une taille correcte. « En cas de doute, abstiens-toi » devrait être la devise de l'élagueur novice. Les arbustes sauvages ne sont jamais

Couleurs d'automne dans les montagnes de Hokkaïdo, Japon

taillés par les jardiniers, et ils sont souvent couverts de fleurs comme on peut le voir sur de nombreuses photographies d'arbustes prises dans la nature.

Le but de la taille devrait être soit d'améliorer l'aspect d'un arbuste, soit de l'inciter à mieux fleurir. Une taille légère de formation est plutôt à faire au printemps, après la floraison pour les arbustes à floraison printanière, avant le début de croissance pour ceux à floraison estivale. Une taille vraiment sévère des arbustes à feuilles caduques est plutôt à faire à l'automne, après la chute des feuilles, pendant que la plante est au repos ; celle des arbustes à feuilles persistantes est à faire au début du printemps.

Quand on taille pour améliorer la floraison, il est important de savoir si les fleurs sont produites sur les tiges de l'année précédente ou sur le nouveau bois formé pendant l'année en cours. De plus certains arbustes fleurissent mieux sur des pousses vigoureuses et d'autres sur celles qui sont plus lentes.

Les arbustes et arbrisseaux qui fleurissent bien sur le bois à croissance lente formé au cours de l'été précédent comprennent les *Rhododendron, Magnolia, Ribes, Syringa* et la plupart des sempervirents. Chaque pousse en bonne santé se termine par un bouton ou des boutons, si les conditions de leur formation ont été réunies à la fin de l'été précédent. Aucune taille n'est nécessaire et si la floraison n'est pas abondante, c'est que l'arbuste ne pousse pas à son aise ou qu'il ne bénéficie pas de la bonne température en été. Beaucoup d'arbustes de ce type profitent cependant beaucoup du nettoyage de leurs fleurs dès qu'elles sont fanées et surtout si la floraison a été abondante. Si on les laisse porter une importante production de graines, ils peuvent ne bien fleurir que tous les deux ans.

Les arbrisseaux qui fleurissent le mieux sur les tiges vigoureuses produites au cours de l'été précédent comprennent les *Forsythia, Philadelphus, Deutzia, Buddleia* à floraison hivernale et printanière, *Cestrum elegans* et quelques clématites. Ils réagissent à la taille aussitôt après la floraison, quand on supprime les tiges qui ont fleuri pour favoriser de nouvelles pousses vigoureuses de plus bas et quand on enlève aussi certaines pousses faibles qui pourraient se développer.

Les arbustes qui fleurissent sur le nouveau bois formé pendant l'année en cours sont pour la plupart à floraison estivale ou automnale et comprennent les *Fuchsia*, quelques *Hydrangea*, les *Ceanothus* à feuilles caduques, les *Buddleia* à floraison tardive, les *Cestrum parqui* et quelques *Clematis* à floraison tardive. Il vaut mieux les tailler au début du printemps et on peut les réduire assez fortement pour favoriser l'émission de pousses vigoureuses qui fleuriront bien. On sectionne généralement juste au-dessus d'un bourgeon en bon état, vers la base de la pousse de la saison précédente.

Quelques plantes ont besoin d'une taille spéciale : les glycines devraient avoir leurs longues pousses volubiles raccourcies à environ 6 yeux, généralement à peu près 10 cm au-dessus du vieux bois, en juillet ou environ 2 mois après la floraison. Elles peuvent alors produire une seconde floraison, moins abondante que la première ; ces pousses fleuries et chaque pousse volubile tardive devraient être rabattues à 2 ou 3 yeux au début de l'automne, pour favoriser la production de boutons au printemps suivant (si les moineaux ne mangent pas les bourgeons au cours de l'hiver). Les clématites nécessitent une taille appropriée à leurs différents modes de floraison ; on trouvera dans le texte des recommandations pour chacune d'entre elles. On taille les clématites en général au début du printemps.

Rusticité

Nous avons essayé dans le texte de donner une indication de la plus basse température que la plante peut supporter sans dommage, mais il y a tant de facteurs qui déterminent la rusticité d'une espèce particulière que les chiffres donnés ne sont qu'une simple estimation, basée sur diverses publications et sur nos propres observations, principalement dans le Sud de l'Angleterre. Les facteurs principaux sont :

Le type de sol. Dans les sols bien drainés, particulièrement dans ceux qui sont assez secs en fin d'été, les plantes sont en général plus rustiques que dans ceux qui sont mal drainés. Dans les sols riches, les plantes sont généralement plus rustiques que dans les sols pauvres, surtout si ces derniers sont sableux.

Le durcissement du bois en été. Sous climat à fin d'été et automne ensoleillés, jours chauds et nuits fraîches, les arbustes et arbrisseaux supportent des températures hivernales plus basses que sous les climats à automnes nuageux et humides comme celui de l'Angleterre. Mieux le bois est durci et plus il est résistant au gel.

Une situation abritée. Les arbustes et arbrisseaux à feuilles persistantes sont tués par les vents secs et froids qui dessèchent les feuilles. Une situation abritée du nord et de l'est en Europe, de l'ouest et du nord dans l'Est de l'Amérique du Nord, est essentielle pour la survie de nombreux sempervirents, principalement ceux de Nouvelle-Zélande et du Chili.

L'ombre. En Chine et dans de nombreuses contrées continentales et nordiques, le printemps arrive tard et est aussitôt suivi de l'été. En Angleterre et dans les régions maritimes d'Europe, de courtes périodes chaudes en mars et avril peuvent être suivies de gels en mai et même au début juin. Ceux-ci sont capables de détruire les fleurs et les jeunes feuilles de nombreux arbustes et arbrisseaux, surtout si le soleil du petit matin frappe les fleurs et les jeunes tiges encore gelées, provoquant leur dégel rapide. Les plantes à floraison précoce sont donc mieux si on les plante face à l'ouest ou même face au nord, exposées au froid, afin que la nouvelle pousse se fane plus tardivement au printemps et que les fleurs et les jeunes tiges ne soient pas exposées au soleil du petit matin. De même, une voûte d'arbres au-dessus de leur tête, qu'ils soient à feuilles caduques ou persistantes comme les conifères, peut protéger légèrement les arbustes fragiles au cours des nuits encore froides. Un gel soudain est aussi préjudiciable qu'un dégel rapide ; c'est pourquoi dans les régions ensoleillées très froides, il est utile que les plantes à feuilles persistantes en limite de rusticité soient protégées du soleil.

L'origine. L'origine d'une plante est l'endroit où elle a été récoltée dans la nature ; elle est généralement citée en rapport avec sa rusticité probable.

Multiplication

De nombreux livres ont été écrits sur la multiplication des arbres et arbustes. Pour l'amateur qui ne désire que quelques plantes de chaque sorte, les méthodes suivantes sont les plus appropriées.

Graines. A partir de graines récoltées dans la nature, une espèce se reproduit normalement de façon identique, mais peut aussi manifester une part des variations d'une population naturelle. Le jardinier doit être capable de sélectionner dans ses semis un sujet particulièrement bon. A partir de graines récoltées dans un jardin, on a des chances d'obtenir des hybrides, sauf si les fleurs ont été pollinisées à la main. Il vaut mieux semer à l'automne les graines d'arbustes rustiques car ils sont nombreux à demander une période froide pour induire la germination. Il y en a beaucoup, particulièrement parmi les *Rosaceæ* et les *Viburnum*, qui ne germent pas la première année après leur semis et même pas non plus la deuxième année. Des arbustes plus fragiles, venant de climats sous lesquels il y a peu de gel, ou dont la croissance se réalise principalement en hiver, germent aussitôt

Chignon de racines sur un arbuste élevé en conteneur

semés, ce qu'il vaut donc mieux faire sous verre au début du printemps. La plupart des très petites graines appartiennent à ce groupe. Les grosses graines doivent en général être semées le plus tôt possible du fait que, pour la plupart (par exemple les marronniers et chênes), elles germent aussitôt tombées et meurent rapidement si elles sèchent. Elles doivent être conservées au frais et à l'humidité. Les plantules doivent être empotées dès que possible pour qu'elles aient fait une bonne pousse avant leur premier hiver : plus elles sont grandes et plus elles sont capables de survivre.

Jeunes plants. Les jeunes plants sont un bon moyen de rapporter des arbres et arbustes de la nature quand on ne trouve pas de graines. Plus ils sont petits et mieux ils voyageront ; on peut les garder plusieurs semaines empotés dans un sac en plastique bien fermé, avec de la terre ou de la mousse. Faire attention à ne pas les laisser sécher, les garder au frais et leur donner le plus de lumière possible. On peut aussi récupérer dans le jardin des semis spontanés et les mettre en pot ou en pépinière.

Boutures et marcottes. Grâce à elles le nouvel arbuste est génétiquement identique à celui dont il provient ; c'est ainsi qu'un bon sujet ou un clone nommé peut être multiplié. Les boutures peuvent être réalisées en bois « semi-aoûté » (en été) ou en bois « aoûté » (en automne ou en hiver après la chute des feuilles).

Les boutures aoûtées devraient avoir 30 cm de long et être sectionnées à la base ou avoir un talon de vieux bois. On les met dans un sol sableux ou du compost, en plein air ou sous chassis ombré, en automne, et les tiges et racines commenceront à pousser au printemps.

Les boutures semi-aoûtées sont faites dès que le bois a commencé à se durcir ; si c'est trop tôt, la pousse flétrira ; si c'est trop tard, la pousse est ligneuse et ne trouvera pas de racines facilement. La brumisation s'est révélée du plus grand secours pour l'enracinement des boutures semi-aoûtées, et la brumisation combinée avec une chaleur de fond et le juste ombrage suscitera l'enracinement des sujets les plus récalcitrants, comme les azalées à feuilles caduques. On devrait les laisser pousser aussi longtemps que possible en automne pour qu'elles passent bien l'hiver. Un bon compost pour l'enracinement est composé de perlite et de tourbe de sphaignes en proportions à peu près égales ; le calibre de la perlite utilisée dépend de l'épaisseur des racines : des plantes à racines plus épaisses ont besoin d'un compost plus grossier.

On utilisait autrefois le marcottage dans le commerce pour la multiplication des sujets difficiles comme les érables japonais, azalées à feuilles caduques, etc. Cette pratique est maintenant remplacée par la multiplication sous brumisation ou le greffage. Le marcottage peut être cependant encore très utile aux amateurs, surtout pour rajeunir de vieux pieds de *Rhododendron* ou des plantes difficiles comme les *Magnolia*. On peut laisser la marcotte attachée pendant plusieurs années après qu'elle s'est enracinée pour se servir de ses propres racines.

Création de nouvelles espèces par traitement à la colchicine.

Quelques plantes nouvelles, par exemple le *Forsythia* 'Beatrice Farrand', ont été produites en traitant à la colchicine un hybride entre deux espèces naturelles. La colchicine, qui est un alcaloïde dérivé du bulbe de colchique, a pour effet d'empêcher la formation des parois cellulaires entre les cellules qui se divisent, formant ainsi des cellules polyploïdes. Un hybride stérile entre deux espèces peut devenir fertile, avec le doublement de son nombre originel de chromosomes, si l'on traite avec de la lanoline contenant de la colchicine un semis ou un bourgeon. La nouvelle plante fertile est une nouvelle espèce, capable de se reproduire de graines de façon identique. Quelques plantes sauvages ont évolué de cette façon mais, bien sûr, sans colchicine.

Maladies et animaux nuisibles

Les arbustes et arbrisseaux sont probablement moins attaqués par les maladies et animaux nuisibles que les autres plantes de jardin, mais ils ont leur part d'ennemis qui diffèrent d'un lieu à l'autre. Je me rappelle la vision d'un jardin en France après le passage d'une compagnie de sangliers toute une nuit : même de grands rhododendrons avaient été déracinés et réduits en morceaux.

Il n'y a heureusement pas beaucoup de jardins qui doivent se battre contre eux, mais les cervidés sont un problème courant et peuvent grignoter presque chaque arbuste ou l'écorcer en essayant d'enlever le velours de leurs nouveaux andouillers. Les bouvreuils sont aussi des animaux terriblement nuisibles et peuvent faire disparaître tous les bourgeons d'un arbuste en un rien de temps. Les *Forsythia, Prunus, Ribes, Amelanchier* et même les *Deutzia* sont régulièrement attaqués. La meilleure solution est de protéger les plantes sensibles avec des filets, car plus l'on tue d'oiseaux et plus il en vient. Un épervier familier pourrait être parfaitement dissuasif.

La pire maladie des arbustes et arbrisseaux est certainement l'armillaire couleur de miel, *Armillariella mella*, qui peut attaquer et tuer n'importe quel genre, quoique l'on dise que les *Magnolia* sont moins atteints que beaucoup d'autres ; on est en train actuellement de chercher un remède à Wisley. Il existe dans le commerce des produits comme l'Armillaritox qui ont été efficaces en certains lieux. On dit qu'en mélangeant au moment de la plantation une poignée de carbonate de cuivre au sol avoisinant, l'armillaire est tenu à distance. Il attaque les plantes affaiblies, particulièrement dans les sols humides et mal drainés. Ses rhizomorphes noirs, ressemblant à de minces lacets de cuir, poussent dans le sol et peuvent infecter la base de l'arbuste, en étalant sous l'écorce morte une masse blanche de mycélium fongique ; c'est à cela que l'on reconnaît la cause de la mort soudaine ou lente de votre arbuste préféré. Les deux remèdes valent d'être essayés jusqu'à ce qu'un traitement scientifiquement éprouvé devienne disponible.

Racines infectées et cordons noirs de l'armillaire couleur de miel

Grandeur nature. Échantillons de Wisley, 22 février

Hamamelis mollis aux Valley Gardens, Windsor

Hamamelis japonica Sieb. & Zucc. (*Hamamelidaceæ*) — Or. Japon (S. Hokkaïdo, Honshu, Shikoku et Kyushu) où il fleurit en mars-avril. Arbuste caducifolié, att. 2,50 m de haut, variable dans la forme de ses feuilles, sa pubescence et la couleur de ses fleurs. La var. *bitchuensis* (Mak.) Ohwi (du S. Honshu) a des feuilles couvertes en permanence de poils étoilés, tandis que la var. *obtusata* (Matsum.) Sugim. a des feuilles très obtuses avec des poils caducs (E. et N. Honshu). Culture facile avec préférence pour un sol acide assez frais, à mi-ombre. R. −20 °C. Fin de l'hiver.

H. japonica f. ***flavopurpurascens*** (Mak.) Rehder — C'est une forme de la var. *obtusata* chez laquelle les pétales, chiffonnés, sont rougeâtres à la base.

***H. japonica* 'Sulfurea'** — Cultivar à fleurs jaune pâle obtenu par les pépinières Richmond (Surrey) vers 1958. Port étalé.

***H. japonica* 'Zuccariniana'** — Caractérisé par des fleurs pâles à calice vert et une floraison plus tardive que les autres *Hamamelis*.

H. japonica var. ***arborea*** (Mast.) Gumbl. (syn. *H. arborea* Ottol. ex Mast.) — Décrite d'après les plantes cultivées, introduite du Japon par Siebold en 1832 et non reconnue par les flores japonaises. C'est un arbuste rameux communément cultivé pour sa vigueur (att. 9 m de haut), ses calices rouge foncé et ses pétales très chiffonnés.

H. ×intermedia Rehd. **'Feuerzauber'** (Feu Magique) — Obtenu en 1958 à Weener par MM. Hesse. Serait une amélioration de 'Ruby Glow' (syn. 'Adonis').

***H. ×intermedia* 'Pallida'** — Obtenu à Wisley peu avant 1932 à partir de graines reçues probablement des pépinières Kort de Kalmthout (Belgique). Souvent répertorié avec *H. mollis*, mais il s'agit probablement d'un hybride.

***H. ×intermedia* 'Diane'** — Obtenu à l'Arboretum Kalmthout par Robert et Jelena de Belder et baptisé du nom de leur fille, Diane. Le plus beau des hamamélis à fleurs rouges.

***H. ×intermedia* 'Jelena'** — Obtenu à Kalmthout par Kost et baptisé par Robert de Belder du nom de son épouse, Jelena. Cultivar très vigoureux, avec pétales rose orangé, plus foncés à la base. L'origine d'*H. ×intermedia* n'a pas été archivée mais c'est presque certainement *H. japonica ×H. mollis*. On estime que les cultivars à fleurs rouges d'*H. ×intermedia* ont pour parent *H. japonica* f. *flavo-purpurascens*. R. −25 °C.

H. ×intermedia 'Orange Beauty' — Obtenu par Heinrich Bruns en Allemagne et introduit en 1955. Port dressé, vigoureux.

***H. ×intermedia* 'Arnold Promise'** — Sélection réalisée à l'Arboretum Arnold (USA) en 1963 et remarquable par ses tons rouges à l'automne.

***H. ×intermedia* 'Sunburst'** — Cultivar à fleurs d'un beau jaune vif mais peu parfumées. Présente l'inconvénient de garder ses feuilles mortes tout l'hiver.

H. vernalis Sarg. **'Red Imp'** — L'espèce, or. de l'Est des USA (du Missouri à la Louisiane), pousse au bord des cours d'eau et sur les bancs de galets ; elle constitue un arbrisseau drageonnant qui atteint rapidement 2 m de haut et fleurit de décembre à mars. La forme à fleurs rouges, f. *carnea* Rehd., est fréquente dans la nature et 'Red Imp' en est une sélection à fleurs particulièrement foncées. **'Sandra'**, sélectionné par Roy Lancaster aux pépinières Hillier dans un lot de semis, se distingue par ses jeunes feuilles violacées et ses couleurs d'automne d'un beau rouge et orange. R. −25 °C. Fin de l'hiver.

H. mollis Oliv. Or. Chine (W. Hubei et Jiangxi) dans les bois et fourrés à 1 300-2 500 m. Fleurit en avril. Récolté pour la première fois par Charles Maries près de Kinkiang, dans le Nord du Jiangxi, en 1879. Diffère de l'*H. japonica* par ses feuilles plus poilues et plus larges et ses pétales non chiffonnés. De culture facile ; réputé pour sa meilleure tolérance au calcaire qu'*H. japonica*, mais prospère mieux à mi-ombre et en sol humifère. R. −20 °C.

Loropetalum chinense

***H.* 'Brevipetala'** — Vigoureux cultivar à port dressé probablement issu d'*H. mollis*. Ses fleurs, à pétales assez courts mais d'un jaune profond, sont bien parfumées. Obtenu par Chenault à Orléans vers 1935. C'est un des *Hamamelis* les plus faciles à cultiver mais un des moins attrayants. De plus, il porte souvent des feuilles déformées à la suite d'une probable infection virale.

Loropetalum chinense (R. Br.) Oliv. (*Hamamelidaceæ*) — Or. Assam, Chine, Japon (uniquement de la préfecture d'Ise, à l'ouest d'Osaka) dans les collines rocheuses et les bois clairs et secs. Fleurit de février à avril, non parfumé. Très intéressant en région méditerranéenne ou en serre froide, en tout sol non calcaire. R. −10 °C à condition que l'été ait été long et chaud.

Mahonia 'Charity'. La plante d'origine à Savill Garden, Windsor

Mahonia japonica

Mahonia japonica (Thunb.) DC. (*Berberidaceæ*) — Origine naturelle incertaine, mais probablement formosane et peut-être aussi chinoise. Répandu en culture au Japon d'où il fut introduit en Europe à la fin du XIXe siècle. Arbuste très rustique avec inflorescences lâchement retombantes pendant tout l'hiver et très parfumées. Culture facile et tolérance exceptionnelle à l'ombre. R. −20 °C.

Mahonia bealei (Fort.) Carr. (*Berberidaceæ*) — Or. Chine (Hubei, Sichuan) et Formose, dans les bois vers 2 000 m. Introduit en Europe par Robert Fortune vers 1850. Moins fréquent en culture que *M. japonica* dont il diffère par ses inflorescences plus courtes, plus ou moins dressées. Les deux ont été souvent confondus dans le passé. R. −20 °C. Printemps.

Mahonia leschenaultiana (Wall.) Takeda — Or. S. de l'Inde (monts Nilgiri, Anamalaï et Pulney), dans les fourrés et forêts claires à 1 500-2 000 m où il fleurit de septembre à février. Arbuste de 4 m avec fleurs d'un jaune orangé chaud et grandes folioles. R. peut-être à −5 °C. Photographié à Kodaïkanal en octobre. Le presque similaire *M. siamensis* Takeda du N. de la Thaïlande et du Yunnan a été introduit à Menton à partir de la même récolte que *M. lomariifolia* (voir ci-dessous).

Mahonia ×media Brickell **'Charity'** — *M. ×media* désigne les hybrides entre *M. lomariifolia* et *M. japonica*; les premiers sujets avaient été obtenus par hasard dans un semis de *M. lomariifolia* aux pépinières Slieve Donard (comté de Down, Ulster), et l'un d'entre eux a été sélectionné dans une série de *M. lomariifolia* élevés aux pépinières Russell (Windlesham) en 1952 par Sir Eric Savill qui le nomma 'Charity'. Il est de culture aisée et c'est actuellement un des arbustes à floraison hivernale les plus beaux et les plus populaires. Atteint 3 m de haut et, avec le temps, de large aussi. Supporte l'ombre. R. −15 °C. Fin d'automne à hiver.

***Mahonia ×media* 'Buckland'** — Issu d'un croisement entre *M. clomariifolia* et *M. japonica* réalisé par Lionel Fortescue à Buckland Monachorum (Devon). Parmi les 200 pieds obtenus, il choisit le meilleur et l'appela 'Buckland'. Légèrement parfumé. R. −15 °C. Hiver.

Mahonia napaulensis DC. (syn. *M. acanthifolia* G. Don) — Or. N.-E. de l'Inde, Bhutan, Népal et Uttar Pradesh, dans les forêts sempervirentes à 1 500-3 000 m où il fleurit d'octobre à avril. Peut atteindre 7 m de haut mais reste souvent autour de 4 m. Feuilles avec 6-13 paires de folioles. Les caractères qui permettent de distinguer *M. acanthifolia* et *M. napaulensis* en culture en correspondent pas bien aux espèces dans la nature, mais les *M. acanthifolia* cultivés ont des folioles ternes, des fleurs en automne et sont plus rustiques que certaines introductions à floraison printanière de *M. napaulensis*. R. −10 °C.

Mahonia lomariifolia Takeda — Or. Birmanie et Yunnan, dans les forêts vers 2 000 m. Grand arbuste, att. 10 m dans la nature, fleurissant en automne et parfois au printemps. Folioles par 9 à 18 paires. Souffre particulièrement des vents secs et froids. R. −10 °C. Introduit de Tengchong (Tengyueh) en 1931 par le major Johnston aux serres de la Madone à Menton.

Mahonia leschenaultiana à Kodaïkanal

Mahonia lomariifolia à Washington, Sussex (G-B)

Mahonia bealei

Mahonia ×media 'Buckland'

Mahonia napaulensis à Savill Garden, Windsor

Réduction de 50 %. Échantillons de l'Abbaye de Tresco, 14 février

Acacia saligna en Espagne

Correa schlechtendahlii

Acacia verticillata

Correa 'Dusky Bells'

Correa calycina

Acacia dealbata A. Cunn. (*Leguminosæ*), mimosa — Or. Australie (S.-E. et Tasmanie) dans divers milieux (au bord des rivières, dans les ravins ou sur les montagnes) où il fleurit de juillet à octobre. En climat chaud, devient un arbre de 30 m de haut, mais en climat plus frais dépasse rarement 10 m avant d'être endommagé par un hiver froid à partir de −7 °C. Hiver.

Acacia longifolia (Andrews) Willd. — Or. Australie (S. et S.-E.), particulièrement sur grès et sables. Arbuste att. 8 m de haut avec des feuilles (exactement des phyllodes) de 7 à 15 cm de long; fleurs en épis de 25 à 50 mm de long. Supporte les sols pauvres et situations sèches. R. −7 °C (coups de froid brefs seulement).

Acacia baileyana F.v. Muell. — Or. Australie (Nouvelles-Galles du Sud aux environs de Cootamundra) où il fleurit de juillet à septembre. Arbuste sempervirent ou petit arbre att. 10 m de haut fleurissant en janvier-février dans l'hémisphère N. Il existe des cultivars à feuilles dorées et bronzées. Sol bien drainé mais ne supporte pas bien la sécheresse. Plein soleil. R. −5 °C. Hiver.

Hebe ×franciscana (Eastw.) Souster (*Scrophulariaceæ*) — Hybride entre *H. elliptica* et *H. speciosa*. Très cultivé et même naturalisé aux îles Sorlingues. Buisson d'env. 2,5 m de haut, résistant au vent et au sel. R. −10 °C.

Atherosperma moschatum Labill. Voir aussi pp. 34-35.

Correa backhousiana Hook. (*Rutaceæ*) — Or. Australie (Victoria et Tasmanie), près des côtes, où il fleurit de mai à novembre, att. 4,5 m de haut (2 m en culture). C'est un des *Correa* les plus rustiques, survivant à Tresco où on en fait des haies. Sol bien drainé; soleil ou mi-ombre. R. −8 °C. Hiver.

Correa reflexa Vent. — Or. Australie (E., S., O. et Tasmanie) en forêts claires ou fourrés et sables côtiers. Arbrisseau sempervirent pouvant atteindre 3 m de haut ou rester prostré. Très variable. Fleurs de 2-4 cm de long, vertes à rouges ou bicolores avec une paire de bractées foliacées juste au-dessus. Sol bien drainé, même calcaire. R. −5 °C, éventuellement. Automne-printemps.

Correa ×harrisii Paxt. — Hybride de *C. reflexa* et *C. pulchella* créé par D. Beaton (voir aussi p. 41), mais qui fleurit pour la première fois chez son employeur, T. Harris, dans les années 1840. Arbrisseau de culture facile, soit dehors en climat méditerranéen (R. jusqu'à vers −5 °C), soit rentré en hiver. ***C.*** × ***mannii*** est très similaire ou identique.

Hardenbergia comptoniana Benth. (*Leguminosæ*) — Or. Australie S.-O., dans les forêts de jarrah (*Eucalyptus marginata*) et dans les fourrés côtiers, grimpant dans les arbres et att. 10 m. Feuilles composées de 3 à 5 folioles ovales à lancéolées de 6 à 12 cm de long. Grappes de 12 cm de long, att. rarement 25 cm. Fleurs d'environ 1 cm de large. Tout sol sableux, sec en été. Soleil ou mi-ombre. R. −5 °C. Janvier-avril.

Acacia saligna (Labill.) Wendl. (syn. *A. cyanophylla* Lindl.) — Or. Australie S.-O., dans les fourrés sur sable. Souvent planté dans le bassin méditerranéen, surtout près des côtes. Arbuste sempervirent att. 6 m de haut et presque autant de large. R. −5 °C, résistant à la chaleur et à la sécheresse estivale.

Acacia verticillata (L'Hér.) Willd. — Or. Australie (S., S.-E. et Tasmanie). Buisson étalé att. 5 m de haut et de large avec des phyllodes en forme d'aiguilles. Résiste au vent chargé de sel et peut être taillé en haie. R. −5 °C. Supporte les sols calcaires et humides. Printemps.

Correa schlechtendahlii Behr. (*Rutaceæ*) — Or. Australie S. (à l'O. d'Adélaïde) dans les fourrés. Feuilles persistantes, lisses et luisantes en dessus, presque glabres en dessous, en coin à la base. Étamines beaucoup plus longues que les clochettes. Arbrisseau de 50 cm. Sol sableux bien drainé. Plein soleil. R. −5 °C.

Correa calycina Black — Or. S. Australie (vallées près d'Adélaïde). Feuilles ovales ou oblongues, poilues en dessous. Calice à 4 lobes; étamines plus longues que les clochettes. Sol sableux, frais, bien drainé. Plein soleil. R. −5 °C. Automne à printemps.

***Correa* 'Dusky Bells'** — Probablement hybride entre *C. pulchella* et *C. reflexa*, avec fleurs d'un beau rose rouge de l'automne au printemps. Atteint 1 m de haut. Fleurs de 4 cm de long.

Réduction à 40 %. Échantillons de Kiew, 26 janvier

Arbutus ×*andrachnoides* à Kew

Arbutus andrachne près de Tokat, Turquie

Chimonanthus præcox Link (syn. *C. fragrans* Lindl.) (*Calycanthaceæ*) — Or. Chine (du Sichuan et du Hubei au Zhejiang) dans les montagnes jusqu'à 3 000 m, et aussi cultivé depuis longtemps pour ses fleurs très parfumées. Arbuste caducifolié att. 3 m de haut et de large, à feuilles opposées, ovales, lancéolées, rugueuses. Risque de fleurir de façon parcimonieuse après des étés frais, aussi le plante-t-on contre un mur bien exposé pour favoriser les bourgeons qui viennent aux aisselles des feuilles de la pousse de l'année. A tailler juste après la floraison. R. −25 °C. Fin de l'hiver.

Chimonanthus præcox **'Luteus'** (syn. 'Concolor') — L'intérieur des pétales est jaune et les fleurs un peu plus grandes que chez le type de l'espèce. 'Grandiflorus' a de plus grandes fleurs avec les pétales teintés de rouge à l'intérieur.

Elæagnus **×*submacrophylla*** Serv. **'Ebbingii'** (*Elæagnaceæ*) — Hybride d'*E. macrophylla* et probablement d'*E. pungens* obtenu en 1929 par S. Doorenbos à La Haye. Fleurs délicieusement parfumées, au début du printemps, (voir aussi p. 31). R. −20 °C.

Drimys lanceolata (Poir.) Baillon (syn. *D. aromatica* Muell., *Tasmannia lanceolata* (Poir.) A.C. Smith) (*Winteraceæ*) — Or. Australie (S., S.-E. et Tasmanie) en situations humides dans les montagnes jusque vers 1 500 m. Ce sempervirent peut devenir un arbre de 10 m de haut mais forme généralement en culture un arbuste dense. Fleurs vert jaune ou blanches, mâles, femelles ou bisexuées, en ombelles terminales, 2-8 pétales. Écorce et feuilles aromatiques. R. −10 °C. Printemps.

Jasminum nudiflorum Lindl. (*Oleaceæ*) — Jasmin d'hiver — Or. Chine où il est cultivé depuis très longtemps. Connu dans la nature seulement sous la var. *pulvinatum* W.W. Sm. (récoltée par G. Forrest au Yunnan), naine et broutée. Arbuste étalé, informe, qui atteint 3 m de haut lorsqu'on le palisse contre un mur mais donne un monceau de rameaux droits, verts et anguleux avec des feuilles caduques luisantes et des fleurs inodores à chaque nœud. R. −15 °C. Hiver et début du printemps.

Prunus subhirtella Miq. **'Autumnalis'** (*Rosaceæ*) — Ce cerisier à floraison hivernale est cultivé dans les jardins japonais depuis 1500. Arbuste de 5 m de haut au maximum qui peut fleurir n'importe quand durant l'automne (avant la chute des feuilles) et jusqu'au printemps, alors que les fleurs de son parent à fleurs blanches se nuancent de rose. Dans la nature, on trouve *P. subhirtella* au centre du Japon. R. −25 °C.

Arbutus **×*andrachnoides*** Link. (*Ericaceæ*) — Hybride entre *A. unedo* (p. 257) et *A. andrachne*, trouvé dans la nature en Grèce, dans l'O. de la Turquie et sur les côtes de la mer Noire où les parents poussent ensemble. Variable dans ses caractères mais avec souvent la belle écorce d'*A. andrachne*. Fleurit de l'automne au printemps et fructifie. On trouve dans les jardins des sujets âgés comme celui de Kew illustré ci-contre. Il supporte les sols calcaires ou serpentiniques. Plein soleil. R. −15 °C.

Arbutus andrachne L. — Or. Méditerranée orientale (du S. Albanie à la Crimée, au Liban et au N. Irak) jusqu'à 800 m d'alt. Fleurs de mars à mai et fruits mûrs en automne. Pousse sur des grès, serpentines et roches ignées dans des endroits arides en été. L'écorce des sujets adultes est lisse, rouge ou pourprée, s'exfoliant par petites plaques. Cet arbuste atteint 10 m de haut à Montpellier. Il est rare en culture quoique plus rustique qu'*A. unedo*; ses graines fraîches germent facilement mais j'ai trouvé des plants sensibles à l'excès d'humidité ou à croissance très lente. R. −15 °C.

Viburnum **×*bodnantense*** Aberc. **'Dawn'** — Obtenu après pollinisation de *V. farreri* par *V. grandiflorum* à Bodnant (N. du Pays de Galles) vers 1935. Arbrisseau en touffe jusqu'à 3 m de haut; fleurit d'octobre à avril; ses fleurs d'automne sont blanches teintées de rose et celles du printemps rose soutenu sur de plus grandes inflorescences, toutes parfumées et résistantes au gel. Tout sol, soleil ou ombre. R. −20 °C.

Fruits d'*Arbutus andrachne* en octobre

V. **'Deben'** — De même parenté que 'Dawn', mais obtenu aux pépinières Nottcutt, ce cultivar a des couleurs un peu plus pâles avec des corolles à tube plus long et une forme plus élégante que 'Dawn'.

Viburnum grandiflorum Wall. ex DC. (incl. *V. fœtens* Decne.) — Or. Himalaya (du Cachemire au S.-E. Tibet) en forêts claires où il forme souvent des fourrés denses, entre 2 700 et 3 600 m d'alt., et fleurit surtout en avril-mai. Atteint 2 m de haut ou davantage vers l'E. de son aire. Fleurs blanches ou roses. Tous sols; plein soleil ou mi-ombre. R. −10 °C. Les sujets de l'O. de son aire, autrefois appelés *V. fœtens*, ont des rameaux plus courts et des fleurs blanches.

Viburnum farreri Stearn (syn. *V. fragrans* Bge.) — Or. Chine (Gansu) où on le trouve aussi dans les jardins avec floraison en avril. Feuilles caduques opposées, obovales ou ovales, 6-10 cm de long. Atteint 2,5 m de haut avec de nombreuses tiges dressées partant de la base. Fleurs parfumées, généralement blanches teintées de rose, mais on cultive aussi une forme à fleurs blanc pur, *candidissimum*. Le cv. 'Nanum', qui ne dépasse pas 1 m, a rarement plus de quelques fleurs. Tout sol; soleil ou mi-ombre. R. −20 °C. Hiver et début du printemps.

Réduction à 66,66 %. Échantillons de Whisley, 8 mars

Sarcococca ruscifolia Stapf (*Buxaceæ*) — Or. Chine (O. Hubei, Sichuan et Yunnan) en forêts et sur falaises, particulièrement sur calcaire entre 600 et 1 600 m, avec floraison en mars-avril. Buisson sempervirent att. 2 m de haut; fleurs à parfum sucré, 3 stigmates; fruits rougeâtre foncé. Feuilles luisantes, plus courtes et plus larges que chez la plupart des autres espèces. De culture facile et bien adapté aux situations sèches et ombragées. R. −10 °C. Début du printemps. La var. *chinensis* (Franch.) Rehd. & Wils. a des feuilles plus étroites.

Sarcococca confusa Sealy — Connu seulement en culture; voisin de *S. ruscifolia* var. *chinensis* mais avec baies noires et 2 ou 3 stigmates. Forme un arbrisseau att. 2 m de haut, très rameux mais ne formant pas touffe.

Sarcococca hookeriana Baillon var. ***hookeriana*** — Or. Himalaya (depuis l'O. du Népal en direction de la Chine) en forêts entre 2 100 et 3 600 m y fleurissant de février à avril. Constitue une touffe de tiges att. 1 m de haut, à feuilles lancéolées et fleurs parfumées à 3 styles. Culture facile sur sol acide, mais moins beau que la var. *digyna*. R. −15 °C. Début du printemps.

S. hookeriana var ***digyna*** Franch. **'Purple Stem'** — La var. *digyna* remplace la var. *hookeriana* dans l'Ouest de la Chine (Sichuan et Yunnan). Elle a seulement 2 styles, des feuilles plus étroites que la var. *hookeriana* et semble un peu plus rustique. 'Purple Stem' illustré ici est particulièrement attrayant par ses tiges pourpre foncé. Culture facile avec préférence pour l'ombre ou la mi-ombre. R. −15 °C.

Sarcococca humilis (Rehd. & Wils.) Stapf — Or. Chine (O. Hubei, Sichuan et Yunnan) dans les fourrés vers 2 000 m. Peut atteindre 1,50 m de haut, mais reste généralement autour de 60 cm en formant touffe par drageons. Feuilles persistantes et luisantes, elliptiques; baies noires. Tout sol; supporte une situation sèche à l'ombre. R. −15 °C. Début du printemps.

Prunus mume Sieb. & Zucc., abricot japonais — Or. Chine (O. Hubei et Sichuan) entre 300 et 2 500 m, où il donne en mars-avril des fleurs blanches ou rose pâle. Cultivé depuis longtemps à la fois en Chine et au Japon pour ses fleurs et ses fruits, lesquels sont sphériques, comme de grosses cerises, et souvent marinés. C'est un bel arbuste à feuilles caduques, avec une écorce noire et de longs rameaux fins. Ses feuilles, qui apparaissent après les fleurs, sont largement ovales avec une pointe acuminée. On trouve au Japon de nombreux cultivars à fleurs parfumées rouges à blanches, simples ou semi-doubles. Celles de 'Benichidori' sont simples et d'un rose riche et profond; celles de 'Omoinomama' sont semi-doubles, généralement blanches mais aussi roses sur certaines branches. *Prunus mume* est d'une grande beauté raffinée malheureusement rare dans nos jardins. Il est souvent planté contre un mur mais donne de beaux spécimens dans les parcs abrités. R. −15 °C. Début du printemps.

Clematis cirrhosa L. (syn. *C. balearica* Pers.) — Or. région méditerranéenne (du Portugal à la Syrie) dans les maquis, sur les rochers et falaises jusqu'à 400 m d'alt., où elle fleurit de février à avril. Les aigrettes soyeuses des fruits sont plus marquantes, en mai, que les fleurs (p. 193). *C. balearica* avait été décrite pour ses feuilles plus finement découpées; le nombre de points rouges sur les pétales est variable aussi. Cette liane sempervirente atteint 4 m de haut avec des feuilles souvent teintées de pourpre en hiver. Fleurs parfumées. Culture facile en situation chaude. Tout sol, sec de préférence. R. −15 °C. Début du printemps.

Rhododendron mucronulatum Turcz. (*Ericaceæ*) — Or. Extrême-Orient (Japon, Corée, N. et N.-E., Chine, E. Sibérie) sur les collines où il fleurit en avril-mai. Atteint 2,5 m de haut. Feuilles caduques, 3−10×0,8−3 cm, lancéolées-elliptiques ou lancéolées. Fleurs variant du rose au pourpre rosé. Sol acide; soleil ou mi-ombre. R. −25 °C. Début du printemps.

***Rhododendron* 'Olive'** — Hybride entre *R. dauricum* et *R. moupinense* obtenu par Stirling Maxwell avant 1942. Arbuste att. 1,5 m, à feuilles persistantes. Sol acide; soleil ou mi-ombre. R. −25 °C.

Rhododendron dauricum L. — Or. Extrême-Orient (Hokkaïdo, Corée, N. Chine et E. Sibérie) sur les hautes montagnes sèches ou en forêt subalpine où il fleurit en avril-mai. Arbuste à feuilles persistantes ou semi-persistantes atteignant 2,5 m, avec fleurs de 2 à 5 cm de large depuis les premiers redoux de fin d'hiver jusqu'au printemps. Sol acide avec un peu d'ombre.
'Midwinter' est une clone à feuilles semi-persistantes avec des tons de fleurs plus soutenus. Il existe aussi des formes à belles fleurs blanches. R. −30 °C.

Rhodendron moupinense Franch. — Or. Chine (C. Sichuan et Guizhou) poussant généralement en épiphyte dans les forêts entre 2 000 et 4 000 m et fleurissant en mars-avril. Atteint 1,5 m. Feuilles persistantes de 3 à 4 cm de long. Fleurs blanches ou lavées de rose, tachetées, larges de 6 cm. Sol acide frais; mi-ombre. R. −10° à −15 °C. Début du printemps.

Corylus avellana L. **'Contorta'** (*Betulaceæ*). Noisetier tortueux — Le noisetier commun est or. de toute l'Europe jusqu'à la Turquie et le N.-O. de l'Iran, dans les forêts et fourrés et donne un grand arbuste cespiteux à feuilles caduques. Le coudrier à feuilles pourpres est le cultivar 'Purpurea' du *C. maxima* Mill. (or. S.-E. Europe et Caucase), qui se distingue par ses noisettes plus grosses et complètement enfermées dans un involucre plus allongé. *C. avellana* 'Contorta' constitue un arbuste très ramifié att. 3 m de haut et à croissance lente à cause de l'absence des vigoureux rejets droits qui caractérisent les sujets normaux. Il a été découvert dans le comté de Gloucester (GB) vers 1863. Tout sol; soleil ou mi-ombre. R. −30 °C.

Garrya elliptica Lindl. (*Garryaceæ*) — Or. O. des USA, sur les chaînes côtières, dans les maquis et forêts jusqu'à 600 m; en fleurs de janvier à mars. Arbuste pouvant atteindre 8 m de haut, portant des chatons mâles ou femelles sur des plantes séparées. Feuilles persistantes, cotonneuses en dessous. Dans la nature, les chatons mâles ont généralement 15 cm de long mais ils peuvent atteindre 35 cm sur de bons spécimens du cultivar 'James Roof' sélectionné en Californie. *Garrya elliptica* est très rustique mais, en climat froid, ses feuilles sont souvent grillées par les vents secs et les chatons habituellement tués par le gel pendant leur semaine de croissance. Plein soleil. R. −15 °C. Hiver.

Corylus avellana 'Contorta'

Garrya elliptica

Rhododendron moupinense

Réduction à 60 %. Échantillons de l'Abbaye de Tresco, 14 février

BRUYÈRES ARBORESCENTES

Azara microphylla Hook. fil. (*Flacourtiaceæ*) — Or. Chili et S. Argentine, dans les forêts de *Nothofagus obliqua*. Le plus rustique des *Azara* mais le moins coloré. Les fleurs minuscules, épanouies au début du printemps, exhalent un parfum de vanille. Tout sol ; soleil. R. −15 °C.

Euryops virgineus (L.f.) DC. (*Compositæ*) — Or. Afrique du Sud (entre Bredasdorp et Port Elizabeth) où il fleurit toute l'année. Arbrisseau dressé, haut d'1,5 m et parfois jusqu'à 3 m. Plein soleil. R. −5 °C.

Leptospermum scoparium J.R. & G. Forst (*Myrtaceæ*) — Or. Australie et Nouvelle-Zélande (N. et S.): commun depuis la côte, où il peut atteindre 8 m de haut, jusqu'en montagne où il devient prostré ou en coussin ; pousse aussi bien en terrain sec qu'humide et tolère même les sols chauds près des geysers. Dans la nature, ses fleurs sont généralement blanches. Toutes les parties de cet arbuste sempervirent sont aromatiques. Dans les jardins d'Europe, le *Leptospermum scoparium* typique est rare depuis qu'il a été supplanté en beauté par ses cultivars. Il n'est rustique que sur les côtes atlantiques les mieux abritées et la Côte d'Azur. Soleil. R. −7 °C. Automne-printemps.

***L. scoparium* 'Winter Cheer'** — Un *L. scoparium* à fleurs simples et rouges, appelé 'Nicholsii', croisé en Californie avec un *Leptospermum* à fleurs roses doubles, a donné en seconde génération des plantes à fleurs rouges doubles parmi lesquelles 'Red Damask' et 'Ruby Glow' ; 'Winter Cheer', illustré ci-contre, semble avoir la même généalogie. Ce sont d'excellentes plantes pour les climats ensoleillés à hiver doux sous lesquels elles fleurissent en hiver et au début du printemps, et parfois aussi en été. Le rose double 'Pompon' et le blanc double 'Snow White' sont également cultivés. En Angleterre, ces cultivars ne peuvent pousser que dans les jardins les plus doux à l'exception de 'Red Damask' qui a survécu plusieurs années en extérieur à Wisley.

Erica australis près de Ronda, Espagne

Erica australis

Leptospermum 'Winter Cheer'

Erica ×veitchii Bean (*Ericaceæ*) — Hybride entre *E. arborea* et *E. lusitanica* obtenu par les pépinières Veitch à Exeter et commercialisé en 1905. Les fleurs et les poils des jeunes pousses sont intermédiaires entre ceux des parents. C'est une plante vigoureuse mais qui, autrement, n'est pas meilleure que ses parents. On cultive généralement le clone appelé 'Exeter'.

Erica arborea L. — C'est la vraie bruyère arborescente du bassin méditerranéen (depuis le Portugal jusqu'à la mer Noire en passant par le Midi de la France) et que l'on trouve aussi aux îles Canaries, sur les montagnes de l'Afrique orientale (comme les monts Kenya et Kilimanjaro) vers 4 000 m, au Tibesti et au Yémen. Fleurit en Europe de mars à mai. Peut atteindre en forêt 7 m de haut avec un tronc unique mais donne généralement des rejets de la base. Fleurs toujours blanches ; corolle de 2,5 à 4 mm ; style fort avec un stigmate blanc. Jeunes pousses couvertes de poils très ramifiés. Un peu fragile au N. de son aire naturelle à l'exception des côtes atlantiques. La var. *alpina* Dieck, introduite en 1899 des environs de Cuenca en Espagne vers 1 200 m, est réputée un peu plus rustique avec une floraison plus tardive et un port un peu plus raide. Sol acide. R. −10 °C.

Erica lusitanica Rudolphi — Or. S.-O. France, Espagne et Portugal. dans les landes humides et au bord des bois, en fleurs de mars à mai. Naturalisé en Cornouailles. Présence signalée aussi près de Brest. Ressemble à *E. arborea* en plus petit (3,5 m) et avec des fleurs plus grandes (corolle 4-5 mm de long), teintées de rose avec un stigmate rouge. Les poils sur les jeunes pousses ne sont pas ramifiés. Plus ornemental qu'*E. arborea* mais aussi fragile et à réserver pour les régions côtières. Sol acide. R. −10 °C.

Erica canaliculata Andrews — Or. région du Cap (du district de George à celui de Humansdorp) dans les endroits humides et en lisière des forêts où elle fleurit en majeure partie en été. Donne un arbuste de 2 m de haut, ou davantage dans les meilleures conditions. Les fleurs sont généralement rose pâle, mais en culture en Europe, elles peuvent être blanches soit à cause du faible ensoleillement hivernal au moment de la floraison principale, soit parce que la forme blanche aurait été la seule introduite en Europe vers 1802. C'est une des bruyères sud-africaines les plus faciles à cultiver, réussissant en serre ou en plein air dans des jardins aussi favorisés que ceux de Tresco (îles Sorlingues). R. −5 °C.

Erica australis L. (syn. *E. aragonensis* Willk.) — Or. Portugal et O. Espagne dans les landes sur les collines, fleurissant de mars à juin. Arbuste assez lâche, att. 2 m de haut. Belle plante avec les plus grandes fleurs (6-9 mm de long) des grandes espèces européennes, mais assez fragile et tuée par les hivers froids sauf sur les côtes atlantiques et méditerranéennes. On connaît en culture une forme blanche, 'Master Robert'. Sol sans calcaire. R. −10 °C.

Rosmarinus officinalis L., romarin — Or. pourtour méditerranéen en sites rocheux à basse altitude, surtout près de la mer, fleurissant principalement en automne et au printemps. Arbrisseau sempervirent att. 2 m de haut, très variable dans la couleur de ses fleurs (du presque blanc au rose, pourpre ou bleu) et dans la largeur de ses feuilles (de 1,2 à 3,5 mm). Des individus prostrés à feuilles étroites avec des fleurs bleu foncé, comme celui illustré ci-contre, sont communs en Corse mais assez fragiles. 'Fastigiatus' ou 'Miss Jessop's Variety' est une plante plus solide, dressée, à feuilles larges et à fleurs pâles. Les cultivars 'Benenden Blue' et 'Severn Sea', prostrés à feuilles étroites et fleurs bleu foncé viennent aussi probablement de Corse. R. −10° ou −15 °C.

Réduction de moitié. Échantillons de la serre tempérée, Kew, 27 mars

Banksia speciosa

Banksia occidentalis

Clianthus puniceus

Calicotome spinosa (L.) Link (*Leguminosæ*) — Or. région méditerranéenne occidentale (de l'Italie au Maroc) dans les maquis et collines rocheuses. Arbuste très ramifié att. 3 m de haut et armé de fortes épines. Tout sol ; plein soleil. R. −10 °C. Printemps.

Genista monspessulana (L.) L. Johnson (syn. *Teline monspessulana* (L.) C. Koch) (*Leguminosæ*) — Or. région méditerranéenne, Portugal et Açores. Dans les maquis et forêts claires. Arbrisseau très ramifié atteignant 3 m de haut. Feuilles poilues des deux côtés. Tout sol ; plein soleil. R. −10 °C. Printemps.

G. canariensis L. (syn. *Teline canariensis* (L.) Webb. & Berth.) — Or. îles Canaries (Ténérife et Grande Canarie) en forêts et maquis sur les côtes N. entre 500 et 1 500 m où il fleurit en été. Arbrisseau dressé att. 4 m avec les pousses et le dessous des feuilles couverts de poils soyeux. Fleurs en grappes terminales. Rustique seulement en zone de l'oranger. R. −5 °C. Printemps.

Sutherlandia frutescens (L.) R. Br. (*Leguminosæ*) — Or. Afrique du S. à flanc de collines où il fleurit de juillet à décembre. Arbrisseau pouvant atteindre 2 m de haut mais généralement plus petit, avec des feuilles argentées et des gousses parcheminées dilatées qui favorisent la dispersion des graines. Cultivé en Europe en serre depuis environ 1680 et de culture facile sur les côtes méditerranéennes et californiennes. Tout sol sec ; plein soleil. R. −5 °C éventuellement. Printemps.

Sophora microphylla Ait. (*Leguminosæ*) — Or. Nouvelle-Zélande (N. et S.) en forêts ouvertes, au bord de rivières et dans les endroits humides et rocheux, où il fleurit de juillet à octobre. Arbuste att. 5 m de haut à feuilles composées de généralement plus de 30 paires de folioles presque rondes. Plein soleil, abrité contre un mur en zone limite de rusticité. R. −10 °C.

Coronilla valentina L. (*Leguminosæ*) — Or. C. région méditerranéenne (de la Provence à l'Albanie et à l'Afrique du N.) dans le maquis et sur les falaises, en fleurs de février à mai. Arbuste de moins d'1,5 m à fleurs parfumées. R. −10 °C. Printemps.

Coronilla glauca L. (syn. *C. valentina* ssp. *glauca* (L.) Batt.) — Or. région méditerranéenne du Portugal à la Grèce, dans les mêmes sites que l'espèce précédente dont elle diffère par ses 2 ou 3 paires de folioles (au lieu de 3-6) à stipules de 2 à 6 mm de long (au lieu de 5 à 10 mm) ovales ou lancéolées, membraneuses et ses gousses avec 1 à 4 segments, rarement davantage. On trouve dans les jardins un cultivar à feuilles panachées et un à fleurs jaune pâle. Floraison en automne et au printemps. R. −10 °C.

Cneorum tricoccon L. (*Cneoraceæ*) — Or. région méditerranéenne occidentale (de l'Italie à l'Espagne) dans les collines rocheuses et généralement calcaires. Arbrisseau de 50 cm à 1 m de haut. R. −15 °C. Été.

Banksia occidentalis R. Br. (*Proteaceæ*) — Or. S.-O. de l'Australie, dans les sables tourbeux trempés près de la côte, où il fleurit de janvier à avril. Arbuste dressé, att. 7 m de haut, à feuilles linéaires de 5 à 15 cm de long, fleurs orangées à rouges en épis de 10-15 cm de haut. Plein soleil. R. −5 °C éventuellement. Été-automne.

Banksia speciosa R. Br. — Or. Australie occidentale (entre Hopetown et Israelite Bay) dans les profonds sols sableux littoraux. Arbuste sempervirent att. 5 m ; feuilles de 30 à 40 cm de long ; têtes florales de 10 cm de diamètre. Sols très pauvres ; plein soleil. R. −5 °C, éventuellement. Fleurit toute l'année.

Clianthus puniceus (G. Don) Sol. ex Lindl. (*Leguminosæ*) — Or. Nouvelle-Zélande : très localisé en rares endroits de l'île du N. (petites îles de la Baie des Îles, sur la côte près de Thames et au lac Waïkaremoana) où il reste de vieux pieds estimés centenaires. En culture, il donne un arbuste de 3 m de haut en le palissant. Ses couleurs varient du rouge vif au blanc et chaque fleur peut atteindre 8 cm de long. R. −10 °C, éventuellement, avec protection des vents secs et froids. Printemps.

Pittosporum tobira (Thunb.) Ait. (*Pittosporaceæ*) — Or. Japon (côtes S.), S. Corée et Chine sur les coteaux rocheux, en fleurs d'avril à juin. Largement planté dans le monde entier sous climat doux pour ses fleurs à odeur d'orange et ses feuilles persistantes luisantes et résistantes au sel. Forme un grand arbuste ou un petit arbre dense, jusqu'à 10 m de haut mais plus souvent aux alentours de 2 m. Plus rustique qu'on ne le croit généralement, il survit bien à Londres, et atteint vers le nord la frontière canadienne sur la côte du Pacifique. Ses graines collantes, d'un orange vif, sont aussi très attrayantes. R. −10 °C. Printemps.

Clianthus puniceus

Pittosporum tobira

Réduction à 40 %. Échantillons de Peter Addington, 23 novembre

Arundinaria muriælæ avec *Euonymus*

Chusquea culeou avec *Gunnera*

Arundinaria linearis

Sasa palmata

Chusquea culeou E. Desv. (*Gramineæ*) — Or. S. Andes (Chili et Argentine). Rhizomes très courts formant une touffe dense qui s'étend lentement. Chaumes de 4 à 6 m de haut (rarement 10 m), de 3 à 4 cm d'épaisseur avec des nœuds poilus assez rapprochés portant des graines persistantes glabres. Limbe des feuilles 1×5-10 cm. Sol humide; situation abritée. R. −15 °C. Branches étroites, arquées, très feuillées.

Arundinaria japonica Sieb. & Zucc. (syn. *Pseudosasa japonica* (Sieb. & Zucc.) Mak.) — Or. Japon (très rare à l'état spontané, mais largement planté et naturalisé). Rhizomes assez peu traçants donnant une touffe dense. Chaumes hauts de 2 à 5 m, épais de 5 à 15 cm, à gaines beiges, rugueuses et persistantes. Limbe des feuilles étroitement lancéolé, 8-30×1-4,5 cm, glabres. Sol riche et frais; situation abritée. R. −15 °C.

Arundinaria murielæ Gamble (syn. *Fargesia murielæ*) (Gamble) Yi; désigné aussi, mais probablement par erreur, du nom de *Thamnocalamus spathaceus* ou d'*Arundinaria spathacea*) — Or. Chine vers 3 000 m. Rhizomes courts donnant une touffe dense de chaumes de 2 à 4 m de haut, d'abord verts puis jaunes, de 10 mm de diam. Limbes foliaires 6-11×1-1,5 cm finement dentés sur les bords. Sol riche et frais; situation abritée. R. −20 °C.

A. argenteostriata (Regel) Vilmorin (syn. *Pleioblastus argenteostriatus* (Regel) Nakai) — Les individus à feuilles non panachées sont or. Japon en forêt claire et sur coteaux. Le cultivar illustré, **'Okinadake'**, att. 1 m de haut.

A. viridistriata (Sieb. ex André) Mak. ex Nakai **'Auricoma'** (syn. *Sasa auricoma* (Mitf.) E.G. Camus, *Pleioblastus viridistriatus* (André) Mak.) — Or. Japon. Rhizomes traçants, formant de grands tapis. Chaumes att. 1,5 m de haut et 6 mm de diamètre. Gaines persistantes, duveteuses à l'état jeune. Limbes foliaires 18×2,8 cm, duveteux des deux côtés. R. −15 °C.

A. linearis Hack. (syn. *Pleioblastus linearis* (Hack.) Nakai) — Or. Japon (îles Ryu-Kyu) en forêts. Rhizomes peu traçants donnant une touffe dense. Chaumes de 2 à 3 m de haut. Limbe des feuilles largement linéaire, 4-15×0,4-1 cm, avec une longue pointe effilée. Sol riche et frais; situation abritée ou mi-ombragée. R. −10 °C.

Semiarundina fastuosa (Mitf.) Mak. — Or. S.-O. Japon, en forêt. Rhizomes longs, traçants, donnant des bosquets ouverts. Chaumes hauts de 5 à 10 m, épais de 3 à 7 cm, à gaines généralement caduques. Limbe des feuilles étroitement lancéolé, glabre. Sol riche, frais; soleil ou mi-ombre. R. −10 °C avec la capacité de se reconstituer après les grands froids.

Phyllostachys aurea (Carr.) Riv. — Or. S.-E. Chine. Chaumes hauts de 4 à 8 m, épais de 3 à 4 cm, lisses, grisâtres ou jaunes un peu bronzés; nœuds inférieures comprimés; gaines rapidement caduques. Limbes foliaires 6-15×1-2 cm. R. −15 °C.

P. nigra (Lodd.) Munro **'Boryana'** — Or. E. Chine. Chaumes 3-5 m de haut, 2-2,5 cm de diamètre, à gaines caduques. Limbe des feuilles 6-13×0,8-1,8 cm. R. −15 °C. Le *P. nigra* typique a les chaumes noirs et luisants; chez **'Punctata'**, ils sont tachetés de brun-pourpre. **'Aureo-variegata'** a les feuilles striées de jaune.

P. aureosulcata McClure — Or. N.-E. Chine. Chaumes 3-6 m de haut, 1-3 cm de diamètre, parfois en zigzag à la base. Gaines striées, caduques. Limbes foliaires 15×2 cm. R. −15 °C.

Shibatæa kumasaca (Zoll.) Mak. — Or. Japon, en forêt, et largement cultivé. Rhizomes peu traçants donnant des touffes lâches de chaumes sombres, sinueux, d'environ 5 mm de diam. et att. 1,5 m de haut. Limbes foliaires, 6-10×1,5-2,5 cm, en verticilles apparents de 3 à 4 par nœud. Sol humifère et frais; situation abritée et ombre. R. −10 °C.

Sasa palmata (Bean) Nakai — Or. Japon et S. Sakhaline. Rhizomes traçants, en groupes largement étalés. Chaumes de 1 à 1,5 m de haut. Limbe des feuilles 10-39×0,5-0,8 cm, glabre sur les deux faces ou légèrement poilu en dessous. Sol riche et frais; situation abritée et mi-ombragée. R −20°C. *Sasa veitchii* (Corr.) Rehd. a des chaumes plus courts, des limbes foliaires bordés de blanc.

Réduction à 40 %. Échantillons de Eccleston Square et du Physic Garden de Chelsea, 30 avril

Griselinia littoralis 'Variegata'

Pseudopanax ferox

Skimmia laureola

Buxus wallichiana à Borde Hill

Aucuba japonica Thunb. (*Cornaceæ*) — Or. Japon (S. Honshu, Shikoku et Kyushu), dans les bois, en fleurs de mars à mai. Arbrisseau dioïque att. 3 m de haut et donnant des baies rouges, plus rarement jaunes (f. *luteocarpa* D'Ombr.) ou blanches (f. *leucocarpa*). De nombreux cultivars, la plupart à feuilles tachetées, étaient populaires dans les massifs victoriens et l'un d'eux, femelle, 'Variegata', avait été la première introduction ; celle-ci fut réalisée par John Græffer en 1873. Les plantes mâles ont des inflorescences plus allongées et visibles que les femelles, mais il faut les deux pour obtenir une bonne quantité de baies. Très tolérant à l'ombre et à la sécheresse ; les plantes dégingandées doivent être coupées au ras du sol au printemps et repartiront de la souche. Tout sol. R. −15 °C. Printemps.

Aucuba japonica f. ***longifolia*** (T. Moore) Schelle — Les pieds d'*Aucuba japonica* à feuilles étroites peuvent être rangés par commodité sous ce nom ; ils sont cultivés depuis le XIXe siècle.

Aucuba chinensis Benth. ssp. ***omeiensis*** (Fang) Fang & Song — Or. O. Chine, notamment du mont Omei dans le S.-O. du Sichuan où il fut récolté par E. Wilson et Roy Lancaster. Des plantes similaires (*A. chinensis* Benth.) sont connues à Hong Kong. Peut atteindre 6 m de haut avec des feuilles de 20 cm de long ; fruits 2 cm de long en panicules allongées. Comme on le trouve à plutôt basse altitude (800-1 300 m), il est improbable qu'il puisse résister à une température inférieure à −10 °C. La récolte 614 de Roy Lancaster est illustrée ci-contre.

Elæagnus macrophylla Thunb. (*Elæagnaceæ*) — Or. Japon et Corée, dans les fourrés littoraux, fleurissant en octobre-novembre. Fleurs en tube court, à parfum sucré ; feuilles persistantes couvertes d'écailles brunes à l'état jeune, généralement pourvues de seulement quelques écailles blanches par la suite, luisantes en dessus. Cette espèce donne un arbrisseau lâche ou désordonné jusqu'à 2 m de haut. Fruits (quand ils sont produits) rosés avec écailles blanches. R. −15 °C.

Elæagnus pungens Thunb. — Or. Japon, dans les fourrés littoraux. Forme un grand arbrisseau émettant souvent au loin de longues branches retombantes, avec des fleurs à long tube en octobre-novembre. Feuilles arrondies aux deux extrémités, ondulées sur les bords, avec de nombreuses écailles brunes en dessous et une face supérieure assez terne. Fruits rouges à écailles brunes. **'Dicksonii'** est le cultivar illustré ci-contre. Soleil ou mi-ombre. R. −15 °C.

Elæagnus ×submacrophylla Serv. **'Gilt Edge'** — Mutation d'*E.* 'Ebbingei' (voir p. 21) obtenue en 1961 par MM. Waterer, fils & Crisp. R. −10 °C.

Skimmia japonica Thunb. (*Rutaceæ*) — Or. Japon, Sakhaline, Formose et peut-être aussi Luçon où il pousse en forêts, souvent en épiphyte sur notamment de vieux *Cryptomeria* (par ex. à l'île de Yakushima). Introduit du Japon par Robert Fortune en 1861. Il existe de nombreux cultivars décrits en détails par P. Brown dans *The Plantsman*, vol. 1(4) 1980. De culture facile, les *Skimmia* préfèrent un sol riche un peu acide ; ils supportent particulièrement bien les situations ombragées dans les jardins urbains. Pour obtenir une bonne quantité de baies, on a besoin de pieds mâles et femelles qu'il faut planter côte à côte. Les meilleurs résultats sont obtenus avec une pollinisation manuelle en caressant chaque fleur femelle avec des fleurs mâles cueillies quand elles laissent échapper leur pollen. R. −15 °C.

Skimmia japonica **'Rubella'** — Clone femelle remarquable par la couleur rouge de ses feuilles supérieures, pétioles, pédicelles et sépales, très attrayant en boutons mais plus pâle quand les fleurs sont épanouies. Introduit de Chine en France par Eugène Simon. Croissance buissonnante jusqu'à 1,10 m ; fleurs parfumées. R. −15 °C.

Skimmia laureola (DC.) Sieb. & Zucc. — Or. de l'Himalaya (depuis l'E. du Népal) à l'E. de la Chine, poussant particulièrement dans les sites rocheux des forêts entre 1 600 et 3 600 m, en fleurs d'avril à juin. Arbrisseau de moins d'1 m de haut généralement à feuilles persistantes, aromatiques, fleurs agréablement parfumées et baies noires.

Buxus wallichiana Baillon (*Buxaceæ*) — Or. Himalaya (de l'Afghanistan au C. du Népal) de 1 800 à 2 700 m, poussant généralement dans les ravins trempés, ombragés et rocheux, fleurissant de mars à mai. Arbuste att. 7 m de haut, reconnaissable à ses feuilles étroites, linéaires-lancéolées à elliptiques jusqu'à 6 cm de long et ses pousses pubescentes. Il est rare en culture mais rustique. R. −10 °C.

Pseudopanax ferox (Kirk) Kirk (*Araliaceæ*) — Or. Nouvelle-Zélande, en forêts de basse altitude où il fleurit en février. La photographie ci-dessus le montre au stade juvénile avec une tige droite et des feuilles dirigées vers le bas ; les arbres adultes ont un port arrondi, atteignant 15 m, avec des feuilles lancéolées et dentées ne dépassant pas 15 cm de long. Tout sol ; soleil ou mi-ombre. R. −7 °C si le froid est de courte durée.

Griselinia littoralis Raoul **'Variegata'** (*Cornaceæ*) — Or. Nouvelle-Zélande, en forêts de basse altitude et montagnes, y fleurissant de novembre à janvier. Petit arbre arrondi atteignant 15 m de haut, à feuilles coriaces de 5 à 10 cm de long, fleurs d'environ 5 mm de diamètre, les mâles et les femelles sur des individus séparés. Baies petites et noires. Tout sol humide ; plein soleil ou mi-ombre. R. −7 °C à l'abri des vents froids. Été. Le cultivar panaché, illustré ci-contre, peut avoir des feuilles aussi bien bordées de blanc que blanches au milieu.

Salix atrocinerea

Salix magnifica à Baoxing, Chine

Salix magnifica (femelle)

Salix magnifica (mâle)

Salix atrocinerea Brot. (*Salicaceæ*) — Or. Europe occidentale et Afrique du N. dans les marécages et fossés, au bord des rivières et des forêts, en fleurs de mars à mai. Peut atteindre 10 m de haut; pousses glabres à partir de leur 2e année; feuilles caduques, obovales ou oblongues-oblancéolées. Chatons de 2,5 cm de long apparaissant avant les feuilles. Tout bon sol; soleil. R. −20 °C.

Salix magnifica Hemsl. — Or. Chine (O. Sichuan), dans les fourrés de montagne et au bord des cours d'eau entre 2 000 et 3 000 m, fleurissant en mai-juin. Arbuste caducifolié att. 7,50 m. Chatons mâles de 10 à 18 cm de long, femelles de 18 à 30 cm. Sol frais; plein soleil ou mi-ombre. R. −15 °C. Printemps.

Salix lanata L., saule laineux — Or. Écosse (très rare) et de l'Islande à la Russie arctique et à la Sibérie, dans les rochers et falaises de montagne, fleurissant en juin. Arbrisseau à feuilles caduques atteignant 1,5 m de haut. Sol bien drainé; situation fraîche à mi-ombre. R. −25 °C et en dessous.

Salix discolor Muhl. — Or. N. de l'Amérique du N. (du Labrador à l'Alberta, au Kentucky et au S. Dakota) dans les marécages, au bord des lacs et cours d'eau et broussailles humides, en fleurs de février à mai dans le nord. Arbuste caducifolié att. 6 m de haut. Chatons mâles de 2,5 à 6 cm de long. Les femelles un peu plus longs, ornant de poils argentés les pousses nues en fin d'hiver, avant l'apparition des étamines jaunes ou des styles verdâtres au printemps. Sol frais; soleil. R. −25 °C et en dessous.

Salix hastata L. **'Wehrhahnii'** — L'espèce est or. d'Europe (de la Norvège et l'Espagne à la Sibérie et la Roumanie) dans les endroits mouillés et, dans le Sud, en montagne, fleurissant d'avril à juin. Le clone mâle 'Wehrhahnii' fut découvert par le Garteninspector Bonstedt à Geismar (Engadine) vers 1930. Arbrisseau à tiges multiples, atteignant 2 m de haut. Jeunes pousses brun pourpre en hiver; feuilles elliptiques à obovales; chatons d'environ 5 cm de long; bractées bien visibles avec longs poils blancs. Tout sol frais; soleil. R. −25 °C. Printemps.

Prinsepia utilis Royle (*Rosaceæ*) — Or. Himalaya (du Pakistan au Yunnan) et Formosea, en forêts et fourrés entre 1 200 et 2 700 m, fleurissant en octobre-novembre et en avril-mai avec des fruits souvent mûrs au printemps. Arbrisseau largement étalé, caducifolié, pouvant atteindre 3 m de haut. Tiges vertes; épines de 2 à 4 cm; fleurs blanches en grappes pauciflores; fruits jusqu'à 1,7 cm de long. Tout sol bien drainé; soleil. R. −10 °C.

Lonicera microphylla Rœm. & Schult. (*Caprifoliaceæ*) — Or. Asie centrale (de l'Ouzbekistan et l'Afghanistan au Tibet et à la Mongolie) sur coteaux rocheux secs; en fleurs d'avril à juin. Arbrisseau buissonnant caducifolié att. 2 m. Fleurs d'env. 1 cm sur des pédoncules att. 15 mm de long; baies soudées, rouges. Sol bien drainé, même calcaire; soleil. R. −25 °C. Printemps.

Xanthorrhiza simplicissima Marsh (*Ranunculaceæ*) — Or. S.-E. USA (de New York à la Floride et l'Alabama) dans les bois humides, fourrés et prês des cours d'eau; en fleurs d'avril à mai. Arbrisseau drageonnant de moins d'1 m de haut, formant de grandes nappes. Écorce et racines jaunes. Feuilles caduques, violacées à l'état jeune, se colorant à l'automne; fleurs de 4 mm de diamètre. Sol acide et humide; soleil et mi-ombre. R. −20 °C. Printemps.

Maddenia hypoleuca Köhne (*Rosaceæ*) — Or. Chine (O. Hubei) entre 1 200 et 1 500 m, fleurissant en avril et mai. Arbrisseau dioïque ouvert, de 2 à 6 m de haut. Fleurs apparaissant avec les feuilles, sans pétales mais avec 25 à 40 étamines de 6 mm de long chez les plantes mâles et avec un seul style chez les plantes femelles. Fruit semblable à une prune, elliptique, noir, de 8 mm de long. Tout bon sol; soleil. R. −15 °C. Début du printemps.

Lonicera microphylla à Ferghana, Asie centrale

Salix lanata

Xanthorrhiza simplicissima

Salix discolor près de New York

Prinsepia utilis

Salix hastata 'Wehrhahnii'

Maddenia hypoleuca

Réduction à 75 %. Échantillons de la serre tempérée, Kew, 27 mars

Rhaphiolepis indica 'Springtime' au Texas

Choisya dumosa var. *arizonica*

Choisya ternata

Choisya ternata Kunth *(Rutaceæ)*, oranger du Mexique — Or. Mexique. Arbrisseau att. 3 m de haut ; feuilles persistantes, aromatiques ; fleurs parfumées, quelques-unes automnales mais la plupart printanières. Plante commune et intéressante en culture, surtout en ville ; tolère bien la taille et supporte la sécheresse, mais demande un bon drainage et un abri sous climat froid. Intact à −10 °C mais défolié à −15 °C.

Choisya dumosa (Torr.) Gray — Or. Amérique du N. (O. Texas, Nouveau-Mexique, Arizona et N. du Mexique) dans les déserts et montagnes à 1 200-2 000 m, souvent en forêts de chênes ou de *Pinus edulis* Engelm. ; fleurit d'avril à juillet. On reconnaît trois variétés : var. *dumosa* avec 5 à 13 folioles, var. *arizonica* (Standl.) Benson (syn. *C. arizonica* Standl.) de l'Arizona avec 3 à 5 folioles et pétales de 10 à 13 mm de long, et var. *mollis* (Standl.) Benson avec aussi 3 à 5 folioles mais pétales de 8 à 10 mm de long. Arbrisseau sempervirent atteignant 1 m de haut ; folioles jusqu'à 5 cm de long, à odeur de *Citrus* lorsqu'on les froisse. Sol sec bien drainé. R. −10 °C.

Atherosperma moschatum Labill. *(Monimiaceæ)* Voir aussi p. 19 — Or. Australie (S.-E. et Tasmanie), en forêts. Arbre sempervirent pouvant atteindre 30 m de haut dans son pays. Tiges et feuilles aromatiques ; fleurs mâles et femelles portées par des plantes séparées. Fragile en culture, il peut survivre dans les jardins à climat doux ou il donne un arbuste dressé de 6 m de haut, fleurissant assez jeune. Sol acide ou neutre. R. −5 °C à −10 °C.

Ribes speciosum Pursh *(Saxifragaceæ)*, groseillier à fleurs de fuchsia — Or. Californie et Mexique (du N. de la Basse Californie au comté de Santa Clara), dans les ravins ombragés près de la côte, dans la steppe à armoise et le maquis en dessous de 500 m, en fleurs de janvier à mai. Arbrisseau rameux de moins de 2 m de haut avec branches étalées. Contrairement à de nombreux *Ribes*, cette plante est inodore. Situation ensoleillée et abritée, en sol bien drainé. R. −15 °C.

Œmleria cerasiformis (Hook. & Arn.) Landon (syn. *Nuttalia cerasiformis* Torr. & Gr. ex Hook. & Arn., *Osmaronia cerasiformis* (Hook. & Arn.) Greene) *(Rosaceæ)* — Or. O. Amérique du N. (du S. de la Californie à la Colombie Britannique), dans les vallées rocheuses et ravins en dessous de 1 700 m ; en fleurs de février à avril.

Osteomeles schwerinii G. Schneid. *(Rosaceæ)* — Or. O. Chine (Yunnan et O. Sichuan), dans les vallées chaudes et sèches, entre 350 et 2 000 m, où il fleurit en avril-mai. Buisson rameux, semi-caducifolié, d'1 m de haut (rarement 3 m), facilement reconnaissable à ses feuilles pennées. Fruits petits, noirs et glabres. *O. schwerinii* var. *microphylla* Rehd. & Wils., aux folioles moins nombreuses et plus petites, est réputé plus rustique. Tout sol bien drainé ; plein soleil. R. −5 °C à −10 °C.

Simmondsia chinensis (Link) C.K. Schneid. *(Buxaceæ)*, jojoba — Contrairement à son nom, cette espèce est or. des déserts de Californie, de l'Arizona et du Mexique, en dessous de 1 500 m, où elle donne un arbrisseau sempervirent très ramifié, att. 2 m de haut, avec de mars à mai de petites fleurs vertes, les mâles et les femelles portées par des plantes séparées. Noix comestibles et si riches en huile qu'on peut l'exploiter en climat aride. Sol sec ; plein soleil. R. −10 °C.

Rhaphiolepis umbellata (Thunb.) Mak. *(Rosaceæ)* — Or. Japon (sauf Hokkaïdo) et îles Quelpaert, dans les fourrés littoraux, en fleurs d'avril à juin. Arbrisseau sempervirent att. 4 m de haut, à fleurs parfumées ; fruits d'environ 1 cm de diamètre, noirs, luisants. De culture facile, mais craint le froid sec. R. −10 °C.

Rhaphiolepis indica Lindl. — Or. S. Chine, entre 150 et 1 600 m, fleurissant en automne et au printemps. Arbrisseau à feuilles persistantes dont beaucoup de cultivars ont été nommés, à fleurs allant du blanc au rose foncé et de hauteurs diverses : 'Ballerina' a généralement moins de 60 cm, tandis que 'Majestic Beauty' peut atteindre 5 m. Soleil. Plus rustique en hiver qu'on ne le croit d'habitude. R. −10 °C.
'Springtime' est un cultivar vigoureux qui peut atteindre 2 m de haut mais peut être maintenu plus bas en pinçant les jeunes pousses.

Réduction à 62,5 %. Échantillons de l'Arboretum Hillier, 14 mai

Lindera benzoin près de New York

Cornus mas

Daphne retusa

Rhus aromatica Ait. (syn. *R. canadensis* Marsh) (*Anacardiaceæ*) — Or. E. de l'Amérique du N. (du Québec à la Floride et de l'Indiana au Texas) dans les endroits sableux et rocheux secs et dans les forêts claires. Arbrisseau souvent étalé, att. 2 m de haut. Feuilles caduques, trifoliolées avec la foliole terminale souvent dentée. Toutes les parties de la plante sont aromatiques. Fleurs en avril et mai, généralement avant les feuilles. La var. *arenaria*, particulièrement étalée et basse, se rencontre sur les sables dunaires du Centre-Ouest américain. R. −25 °C.

Comptonia peregrina (L.) Coult. (*Myricaceæ*) — Or. E. de l'Amérique du N. (de la Nouvelle-Écosse à la Géorgie et, vers l'E., au Minnesota et au Tennessee), dans les bois et pâturages, en fleurs d'avril à juin. Arbrisseau att. 1,5 m de haut et drageonnant abondamment. Feuilles lancéolées-linéaires, vert foncé, coriaces, profondément lobées avec des segments arrondis obliques, aromatiques. Sol humide et sans calcaire. R. −25 °C.

Syringa pinnatifolia Hemsl. (*Oleaceæ*) — Or. Chine (Sichuan et Shaanxi), dans les fourrés entre 2 000 et 2 700 m, fleurissant en mai. Fleurs roses ou blanches. Donne un arbuste de 2 à 3 m de haut, original pour un lilas avec ses feuilles pennées et sa floraison précoce. Introduit par E. Wilson en 1904. R. −25 °C.

Lindera umbellata Thunb. (*Lauraceæ*) — Or. Chine (Jiangxi, et du Hubei à l'O. du Sichuan) et Japon (Honshu, Kyushu et Shikoku), dans les fourrés jusqu'à 3 000 m, en fleurs de mars à mai. Arbuste att. 6 m, avec feuilles caduques oblongues à ovales-oblongues, de 5 à 9 cm de long, minces, devenant jaunes à l'automne. Sol acide ; soleil ou mi-ombre. R. −15 °C.

Lindera benzoin (L.) Bl. (*Lauraceæ*) — Or. E. de l'Amérique du N. (du Maine et de l'Ontario aux Kentucky, Missouri et S.-E. Kansas), fréquent dans les bois humides et au bord des cours d'eau, en fleurs de mars à mai. Arbuste att. 4 m de haut avec feuilles obovales-oblongues, effilées à la base et fruits rouges ou jaunes sur les pieds femelles. L'écorce est aromatique ; feuillage jaune en automne. Sol acide frais ; soleil ou mi-ombre. R. −25 °C.

Daphne retusa Hems. (*Thymelæaceæ*) — Or. Bhutan et S.-E. Tibet aux Yunnan, Sichuan et Gansu, sur versants de montagne dans les fourrés et forêts claires de pins, entre 3 000 et 4 500 m, en fleurs de mai à juillet. Donne un buisson att. 1,20 m, à fleurs délicatement parfumées. En culture, atteint lentement 1 m, accepte un large éventail de sols à condition qu'ils soient riches en humus et bien drainés, et fleurit en automne aussi bien qu'au printemps. Soleil. R. −20 °C.

Daphne genkwa Sieb. & Zucc. — Or. N. et C. Chine et particulièrement commune autour de Yichang sur les falaises, galets, conglomérats et tas de pierres enlevées des champs, fleurissant en mars et avril. On la trouve aussi dans les plaines et collines herbeuses, généralement en dessous de 100 m. Fleurs lilas, parfumées ; fruits indiqués comme blancs. Cultivée au Japon. Dans les jardins anglais, cette belle espèce s'est montrée difficile à cultiver. Elle peut atteindre 1,50 m de haut et 3 m de diamètre comme un célèbre spécimen à New York. Brickell & Matthew supposent qu'il lui faut des étés plus chauds que ceux qui sont habituels en Angleterre pour que le bois se lignifie ; d'autre part, les fleurs sont souvent abîmées par les gels tardifs. R. −20 °C. Il existe aussi une forme à fleurs blanches.

Daphne pontica L. — Or. côtes de la mer Noire (Bulgarie, Turquie, Géorgie) de 50 à 2 200 m, dans les bois, sur les falaises ombragées ou, aux altitudes supérieures, en situations exposées, en fleurs de février à octobre dans la nature. Buisson sempervirent att. 1,50 m de haut et de large, avec fleurs parfumées. En culture, pousse facilement à l'ombre ou à mi-ombre dans un sol riche en humus, indifféremment acide ou calcaire, avec floraison printanière. R. −20 °C.

Daphne collina Sm. — Or. Italie, Crète et S. Asie Mineure, mais maintenant considérée comme un cultivar de *D. sericea* (p. 39). Les *D. collina* cultivées sont plus compactes que *D. sericea* avec des feuilles plus larges, plus poilues en dessous et avec plus de fleurs (jusqu'à 15) dans chaque inflorescence. R. −10 °C.

Daphne* ×*mantensiana Taylor & Vrigtman 'Manten' — Hybride obtenu par le pépiniériste Jack Manten de White Rock (Colombie Britannique) en fécondant *D.* ×*burkwoodii* 'Somerset' avec du pollen de *D. retusa*. Arbuste sempervirent att. 75 cm de haut, à fleurs parfumées apparaissant à partir du printemps. R. −15 °C.

Daphne* ×*burkwoodii Turrill **'Albert Burkwood'** — Arbuste dense, att. 1 m de haut, à feuilles semi-persistantes ; hybride obtenu en 1931 par Albert et Arthur Burkwood en fécondant *D. cneorum* avec du pollen de *D. caucasica*. Deux clones sont répandus en culture, 'Albert Burkwood' et 'Somerset', et ont été obtenus en même temps. Ils diffèrent par quelques caractères mineurs, mais 'Somerset' est plus grand, att. 1,50 m, généralement moins étalé, à fleurs plus roses mais plus petites et feuilles plus larges. Tous deux fleurissent en fin de printemps et sont de culture facile en plein soleil et sol bien drainé. R. −20 °C.

Daphne* ×*neapolitana Lodd. — Hybride répertorié depuis 1823 mais d'origine inconnue, probablement de *D. collina* croisé avec *D. oleoides* ou *D. cneorum*. Arbuste sempervirent att. 1 m de haut, à fleurs très parfumées au début du printemps et de façon sporadique pendant l'été. R. −10 °C.

Lonicera syringantha Maxim. (*Caprifoliaceæ*) — Or. Chine (O. Gansu et O. Sichuan) et Tibet, dans les fourrés de montagne vers 3 600 m où il fleurit en juin et juillet. Arbrisseau rameux att. 2 m de haut, avec fleurs parfumées en fin de printemps. R. −25 °C.

Cornus mas L. (*Cornaceæ*), cornouiller — Or. Europe (de la France à la Russie), Turquie et Caucase, dans les bois et fourrés, fleurissant en mars et avril. Arbuste att. 8 m, à feuilles caduques opposées, ovales à elliptiques, de 4 à 10 cm de long, avec 3 à 5 paires de nervures. Fruit rouge, juteux, ovale, de 12 à 15 mm de long. Des cultivars (p. 180) comme 'Elegantissima' à feuilles panachées de rose et jaune, ou 'Variegata' à feuilles panachées de blanc, sont jolies mais n'ont pas le port élégant de *C. alternifolia*. R. −25 °C.

Réduction à 75 %. Échantillons de Kew et de Wisley, 27 mars

Daphne *sericea* près de Mugla, Turquie

Daphne sericea f. *alba*

Daphne mezereum L. (*Thymelæaceæ*) — Or. Europe (de la Norvège à l'Espagne et la Russie), Turquie et Sibérie, dans les bois, fourrés et sur éboulis calcaires, jusqu'à 2 600 m, en fleurs au début du printemps. Arbrisseau caducifolié att. 1,50 m avec de nombreuses tiges dressées. Culture facile au soleil ou à l'ombre légère. Ses belles baies rouges sont très toxiques. R. −30 °C.

Daphne mezereum f. ***alba*** (Weston) Schelle — Des sujets à fleurs blanches et fruits jaunes ou ambrés se rencontrent dans la nature et sont souvent cultivés. Ils se reproduisent apparemment fidèlement de semis.

***Daphne mezereum* 'Rubra'** — Des individus à fleurs rouges ont été sélectionnés en culture ; on connaît aussi un clone à fleurs rouges doubles.

***Daphne mezereum* 'Autumnalis'** — Ce cultivar commence à fleurir en automne et continue jusqu'au printemps. On ne connaît pas son origine.

Daphne odora Thunb. — Or. Chine et cultivée depuis si longtemps que son aire naturelle est incertaine, mais cette espèce est signalée à l'état sauvage dans le Zhejiang, le Hubei et le Sichuan vers 1 000 m. Arbrisseau sempervirent att. 1 m de haut et de large, à fleurs très délicatement parfumées, épanouies en hiver. Le clone le plus souvent cultivé aujourd'hui est **'Aureomarginata'** (syn. 'Marginata') chez qui les feuilles sont bordées d'une ligne jaune et les fleurs rose pâle à l'intérieur, rose vif à l'extérieur. Il est plus rustique que le type, prospérant en plein air à Londres. On cultive aussi une forme à fleurs blanches. R. −10 °C.

Daphne bholua Buch. — Ham. ex D.Don — Or. Himalaya et Yunnan, dans les forêts et fourrés de rhododendrons entre 1 800 et 2 600 m, en fleurs de janvier à mars. Feuilles persistantes ou semi-persistantes. Pousse et fleurit bien au sec et à l'ombre, même dans le centre de Londres. Commun dans les montagnes autour de Katmandou, au Népal, d'où il fut introduit par le Dr G. Herklots en 1962. Donne parfois des fleurs blanches. R. −5° C. var. ***glacialis*** (W.W. Sm. & Cave) Burtt — Or. O. Népal et Sikkim, dans les clairières et les fourrées à rhododendrons entre 2 000 et 3 000 m, fleurissant en février et mars. Fleurs merveilleusement parfumées. **'Gurkha'** est une introduction de cette variété récoltée par le major T. Spring-Smyth (TS-S 132 D) à 3 000 m au Népal, illustré ci-contre. La var. *glacialis* diffère du type par ses feuilles caduques et sa meilleure rusticité. Fleurs blanc rosé à rose vif à l'extérieur, la plupart au début du printemps. Supporte aussi bien les sols acides que calcaires. R. −10 °C.

Daphne laureola L., laurier des bois — Or. Europe (des Açores à la Turquie) et Afrique du N., jusqu'à 2 000 m, fleurissant en février et mars (jusqu'à juin en montagne). Arbrisseau sempervirent att. 1,50 m de haut, à fleurs parfumées vers le soir. R. −20 °C et supporte l'ombre.

Daphne laureola subsp. ***philippi*** (Gren.) Rouy — Or. Pyrénées françaises et espagnoles, vers 2 000 m d'altitude. Diffère du type par ses fleurs plus petites, de 3 à 5 mm de long.

Daphne jezoensis Maxim. ex Regel — Or. Japon (Hokkaïdo et N.-W Honshu), dans les bois généralement sous des arbres à feuilles caduques, et S. de Sakhaline, en fleurs de février à mai ; celles-ci (généralement les plus foncées) sont souvent parfumées. Att. 50 cm en culture et 1 m de haut dans la nature. Demande un sous-bois avec un sol humifère et un bon drainage. En Angleterre, feuilles souvent semi-persistantes et floraison en fin d'automne ou en hiver. R. −15 °C.

Daphne sericea Vahl (syn. *D. collina* Dickson) — Or. Italie, Sicile, Crète, Turquie, Syrie et Caucase, dans les broussailles rocheuses, le maquis et les bois de pins, souvent sur calcaire, du niveau de la mer à 1 800 m, fleurissant en avril et mai et parfois aussi en automne en culture. Forme un arbrisseau arrondi ou dressé att. 1 m de haut, avec des rejets qui apparaissent au moins à 2 m de distance du pied-mère comme cela est observé en Turquie. Fleurs à bonne odeur. Rusticité très variable ; les clones horticoles de *D. collina* sont notés comme étant très rustiques, des introductions plus récentes, très sensibles. R. −10 °C ou −15 °C. Voir aussi page 37.

Lonicera* ×*purpusii Rehder (*Caprifoliaceæ*) — Hybride entre *L. standishii* et *L. fragrantissima* avec rameaux presque glabres et feuilles ovales bordées de poils raides. Connu dès avant 1920.

Lonicera standishii Jacques — Or. Chine où il est cultivé depuis longtemps dans les jardins ; on le trouve à l'état sauvage à Yichang, O. Hubei (var. *lancifolia* Rehder). Arbrisseau att. 2,5 m, avec fleurs parfumées épanouies en hiver et feuilles caduques, lancéolées-oblongues et acuminées dans la var. *lancifolia*. L'espèce voisine, *L. fragrantissima* en diffère par ses feuilles persistantes, largement obovales et ses rameaux et pédicelles glabres, non soyeux. Or. Chine orientale. Les deux sont de culture facile mais demandent un été chaud pour donner une bonne quantité de boutons floraux. R. −15 °C.

Réduction à 50 %. Échantillons de Wisley, 11 avril.

Ribes odoratum

Ribes × gordonianum

Ribes laurifolium

Ribes sanguineum

Forsythia suspensa (Thunb.) Vahl *(Oleaceæ)* — Or. Chine (indigène dans l'O. Hubei, mais cultivé dans le N. de la Chine). Arbrisseau lâche et gracieux att. 3 m, reconnaissable à ses rameaux creux remplis de moelle aux nœuds. Feuilles caduques, ovales, en coin à la base, 6-10 cm de long, dentées, souvent trifoliolées. Le clone illustré ci-contre a des styles longs mais d'autres clones peuvent avoir des styles courts comme chez les primevères. Tout sol; soleil ou mi-ombre. R. −25 °C. Printemps.

***Forsythia* 'Arnold Giant'** — *Forsythia ×intermedia* 'Spectabilis' a été traité à la colchicine pour créer une nouvelle espèce tétraploïde et, en 1939, le semis qui en a résulté a été nommé 'Arnold Giant'. Il est devenu l'un des parents de quelques excellents hybrides comme 'Beatrix Farrand'.

Forsythia ovata Nakai **'Tetragold'** — C'est un *F. ovata* tétraploïde obtenu artificiellement avec de la colchicine et commercialisé en 1963. Plus vigoureux que le type.

***Forsythia* 'Arnold Dwarf'** — Arbrisseau bas à port étalé, hybride entre *F. ×intermedia* et *F. japonica* var. *saxatilis*, obtenu à l'Arboretum Arnold en 1941. Fleurs jaune verdâtre, à style long. Feuilles petites.

***Forsythia* 'Beatrix Farrand'** — Obtenu par le prof. Karl Sax à l'Arboretum Arnold. Ce serait le produit d'un croisement de retour du tétraploïde 'Arnold Giant' sur *Forsythia ×intermedia* 'Spectabilis'. Un des quelques individus tétraploïdes obtenus a été commercialisé aux USA et plus tard en Europe sous le nom de 'Beatrix Farrand'. C'est un arbrisseau très vigoureux, dressé, att. 3 m, à feuilles grossièrement dentées; le style se fraye un chemin entre les étamines et de ce fait, la plante est souvent auto-fertilisée et fructifère. R. −25 °C.

Ribes odoratum Wendl. *(Saxifragaceæ)* — Or. C. de l'Amérique du N. (du Saskatchewan et du Minnesota aux Rocheuses et au Texas), au bord des cours d'eau, fleurissant en avril-mai. Arbrisseau étalé, att. 2,5 m de haut, avec feuilles trilobées glabres des deux côtés. Jeunes pousses pubescentes.

Le *R. aureum* Pursh (du S. Dakota et du Nouveau-Mexique au Washington et à la Californie, à 800-2 600 m) est presque glabre, avec des pétales qui deviennent orangés avec l'âge; fleurs à odeur épicée. Les deux espèces sont attrayantes, fleurissant à l'état jeune, se plaisant au soleil ou à mi-ombre. R. −25 °C.

Physocarpus opulifolius (L.) Maxim. **'Dart's Gold'** *(Rosaceæ)* — Or. E. de l'Amérique du N. (du Québec à la Virginie, au Tennessee et au Michigan), dans les endroits sableux et rocheux. Le type sauvage att. 3 m de haut avec des corymbes arrondis de fleurs blanches ou rosées en juin suivies des fruits à 3-5 lobes gonflés qui éclatent quand on les presse. 'Dart's Gold' est un cultivar nain à feuilles dorées commercialisé en 1969. R. −25 °C.

Ribes sanguineum Pursh *(Saxifragaceæ)* — Or. N. de la Californie à la Colombie Britannique, dans les forêts de pins et de thuyas entre 600 et 1 800 m, en fleurs d'avril à juin. La var. *glutinosum* (Benth) Loud. (syn. *R. albidum*), des fruticées et forêts clairsemées de Californie en dessous de 600 m, présente des fleurs parfois plus claires et généralement plus nombreuses sur leur grappe pendante; beaucoup de cultivars en font partie. *R. indecorum* Eastw., de Santa Barbara et plus au S., a des fleurs blanches d'octobre à mars. *R. sanguineum* est un arbrisseau dressé de 1 à 3 m de haut avec des feuilles à 3-5 lobes, arrondies dans leur contour, vert foncé en dessous, plus ou moins pubescentes en dessous; baies noires à pruine grise. Espèce découverte par Archibald Menzies en 1793 et introduite par David Douglas en 1826. Tout sol; soleil ou mi-ombre. R. −20 °C. Les clones suivants sont ceux que l'on trouve généralement en culture:
'Atrorubens' — Vieux cultivar né en 1837 au jardin de la Société d'Horticulture de Kensington. Il fait probablement partie de l'envoi original de Douglas.
'Tydman's White' — Amélioration à fleurs claires, plus tardives que 'Albidum'.
'Brocklebankii' — Cultivar à feuilles dorées, croissance lente (att. 1,50 m) et fleurs claires. Ses feuilles roussissent en plein soleil, aussi vaut-il mieux le planter à mi-ombre.
'King Edward VII' — Buisson plus petit et plus étalé que 'Pulborough Scarlet', att. 2 m, un peu plus tardif. Commercialisé par les pépinières Cannell avant 1904.
'Pulborough Scarlet' — Cultivar dressé, att. 3 m de haut. Obtenu en 1933 à Pulborough (Sussex).
'Lombartsii' — Ses fleurs sont assez grandes, roses avec un cœur clair.

Ribes ×gordonianum Beaton — Hybride entre *R. sanguineum* et *R. odoratum* obtenu par Donald Beaton à Hatfield (Hertfordshire) et dédié à son employeur William Gordon. Arbrisseau vigoureux att. 2,5 m de haut, avec nombreuses grappes rose orangé et feuilles trilobées plus petites que celles de *Ribes sanguineum*. R. −20 °C.

Ribes laurifolium Jancz. — Or. Chine (O. Sichuan où il fut récolté par Wilson à 2 300 m dans les rochers sur le Washan et noté comme rare). Arbrisseau semi-prostré att. 1 m de haut, à feuilles persistantes et fl. au début du printemps. Les fleurs mâles et femelles sont sur des plantes différentes. R. −15 °C.

Réduction à 50 %. Échantillons de Kew, 28 mars

Forsythia 'Goldzauber'

Forsythia vitellina à New York

Forsythia 'Karl Sax'

Forsythia koreana (Rehd.) Nakai (syn. *F. viridissima* var. *koreana* Rehd.) *(Oleaceæ)* — Or. Corée. Récolté en 1917 près de Séoul par Wilson pour l'Arboretum Arnold. Diffère du *F. viridissima* par ses feuilles lancéolées att. 12 cm de long. Abrisseau dressé att. 3 m. Tout sol; soleil ou mi-ombre. R. −20 °C.

Forsythia ovata Nakai — Or. Corée. Arbrisseau att. 1,50 m à floraison très précoce en culture et reconnaissable à ses pétales courts. Feuilles ovales. Tout sol; soleil ou mi-ombre. R. −20 °C.

Abeliophyllum distichum Nakai *(Oleaceæ)* — Or. C. Corée. Arbrisseau étalé att. 2 m de haut. Fleurs odorantes en avril ou mai. En culture, il se plaît davantage contre un mur où il bénéficie d'un supplément de chaleur pour durcir son bois. Il existe aux USA un cultivar à fleurs roses. R. −20 °C.

Forsythia giraldiana Lingelsh. *(Oleaceæ)* — Or. N. Chine (Gansu, Shenxi et Hubei). Arbrisseau caducifolié att. 3 m, gracieux quand il est âgé, souvent avec jeunes pousses noires; moelle en lamelles. C'est le plus précoce des forsythias. Tout sol; soleil ou mi-ombre. R. −20 °C.

***Forsythia* 'Lynwood'** — C'est une mutation de *F.* 'Spectabilis' dont il diffère par ses feuilles à dents moins nombreuses, et par ses pétales plus raides, non recourbés.

***Forsythia* 'Beatrix Farrand'** — Voir page 41. Printemps.

Edgworthia chrysantha Lindl. (syn. *E. papyrifera* Sieb. & Zucc.) *(Thymelæaceæ)* — Or. Chine (notamment dans le Jiangxi, et cultivé partout communément), entre 300 et 1 600 m, particulièrement au bord des cours d'eau. Arbrisseau à feuilles caduques att. 1,60 m de haut, à feuilles ovales att. 12 cm de long, soyeuses en dessous; en fleurs en avril. Celles-ci sont légèrement odorantes, rarement rosées. Cette espèce est cultivée au Japon pour la fabrication d'un papier-monnaie. Tout sol; soleil ou mi-ombre. R. −15 °C.

***Forsythia* 'Bronxensis'** — Semis de *F. koreana* né vers 1939 au jardin botanique du Bronx, à New York.

Forsythia suspensa (Thunb.) Vahl *(Oleaceæ)* — Or. Chine (notamment dans l'O. du Hubei), dans les fourrés et sur les falaises, entre 300 et 1 200 m, fleurissant en avril. Arbrisseau à port lâche et gracieux att. 3 m, distinct des autres espèces du genre par ses rameaux creux comblés aux nœuds par une moelle pleine, non en lamelles. Voir p. 41.

Forsythia ×intermedia Zab. — La plupart des forsythias cultivés sont des clones de cet hybride entre *F. suspensa* et *F. viridissima*, obtenu pour la première fois en 1885 en Allemagne. Ils ont une moelle irrégulièrement divisée en lamelles et souvent des feuilles trilobées sur les pousses vigoureuses.

'Vitellina', commercialisé en 1899, a des fleurs d'un jaune assez intense et des styles longs. Port dressé.

'Densiflora' a des fleurs jaune clair à styles longs.

'Spectabilis' a des fleurs jaune vif à styles courts, avec parfois une corolle à 5 ou 6 lobes. C'est le forsythia le plus répandu en culture aussi bien en Europe qu'en Amérique du N.

Shepherdia argentea Nutt. *(Elæagnaceæ)* — Or. steppes du Manitoba au Nouveau-Mexique, le long des cours d'eau, fleurissant en mai. Arbrisseau dioïque assez épineux att. 6 m de haut. Feuilles opposées, étroitement oblongues, argentées des deux côtés. Fruits ovoïdes, rouges, en automne.

***Forsythia* 'Goldzauber'** — Hybride entre 'Beatrix Farrand' et 'Lynwood' commercialisé en 1974 en Allemagne. Styles longs. Arbrisseau dressé att. 2 m environ.

***Forsythia* 'Karl Sax'** — 'Arnold Giant', croisé avec *F.* × *intermedia* 'Spectabilis', a donné plusieurs sujets; l'un d'eux est dédié à son obtenteur, le professeur Sax. Il est tétraploïde et ressemble à 'Beatrice Farrand' (voir plus haut) en plus buissonnant avec des fleurs d'un jaune un peu plus intense.

***Forsythia* 'Minigold'** — Hybride à petites fleurs mais très florifère, probablement issu de *F. ovata*. Arbrisseau à feuilles caduques att. 2 m.

Forsythia 'Minigold'

Edgeworthia chrysantha dans le Devon

Réduction à 40 %. Échantillons des Valley Gardens, Windsor, 11 avril

Pieris 'Grayswood'

Pieris 'Firecrest'

Pieris formosa var. *forrestii*

Pieris 'Forest Flame'

Pieris formosa

Pieris japonica (Thunb.) D. Don (*Ericaceæ*) — Or. Japon, où elle pousse dans les forêts claires des montagnes de Honshu, Shikoku et Kyushu, fleurissant en mars et avril. Demande une situation abritée car elle est souvent abîmée par le gel mais pousse facilement dans un sol acide, tourbeux et humide. Arbuste sempervirent att. 4 m de haut et de large ; jeunes feuilles rouge cuivre, devenant vertes à maturité. R. −20 °C. Printemps.

***P. japonica* 'Variegata'** - Ce cultivar pousse lentement mais peut éventuellement atteindre 4 m de haut.

***P. japonica* 'Purity'** — Or. Japon, ce cultivar pourrait venir de Yakushima mais son origine précise est incertaine. Comme son nom le suggère, ses fleurs sont d'un blanc pur et plus grandes que celles du type.

P. japonica (de Yakushima) — Cette variante de *P. japonica* se trouve dans la petite île de Yakushima, au large de la côte S. de l'île principale du Japon, dans les forêts de basse montagne en compagnie de *Rhododendron yakushimanum* (nains), *Cornus kousa* et autres arbrisseaux. Il est très compact dans la nature, moins dans les jardins, et à croissance lente.

***Pieris* 'Grayswood'** — Ce cultivar est remarquable par ses fleurs blanches disposées en très longues panicules peu ramifiées. Il est né dans un semis de *P. japonica* chez Geoffrey Pilkington, à Grayswood, près de Haslemere dans le Surrey. Roy Lancaster estime que *P.* 'Taiwanensis' (voir ci-dessous) pourrait être l'autre parent.

Pieris japonica* f. *rosea — Ce nom a été donné à tous les pieds de *P. japonica* à fleurs roses. Une plante récoltée par K. Wada sur le mont Daisen, avec des fleurs d'un rose intense, a été nommée *P. japonica* f. *rosea* 'Daisen'. Certains de ses semis ont donné des fleurs d'un rose encore plus vif et l'un d'eux a été nommé 'Christmas Cheer' par K. Wada vers 1967.

***Pieris japonica* 'Flamingo'** — Cultivar à fleurs rose vif commercialisé en 1961 par les Jardins Lambert de Portland (Orégon, USA).

***Pieris japonica* 'Blush'** — Cultivar à fleurs rose pâle né en Allemagne et commercialisé en 1967 par les pépinières Hillier.

***P. japonica* 'Taiwanensis'** (syn. *P. taiwanensis* Hayata) — Or. Japon et Formose, où il pousse dans les endroits découverts en régions montagneuses, entre 2 000 et 2 500 m. Introduit en Angleterre par Wilson en 1918, il s'est montré rustique et généralement non affecté par le gel. Arbuste compact, att. 2 m de haut. Diffère du type par ses inflorescences dressées, de 8 à 15 cm de long. R. −15 °C.

Pieris floribunda (Pursh) Benth. & Hook. — Or. S.-E. des USA où elle pousse dans les bois des collines humides des monts Alleghanies de la Virginie à la Géorgie, fleurissant en mai. Arbuste compact, à feuilles persistantes, att. 2 m de haut. Grappes dressées, de 5 à 10 cm de long. R. −25 °C. Début du printemps.

P. formosa var. ***forrestii*** (Harrow) Airy Show — Or. S.-O. Chine (Yunnan, dans les montagnes près de Dali, dans la partie S.-O. de la vallée de Lijiang et jusqu'à la frontière birmane), dans les fourrés de rhododendrons entre 2 000 et 3 000 m, fleurissant en avril-mai. La récolte illustrée ici (**Forrest 26 518**) vient de la dernière localité et Forrest lui-même la considérait comme le meilleur clone de la variété, particulièrement pour ses grandes fleurs, quoique ses sépales bruns soient typiques de la var. *formosa*. Son jeune feuillage est rouge mais, dans d'autres clones de la var. *forrestii*, il peut être rose vif, rouge ou bien vert. 'Wakehurst' est un clone de la var. *forrestii* d'origine incertaine ; ses jeunes feuilles sont d'abord rouge éclatant avant de devenir roses, puis blanches à vert crème au cours de leur croissance. R. −15 °C.

Pieris formosa (Wall.) D. Don — Or. E. Himalaya, Assam, Birmanie, S.-O. et C. Chine. Arbuste att. 8 m de haut ; ses feuilles persistantes, coriaces, assez raides et larges sont d'un brun rouge terne à l'état jeune ; fleurit en mai. Les sépales bruns sont un des caractères qui permettent de distinguer la var. *formosa* de la var. *forrestii* à sépales blancs. C'est l'espèce la plus fragile, mais aussi celle qui a en général les plus grandes fleurs arrondies. R. −10 °C.

***Pieris* 'Firecrest'** — Cet hybride a été commercialisé par MM. Waterer, fils et Crisp. Il ressemble à 'Forest Flame' (voir ci-dessous) et on dit que ses parents sont *P. formosa* var. *forrestii* (F. 8 945) × *P. japonica*.

***Pieris* 'Forest Flame'** — Clone très populaire qui a été trouvé dans un semis naturel ; ses parents sont probablement *P. japonica* croisé par *P. formosa* ou *P. formosa* var. *forrestii*. Quant il est jeune, 'Forest Flame' donne un buisson compact avec un feuillage bien coloré ; fleurit en avril-mai. A maturité il peut atteindre 2,50 m. R. −15 °C.

Réduction à 50 %. Échantillons des Savill Gardens, Windsor, 4 avril

Corylopsis sinensis var. *sinensis* dans les Jardins botaniques de Brooklyn

Corylopsis 'Spring Purple'

Corylopsis sinensis f. *veitchiana*

Corylopsis glabrescens

×*Sycoparrotia* ×*semidecidua*

Stachyurus præcox Sieb. & Zucc. (*Stachyuraceæ*) — Or. Japon (commun depuis le S.-O. de Hokkaïdo), au bord de la forêts et dans les fourrés, fleurissant en mars et avril. Arbuste att. 5 m, à feuilles caduques, presque glabres, 7-12 × 3-6 cm, étroitement ovales, acuminées. Inflorescences en grappes de 4 à 10 cm de long. Fruits charnus. Culture facile en sol humide de sous-bois, à mi-ombre. R. −20 °C. Début du printemps.

Corylopsis sinensis Hemsl. (*Hamamelidaceæ*) — Or. Chine (du Jiangxi et du Hubei au Sichuan oriental), dans les forêts et fourrés entre 1 300 et 2 000 m, fleurissant en avril. Arbuste att. 4 m. Feuilles caduques, oblongues-obovales à ovales, cordées à la base, cuspidées à l'apex, avec des dents élégamment incurvées et des poils soyeux en dessous et sur le pétiole. Grappes de 3 à 7 cm de long avec 12 à 18 fleurs jaunes et parfumées ; pétales 7-8 mm ; anthères plus courtes que les pétales, jaunes ou orangées. Voir aussi p. 75. C'est l'espèce qui a les plus grandes fleurs parmi les *Corylopsis* chinois ; elle pousse bien sur la côte E. de l'Amérique du N. Sol frais, humifère ; mi-ombre. R. −15 °C. Début du printemps.

Corylopsis veitchiana Bean — Or. Chine (très commun d'après Wilson dans l'O. du Hubei), en bordure de forêt et dans les fourrés de 1 300 à 2 000 m, fleurissant en avril. Arbrisseau buissonnant att. 2,50 m, à rameaux assez épais. Feuilles caduques, ovales, glabres en dessous à maturité. Grappes de 4 cm de long avec 6-10 fleurs campanulées, odorantes. Anthères rougeâtres à l'état frais, égalant ou dépassant les pétales.

Corylopsis gotoana Mak. — Or. Japon (S. Honshu, Shikoku, Kyushu), et Corée (?), fleurissant en avril. Arbuste att. 5 m dans la nature, mais généralement moins de 2 m en culture, avec rameaux entre ceux de *C. spicata* et ceux de *C. pauciflora*. Feuilles obovales, vert bleuté en dessus, très glauques en dessous. Fleurs en grappes de 5 à 10, d'environ 1 cm de long. Étamines presque aussi longues que les pétales. Sol humifère ; mi-ombre. R. −20 °C.

Corylopsis pauciflora Sieb. & Zucc. — Or. Japon (C. Honshu) et Formose, dans les forêts et fourrés, en montagne, fleurissant en mars-avril. Gracieux arbuste étalé att. 2 m de haut, avec rameaux minces. Feuilles caduques, 3-5 × 1,5-3 cm. Fleurs en grappes de 1 à 3, jaune pâle, odorantes. Culture facile en sol de sous-bois. R. −15 °C. Début du printemps.

Corylopsis willmottiæ Rehd. & Wils. (syn. *C. sinensis* var *wilmottiæ* (Rehd. & Wils.) Phillips & Rix) — Or. Chine (O. Sichuan), dans les fourrés denses et forêts, dans les vallées entre 1 800 et 2 500 m, fleurissant en avril. Arbuste att. 4 m, avec rameaux assez minces. Feuilles caduques, ovales à largement ovales, cuspidées à l'apex, 4-10 × 2-8 cm, glabres sauf sur les nervures ou parfois avec quelques poils étoilés en dessous. Grappes de 5 à 7 cm de long avec 10 à 17 fleurs jaune pâle, odorantes ; pétales de 4 à 5 mm ; anthères plus courtes que les pétales, généralement jaunes. Gracieuse espèce dont les longues grappes ont des dimensions intermédiaires entre celles de *C. sinensis* (voir ci-dessus) et celles de *C. platypetala* (voir p. 75). R. −15 °C. **'Spring Purple'** est une sélection attrayante par ses jeunes tiges pourpres et ses jeunes feuilles rosées.

Corylopsis glabrescens Franch. & Sav. — Or. Japon (dans les monts Kirishima de Kyushu), fleurissant en avril. Arbuste att. 7 m dans la nature mais seulement 2 m en culture, avec rameaux assez minces. Feuilles largement cordées, aiguës, glauques en dessous. Grappes de 5 à 10 fleurs odorantes d'environ 1,5 cm de long (aussi grandes que celles de *C. pauciflora*). Étamines moitié aussi longues que les pétales échancrés. Sol humifère ; mi-ombre. R. −10 °C.

Sycopsis sinensis Oliver — Or. C. Chine (O. Hubei et E. Sichuan), dans les ravins et endroits rocheux près des cours d'eau, entre 600 et 1 300 m, fleurissent en avril. Arbuste dressé, att. 7 m. Feuilles persistantes, entières ou dentées. Fleurs en groupes brièvement pédonculés, les mâles et les femelles séparées, surmontées par de caractéristiques bractées poilues brunes. Culture facile au soleil ou à mi-ombre en sol acide ou calcaire. R. −15 °C.

×***Sycoparrotia*** ×***semidecidua*** Endress & Anliker — Hybride entre *Parrotia persica* et *Sycopsis sinensis*. Arbuste étalé à feuilles pour la plupart persistantes de forme intermédiaire entre celles des parents. Obtenu en Suisse et décrit en 1968. R. −20 °C.

Réduction à 40 %. Échantillons de l'Arboretum Hillier, 14 mai

Acer palmatum gr. *Linearilobum*

Acer palmatum 'Shindeshojo'

Acer glabrum

Acer palmatum Thunb. (*Aceraceæ*), momiji (en japonais) — Or. E. Chine, Corée, Japon où il est commun dans les bois des collines et montagnes, fleurissant en avril et mai. Arbuste ou petit arbre att. 10 m dans la nature. Feuilles caduques à 5-7 lobes, de 4 à 7 cm de large, extrêmement variables. De nombreux cultivars ont été sélectionnés dont un échantillon est représenté ici. Tout sol frais; mi-ombre et à l'abri des vents secs. R. −25 °C. Printemps, et belles couleurs d'automne.

Acer palmatum **'Senkaki'** (syn. 'Sango Kaku', tour de corail) — Remarqué pour le rouge éclatant de ses jeunes rameaux qui sont particulièrement vifs en hiver. Port dressé à l'état jeune, att. finalement 7 m. Feuilles assez petites, vert clair, devenant jaune orangé à l'automne.

Acer palmatum **'Ozakazuki'** — C'est un des plus beaux cultivars d'érables japonais, avec de grandes feuilles vertes, de 12 à 24 cm de large, devenant rouge vif à l'automne. Vigoureux arbuste att. 7 m avec l'âge, connu depuis le milieu du XIXe s.

Acer palmatum groupe **Linearilobum** — Les feuilles sont divisées presque jusqu'à la base en 7 (ou parfois 5) segments linéaires entiers ou faiblement dentés. Il y a plusieurs cultivars dans ce groupe, quelques-uns à feuilles rouges comme 'Red Pygmy'. 'Scolopendrifolium' a des feuilles à 5 segments. 'Villa Taranto' est un clone bas à jeunes feuilles rosées. Dans le groupe **Dissectum**, les segments des feuilles sont étroits et très dentés.

Acer palmatum **'Shindeshojo'** — Petit cultivar à jeune feuillage rouge éclatant, devenant marbré de vert et rouge en été et rouge et orange en automne. Cette plante att. une hauteur d'environ 2 m, avec des feuilles de 6 cm au plus sur les jeunes pousses.

Acer triflorum Komar. — Or. N. Chine et N. Corée, dans les forêts de conifères et feuillus. Voisin d'*A. nikoense*, mais avec une écorce ridée brun foncé. Arbre att. 15 m à feuilles caduques, glauques en dessous; samares poilues. Couleur d'automne très fiable, rouge éclatant. Tout sol; soleil ou mi-ombre. R. −25 °C.

Acer maximowiczii Pax — Or. Chine (Gansu, O. Hubei autour de Yichang et N.-O. Sichuan), dans les bois entre 1 200 et 1 500 m, fleurissant en mai. Arbuste caducifolié att. 4 m. Fait partie du groupe à écorce en peau de serpent. Feuilles à 3 ou 5 lobes avec touffe de poils blancs à l'aisselle des nervures en dessous. Sol frais; soleil ou mi-ombre. R. −20 °C.

Acer japonicum Thunb. **'Aureum'** — *Acer japonicum* est or. Japon (Hokkaïdo et Honshu), dans les forêts de montagnes, fleurissant en mai. Les feuilles ont généralement 9 lobes dont la profondeur n'atteint pas la moitié du limbe. L'arbre peut atteindre 15 m de haut. 'Aureum' est un excellent cultivar avec de belles feuilles vert jaune qui contrastent avec les fleurs et les fruits rouges. Il est connu depuis longtemps au Japon et a été introduit en Europe au milieu du XIXe s. Des sujets plus que centenaires ont 5 à 6 m de haut. Tout bon sol; soleil ou mi-ombre, à l'abri du vent. R. −25 °C. Chez *Acer japonicum* **'Aconitifolium'** les grandes feuilles sont divisées jusqu'à la base en 9-11 segments et chacun d'eux est à nouveau divisé presque jusqu'à la nervure centrale. Sa couleur d'automne est habituellement un beau rouge. Hauteur: environ 5 m.

Acex circinatum Pursh — Or. de la Californie à la Colombie Britannique, en forêt au bord des cours d'eau jusqu'à 1 500 m, fleurissant en avril et mai. Att. 10 m, plus résistant à la chaleur que les érables japonais, devenant jaune, orange et rouge à l'automne. On cultive un clone à feuilles découpées, 'Munroe', récolté dans la chaîne des Cascades. Feuilles assez semblables à celles d'*A. japonicum* 'aconitifolium'. Tout bon sol; mi-ombre ou ombre. R. −20 °C.

Acer monspessulanum L., érable de Montpellier — Or. S. Europe, Turquie et Afrique du N., aux endroits secs ou rocheux, fleurissant en avril et mai. Arbuste ou petit arbre att. 12 m de haut, à feuilles trilobées, coriaces, de 3 à 8 cm de long, glauques en dessous. Espèce très rustique, résistante au froid hivernal, à la chaleur et la sécheresse estivales. Tout sol; plein soleil. R. −25 °C.

Acer cratægifolium Sieb. & Zucc. — Or. Japon (Honshu, Shikoku et Kyushu) où il est commun dans les bois et fourrés à basse altitude, fleurissant en mai. **'Veitchii'** est un cultivar à feuilles marbrées de rose et de crème connu depuis la fin du XIXe s. Fait partie du groupe à écorce en peau de serpent. Arbuste att. 6 m de haut, densément ramifié; feuilles de 5 à 8 cm de long. Tout sol; soleil ou mi-ombre. R. −25 °C.

Acer pensylvanicum L. **'Erythrocladum'** — Or. Amérique du N. (du Québec au Manitoba jusqu'au Tennessee), dans les bois à sol riche et mouillé. Le type sauvage donne un petit arbre élancé à jolie écorce veinée et

Acer forrestii dans le Yunnan

fleurs pendantes et odorantes en mai et juin. Feuilles caduques, jaunes à l'automne. 'Erythrocladum', commercialisé à Berlin en 1904, a été sélectionné pour ses jeunes rameaux rose vif. Il donne généralement un arbuste assez faible. *A. pensylvanicum* est le seul représentant américain du groupe des érables à écorce en peau de serpent, bien répandu en Chine et au Japon. Sol acide ou non calcaire; soleil ou mi-ombre. R. −35 °C.

Acer forrestii Diels — Or. O. Chine (S. Sichuan et sur le versant oriental des monts Lijiang au N. du Yunnan, vers 3 000 m, sur calcaire). Petit arbre att. 15 m, avec jeunes rameaux rougeâtres. Fleurs vertes en longues grappes pendantes en mai. Feuilles trilobées à lobe central longuement acuminé, glauques en dessous, glabres sauf aux aisselles des nervures. Une des espèces les plus rustiques du groupe à écorce en peau de serpent, à port dressé dans sa jeunesse. Tout sol; soleil ou mi-ombre. R. −20 °C.

Acer glabrum Torr. — Or. montagnes de l'O. de l'Amérique du N., sur rochers et dans les bois de conifères, entre 1 300 et 2 000 m, fleurissant en avril et mai. Arbuste de 1 à 6 m de haut. Feuilles généralement trilobées, 1,5 à 5 cm de long et 2 à 4 cm de large. Port presque fastigié en culture. Feuilles jaunes en automne. Tout sol. Soleil ou mi-ombre. R. −25 °C.

Réduction à 40 %. Échantillons du Savill Garden, Windsor, 30 avril

Magnolia *dawsoniana* à Chyverton

Magnolia denudata

Magnolia campbellii var. *mollicomata* en Cornouailles

Magnolia sargentiana Rehd. & Wils. var. ***robusta*** Rehd. & Wils. (*Magnoliaceæ*) — Or. Chine (O. Sichuan et N. Yunnan), dans les bois et en isolé à 2 300 m, où il fleurit en avril (?). Feuilles 14-21 × 8,5 cm, étroitement obovales-oblongues, en coin à la base. Sol riche, acide ou neutre; soleil ou mi-ombre. R. −15 °C. Printemps.

M. ×***lœbneri* 'Merrill'** — Obtenu à l'Arboretum Arnold vers 1939; hybride entre *M. kobus* et *M. stellata*. att. 5 m de haut.

M. stellata (Sieb. & Zucc.) Maxim. — Or. Japon (C.-E. Honshu), dans les bois de montagne, fleurissant fin mars et en avril. Arbuste att. 5 m. Fleurs blanches (ou roses chez la var. *keiskei*) avec 12 à 18 pétales étroits, att. 6 cm de long. Sol acide ou neutre; soleil ou mi-ombre. R. −15 °C. *M. kobus* en diffère par ses 3 sépales étroits et ses 6 à 9 pétales plus larges; att. 18 m. Début du printemps.

***M. stellata* 'Norman Gould'** — Clone tétraploïde obtenu à Wisley par E. Janaki Ammal avec de la colchicine, plus massif et plus vigoureux que le *M. stellata* normal.

M. cylindrica Wilson — Or. E. Chine (notamment dans les Anhui, dans les ravins ombragés du mont Wangshan entre 1 000 et 1 300 m), fleurissant en avril. Fleurs avec de petits sépales rapidement caducs et 6 pétales d'environ 10 cm de long. Sol humifère acide ou neutre; soleil ou mi-ombre. R. −15 °C.

***M.* 'Eric Savill'** — Semis de *M. sprengeri* var. *diva* né aux Jardins Savill, à Windsor. A donné un arbuste de 7 m de haut avec de nombreuses branches ascendantes. Fleurs de 22 cm de diamètre, avant les feuilles.

M. ×***lœbneri*** Kache **'Leonard Messel'** — Obtenu à Nymans (Sussex) avant 1950 et considéré comme un hybride de *M. kobus* et de *M. stellata* var. *rosea*. Feuilles att. 12 cm largement oblancéolées, obtuses, poilues sous la nervure principale.

***M.* 'Neil McEacharn'** — Semis de *M. stellata* var. *rosea* obtenu à Windsor à partir d'une graine récoltée à la Villa Taranto (Pallanza, au bord du Lac Majeur), probablement croisé avec *M. kobus*. Arbuste de 6 m actuellement.

M. denudata Desr. (syn. *M. heptapeta*), magnolier yulan — Or. Chine et cultivé depuis longtemps là et au Japon. Fleurs avec 9 pétales, de 7,5 cm de long, blanc pur. Sol humifère, acide ou neutre; soleil ou mi-ombre. R. −20 °C. Printemps.

***M.* 'Wada's Memory'** — Dédié à un pépiniériste japonais. Arbuste att. 6 m, avec des fleurs inclinées mollement.

M. campbellii Hook. fil. & Thoms. var ***mollicomata*** (W.W.Sm.) K.-Ward — Or. Chine et Birmanie limitrophe, en forêt tempérée pluviale, fleurissant en mars et avril. Att. 20 m. Feuilles caduques, elliptiques, aiguës ou acuminées, arrondies ou en coin à la base, 10 à 25 cm de long. Fleurs roses, rouges ou blanches. Sol riche en humus, acide ou neutre; soleil ou mi-ombre. R. −10 °C, boutons floraux souvent tués par les gels tardifs. La var. *campbellii*, or. C. Népal, se différencie par ses pédoncules glabres.

Michelia doltsopa

M. dawsoniana Rehd. & Wils. — Or. Chine (O. Sichuan, au S.-E. de Tatsien-lou) entre 2 000 et 2 300 m, fleurissant en mai. Att. 15 m, très rare dans la nature. Feuilles caduques, obovales, luisantes en dessus, de 8 à 14 cm de long. Fleurs att. 12 cm de long. Sol humide et humifère; soleil ou mi-ombre. R. −10 °C. Début du printemps.

Michelia doltsopa Buch.-Ham. (*Magnoliaceæ*) — Or. Himalaya, N. Birmanie et Yunnan, dans les forêts de chênes, entre 1 800 et 2 500 m; en fleurs de février à avril. Arbre sempervirent att. 25 m. Fleurs à l'aisselle des feuilles, de 10 à 15 cm de diam., agréablement parfumées. Sol humide, acide; soleil ou mi-ombre. R. −5 °C. Début de l'été.

Réduction à 40 %. Échantillons des Valley Gardens, Windsor, 13 mai

Magnolia* ×*soulangiana Soul.-Bod. — Obtenu par M. Soulange-Bodin dans son jardin de Fromont, près de Paris, avant 1825. Hybride de *M. denudata* et *M. liliiflora*. De nombreux cultivars ont été sélectionnés pour leurs couleurs variant du blanc au pourpre et pour les formes et dimensions de leurs fleurs. Tous fleurissent en fin de printemps, les premières fleurs s'ouvrant avant l'apparition des feuilles, les dernières avec les feuilles. Tous demandent un sol humide, riche et humifère, acide ou neutre, et supportent le soleil ou l'ombre légère. R. −20 °C mais les fleurs qui s'ouvrent sont souvent endommagées par les gels tardifs.

***M.* ×*soulangiana* 'Picture'** — Obtenu au Japon par les pépinières Wada et introduit en Angleterre avant 1968.

***M.* ×*soulangiana* 'Rustica Rubra'** — Obtenu à Boskoop avant 1893. Superbe cultivar à fleurs d'un rose intense, très arrondies.

***M.* 'Manchu Fan'** — Obtenu en 1955 par D. Todd Gresham à Santa Cruz (Californie). Hybride entre *M.* 'Lennei Alba' et *M.* ×*veitchii*. Fleurs dressées plus hautes et plus étroites que celles de 'Lennei Alba'. Pousse vigoureuse, comme celle d'un arbre.

***M.* ×*soulangiana* 'Lennei Alba'** — Obtenu vers 1900 en Suisse, probablement dans un semis de *M.* ×*soulangiana* 'Lennei'. Fleurs d'un blanc opalescent.

***M.* 'Heaven Sent'** — Obtenu en 1955 par D. Todd Gresham en Californie en croisant *M.* ×*veitchii* avec *M. liliiflora*.

***M.* 'Ann'** — Hybride entre *M. liliiflora* et *M. stellata* obtenu en 1955 à l'Arboretum National de Washington D.C.

***M.* 'Rouged Alabaster'** — Obtenu en 1955 par D. Todd Gresham en croisant *M.* ×*veitchii* avec *M.* 'Lennei Alba'. L'extérieur des sépales est souvent plus teinté de rose pourpré que sur la fleur ci-contre.

***M.* ×*soulangiana* 'Norbertii'** — Obtenu en France et commercialisé par Cels de Montrouge en 1935. Port dressé.

M. liliiflora Desr. (syn. *M. pentapeta*) — Or. Chine, mais cultivé depuis si longtemps que son aire naturelle est obscure. Arbuste att. 3 m. Feuilles caduques de 10 à 18 cm de long, obovales ou ovales-elliptiques. Fleurs avant ou en même temps que les feuilles et habituellement encore de façon intermittente pendant l'été, depuis le mois d'avril ; 6 pétales de 8 à 10 cm de long, blancs en dedans, rouge pourpré à l'extérieur. Tout sol riche et humifère ; soleil ou mi-ombre. R. −20 °C. On dit que la var. *nigra* (Nichols) Rehd. a de plus grandes fleurs, de 12 cm de long, pourpre clair a l'intérieur et serait plus rustique que la variété nominale. Les deux sont cultivées depuis longtemps au Japon.

M. denudata Desr. **'Purple Eye'** — Cultivar ou peut-être hybride de *M. denudata* avec une jolie fleur arrondie blanc pur teinté de pourpre à la base.

***M.* 'Elisabeth'** — Hybride entre *M. acuminata* (L.) L., l'arbre à concombres, à fleurs vertes, et *M. denudata*, obtenu en 1950 au Jardin botanique de Brooklyn. Port semblable à celui d'un vigoureux *M.* ×*soulangiana*. Notre photographie montre une plante d'origine en boutons mais ne lui rend pas justice. En pleines fleurs, il est d'un superbe jaune pâle.

Magnolia 'Rustica Rubra' à Kew

Magnolia 'Norbertii'

Magnolia liliiflora

Magnolia denudata 'Purple Eye'

Magnolia 'Elizabeth'

Magnolia wilsonii à Benmore, comté d'Argyll, Ecosse

Magnolia sinensis

Magnolia globosa

Magnolia sinensis (Rehd. & Wils.) Stapf (*Magnoliaceæ*) — Or. Chine (N.-O. Sichuan), dans les fourrés et forêts entre 2 000 et 2 600 m, fleurissant en juin. Arbuste att. 5 m dans la nature, davantage dans les jardins, à port étalé. Feuilles caduques, largement obovales ou obovales-elliptiques, arrondies avec une pointe courte à l'apex, munies de poils soyeux sur les nervures en dessous. Fleurs de 10 à 13 cm de diamètre, odorantes. Supporte les sols calcaires et préfère la mi-ombre. Floraison superbe, avec la plupart des fleurs épanouies en même temps. R. −15 °C. Début de l'été.

M. wilsonii (Fin. & Gagnep.) Rehd. — Or. Chine (O. Sichuan et N. Yunnan), dans les fourrés et en forêt humide entre 2 300 et 3 000 m, fleurissant en mai et juin. Arbuste att. 8 m de haut dans la nature. Feuilles caduques elliptiques-oblongues ou elliptiques-lancéolées, aiguës, couvertes de poils soyeux en dessous. Tout bon sol. Ombre ou mi-ombre. R. −15 °C.

M. sieboldii K. Koch (syn. *M. parviflora* Sieb. & Zucc.) — Or. Japon (S. Hunshu, Kyushu, Shikoku) où il est rare et Corée, dans les bois de montagnes ; en fleurs de mai à juillet. Arbuste att. 4 m à feuilles caduques, largement ovales ou obovales, de 7 à 15 cm de long, à pubescence clairsemée en dessous. Fleurs de 8 à 10 cm de diamètre, odorantes. Meilleur dans un sol neutre ou acide. Soleil ou mi-ombre. R. −20 °C. Du début à la fin de l'été.

M. ×highdownensis Dandy Hybride supposé entre *M. sinensis* et *M. wilsonii* né dans le jardin de Highdown (Sussex).

M. globosa Hook. fil. & Thoms. — Or. Himalaya (E. Népal, Bhutan et Tibet) dans les forêts à *Tsuga* et *Abias*, entre 2 400 et 3 400 m ; en fleurs de mai à juillet. Arbuste att. 8 m. Feuilles caduques att. 18 cm de long, ovales avec des poils rougeâtres en dessous. Les fleurs restent en gobelet, att. 8 cm de large, odorantes. Sol acide ou neutre ; mi-ombre. R. −10 °C. Été.

M. ×thompsoniana (Loud.) C. de Vos — Hybride entre *M. virginiana* et *M. tripetala*, trouvé dans un semis vers 1808 par Mr Thompson, pépiniériste à Londres. Arbuste ou arbrisseau à tiges multiples att. 4 m. Feuilles caduques, de 7,5 à 25 cm de long, glauques en dessous. Fleurs parfumées att. 9 cm de long. Sol tourbeux humide ; soleil ou mi-ombre. R. −20 °C. Été.

M. ashei Weath. — Or. N.-O. Floride et E. Texas, près des cours d'eau et sur les collines dans les bois entre 30 et 60 m d'altitude, fleurissant en mars-avril. Arbuste att. 7 m avec d'énormes feuilles minces, caduques, 30 × 60 cm, argentées en dessous ; pétales de 10 à 14 cm de long. Sol frais, riche et humifère ; abri et mi-ombre. R. −15 °C.

M. virginiana L. — Or. E. USA (du Massachusetts à la Floride et au S.-E du Texas), dans les landes humides, sableuses et acides et les marécages, fleurissant en juin-juillet. Arbuste ou arbre att. 10 m, rarement 20 m. Feuilles caduques ou semi-persistantes de 7 à 12 cm de long, argentées en dessous. R. −20 °C.

M. cordata Michx. — Or. E. USA (Caroline et Géorgie), en forêts mixtes ; en fleurs d'avril à juin. Arbuste att. 10 m. Fleurs de 4 à 5 cm de long ; feuilles caduques de 8 à 15 cm de long, en coin ou arrondies à la base. R. −20 °C. Début de l'été.

Magnolia sieboldii

Magnolia 'Highdownensis' à Sandling Park, Kent

Magnolia ×thompsoniana

Magnolia ashei

Magnolia virginiana

Magnolia cordata à Wisley

Réduction à 40 %. Échantillons du Savill Garden, Windsor, 15 mars

Un vieux temple à Ulu Ky sur les contreforts des monts Lijiang, Yunnan

Camellia reticulata dans la cour du temple

Camellia reticulata 'Tataochung'

Camellia reticulata Lindl. *(Theaceæ)* — Or. Chine (Yunnan), dans les forêts claires de pins et les fourrés entre 1800 et 2700 m, fleurissant en avril et mai. Arbuste sempervirent d'environ 3 m (parfois jusqu'à 10 m) à feuilles de 8 à 11 cm de long, fleurs à 8-10 pétales att. 10 cm de diamètre chez certains cultivars, rose pâle à rouge (p. 59). Cultivé depuis longtemps en Chine, surtout au Yunnan dans les cours de temples, comme on peut le voir ci-contre au-dessus de Ulu Ky près de Lijiang. Sol sans calcaire, mi-ombre et abri. R. −10 °C. Printemps.

***C. reticulata* 'Takeda'** — Camélia à fleurs énormes élevé en serre froide au Savill Garden (Windsor).

***C. reticulata* 'Tsueban'** (syn. 'Chrysanthemum Petal', 'Juban') — Cultivar de *C. reticulata* introduit de Kunming (Yunnan) aux USA en 1948 par Descanso Gardens & R. Peer. Port ouvert, gracieux.

***C. reticulata* 'Tzepao'** (syn. 'Purple Gown', 'Zipao') — Même origine que le précédent. Port compact ; très florifère.

***Camellia* 'Buddha'** — Hybride entre *C. reticulata* 'Early Peach Blossom' et *C. pitardii* var. *yunnanica*. Introduit de Kunming (Yunnan) aux USA en 1950 par Descanso. Vigoureux ; port dressé.

***C. reticulata* 'Balderdash'** — Hybride entre *C. reticulata* 'Wild Form' et *C. reticulata* 'Crimson Robe' obtenu en 1967 par Jane Crisp à Tirau (Nouvelle-Zélande). Vigoureux.

***Camellia* 'Confucius'** — Hybride entre *C. reticulata* et *C. pitardii* var. *yunnanica*. Introduit de Kunming (Yunnan) aux USA en 1950 par Descanso. Hauteur moyenne, port dressé, compact.

***C. reticulata* 'Tom Durrant'** — Hybride entre *C. reticulata* 'Wild Form' et *C. reticulata* 'Shot Silk' obtenu en 1966 par Jane Crisp à Tirau (Nouvelle-Zélande). Hauteur moyenne, port dressé, buissonnant.

***Camellia* 'Exaltation'** — Hybride entre *C.* ×*williamsii* et *C. japonica* 'Gauntletti' obtenu au Savill Garden (Windsor, Angleterre) vers 1966.

***C. reticulata* 'Tataochung'** (syn. 'Crimson Robe', 'Early Crimson') — Cultivar de *C. reticulata* introduit de Kunming (Yunnan) aux USA en 1948 par Descanso & Peer, et à Windsor en 1956.

Réduction à 40 %. Échantillons du Savill Garden, Windsor, 4 avril

Camellia 'Cornish Snow'

Camellia japonica à Pengneep, Cornouailles (G-B)

Camellia 'Fragrant Pink'

Camellia 'Vallée Knudsen'

Camellia japonica L. (*Theaceæ*), camélia Or. Japon (Honshu, Shikoku, Kyushu), dans les bois des collines et jusqu'au bord de la mer ; en fleurs de février à juin selon la latitude. On reconnaît plusieurs variétés au Japon ; la variété de plaine avec des fleurs en coupelle et des filets d'étamines soudés sur le tiers ou la moitié de leur longueur (var. *japonica*) et la variété de montagne, var. *decumbens* Sugim. (syn. subsp. *rusticana* [Honda] Kitam.), avec des fleurs plus ouvertes et des étamines soudées seulement à la base. Une troisième variété, avec des fruits gros comme des petites pommes et les parois de la capsule très épaisses, appelée var. *macrocarpa* Masam., pousse près des cours d'eau en montagne et sur la côte méridionale, dans les îles Yakushima et Shikoku (au S.). Ces trois variétés principales peuvent donner des arbustes élancés à fleurs roses ou rouges.

***C. japonica* 'Momoiro Wabisuke'** — Les 'Wabisuke' (syn. *C. wabisuke* [Mak.] Kitam.) forment un groupe de camélias populaires au XVIIe s. considérés selon les auteurs comme une sous-espèce de *C. japonica* ou un hybride entre *C. saluenensis* ou *C. sinensis* et *C. japonica*. Ses fleurs sont en général assez petites et campanulées, rouges, roses ou blanches ; les ovaires peuvent être poilus.

C ×williamsii W.W.Sm. **'J.C. Williams'** — Hybride entre *C. saluenensis* et *C. japonica* obtenu en 1940 à Caerhays (G-B) par J.C. Williams. Plante vigoureuse avec des branches horizontales et une très longue période de floraison. C'est le premier clone de *C. ×williamsii* à avoir été nommé. R. −15 °C.

***C.* 'Cornish Snow'** — Hybride entre *C. saluenensis* et *C. cuspidata* obtenu en 1930 par J.C. Williams au château de Caerhays (Cornouailles). Port dressé, ouvert ; donne un buisson moyen à grand.

C. tsaii Hu — Or. Yunnan, Birmanie et N. Viêt-nam entre 1200 et 2400 m ; introduit par George Forrest. Diffère du *C. cuspidata* par ses ramilles poilues, ses feuilles plus molles à dents plus nombreuses et ses fleurs pédonculées portées à la face inférieure des branches. A protéger du froid. R. −5 °C.

***C. ×williamsii* 'Saint Ewe'** — Obtenu par J.C. Williams à Caerhays avant 1940. Vigoureux, port dressé ; très florifère.

C. fraterna Hance — Or. E. et C. Chine (Zhejiang et Hubei près de Yichang), dans les vallées entre 30 et 300 m, fleurissant en mars. Arbuste de 3 à 9 m de haut voisin de *C. cuspidata* (p. 65) mais avec sépales, pousses et pédicelles entièrement poilus. Élégante mais fragile espèce à nombreuses petites fleurs ; demande une protection contre plus de quelques degrés de froid.

C. reticulata Lindl. **'Mary Williams'** — Semis de *C. reticulata* (p. 57) obtenu par J.C. Williams à Caerhays (Angleterre) à partir de graines récoltées en 1932 par G. Forrest dans la nature, près de Tenchung (Tengyueh) dans l'O. du Yunnan.

***C. japonica* 'Haku-tsuru'** (syn. 'White Crane', 'White Stork') — Commercialisé au Japon en 1934 par les pépinières Chugai.

***C.* 'Vallée Knudsen'** — Hybride entre *C. saluenensis* et *C. reticulata* 'Buddha', commercialisé en 1958 par Howard Asper, d'Escondido (Californie). Meilleure croissance en serre froide. Fleurs d'environ 12 cm de diamètre.

***C.* 'Fragrant Pink'** — Hybride entre *C. japonica* var. *decumbens* et *C. lutchuensis* (une espèce de l'île d'Okinawa dans les Ryu-kyu, Japon), avec des fleurs odorantes, obtenu en 1968 par W. Akerman (Maryland, USA). Un mutant, provoqué par la colchicine et peut-être tétraploïde, appelé 'Fragrant Pink Improved' a été produit en 1975. Fleurs petites mais très nombreuses pendant une longue période. R. −5 °C.

Réduction à 40 %. Échantillons de Wisley, 11 avril

Camellia japonica 'Mrs Bertha A. Harms'

Camellia japonica 'Jupiter' à l'Arboretum Hillier

Camellia 'Freedom Bell'

Camellia japonica 'Gertrude Preston'

Camellia japonica 'Yukimi-guruma'

Camellia japonica L. (*Theaceæ*) — Ce semis de *C. japonica* ressemble beaucoup à l'espèce telle qu'on la trouve communément dans la nature au Japon (voir p. 59).

***C. japonica* 'Donckelarii'** — Introduit de Chine en Belgique par Franz von Siebold en 1834. Cultivar très populaire pour fleurir aussi bien en plein air qu'à l'intérieur. Port buissonnant.

***C. japonica* 'Tricolor'** (syn. 'Waka-no Ura', 'Sieboldii', 'Tricolor de Siebold') — Introduit du Japon vers 1830 par Franz von Siebold. Vigoureux, à port compact et dressé. Importance des stries variable aussi chez les fleurs d'une même plante. 'Tricolor White' est une mutation à fleurs blanc pur et 'Lady de Saumarez', à fleurs rouges. Fleurs en coupelle quand elles viennent de s'ouvrir. R. −15 °C avec abri (voir aussi p. 66).

***C. japonica* 'Mrs Tingley'** — Obtenu en 1949 par les frères Tuttle à Pasadena (Californie). Hauteur moyenne, port compact.

***C. japonica* 'Bright Buoy'** — Obtenu en 1975 par L. Jury à New Plymouth (Nouvelle-Zélande). Buissonnant, étalé. Rusticité incertaine.

***C. japonica* 'Grace Bunton'** — Obtenu en 1950 par W. Robinson et C. Hayes à Norfolk (Virginie, USA). Vigoureux, port compact, dressé.

***C. japonica* 'Devonia'** (syn. 'Dovoniensis', 'Devona') — Semis commercialisé par les pépinières Veitch, à Exeter (G-B) et décrit en 1900. Un des meilleurs cultivars à fleurs blanches pour sa résistance aux intempéries.

***C. japonica* 'Prof. Charles S. Sargent'** — Cultivar obtenu en 1925 aux Jardins et Pépinières Magnolia, à Johns Island (Caroline du S.). Végétation rigoureuse, compacte et dressée.

***C. japonica* 'Furo-an'** (syn. 'Taro-an') — C'est un camélia de Higo, avec ses nombreuses étamines très étalées si caractéristiques, introduit du Japon en Angleterre en 1939. Port étalé. Floraison précoce à mi-saison. R. −15 °C.

***C. japonica* 'Princess Charlotte'** — Vieux cultivar obtenu à Wisley qui porte sur le même pied des fleurs blanches, rose pâle et rose moyen, avec de nombreuses fleurs partiellement colorées. Précoce. R. −15 °C.

***C. japonica* 'Rubescens Major'** (syn. 'Paolina Guichardini', 'Princess Ann') — Commercialisé en 1895 à Nantes par les sœurs Guichard. Port buissonnant compact. Mi-saison.

***C. japonica* 'Mrs Bertha A. Harms'** — Commercialisé en 1949 par J. Harms, à Portland (Oregon). Hauteur moyenne, port dressé, ouvert.

***C. japonica* 'Jupiter** (syn. 'Junon', 'Sylva') — Commercialisé vers 1900 par William Paul, à Cheshunt (G-B). Vigoureux, dressé (voir aussi p. 67).

C. 'Freedom Bell' — Commercialisé en 1965 par les pépinières Nuccio à Altadena (Californie). Vigoureux, port dressé, compact. Hybride inter-spécifique de parenté inconnue.

***C. japonica* 'Gertrude Preston'** — On pense qu'il s'agit d'un semis de *C. japonica* 'Apple Blossom'. Commença à fleurir vers 1940. La couleur des fleurs s'éclaircit un peu quand elles sont bien ouvertes.

***C. japonica* 'Yukimi-guruma'** (syn. 'Amabilis') — Arbrisseau plutôt dressé, à port lâche.

Réduction à 40 %. Échantillons d'Eccleston Square, 11 avril

Camellia japonica 'Coquettii'

Camellia japonica 'Baron Leguay'

Camellia japonica 'Duc de Bretagne'

Camellia japonica 'Kumasaka'

Camellia japonica 'Mathotiana Rosea'

Camellia japonica 'Augusto L. Gouveia Pinto'

***Camellia japonica* 'Contessa Lavinia Maggi'** — Obtenu en Italie par le comte Maggi et décrit dans la *Flore des Serres* en 1858. Végétation vigoureuse, dressée. Parfois, il apparaît des branches porteuses de fleurs rouges ; il faut les couper complètement pour éviter qu'elles ne prennent le dessus.

***C. japonica* 'Mme de Strekaloff'** — Commercialisé en 1855 par Cesare Franchetti, à Florence (Italie).

***C. japonica* 'Apollon'** (syn. 'Amagashita') — Fait partie d'un groupe de cultivars à fleurs simples et semi-doubles introduits ou obtenus par William Paul en 1900. Vigoureux, c'est un des camélias les plus appropriés à la culture en plein air par ses fleurs bien résistantes au gel. Souvent confondu avec 'Jupiter', également obtenu par Paul, qui en diffère principalement par ses fleurs plus intensément colorées et ses feuilles plus longues.

***C. japonica* 'Nobilissima'** (syn. 'Fuji-Yama') — Introduit du Japon en Belgique par M. Lefèvre, de Gant, vers 1834. Vigoureux, port dressé. Très précoce.

***C. japonica* 'Débutante'** (syn. 'Sara C. Hastie') — Parenté inconnue. Obtenu au début du XXe s. par les Jardins et Pépinières Magnolia, à Johns Island (Caroline du S.). Vigoureux, port dressé. Précoce à mi-saison.

***C. japonica* 'Mathotiana Alba'** — Obtenu par M. Mathot en Belgique et décrit en 1858. Larges feuilles coriaces, ramification espacée. Pousse mieux lorsqu'il est cultivé à l'intérieur.

***C. japonica* 'Arejishi'** (syn. 'Aloha') — Vieux cultivar japonais connu depuis 1877 à Yokohama et introduit en 1891 en Europe. Précoce, à fleurs assez petites (8 cm de diamètre). R. −15 °C.

***C. japonica* 'Apple Blossom'** — Commercialisé en 1930 par les Jardins Plante rare Coolidge de Pasadena (Californie). Buisson dressé, compact. Il y a quelque confusion avec ce nom attribué aussi à quelques autres camélias, notamment un cultivar à fleurs simples d'un rose très pâle.

***C. japonica* 'Marguerite Gouillon'** — Vieux cultivar obtenu à Nantes par Drouard Gouillon et décrit en 1845 par Berlese dans sa *Monographie*. Souvent confondu avec 'Général Lamoricière' qui est très similaire mais qui a des fleurs d'un rose plus intense et moins de stries. 'Marguerite Gouillon' a une végétation vigoureuse, dressée qui devient assez étalée avec l'âge.

***C. japonica* 'Mrs Skottowe'** (syn. 'Mrs Moore's speckled', 'Queen Victoria's Blush') — Mutation de 'Jubilee' obtenue en 1878 par Michael Guilfoyle, à Double Bay (Nouvelle-Galles du Sud, Australie).

***C. japonica* 'Coquettii'** (syn. 'Coquette', 'Glen 40') — Semis obtenu par M. Tourres à Mancheteaux (France), décrit en 1840. Végétation vigoureuse. Une mutation, 'Coquettina', a des fleurs d'un rouge plus intense et parfois des stries blanches.

***C. japonica* 'Baron Leguay'** — Vieux cultivar obtenu en 1908 à Nantes par les sœurs Guichard.

***C. japonica* 'Duc de Bretagne'** — Obtenu à Nantes par Drouard Gouillon, puis décrit et illustré par Verschaffelt en 1848. Végétation vigoureuse et ramifiée donnant un grand buisson étalé.

***C. japonica* 'Kumasaka'** (syn. 'Lady Marion', 'Jeanne Kerr', 'Maiden', 'Sherbrooke', 'Kumasaka-Beni', 'Hollyhock') — Commercialisé au Japon en 1896 par les pépinières de Tokyo. Vigoureux et compact.

***C. japonica* 'Mathotiana Rosea'** (syn. 'Pink Beauty', 'Laura Polka', 'Warwick') — Mutation de 'Mathotiana Alba'. Commercialisé en 1874 par James Veitch & Fils, à Chelsea (Londres).

***C. japonica* 'Augusto L. Gouveia Pinto'** (syn. 'Jack McCaskill', 'Portuguese Pink') — Mutation de 'Mathotiana' qui aurait été obtenue au Portugal vers la fin du XIXe s. Port dressé, ouvert. Cultivar à grandes fleurs (10-11 cm de diamètre) qui pousse mieux à l'intérieur.

Réduction à 40 %. Échantillons de Wisley, 11 avril

Camellia ×*williamsii* 'Mary Christian' à Tregrehan, Cornouailles

Camellia ×*williamsii* 'Elizabeth Rothschild'

Camellia 'Haru Gasumi', ('Spring Misty')

Camellia ×*williamsii* 'Bowen Bryant'

***Camellia* ×*williamsii* 'Francis Hanger'** — Hybride entre *C. japonica* 'Alba Simplex' et *C. saluenensis* obtenu en Angleterre par Francis Hanger. Se prête bien au palissage contre un mur abrité.

***C.* ×*williamsii* 'Bow Bells'** — Obtenu vers 1925 par J.C. Williams au château de Caerhays (Cornouailles). 'Bow Bells' commence souvent à fleurir particulièrement tôt et peut fleurir dans le milieu de l'hiver jusqu'à la fin du printemps. Port buissonnant et compact ; approprié pour un mur abrité.

***C.* ×*williamsii* 'Hiraethlyn'** — Hybride entre *C. saluenensis* et *C. japonica* (peut-être 'Flora') obtenu en 1950 à Bodnant (N. du Pays de Galles). Végétation vigoureuse, dressée, compacte.

***C.* ×*williamsii* 'C. F. Coates'** — Hybride entre *C. saluenensis* et *C. japonica* 'Quercifolia obtenu au Jardin botanique de Kew (Surrey) en 1935. Ses feuilles particulières, trilobées, lui ont valu parfois le nom de camélia-queue de poisson.

***C.* ×*williamsii* 'Golden Spangles'** — Clone à feuilles panachées issu de 'Mary Christian'. Il a été remarqué pour la première fois en 1946 dans un lot de plantes étiquetées 'Mary Christian' dans les jardins de la Société royale d'horticulture, à Wisley, mais on ne sait pas clairement s'il est apparu dans un semis ou par mutation végétative.

***C.* ×*williamsii* 'Sea Foam'** — Fleurs doubles blanches qui ont eu beaucoup de succès aux compétitions de camélias à Wisley.

Camellia saluenensis Stapf — Or. Chine (Sichuan, Yunnan, en particulier sur les montagnes volcaniques du bassin du Shweli, au N.-O. de Tenchung (Tengyueh) et dans la vallée du fleuve Bleu), entre 1800 et 2700 m, dans les fourrés sur les collines rocheuses découvertes et près des cours d'eau, fleurissant en mai. Arbuste de 2 à 5 m de haut à feuilles vert terne en dessus, finement dentées, d'environ 5 cm de long. Fleurs d'environ 6 cm de diamètre, blanches à rouges dans la nature, épanouies de mars à mai dans les jardins et généralement roses avec une trace distincte de bleu. Sol acide ou non calcaire ; ombre légère. R. −10 °C. C'est un des parents, avec *C. japonica*, des très populaires *C.* ×*williamsii*.

Camellia cuspidata (Kochs) F.W. Wights — Or. C. Chine (E. Sichuan et O. Hubei où il est commun dans les bois clairs autour de Yichang). Arbuste att. 3 m ; feuilles très élégantes att. 6 cm de long, cuivrées à l'état jeune ; fleurs blanches, très nombreuses. Pousse facilement dans les sous-bois clairs. Aussi rustique que la plupart des camélias, seulement endommagé par des températures inférieures à −10 °C ou par des vents secs et froids.

***Camellia* 'Cornish Spring'** — Hybride entre *C. japonica* 'Rosea Simplex' et *C. cuspidata*, obtenu en 1950 par Miss G. Carlyon, à Tregrehan (Cornouailles). Végétation vigoureuse, dressée, buissonnante. Mi-saison à tardif. R. −10 °C.

***C.* ×*williamsii* 'Elizabeth Rothschild'** — Hybride entre *C. saluenensis* et *C. japonica* 'Adolphe Audusson' commercialisé en 1950 par Francis Hanger en Angleterre. Mi-saison à tardif.

***C.* ×*williamsii* 'Mary Christian'** — A été l'un des premiers hybrides ×*Williamsii* produits à Caerhays (Cornouailles). Port dressé, ouvert. Mi-saison.

***Camellia* 'Haru Gasumi'** (syn. 'Spring Misty') — Hybride de *C. japonica* et de *C. lutchuensis*. Commercialisé en 1981 par Clifford Parks, à Chapel Hill (Caroline du N.). R. −15 °C.

***C.* ×*williamsii* 'Bowen Bryant'** — Obtenu en 1960 par E. Waterhouse en Australie. Végétation dressée, vigoureuse. R. dans le N. de l'Angleterre et en Écosse jusqu'à −15 °C.

Réduction à 40 %. Échantillons des Valley Gardens, Windsor, 23 avril

Camellia japonica 'Adolphe Audusson' à Exbury, Hants

Camellia japonica 'Little Bit'

Camellia japonica 'Satanella'

Camellia japonica 'Althæiflora'

***Camellia japonica* 'Lady Clare'** (syn. 'Empress', 'Akashi-Gata', 'Nellie Bly') — A été introduit du Japon en Europe en 1887 et distribué par L. van Houtte, en Belgique. Port assez lâche, pleureur; grandes fleurs très nombreuses.

***C. japonica* 'Adolphe Audusson'** (syn. 'Audrey Hopfer', 'Adolphe') — Commercialisé en 1877 par M. Audusson, d'Angers. Il en existe deux variantes: 'Adolphe Audusson Spécial', qui a des fleurs en majorité blanches, et 'Adolphe Audusson Panaché', à fleurs rouge foncé tachées ou ponctuées de blanc.

***C. japonica* 'Gloire de Nantes'** — Commercialisé en 1895 à Nantes par Guichard, c'est un des camélias les plus rustiques et les plus précoces. Donne un buisson compact de hauteur moyenne.

***C. japonica* 'Alba Simplex'** (syn. 'Snow Goose') — Vieux cultivar rapporté comme étant issu d'un semis de 'Variegata' né en 1813 à la pépinière Tooting de Londres. Il a été illustré en 1822 dans le *Botanical Cabinet* de Loddige et décrit en 1833 par Paxton sous le nom d'*alba*. Plus tard, d'autres auteurs l'ont décrit comme 'Alba Simplex' et ce nom a été gardé pour éviter la confusion avec tous les autres cultivars appelés 'Alba'. Vigoureux, port dressé.

***C. japonica* 'Tricolor'** (syn. 'Waka-no Ura', 'Sieboldii') — (voir p. 61). Il y a de nombreuses variantes à ce cultivar parmi lesquelles: 'Dainty', 'Fred Sander', 'Jewel Bowdon', 'Blush Tricolor' et 'Chalk Pink'.

***C. japonica* 'Konron Jura'** (syn. 'Kou-ron-Koku' (qui correspond en fait à un cultivar de *C. sasanqua*), 'Mt. Konlong Black') — Introduit au Japon par la pépinière Star, de Sierra Madre (Californie) en 1930 et en Angleterre par Sir James Horlick en 1939. Buisson de hauteur moyenne; fleurs particulièrement résistantes au gel.

***C. japonica* 'La Pace Rubra'** (syn. 'Red Pressii') — Mutation de 'La Pace', lequel avait été introduit en Italie en 1860 par M. Santareui, de Florence. Quelques branches reviennent au 'La Pace' et ont des fleurs blanches ou roses striées de rouge. Buissonnant et vigoureux.

***C. japonica* 'Jupiter'** (syn. 'Junon', 'Sylva') — (voir p. 61). Le cultivar connu dans le S. des USA sous le nom de 'Sylva' est en fait 'Adolphe Audusson'.

***C. japonica* 'Bella Romana'** — Obtenu en 1863 à Rome par C. Lemaire. Végétation vigoureuse, buissonnante. 'La Bella', à fleurs roses striées de blanc, est une mutation de 'Bella Romana'.

***C. japonica* 'Daikagura'** (syn. 'Idaten Shibori' (par erreur), 'Kiyosu') — Cultivar japonais connu depuis 1851. De couleur très variable, il peut avoir des fleurs rose vif rayées de blanc à blanches, comme le montre la photographie ci-contre. Fleurs précoces d'environ 9 cm de large.
Nous ne sommes pas sûrs de l'identification de ce cultivar.

***C. japonica* 'Little Bit'** — Commercialisé en 1958 par J. Lawson, Camelliana à Antioch (Californie). Hauteur moyenne; port dressé.

***C. japonica* 'Satanella'** — Cette plante avait été élevée sous le nom de 'Saturnia' jusqu'en 1956, lorsqu'elle fut rebaptisée 'Satanella'.

***C. japonica* 'Althæiflora'** (syn. 'Rosette') — Semis d''Anemoniflora' obtenu en 1819 par Alfred Chandler aux pépinières Vauxhall (Londres). Vigoureuse végétation dressée, devenant étalée avec l'âge.

Réduction à 40 %. Échantillons du Savill Garden, Windsor, 24 avril

Camellia reticulata 'Mouchang'

Camellia 'Harold L. Paige'

Camellia 'Royalty'

C. × williamsii **'Debbie'** — Hybride entre *C. saluenensis* et *C. japonica* 'Debutante' obtenu en 1965 par L.E. Jury en Nouvelle-Zélande. Ce vigoureux camélia a une longue période de floraison, commençant parfois à fleurir au milieu de l'hiver. Les fleurs passent bien et tombent d'elles-mêmes en fanant.

C. × williamsii **'Donation'** — Hybride entre *C. saluenensis* et *C. japonica* 'Donckelarii' obtenu en 1941 par le colonel R. Clarke à Borde Hill (GB). Vigoureux, dressé, alt. 3 m.

Camellia **'Inspiration'** — Hybride entre *C. reticulata* et *C. saluenensis* obtenu en 1954 par Francis Hanger (G-B). Très rustique jusqu'à −15 °C si abrité avec une végétation dense et dressée ; très florifère.

C. × williamsii **'Caerhays'** — Hybride de *C. saluenensis* et *C. japonica* 'Lady Clare', obtenu en 1948 par J.C. Williams au château de Caerhays (Cornouailles, G-B). Port assez étalé, pleureur.

C. reticulata **'Captain Rawes'** (syn. 'Guixia', 'Semi-Plena') — Ce cultivar de *C. reticulata* a été introduit de Canton en Angleterre par Robert Fortune en 1820 et dédié au capitaine Richard Rawes de la Compagnie des Indes orientales auquel on attribue la première introduction de *C. reticulata* en Grande-Bretagne. Donne un grand arbrisseau de 3 m ou davantage.

C. japonica **'Haku Rakuten'** (syn. 'Wisley White') — Introduit du Japon en 1929. Ses fleurs sont assez résistantes aux intempéries. Vigoureux, dressé ; mi-saison et tardif.

C. japonica **'Kimberley'** (syn. 'Crimson Cup') — Commercialisé vers 1900 par MM. Sander, à Bruges (Belgique). Dressé, croissance vigoureuse.

Camellia **'Salutation'** — Hybride entre *C. saluenensis* et *C. reticulata* 'Captain Rawes' obtenu par le colonel R. Clarke à Borde Hill (Angleterre). Végétation vigoureuse, ouverte, dressée, att. 3 m. Très précoce.

Camellia **'Leonard Messel'** — Hybride entre un pied sauvage de *C. reticulata* et *C. ×wiliamsii* 'Mary Christian' obtenu en 1958 par Mme L. Messel à Nymans (G-B). Mi-saison. R. −15 °C.

C. japonica **'Magnoliæflora'** (syn. 'Rose at Dawn', 'Hagoromo', 'Cho-no Hagasane') — Cultivar japonais importé en 1886 en Italie et de là en Angleterre vers 1890. Fleurs nombreuses mais assez sensibles au gel ; de ce fait, une situation abritée est préférable. Port compact ; hauteur moyenne. Il existe un clone à fleurs blanches, 'Magnoliæflora Alba' (syn. 'Yobeki-dori') et une mutation appelée 'Arthur Bolton' dont les fleurs ont une couleur similaire à celle de la plante d'origine, mais avec des pétales ondulés et réfléchis.

C. reticulata **'Mouchang'** — Hybride entre *C. reticuta* 'Cornelian' et *C. reticulata* 'Moutancha'. Commercialisé en 1966 par H. Asper à Escondido (Californie). Pousse mieux en serre froide. R. −5 °C.

Camellia **'Harold L. Paige'** — Hybride entre *C. japonica* 'Adolphe Audusson' et *C. reticulata* 'Crimson Robe', commercialisé en 1972 par J. Osegueda à Oakland (Californie). Vigoureux, port étalé.

Camellia **'Royalty'** — Hybride entre *C. japonica* 'Clarisse Carleton' et *C. reticulata* 'Cornelian', commercialisé en 1968 par T. Croson à Simi (Californie). Hauteur moyenne, port dressé.

C. × williamsii **'Anticipation'** — Hybride entre *C. saluenensis* et *C. japonica* 'Leviathan' obtenu en 1962 par Jury (Nouvelle-Zélande). Robuste végétation dressée. Fleurit bien jusqu'à une date tardive.

Camellia 'Salutation' à Borde Hill

Camellia ×williamsii 'Anticipation'

Camellia japonica 'Beni-otome' à Windsor

Camellia japonica 'Guilio Nuccio'

Camellia japonica 'Alexander Hunter'

Camellia ×*williamsii* 'E.G. Waterhouse'

Camellia ×*williamsii* 'Philippa Forwood'

***Camellia japonica* 'Beni-otome'** (syn. 'Cheerful', 'Cheerfulness', 'Lucida', 'Hi-otome') — Hybride de *C. japonica* introduit en 1884 par S. Quin, McComb (Mississippi). Végétation vigoureuse, dressée, compacte.

***C. japonica* 'Guilio Nuccio'** — Commercialisé en 1956 par les pépinières Nuccio à Altadena (Californie). Vigoureux, dressé. Mi-saison et tardif.

***C. japonica* 'Alexander Hunter'** — Cultivar obtenu vers 1884 par Alexander Hunter à Somersby, Sydney (Australie), nommé par G. Linton qui reprit la propriété, et commercialisé en 1941 par les frères Hazlewood (Nouvelle-Galles du S.). Dressé, vigoureux.

***C.* ×*williamsii* 'Philippa Forwood'** — Commercialisé en Angleterre par J.C. Williams en 1940. Vigoureux, port ouvert. Souvent confondu avec 'J.C. Williams' (voir *C.* ×*williamsii* p. 59).

***C.* ×*williamsii* 'E.G. Waterhouse'** — Survenu en 1954 dans un semis naturel au jardin du prof. E. Waterhouse en Nouvelle-Galles du S. (Australie). Existe aussi en panaché.

***C. japonica* 'Desire'** — Obtenu en 1977 par D. Feathers à La Fayette (Californie). Vigoureux. Fleurs rose pâle ou, dans des conditions chaudes, presque blanches avec bordure rose plus foncé.

***C. japonica* 'William Bartlett'** — Obtenu en 1958 par les frères Hazlewood à Eppling (Nouvelle-Galles du S.). Compact. Mi-saison.

***C. japonica* 'Margaret Davis'** — Mutation de 'Aspasia McArthur'. Commercialisé en Australie en 1961 par A.M. Davis de Cammeray.

***C. japonica* 'Bob Hope'** — Obtenu en 1972 par les pépinières Nuccio (Californie). Croissance lente, compact. Peut être rouge très foncé ; donne des fleurs semi-doubles avec un anneau central d'étamines apparent.

***C. japonica* 'Commander Mulroy'** — Commercialisé en 1961 par T. Patin à Hammond (Louisiane). Buisson de hauteur moyenne, à port dressé ; peut être cultivé en conteneur. Fleurs d'un rose plus intense en culture d'intérieur. Mi-saison.

***C. japonica* 'Berenice Perfection'** — Commercialisé en 1965 par les pépinières Nuccio à Altadena (Californie). Vigoureux, dressé. Mi-saison.

***C. japonica* 'Annie Wylam'** — Végétation dressée donnant un buisson de hauteur moyenne. Obtenu par hasard lors d'un semis en 1959 par W.E. Wylam à Pasadena (Californie).

***C. japonica* 'Paul Jones Supreme'** — Obtenu en 1968 par Waterhouse en Australie.

***C. japonica* 'Adolphe Audusson Panaché'** (syn. 'F.M. Vyematsu') — Mutation panachée de 'Adolphe Audusson'.

Camellia japonica 'Desire'

Camellia japonica 'William Bartlett'

Camellia japonica 'Margaret Davis'

Camellia japonica 'Bob Hope'

Camellia japonica 'Commander Mulroy'

Camellia japonica 'Berenice Perfection'

Camellia japonica 'Annie Wylam'

Camellia japonica 'Paul Jones Supreme'

Camellia 'Adolphe Audusson Panaché'

Camellia japonica 'Madge Miller'

Camellia japonica (p. 59) à l'Arboretum Hillier

Camellia japonica 'Sea Foam'

Camellia japonica **'Madge Miller'** (syn. 'Chandleri Alba') — Obtention américaine récente. Les fleurs supportent bien le mauvais temps. Mi-saison.

C. japonica **'Sea Foam'** — Obtenu en 1959 par J. Weisner aux USA. Parenté inconnue. Port dressé.

C. japonica **'Grand Slam'** — Commercialisé en 1962 par les pépinières Nuccio à Altadena (Californie). Cultivé en serre froide, ses fleurs sont beaucoup plus grandes que lorsqu'il est en plein air (le spécimen illustré a été élevé en serre). Cultivar très populaire aux États-Unis.

C. **'Howard Asper'** — Hybride entre *C. reticulata* 'Cornelian' et *C. japonica* 'Coronation' commercialisé en 1963 par H. Asper, d'Escondido (Californie). Croissance vigoureuse. R. −5 °C.

C. japonica **'Erin Farmer'** — Commercialisé en 1962 par M. & Mme H. Ashby de Charleston (Caroline du S.). Fleur à pétales épais, légèrement odorante.

C. japonica **'Dobrei'** (syn. 'Dobreei', 'Dobreyi') — Ce camélia fut décrit pour la première fois en 1849 par Berlèse dans les *Annales de la Société centrale d'horticulture de France*. Dressé, vigoureux.

C. japonica **'Matterhorn'** — Obtenu en 1976 par David Feathers en Californie. Commercialisé aux USA en 1981. Buisson dressé, bien habillé d'un feuillage vert foncé. Mi-saison, tardif.

C. ×*williamsii* **'Señorita'** — Hybride entre *C. saluenensis* et *C. japonica* 'Herine' obtenu en 1975 par Les Jury en Nouvelle-Zélande. Très florifère ; mi-saison et tardif.

C. ×*williamsii* **'Laura Boscawen'** — Obtenu en Californie par D. Feathers et introduit en G-B par Trehane Camellias en 1985. Ce camélia, à port buissonnant, très ramifié et raide, est meilleur en plein air car en serre ses fleurs perdent leur netteté de forme. Très florifère.

C. **'Jury's Yellow'** — Hybride entre *C.* ×*williamsii* et *C. japonica* 'Gwenneth Morey' obtenu en 1976 par Les Jury en Nouvelle-Zélande. Buisson dressé, compact, de hauteur moyenne.

C. ×*williamsii* **'Ballet Queen'** — Hybride entre *C. saluenensis* et *C. japonica* 'Leviathan' obtenu en 1976 par Les Jury en Nouvelle-Zélande. Mi-saison et tardif.

C. japonica **'Mrs D.W. Davis'** — Commercialisé en 1954 par D. Davis de Seffner (Floride). De croissance vigoureuse, il donne aux USA un buisson dressé et compact ; en Angleterre, il a tendance à avoir un port étalé en plein air, et ses fleurs sont facilement endommagées par les intempéries ; il est mieux en serre, surtout quand on voit ses belles et énormes fleurs dans leur perfection. On lui connaît trois mutations : 'Mrs D.W. Davis Peony' (fleurs de pivoine lâches), 'Mrs D.W. Davis Descanso' (fleurs de pivoine pleines) et 'Mrs D.W. Davis Special' qui a deux fois plus de rangs de pétales.

C. ×*williamsii* **'Joan Trehane'** — Hybride entre *C. saluenensis* et *C. japonica* 'Herine' obtenu par Les Jury (n° 8) en Nouvelle-Zélande et introduit en 1980 par D. Trehane & Fils de Wimborne (Dorset, G-B). Ses fleurs passent bien. Mi-saison. Bonne croissance, buisson étalé.

Camellia japonica 'Grand Slam'

Camellia 'Howard Asper'

Camellia japonica 'Erin Farmer'

Camellia japonica 'Dobrei'

Camellia japonica 'Matterhorn'

Camellia 'Jury's Yellow'

Camellia ×williamsii 'Señorita'

Camellia ×williamsii 'Laura Boscawen'

Camellia ×williamsii 'Ballet Queen'

Camellia japonica 'Mrs D.W. Davis'

Camellia ×williamsii 'Joan Trehane'

Réduction à 33,33 %. Échantillons de Wisley, Surrey, 24 avril

Menziesia ciliicalyx var. *purpurea*

Menziesia pentandra à Balbithan, Aberdeenshire

Vaccinium atrococcum

Illicium henryi

Chamædaphne calyculata

Corylopsis sinensis Hemsl. — La plus belle espèce du genre, décrite p. 47.

Corylopsis platypelata Rehd. & Wils. var. ***levis*** Rehd. & Wils. (*Hamamelidaceæ*) — Or. Chine (O. Hubei et O. Sichuan pour la var. *levis*), dans les forêts et fourrés entre 1300 et 2600 m, fleurissant en avril et mai. Feuilles ovales ou largement ovales, 4,5–10×4–7 cm, rapidement glabres en dessous. Grappes de 3 à 5 cm de long, de 8 à 20 fleurs jaune verdâtre pâle, odorantes ; pétales de 3 à 4 mm de diamètre, anthères jaunes, plus courtes que les pétales. Sol humifère frais ; situation abritée à mi-ombre. R. −15 °C. Début du printemps.

Menziesia ciliicalyx Maxim. (*Ericaceæ*) — Or. Japon (S. Honshu), dans les fourrés de montagne, fleurissant en mai et juin. Arbrisseau à feuilles caduques, att. 1 m de haut. Fleurs de 13 à 17 mm de long, jaune pâle ou verdâtre avec pédicelles couverts de poils glanduleux. Capsule dressée. Sol acide, ombre ou mi-ombre. R. −20 °C.

M. ciliicalyx var. ***purpurea*** Mak. — Or. Japon (C. Honshu), dans les fourrés de montagne, fleurissant en juin. Arbrisseau caducifolié att. 1,5 m, étalé. Pédicelles couverts de poils glanduleux et non glanduleux. Sépales d'1 à 2 mm de long. Fleurs à 5 lobes (4 chez *Menziesia purpurea* Maxim.). Sol acide, mi-ombre. R. −20 °C. Printemps. (Voir p. 148.)

M. pentandra Maxim. (*Ericaceæ*) — Or. Sakhaline, îles Kourile méridionales et Japon (jusqu'à Kyushu), dans les fourrés de montagne, fleurissant en mai et juin. Arbrisseau caducifolié att. 1,5 m. Ombelles de 3 à 6 fleurs de 5 à 7 mm de long. Sol acide frais. R. −25 °C.

Enkianthus perulatus (Miq.) C.K. Schneid. (*Ericaceæ*) — Or. Japon (S. Honshu, Kyushu, Shikoku) dans les fourrés et bois de montagne, fleurissant en avril. Arbrisseau att. 2 m. Feuilles caduques, obovales à ovales-elliptiques de 2 à 4 cm de long, aiguës, serrulées. Fleurs d'environ 8 mm de long. Sol acide, mi-ombre. R. −20 °C.

Sambucus racemosa L. (*Caprifoliaceæ*) — Or. Europe (de l'Espagne à la Sibérie et bien naturalisé en Écosse), dans les bois, surtout en montagne. Fl. blanc crème à verdâtre, fruits rouges. Arbuste caducifolié att. 4 m. **'Tenuifolia'** a les feuilles très découpées, 'Plumos Aurea' a les feuilles dorées et découpées jusqu'à mi-largeur du limbe sur les pousses vigoureuses. Tout sol ; soleil ou mi-ombre. R. −15 °C.

Ribes alpinum L. (*Saxiragaceæ*) — Or. N. et C. Europe (de la France à la Russie) et Maroc, en montagne, sur calcaire ; en fleurs d'avril à juin. R. −25 °C.

Vaccinium angustifolium Ait. var. ***lævifolium*** House — Or. Amérique du N. (de Terre-Neuve au Saskatchewan et jusqu'à la Virginie et l'Iowa), sur les collines acides et sèches ou sur rochers ; en fleurs d'avril à juin. Arbrisseau drageonnant att. 60 cm de haut. Feuilles glabres, att. 3,5 cm de long. Fleurs de 6 à 10 mm, blanches ou teintées de rose. Baies bleues à pruine glauque. Sol acide ; soleil ou mi-ombre. R. −45 °C.

Vaccinium cæspitosum Michx. — Or. Amérique du N. (de l'Alaska à la Californie jusqu'au Labrador et au New Hampshire), sur les bancs rocheux et graveleux, dans les bois clairs et fourrés alpins, fleurissant en mai-juin. Arbrisseau caducifolié att. 30 cm. Fruits noirs à pruine glauque. R. −30 °C.

Vaccinium atrococcum (Gray) Keller — Or. Amérique du N. (de la Nouvelle-Angleterre et l'Ontario jusqu'en Floride et Arkansas), dans les marécages, pinèdes stériles, bois humides et au bord des lacs ; en fleurs de mars à mai, au moins une semaine plus tôt que ***V. corymbosum*** (p. 148). Arbrisseau att. 2 m. Feuilles caduques, tomenteuses, apparaissant après les fleurs. Calice non glauque. Baies noires, luisantes, ou blanchâtres. Sol acide et humide. R. −25 °C.

Illicium anisatum L. (syn. *I. religiosum* Sieb. & Zucc.) (*Magnoliaceæ*) — Or. S. Chine, Japon et Formose, dans les fourrés, et forêts de basse altitude. Arbuste sempervirent de 2 à 10 m de haut, très planté près des temples et des tombeaux bouddhistes. R. −10 °C. Printemps.

Illicium henryi Diels — Or. Chine (Hubei et Sichuan), sur les falaises et dans les fourrés des ravins, entre 300 et 1300 m, fleurissant en mai et juin. Arbuste sempervirent att. 2 m. R. −10 °C avec abri.

Chamædaphne calyculata Mönch (*Ericaceæ*) — Or. hémisphère N. (de la Sibérie et Hokkaïdo à Terre-Neuve et jusqu'au Nouveau-Jersey et à l'Illinois), dans les tourbières et pinèdes stériles ; en fleurs d'avril à juin. Arbrisseau sempervirent, att. 1,50 m. Capsules de 4 mm de large. R. −45 °C. Printemps.

Réduction à 33,33 %. Échantillons de Wisley, 24 avril

Prunus padus dans l'Aberdeenshire

Spiræa media

Spiræa arcuata, en Chine

Prunus padus L. *(Rosaceæ)*, putiet, cerisier à grappes — Or. Europe mais absent de la région méditerranéenne et plus commun en montagne. Son aire s'étend jusqu'en Sibérie, en Corée et à Hokkaïdo au N. du Japon, fleurissant de mai à juillet selon l'altitude. On reconnaît deux sous-espèces en Europe: la subsp. *padus* donne un arbre de 10 à 17 m de haut avec des fleurs odorantes, des grappes de fruits pendantes et des feuilles glabres à l'exception de touffes de poils à l'aisselle des nervures; 'Watereri' est un clone particulièrement grand de cette sous-espèce; la subsp. ***borealis*** Cajander est un arbuste qui ne dépasse pas 3 m de haut, avec des feuilles poilues en dessous et des fleurs presque inodores portées par des grappes dressées ou horizontales; on le trouve en Fino-Scandinavie et dans les montagnes d'Europe centrale. Culture facile; intéressant dans les régions froides d'altitude. R. −30 °C. Fin du printemps.

***Prunus padus* 'Colorata'** — Arbuste fleurissant jeune, avec des grappes étalées de fleurs rose pâle et des tiges et feuilles pourpres, devenant vert foncé au cours de l'été.

Prunus triloba Lindl. (syn. *P. triloba* 'Multiplex') *(Rosaceæ)* — Or. Chine et N. Corée. Son cultivar à fleurs doubles, illustré ici, cultivé depuis longtemps, a été introduit en Europe par Robert Fortune en 1855. Généralement placé contre un mur, il att. 3 m de haut et peut être sévèrement taillé juste après la floraison en ne laissant que 4 ou 5 bourgeons sur le bois de l'année précédente. Ses feuilles sont caduques, souvent trilobées mais non lobées chez 'Petzoldii', un clone qui n'a que 10 pétales. Tout sol; soleil ou ombre légère. R. −20 °C. Printemps.

Prunus ×cistena (Hansen) Köhne — Hybride entre *Prunus* 'Pissardii' et *P. pumila* ou *P. besseyi* obtenu peu après 1900 par N. Hansen à la station expérimentale de l'État du S. Dakota. Il donne un arbrisseau à nombreuses tiges att. 2 m de haut, avec des feuilles caduques pourpres et des fruits pourpre foncé. Tout sol; plein soleil. R. −30 °C. Printemps.

Spiræa thunbergii Bl. *(Rosaceæ)* — Or. N. Chine et largement naturalisé au S. Japon, sur les collines rocheuses, fleurissant en mars et avril. Arbrisseau att. 1,5 m de haut, le plus gracieux de ce groupe de spirées et le premier à fleurir. Feuilles caduques ou semi-persistantes, vert clair, étroitement lancéolées, glabres. En climat frais, il demande un automne chaud et une situation abritée pour bien fleurir du fait que ses bourgeons se forment sur les longues pousses bien lignifiées qui se sont formées pendant l'été. Tout sol. R. −20 °C. Printemps.

Spiræa prunifolia Sieb. & Zucc. (syn. *S. prunifolia* 'Plena') — Or. E. Chine, Corée et Formose, sur les versants ensoleillés des collines jusqu'aux environs de 1 500 m, mais le clone à fleurs doubles illustré ici est cultivé depuis longtemps à la fois en Chine et au Japon où il a été introduit par Siebold vers 1800. Arbrisseau att. 2 m de haut, à rameaux arqués, feuilles caduques obovales et fleurs groupées par 3 ou 6. Tout sol; plein soleil. R. −20 °C. Printemps.

Spiræa ×cinerea Zab. **'Grefsheim'** (syn. *Spiræa* 'Arguta Compacta') — Probablement un hybride entre *S. hypericifolia* et *S. cana* qui apparut dans la pépinière Grefsheim en Norvège et fut commercialisé en 1954. *S.* 'Arguta Compacta' est très similaire sinon identique. Arbrisseau ram. att. 1,5 m de haut, à feuilles caduques lancéolées avec des poils soyeux en dessous. Tout sol; plein soleil. R. −20 °C. Printemps.

Spiræa arguta Zab. — Hybride de parenté incertaine mais supposée *S. thunbergii* × *S. ×multiflora* (= *S. hypericifolia* × *S. crenata*), connu depuis 1884. Donne un arbrisseau rameux, étalé att. 2,50 m de haut, à feuilles étroitement oblancéolées et fleurs par groupes à la face supérieure des rameaux arqués. La taille (juste après la floraison) vise à éviter d'enlever les fleurs fanées et à encourager la formation de pousses vigoureuses en dessous de la partie fleurie des tiges. Tout sol; plein soleil. R. −20 °C. Printemps.

Spiræa media Franz Schmidt — Or. C. Europe, Sibérie, Corée, Japon, dans les fourrés sur pentes rocheuses, fleurissant en avril-mai. Arbrisseau dressé att. 2 m de haut; feuilles caduques att. 5 cm de long avec quelques dents superficielles près de l'apex. Fleurs en grappes. Rustique et facile à cultiver à un endroit ensoleillé bien drainé; tout sol. R. −35 °C. Printemps.

Spiræa arcuata Hook. fil. — Or. Himalaya (du N.-O. Inde au S.-O. Chine), en fourrés bas ou dans les broussailles, entre 2 000 et 4 500 m; en fleurs de mai à juillet. Arbrisseau bas, att. 1 m (rarement 1,80 m); fleurs de 6 à 8 mm de diamètre, roses en boutons, avec étamines plus longues que les pétales; feuilles de 6 à 15 mm de long, entières ou lobées avec dents émoussées. La photographie ci-contre le montre près de Lijiang en mai. Tout sol; plein soleil. R. −15 °C. Printemps.

Amelanchier spicata (Lam.) K. Koch *(Rosaceæ)* — Or. E. Amérique du N. mais on ne sait pas exactement où il pousse à l'état sauvage. Introduit en France à la fin du XVIIIe s. et actuellement naturalisé en Europe, depuis la Belgique et la Norvège jusqu'à la Russie. Arbuste caducifolié stolonifère, att. 8 m de haut, formant des fourrés. Inflorescences dressées, denses. Pétales de 6 à 10 mm de long, obovales, ciliés à l'apex. Tout sol; plein soleil. R. −25 °C. Printemps.

Amelanchier lamarckii Schröder (syn. *A. ×grandiflora* Rehd., *A. canadensis* Hort., non [L.] Med.) — Or. E. Amérique du N. mais on ne l'a pas retrouvé à l'état sauvage quoiqu'il soit proche d'*A. lævis* Wieg. Probablement introduit du Canada en France au XVIIe s., il s'est naturalisé dans le N.-O. Europe, du S. Angleterre à l'Allemagne et à la Suède et pousse généralement dans les bois sur sol acide mouillé ou les landes sableuses, fleurissant en avril ou mai. Donne un arbuste étalé att. 10 m, non stolonifère, à feuilles caduques, cuivrées quand elles apparaissent (en même temps que les fleurs), couvertes de poils soyeux en dessous à l'état jeune, se colorant en rouge ou orange en automne. Inflorescences lâches, souvent agitées. Pétales de 10 à 15 mm de long, oblancéolés, glabres. Culture facile en sol neutre ou acide; se reproduit largement par graines transportées par les oiseaux qui mangent ses fruits. R. −25 °C. Printemps.

Réduction à 40 %. Échantillons de Wisley, 24 avril

Osmanthus delavayi à Kew

Phillyrea latifolia L. *(Oleaceæ)* — Or. région méditerranéenne et Portugal, dans les bois sempervirents et fourrés, souvent sur calcaire; en fleurs de mars à mai. Arbuste de 9 à 12 m, très élégant à l'état âgé. Feuilles persistantes, lancéolées à elliptiques, de 2 à 7 cm de long. Fleurs verdâtres. Fruits noirs, globuleux. Tout sol; plein soleil. R. −15 °C.

Osmanthus decorus (Boiss. & Bal.) Kasapl. *(Oleaceæ)* — Or. N.-E. Turquie et O. Géorgie, en forêts mixtes et à flancs de ravins, entre 1 000 et 1 600 m, fleurissant en mai. Arbrisseau att. 4 m. Feuilles persistantes, de 4,5 à 17 cm de long. Fleurs odorantes de 5 mm de long. Fruits ovoïdes, pourpre foncé, souvent produits en abondance dans les jardins. Tout sol; soleil ou ombre. R. −20 °C.

Osmanthus ×burkwoodii (Burkw. & Skipw.) P. Green (syn. *×Osmarea ×burkwoodii)* — Hybride entre *O. decorus* et *O. delavayi* obtenu avant 1928 par MM. Burkwood & Skipwith à Kingston-sur-Tamise (Surrey). Arbrisseau sempervirent att. 3 m. Feuilles att. 5 cm de long. Fleurs odorantes, en avril. Tout sol; bonne tenue sur calcaire; soleil ou ombre. R. −20 °C.

Osmanthus delavayi Franch. — Or. Chine (Yunnan et Sichuan), sur les pentes sèches des collines. Dans les fourrés en forêts, souvent sur calcaire, fleurissant en avril-mai. Arbrisseau sempervirent, étalé, de 2 à 6 m de haut. Feuilles ovales à ovales-elliptiques, de 1 à 2,5 cm de long. Fleurs att. 15 mm de long, parfumées. Tout sol bien drainé; soleil ou mi-ombre. R. −15 °C. **'Latifolius'** est plus grand avec des feuilles plus longues et plus larges.

Osmanthus yunnanensis P. Green (syn. *O. Forrestii* Rehd.) — Or. Chine (Yunnan et Sichuan) entre 2 500 et 3 000 m, près des cours d'eau, en lisière de forêt et dans les fourrés secs, fleurissant en février. Arbuste sempervirent att. 10 m de haut. Feuilles de 10 à 20 cm de long. Fleurs groupées par 15 à 20 à l'aisselle des feuilles, chacune de 5 mm de long avec des pétales réfléchis, parfumées, blanc-crème. Fruits att. 15 mm de long. Tout sol; mi-ombre et abri. R. −10 °C.

Osmanthus heterophyllus (G. Don) P. Green — Or. Japon (S. Honshu, Shikoku et Kyushu) et Formose; en fleurs d'octobre à décembre. Arbrisseau sempervirent arrondi, att. 3 m (rarement 10 m dans la nature). Feuilles variables, att. 5 cm de long. Fleurs blanches, de 4 à 5 mm de long, parfumées. Tout sol; soleil ou ombre. R. −15 °C. **'Purpureus'** est réputé le cultivar le plus rustique.

Nothofagus antarctica (Forst.) Œrst. *(Fagaceæ)* — Or. S. Andes (S. Chili et Argentine), dans la zone subalpine au-dessus de la forêt sempervirente ou dans des poches froides; en fleurs au printemps. Arbuste ou arbre att. 35 m de haut. Feuilles caduques, aromatiques, collantes lorsqu'elles sont jeunes, att. 3 cm de long. Sol humide; soleil ou mi-ombre. R. −15 °C. Petit arbre très attrayant par ses feuilles vert vif.

Kerria japonica DC. *(Rosaceæ)* — Or. Chine, depuis l'O. Sichuan, jusqu'au Japon, près des cours d'eau et sur les rochers dans les ravins de montagnes, fleurissant en avril-mai. Arbrisseau att. 2 m. Feuilles caduques de 3 à 7 cm de long. Fleurs de 2,5 à 5 cm de large. Tout sol; soleil ou mi-ombre. R. −20 °C.

Kerria japonica **'Pleniflora'** — Cultivé depuis longtemps en Chine et au Japon, et introduit en Europe en 1805. Plus grand que le type à fleurs simples, att. 3 m de haut. Fleurit en fin de printemps et en automne.

Nothofagus antarctica

Orixa japonica 'Variegata'

Orixa japonica Thunb. **'Variegata'** *(Rutaceæ)* — Or. Japon (Honshu, Shikoku, Kyushu), S. Corée et N. Chine (jusqu'au Hubei), dans les bois, fourrés et sur les falaises jusqu'à 1 300 m, fleurissant en avril-mai. Arbrisseau buissonnant att. 2 m, dioïque. Feuilles caduques, fétides, obovales à elliptiques, att. 12 cm de long. Tout sol; soleil ou mi-ombre. R. −15 °C. Le cultivar panaché est plus petit, att. 1,50 m.

Sibiræa altaiensis (Maxim.) C. Schneid. (syn. *S. lævigata* [L.] Maxim.) (Rosaceæ) — Or. Yougoslavie (6 localités), E. Kazakhstan (soit plus de 5 000 km plus loin), E. Sibérie et Chine (du N. au Sichuan) sur falaises calcaires et collines rocheuses, jusqu'à 4 500 m, fleurissant en mai et juin. Arbrisseau att. 2 m. Feuilles caduques att. 8 cm de long. Pétales de 2,5 mm. Tout sol; plein soleil. R. −25 °C et en dessous.

Sibiræa altaiensis

Prunus bucharica à Amankutan, près de Samarkand, Asie centrale

Exochorda albertii près de Dushanbe

Exochorda serratifolia

Prunus bifrons

Prunus spinosissima

Atraphaxis pyrifolia

Prunus bucharica (Korsh.) Hand.-Mazz. (syn. *Amygdalus bucharica* Korsh.) (*Rosaceæ*) — Or. C. Asie (sur le Kizil Kum, le Tien Shan, le Pamir-Alaï) et N. Afghanistan, sur collines rocheuses calcaires, jusqu'à 2 600 m, fleurissant en mars et avril. Arbrisseau épineux att. 3 m. Feuilles caduques, elliptiques-ovales ou oblongues, de 3 à 4 cm de long, parfois grisâtres. Fleurs roses ou blanches, att. 4 cm de large. Sol bien drainé; plein soleil. R. −20 °C.

Prunus spinosissima (Bge.) Franch. (syn. *Amygdalus spinosissima* Bge.) — Or. Asie Centrale (Kizil Kum, Tien Shan, Pamir-Alaï) N. Iran et Afghanistan, en sites rocheux de montagne, entre 700 et 2 600 m, fleurissant en avril. Arbrisseau bas, épineux att. 1 m de haut et davantage en largeur. Feuilles caduques, elliptiques-ovales à oblancéolées, att. 2 cm de long. Fleurs rose pâle, de 15 à 20 mm de large. Fruits ovales à arrondis. Sol sec, bien drainé; plein soleil. R. −20 °C.

Prunus bifrons Fritsch (syn. *Cerasus erythrocarpa* Nevski) (*Rosaceæ*) — Or. Afghanistan, Cachemire et Asie Centrale (Tien Shan, Pamir-Alaï et Kopet Dağ), sur falaises et corniches entre 1 000 et 3 000 m, fleurissant en avril et mai. Arbrisseau très rameux, att. 1,5 m. Feuilles de 10 à 15 mm de long. Fleurs d'env. 12 mm de large. Fruits rouges. Sol pauvre, bien drainé; plein soleil. R. −20°C.

Exochorda korolkowii Lavallée (syn. *E. albertii* Regel) (*Rosaceæ*) — Or. Turkestan (Pamir-Alaï entre Samarkand et Dushanbe), dans les fourrés de montagne sur pentes abruptes; en fleurs d'avril à juin. Arbuste att. 4 m. Feuilles caduques, de 4 à 7 cm de long, ovales-oblongues. Fleurs de 3 à 4 cm de large. Bon sol bien drainé; plein soleil. R. −20 °C. Début de l'été. C'est un des parents de l'hybride populaire 'The Bride' (voir page suivante).

Exochorda serratifolia Moore — Or. Corée et N.-E. Chine. Arbuste caducifolié att. 2 m, fleurissant en mai. Feuilles de 3 à 7 cm de long, elliptiques, dentées vers l'apex. Fleurs d'env. 4 cm de large. Tout bon sol bien drainé; plein soleil. R. −20 °C. Début de l'été.

Atraphaxis pyrifolia Bge. (*Polygonaceæ*) — Or. montagnes d'Asie centrale, Afghanistan et N. Pakistan, sur collines sèches, entre 1 500 et 2 600 m; en fleurs de mai à juillet. Arbrisseau rameux att. 1 m. Feuilles caduques de 1 à 2 cm de long, brièvement pétiolées. Fleurs d'env. 7 mm de long. Sol sec et bien drainé; plein soleil. R. −20 °C. La plupart des espèces d'*Atraphaxis* sont des arbrisseaux bas de désert, avec des fleurs roses ou blanches sur des tiges filiformes. Ils ont besoin d'un sol sec ou d'un climat aride.

Réduction à 33,33 %. Échantillons de Kew, 9 mai

Prunus tenella Batsch. f. ***gesslerana*** (Bess.) Rehd. **'Firehill'** (syn. *Amygdalus nana* L.) *(Rosaceæ)* — Or. C. et E. Europe (de l'Autriche au Caucase), dans les steppes sèches, fleurissant en mai. La f. *gessleriana* a des grandes fleurs (atteignant 2,5 cm de diamètre) richement colorées. On connaît aussi une forme à fleurs blanches. Arbrisseau stolonifère atteignant 1,50 m. Feuilles caduques, atteignant 7 cm de long.
Tout sol bien drainé; plein soleil.
R. −25 °C.

Prunus incana (Pallas) Batsch. (syn. *Cerasus incana* [Pallas] Spach) — Or. N. et C. Turquie, Caucase et N.-O. Iran, sur pentes rocheuses calcaires et falaises, entre 360 et 2 400 m; en fleurs d'avril à juin. Arbrisseau att. 2 m, souvent prostré. Feuilles caduques, elliptiques à étroitement lancéolées, att. 4 cm de long, blanchâtres, poilues en dessous. Fleurs att. 17 cm de diamètre, en fin de printemps. R. −20 °C.

Prunus divaricata Ledeb. — Or. S.-E. Europe, Turquie, Syrie, Caucase et C. Asie, en forêts claires et sur pentes rocheuses jusqu'à 2 400 m, fleurissant en avril-mai, avec les feuilles. Arbuste att. 10 m, parfois épineux. Feuilles caduques, ovales-elliptiques à obovales, parfois poilues en dessous, de 4 à 6 cm de long. Fleurs jusqu'à 25 mm de large. Fruit globuleux à ovoïde-oblong, comme une prune de Damas, jaune, rouge ou pourpre. Tout sol; soleil. R. −25 °C. C'est une forme sauvage de P. 'Pissardii' le prunier le plus communément cultivé.

Prunus incisa Thunb. (syn. *Cerasus incisa* [Thunb.] Loisel.) — Or. Japon (C. et O. Honshu), dans les bois de montagne; en fleur d'avril à juin. Arbuste de 3 à 10 mm à feuilles caduques, obovales ou ovales, de 3 à 5 cm de long. Tout sol; soleil ou mi-ombre. R. −20 °C.

Exochorda ×macrantha (Lemoine) Schneid. **'The Bride'** *(Rosaceæ)* — Hybride entre *E. racemosa* et *E. korolkowii* obtenu vers 1938 par Grootendorst. Arbrisseau étalé att. 1,50 m de haut et davantage en largeur, à branches retombantes. Tout sol; soleil ou mi-ombre en situation chaude. R. −20 °C.

Chænomeles ×superba Rehd. — Hybride entre *C. japonica* et *C. speciosa* qui donne un arbrisseau vigoureux mais généralement petit. Ce croisement a donné naissance à de nombreux hybrides cultivés aujourd'hui.
'Boule de Feu' — Obtenu en 1913 à Orléans par Barbier; att. 3 m de haut. Fruits parfumés.
'Rowallane' — Obtenu en 1920 à Rowallane (comté de Down, GB). Arbuste normalement étalé, att. 1,30 m de haut contre un mur.

Chænomeles cathayensis C. Schneid. *(Rosaceæ)* — Or. C. Chine (notamment dans l'O. Hubei), dans les haies et fourrés, et communément cultivé, fleurissant en mars et avril. Arbrisseau att. 3 m. Feuilles caduques, à dents fines et pointues, de 3 à 11 cm de long, pubescentes en dessous à l'état jeune. Fleurs roses. Tout sol; soleil et avantages d'une protection murale. R. −20 °C.

Chænomeles japonica (Thunb.) Lindl. (syn. *Cydonia japonica* [Thunb.] Pers., *Pyrus japonica* Thunb.), cognassier du Japon — Or. Honshu et Kyushu, dans les forêts de montagne à basse altitude, fleurissant en avril et mai. Arbrisseau étalé att. 1 m de haut et davantage en largeur. Feuilles vert pâle, glabres. Fleurs rouge vermillon, de 25 mm de diamètre. Fruits de 3 cm de large. Tout sol; soleil ou mi-ombre. R. −20 °C.

Prunus tenella 'Firehill' à Kew

Chænomeles speciosa 'Simonii'

Chænomeles speciosa 'Moerloosii'

Chænomeles ×californica Weber **'Enchantress'** — Un cultivar de *C. ×californica* qui est un hybride obtenu en Californie par W. Clarke en croisant *C. cathayensis* avec *C. ×superba*. Arbrisseau dressé, très florifère.

Chænomeles speciosa (Sw.) Nakai — Or. C. Chine mais cultivé depuis longtemps à la fois là et au Japon, ce qui rend sa distribution naturelle difficile à préciser. Arbrisseau att. 2 m de haut et davantage en largeur, épineux. Feuilles caduques glabres. Fleurs atteignant 35 mm de diamètre, rouges, roses ou blanches, au printemps. Tout sol; situation chaude. R. −20 °C.
'Nivalis' — Vigoureux cultivar obtenu par Lemoine vers 1880.
'Philis Moore' — Obtenu à Knap Hill (Surrey) et dédié à l'épouse du Conservateur du Jardin botanique de Glasnevin.
'Simonii' — Cultivar bas, ne dépassant pas 80 cm de haut.
'Mœrloosii' — Obtenu dans les années 1850 en Belgique par Moerloos.

Chænomeles ×californica 'Enchantress'

Réduction à 40 %. Échantillons de Kew, 25 avril

Prinsepia uniflora Batal. (*Rosaceæ*) — Or. Chine (N. Shaanxi où il a été récolté par Purdom et Farrer), fleurissant en avril ou mai. Arbrisseau caducifolié att. 2 m de haut, avec longs rameaux arqués et fruits rouges ou grenat. Tout sol; soleil. R. −20 °C. Printemps. *P. utilis* Royle (p. 33) en diffère par sa grande raideur, ses épines et ses fruits noirs pendants, mûrs en avril et mai, venant des fleurs produites en automne.

Amelanchier bartramiana (Tausch) Röm. (*Rosaceæ*) — Or. Amérique du N. (du Labrador au Minnesota jusqu'en Pennsylvanie), fleurissant en avril et mai. Arbuste à feuilles caduques, att. 2,50 m de haut, distinct des autres espèces par ses inflorescences ombelliformes composées de peu de fleurs (1-5). Pétales d'environ 8 mm de long. Fruits noir pourpré. Tout sol; soleil ou mi-ombre. R. −30 °C.

Amelanchier alnifolia Nutt. — Or. O. Amérique du N. (du Saskatchewan au Colorado et à l'Idaho), fleurissant en mai. Arbuste caducifolié att. 2 m, avec larges feuilles ovales densément tomenteuses. Pétales d'env. 10 mm de long. Fruit noir. Tout sol; soleil. R. −20 °C.

Amelanchier humilis Wieg. — Or. Amérique du N. (du Vermont à l'Alberta jusqu'à New York et l'Iowa), fleurissant en mai. Arbrisseau stolonifère att. 1,25 m, formant des fourrés. Feuilles caduques de 2,5 m de long, aiguës, vaguement dentées sur la moitié inférieure du limbe avec 3 à 5 dents par cm. Pétales d'env. 8 mm de long. Fruits noirs. Tout sol, soleil ou ombre légère. R. −25 °C. Printemps.

Amelanchier ovalis Med. — Or. Europe, Turquie et Caucase, dans les endroits rocheux et les bois, généralement sur calcaire, fleurissant en avril et mai. Arbuste att. 3 m, distinct des espèces américaines par ses styles courts (1 mm) et séparés (non soudés à la base). Feuilles caduques, blanches-tomenteuses en dessous à l'état jeune. Moins élégant qu'*A. lamarckii* (p. 77) mais avec des fleurs plus durables et une inflorescence tomenteuse plus compacte. Tout sol bien drainé; soleil. R. −20 °C. Printemps.

Parrotiopsis jacquemontiana (Decne.) Rehd. (*Hamamelidaceæ*) — Or. O. Himalaya (de l'Afghanistan au N.-O. Inde), en sous-bois forestier entre 1 500 et 2 100 m, fleurissant en mai. Arbuste att. 8 m; feuilles caduques, de 4 à 8 cm de long à maturité. Fleurs très petites, surmontées de 4 à 6 grandes bractées blanches. Pousse facilement, mais sensible aux gels tardifs; en culture, la floraison se prolonge jusqu'au milieu de l'été. Tout sol; soleil ou mi-ombre. R. −20 °C. Printemps.

Elæagnus multiflora Thunb. (*Elæagnaceæ*) — Or. Japon et N. Chine (du Jiangxi à l'O. Hubei et au Sichuan), dans les bois et fourrés de montagne entre 600 et 1 800 m, fleurissant en avril et mai. Arbuste att. 3 m, avec feuilles caduques ou semi-persistantes, elliptiques à lancéolées, att. 6 cm de long, couvertes d'écailles blanches et brunes en dessous. Fleurs en groupes de 1 à 3 avec pédicelles de 1 à 5 cm de long. Fruits rouges, d'1,5 cm de long, pendants, comestibles; ramilles brunes, écailleuses. De culture facile mais moins beau en fleurs qu'*E. umbellata*. Tout sol; soleil ou ombre légère. R. −20 °C. Printemps.

Prunus persica Batsch (*Rosaceæ*), pêcher — Probablement or. N. Chine et cultivé là depuis un millénaire pour ses fleurs et ses fruits. On peut en voir aujourd'hui plantés le long de la route de l'aéroport de Pékin (Beijing). Les cultivars japonais ci-dessous ont une floraison spectaculaire. Il se peut qu'ils soient identiques aux clones importés au XIXe s. et qui ont reçu un nom latin; il existe d'autres cultivars à fleurs obtenus en Europe et en Californie.
'Kurokawa-Yaguchi' — rose; semi-double.
'Sagami Shidare' — rose intense; semi-double.
'Sansetsu Shidare' — blanc; semi-double.
'Stellata' est distinct par ses pétales étroits et plus curieux que beau, sauf lorsqu'il fleurit exceptionnellement bien. Tout sol, de préférence non acide; plein soleil en situation chaude. R. −20 °C. Printemps.

Prunus lusitanica à Longleat, Wiltshire

Amelanchier ovalis

Prunus cerasus

Prunus lusitanica L. (*Rosaceæ*), laurier du Portugal — Or. Pays Basque, Espagne, Portugal et Maroc, avec une sous-espèce aux Açores et une autre à Madère et aux Canaries, en forêts, fleurissant en avril-mai. La subsp. *azorica* (Mouilleb.) Franco, a des feuilles plus larges et moins de fleurs dans chaque grappe; la subsp. *hixa* (Willd.) Franco a des feuilles acuminées à longue pointe. Arbuste de 6 à 15 m de haut à feuilles persistantes de 8 à 13 cm de long. Espèce intéressante en culture, plus rustique et plus tolérante au calcaire que *P. laurocerasus*, excellente comme brise-vent bas. Tout sol; soleil ou mi-ombre. R. −20 °C. Début de l'été.

Prunus cerasus L., griottier — Aire naturelle inconnue; actuellement subspontané à travers l'Europe et l'Asie. Arbuste att. 8 m, drageonnant abondamment, largement naturalisé dans les haies, distinct de *P. avium* L. par sa floraison une ou deux semaines plus tardive, son réceptacle largement campanulé et ses sépales étalés (non réfléchis). Un cultivar à fleurs doubles, 'Rhexii', est communément cultivé; il est connu depuis le XVIe s. Tout sol; soleil ou mi-ombre. R. −20 °C. Printemps.

Réduction à 33,33 %. Échantillons de Kew et de Wisley, 19 mai

Holbœllia coriacea Diels (*Lardizabalaceæ*) — Or. Chine (spécialement dans l'O. Hubei), dans les fourrés et ravins entre 600 et 1 300 m, fleurissant en mai. Liane sempervirente att. 5 m, avec fleurs mâles et femelles sur des inflorescences séparées, les mâles blanches, les femelles pourprées, les deux fortement parfumées avec des pétales charnus. Facile à cultiver contre un mur abrité. Tout sol; soleil ou ombre. R. −15 °C. Printemps. *H. fargesii* Réaubourg, de l'O. Hubei, avec 5 à 9 folioles, pousse à une altitude supérieure et pourrait être plus rustique que *H. coriacea*.

Exochorda giraldii Hesse var. ***wilsonii*** Rehder — Or. Chine (O. Hubei), sur falaises entre 600 et 1 300 m, fleurissant en mai. Arbuste caducifolié att. 3 m, dressé ou un peu étalé; pétales d'env. 25 mm de long. *E. giraldii* est connu au Shaanxi et se distinguerait par ses pétioles rouges et plus minces. Les deux ont besoin d'un sol bien drainé; soleil. R. −20 °C. Fin du printemps.

Actinidia kolomikta Maxim. (*Actinidiaceæ*) — Or. N.-E. et O. Chine, Corée, Japon, dans les forêts de conifères, grimpant jusqu'à 10 m, fleurissant en mai et juin. Les fleurs sont blanches, d'environ 1 cm de diamètre, avec un parfum de muguet. R. −25 °C. Fin du printemps.

Actinidia chinensis Planch., groseille de Chine, « Kiwi » (appellation commerciale) — Or. presque toute la Chine, plus commun dans l'O. Hubei, S. Gansu et W. Sichuan, dans les fourrés et forêts de chênes entre 200 et 2 400 m, fleurissant en juin. Vigoureuse liane att. 8 m, à pousses densément poilues, rougeâtres; feuilles caduques, grandes (12 à 20 cm de long), largement cordées. Fleurs blanc-crème à l'épanouissement devenant jaune chamois par la suite, les mâles et les femelles sur des plantes séparées. Tout sol; soleil ou mi-ombre. R. −15 °C. Été.

Dipelta ventricosa Hemsl. (*Caprifoliaceæ*) — Or. Chine (O. Sichuan), dans les bois et fourrés entre 1 200 et 2 700 m, fleurissant en mai-juin. Arbrisseau caducifolié att. 4 m de haut. Tout sol; soleil ou mi-ombre. R. −20 °C. Printemps.

Zanthoxylum piperitum DC. (*Rutaceæ*) — Or. N. Chine, Corée, Japon, dans les fourrés de montagne et dans les haies; en fleurs d'avril à juin. Arbuste caducifolié att. 2 m de haut; fruits rougeâtres avec des graines noires utilisées comme poivre au Japon. Les fleurs femelles sont illustrées ci-contre. Tout sol; situation chaude. R. −15 °C.

Schisandra glaucescens Diels (*Schisandraceæ*) — Or. Chine (O. Hubei), dans les bois et fourrés rocheux entre 1 600 et 2 300 m, fleurissant en mai-juin. Lianes att. 6 m, avec feuilles caduques, minces, glauques en dessous. Fleurs orangées; fruits rouges. Fin du printemps.

Schisandra rubriflora (Franch.) Rehd. & Wils. (syn. *S. grandiflora* var. *rubriflora* [Franch.] Schneid.) — Or. E. Himalaya (Assam) et Chine (O. Sichuan), dans les fourrés et forêts jusqu'à 3 000 m, fleurissant en juin. Liane volubile caducifoliée att. 8 m et davantage. Les fleurs mâles et femelles sont portées par des plantes séparées qui doivent être plantées côte à côte pour assurer une bonne production de fruits rouges, formés de carpelles charnus à 2 graines, et qui peuvent être jusqu'à 80 en chaînes pendantes. Tout sol; soleil ou ombre. R. −15 °C. Printemps.

Schisandra dans les monts Lijiang.

Poncirus trifoliata (L.) Raf. (*Rutaceæ*) — Or. N. Chine et Corée. Arbuste étalé att. 3 m de haut avec rameaux verts, épineux; fruits jaunes, comme des petites oranges de 5 cm de diamètre au plus. Ne fleurit abondamment qu'après un automne chaud. Feuilles caduques, trifoliolées. Tout sol. R. −15 °C. Printemps.

Akebia quinata (Houtt.) Decne. (*Lardizabalaceæ*) — Or. Japon (Honshu et plus au S.), Chine (jusqu'au Hubei) et Corée, dans les fourrés et haies de montagnes, fleurissant en avril-mai. Liane généralement sempervirente, att. 6 m. Inflorescences avec les fleurs femelles à la base et les mâles à l'apex, les pédicelles des femelles formant un angle aigu avec l'axe de l'inflorescence. Tout sol; soleil ou ombre; habituellement placée contre un mur ou sur une pergola. R. −15 °C.

Akebia trifoliata (Thunb.) Koidz. (syn. *A. lobata* Decne.) — Or. Japon et C.-S. Chine (vers l'O. jusqu'au Sichuan occidental), dans les sites rocheux et les fourrés jusqu'à 1 800 m, fleurissant en avril-mai. Liane caducifoliée ou partiellement sempervirente de 9 à 12 m de haut, avec 3 folioles légèrement lobées. Fruits en forme de saucisse att. 12 cm de long, comestible. De culture facile mais probablement non aussi rustique qu'*A. quinata*. R. −10 °C.

Akebia ×pentaphylla Mak. — Hybride entre *A. quinata* et *A. trifoliata* connu à l'état sauvage au Japon. Il est intermédiaire entre ses parents, avec souvent 5 folioles à bords ondulés et des inflorescences plus serrées que celles d'*A. quinata*.

Stauntonia hexaphylla (Thunb.) Decne. (*Lardizabalaceæ*) — Or. Japon, Corée, Formose, dans les forêts. Liane att. 12 m de haut. Les fleurs mâles et femelles sont portées par des inflorescences séparées et sont parfumées. Les fruits pourpres ont env. 3 cm de long, sont doux et comestibles mais seulement produits sous climat chaud. Les feuilles, persistantes et coriaces, sont composées de 3 à 7 folioles. R. −10 °C.

Lardizabala biternata Ruiz & Pavon (*Lardizabalaceæ*) — Or. Chili (commun dans la région centrale côtière et intérieure) en forêts. Liane att. 4 m avec des feuilles persistantes à 3-9 folioles. Fleurs mâles et femelles sur des plantes séparées. Les fleurs mâles sont illustrées ci-contre; les femelles sont solitaires et peuvent donner de petits fruits en forme de saucisse. R. −10 °C. Printemps.

Stauntonia hexaphylla

Actinidia chinensis (mâle)

Lardizabala biternata

Réduction à 40 %. Échantillons de Kew, 25 avril

Berberis heterophylla Juss. ex Poir. (*Berberidaceæ*) — Or. S. Chili. Arbrisseau sempervirent ou partiellement caducifolié att. 1,50 m. Feuilles att. 25 mm de long. Fleurs att. 15 mm de diamètre. Baies bleues. Tout sol ; plein soleil ou mi-ombre. R. −15 °C éventuellement. Printemps.

B. buxifolia Lam. — Or. S. Chili et S. Argentine, sur pentes dégagées et dans les collines, fl. novembre. Arbrisseau sempervirent att. 2 m, avec rameaux arqués. Feuilles att. 17 mm de long, grisâtres en dessous. Fleurs de 14 à 16 mm de diamètre. Baies bleues. Tout sol ; plein soleil. R. −15 °C. Fin du printemps.

B. empetrifolia Lam. — Or. S. Chili et S. Argentine en terrain accidenté près de la mer et jusqu'à 1 300 m, fleurissant en novembre. Arbrisseau nain, souvent prostré, att. 60 cm de haut. Feuilles persistantes de 1 à 2 cm de long. Fleurs env. 15 mm de diamètre. Baies bleues. Sol frais et bien drainé ; plein soleil. R. −15 °C. Printemps.

B. pallens Franch. — Or. O. Yunnan à 3 300 m, fl. mai. Arbrisseau caducifolié ou semi-persistant att. 2 m. Feuilles de 3 à 5 cm de long. Fleurs d'env. 12 mm de diamètre. Tout sol ; plein soleil. R. −15 °C.

B. linearifolia Phil. — Or. Chili et C. Patagonie en forêts claires humides entre 1 000 et 2 000 m, fl. novembre. Arbrisseau dressé att. 3 m. Feuilles persistantes de 4 cm de long et 6 mm de large. Fleurs att. 18 mm de diamètre. Fruits noirs. Sol frais ; plein soleil. R. −10 °C. Printemps.
'Orange King' — Fleurs plus grandes et d'un orange plus intense que chez la plupart des cultivars.

B. replicata W.W.Sm. — Or. O. Yunnan, entre 1 500 et 3 300 m, dans les fourrés des collines dégagées ; en fleurs de décembre à février. Arbrisseau sempervirent att. 2 m. Feuilles de 20 à 35 mm de long. Fleurs groupées par 4 à 12, d'env. 6 mm diam. Baies bleu nuit att. 8 mm de long. Soleil ou mi-ombre. R. −15 °C. Printemps.

B. ×stenophylla Lindl. — Hybrides entre *B. empetrifolia* et *B. darwinii* obtenus pour la première fois vers 1860. Arbrisseaux sempervirents att. 3 m avec de nombreuses branches arquées. Feuilles variables. Fleurs en groupes ou en grappes de 4 à 14.

'Crawley Gem' a des fleurs en grappes de 7 à 14, rougeâtres à l'extérieur. Tout sol ; plein soleil. R. −15 °C. Printemps. Très populaire pour sa vigueur, rusticité et floribondité.

B. darwinii Hook. — Or. S. Chili et Andes patagoniennes, fl. novembre. Arbrisseau très ramifié att. 1,50 m. Feuilles persistantes de 1 à 2 cm de long. Fleurs en grappes de 10 à 30, att. 14 mm de diamètre. Baies bleues. Sol de préférence frais et acide ; plein soleil. R. −15 °C. Printemps.

B. wardii Schneid. — Or. N.-E. Inde (Monts Naga en Assam) vers 3 000 m, en stations herbeuses, dégagées, parmi les fourrés. Arbrisseau dense att. 1,50 m. Feuilles persistantes de 2 à 3 cm de long. Fleurs en groupes de 2 à 5, d'env. 14 mm de diamètre sur des pédicelles rouges. Tout sol ; plein soleil. R. −10 °C. Printemps.

B. thunbergii DC. — Or. S. Japon, fleurissant en avril. Arbrisseau épineux de 1 à 2 m de haut. Feuilles caduques att. 35 mm de long. Fleurs de 6 mm de diamètre. Fruits rouges, elliptiques, de 7 à 10 mm de long. Tout sol ; plein soleil. R. −25 °C. Printemps, et joli en automne quand il fructifie. Nombreux cultivars, parmi lesquels :
'Aurea' — Nain, att. 50 cm avec feuilles jaunâtres, plus vives en plein soleil.
'Atropurpurea Nana' (syn. 'Crimson Pygmy') — Cultivar populaire, obtenu en 1942, att. 40 cm de haut. Aussi 'Pink Queen' et 'Rose Glow' aux feuilles panachées de rose.

B. montana Gay — Or. C. Chili et C. Argentine vers 1 000 m. Fl. en janvier et février. Arbrisseau dressé, très ramifié, att. 4 m ; fortes épines à 3 pointes. Feuilles caduques de 1 à 2 cm de long, obovales. Fleurs en groupes de 2 ou 3, de 15 à 20 mm de diam. Baies bleues. Tout sol ; plein soleil. R. −15 °C. Fin du printemps.

B. valdiviana Phil. — Or. Chili entre 200 et 800 m, où il fleurit en septembre. Arbrisseau sempervirent att. 4 m, avec des épines aux nœuds. Feuilles de 2 à 7,5 cm de long, parfois avec des dents épineuses. Fleurs jusqu'à 30 en grappes pendantes de 7,5 cm de long. Fruits ovoïdes, pourpres. Bien sur calcaire ; soleil ou mi-ombre. R. −15 °C. Fin du printemps.

Berberis stenophylla 'Crawley Gem'

Berberis montana

Berberis linearifolia 'Orange King'

Berberis valdiviana

Mahonia repens 'Rotundifolia'

Berberis ×*ottawensis* 'Superba'

Mahonia ×*wagneri* 'Undulata'

Mahonia aquifolium

Mahonia nevinii

Mahonia fremontii

Mahonia repens Lindl. **'Rotundifolia'** — Ce clone ou hybride de *M. repens* a des folioles arrondies avec de petites épines; il donne un arbrisseau dressé d'1 m à 1,50 m de haut. A l'état sauvage, *M. repens*, de la Colombie Britannique au Nouveau Mexique à travers l'E. des Rocheuses, pousse dans les bois clairs secs. C'est un arbrisseau drageonnant avec des tiges dressées att. 20 cm de haut. Feuilles à 5 folioles, vert terne sur les deux faces, avec 8 à 20 poils raides sur les bords; grappes courtes et denses att. 8 cm de long. Tout sol plus ou moins sec; plein soleil ou mi-ombre. R. −15 °C, avec abri. Printemps.

Mahonia* ×*wagneri **'Undulata'** — *M.* × *wagneri* (Jouni) Rehd. est le nom proposé pour les hybrides supposés de *M. pinnata* et *M. aquifolium* dont le premier fut obtenu vers 1863 à Metz par les frères Simon-Louis. 'Undulata' est un joli clone, probablement de même croisement, mais d'origine inconnue. Il donne un arbrisseau sempervirent att. 2 m avec des feuilles ondulées, luisantes et des fleurs d'un jaune chaud. La paire inférieure de folioles est près de la base du pétiole, comme chez *M. pinnata*. R. −15 °C. Printemps.

Mahonia aquifolium Nutt. — Or. O. Amérique du N. (de l'extrémité N. de la Californie à la Colombie britannique et l'Idaho), dans les bois de *Pseudotsuga* et les forêts mixtes à conifères jusqu'à 2 000 m; en fleurs de mars à mai. Arbrisseau drageonnant de 1,50 à 2 m de haut. Feuilles persistantes de 10 à 25 cm de long avec 5 à 9 folioles, luisantes sur les deux faces, la paire inférieure 2 à 4 cm au-dessus de la base du pétiole. Fleurs de 16 mm de diamètre. Fruits bleus, avec une pruine grise. Tout sol; soleil ou ombre. R. −20 °C. Printemps.

Mahonia nevinii Gray — Or. S. Californie, dans les endroits sableux et rocheux de la steppe à armoises ou des fruticées, fl. en mars-avril. Arbrisseau att. 4 m, grand et à port arrondi dans la nature, plutôt diffus et affolé dans les jardins d'Europe du N. Feuilles persistantes de 4 à 8 cm de long avec 3 à 5 folioles. Fleurs en grappes lâches. Baies rouges ou orangées. Sol sec et bien drainé en situation chaude; plein soleil. R. −10 °C peut-être. Printemps.

Mahonia fremontii Torr. — Or. O. USA (C. et S. Rocheuses) dans les steppes arborées à *Pinus edulis*, *Juniperus* et *Yucca*, dans les rochers secs entre 1 000 et 1 500 m, fleurissant en mai-juin. Arbrisseau raide et dressé att. 2 m. Feuilles avec 3 à 7 folioles, chacune munie d'épines étalées; fleurs en grappes lâches de 3 à 9; fruits rougeâtres, secs, gonflés et spongieux une fois mûrs. Sol bien drainé; plein soleil et situation chaude. R. −10 °C. Printemps.

Berberis* ×*ottawensis Schneid. **'Superba'** (*Berberidaceæ*) — Hybride entre *B. thunbergii*, probablement 'Atropurpurea', et *B. vulgaris*, obtenu aux Pays-Bas avant 1943. Arbrisseau étalé att. 2 m de haut et de large. Feuilles caduques rougeâtres; fleurs jaunes avec des marques rouges, en groupes pendantes de 5 à 10. Tout sol; soleil ou mi-ombre. R. −15 °C. Fin du printemps.

Berberis temolaica

Berberis temolaica Ahrendt — Or. S.-E. Tibet, sur pentes herbeuses libres et dans les fourrés entre 4 000 et 4 500 m, fleurissant en juin. Arbrisseau caducifolié att. 2 m, avec rameaux arqués et, en culture, généralement assez espacés. Tiges pruineuses; feuilles de 20 à 45 mm de long, souvent épineuses sur les bords, vert bleuté, blanches en dessous. Fleurs d'env. 15 mm de diamètre. Fruits rouges, avec pruine blanche. Tout sol; soleil ou mi-ombre. R. −15 °C. Fin du printemps. A tailler sévèrement pour obtenir une bonne production de tiges blanches. Sinon le buisson devient diffus et désordonné.

Berberis dumicola Schneid. — Or. Chine (N.-O. Yunnan), entre 2 000 et 3 000 m, fleurissant en avril-mai. Arbrisseau sempervirent att. 1,50 m. Jeunes pousses rouges; feuilles de 5 à 9,5 cm de long avec 20 à 40 dents, vertes en dessous. Fleurs en groupes de 10 à 30, d'env. 12 mm de diamètre. Baies bleues. Tout sol; soleil ou mi-ombre. R. −15 °C. Printemps.

Berberis gyalaica Ahrendt — Or. S.-E. Tibet (près de Pome) dans les fourrés clairs entre 3 000 et 3 500 m, fleurissant en juillet et fructifiant en octobre. La photographie ci-contre montre le type de la var. *maximiflora* Ahrendt (L.S. & E. 15 826). Arbrisseau caducifolié att. 3 m. Feuilles obovales à elliptiques, sessiles, non épineuses, att. 3 cm. Grappes de 8 à 16 cm de long; pédicelles de 2 à 5 mm. Fleurs d'env. 8 mm de diamètre. Baies noires, pruineuses. Tout sol; soleil ou mi-ombre. R. −15 °C.

Berberis chinensis Poir. — Or. Caucase, avec son proche parent *B. cratægina* DC. en Turquie, dans les sites rocheux dégagés, fleurissant en mai-juin. Arbrisseau arqué et étalé att. 3 m; feuilles oblancéolées à obovales att. 4 cm de long, dentées. Fruits rouge foncé d'1 cm de long. Tout sol; soleil ou mi-ombre. R. −25 °C. Printemps.

Berberis verruculosa Hemsl. & Wils. — Or. Chine (O. Sichuan, près de Tatsienlou) entre 1 200 et 4 000 m. Arbrisseau dense att. 1,50 m. Feuilles persistantes de 12 à 22 mm de long, avec 2 à 4 épines, grisâtres en dessous. Fleurs de 2 cm de diamètre. Tout sol; ombre ou mi-ombre. R. −20 °C. Début de l'été.

Berberis 'Bunch o'Grapes' — Hybride de la section *Polyanthæ* or. Himalaya, avec fruits rougeâtres, globuleux en grandes grappes. Arbrisseau caducifolié att. 2 m ou davantage. Tout sol; plein soleil. R. −20 °C. Floraison estivale et fructification automnale.

Berberis dumicola à Ulu-Ky, Lijiang au Yunnan

Berberis gyalaica

Berberis chinensis

Berberis verruculosa

Berberis 'Bunch o' Grapes'

Cultivar de *Pæonia suffruticosa* à Pékin

Pæonia lutea var. *ludlowii*

Pæonia lutea ×*delavayi*

Pæonia ×*lemoinei* 'Argosy'

Pæonia 'Anne Rosse'

Pæonia suffruticosa Andr. (*Pæoniaceæ*), pivoine arborescente, *mŭdān* (*moutan*) en chinois — Or. Chine (Gansu et probablement aussi Shaanxi et N. Sichuan), dans les fourrés de montagne, fleurissant en mai. Le clone illustré ici, 'Joseph Rock' a été introduit par Rock d'un jardin de lamaserie du S.-O. Gansu et serait provenu de la chaîne calcaire du Minshan, dans la même zone où la pivoine arborescente avait été vue par Farrer et Purdom, env. 65 km au N.-E. de Wudu. Arbuste caducifolié étalé att. 2 m de haut et davantage en largeur. Fleurs d'env. 12 cm de diamètre, au début de l'été. Sol riche bien drainé ; bien sur calcaire ; situation chaude. R. −20 °C. De nombreux cultivars sont connus et ont été élevés en Chine depuis le IVe s. ainsi qu'au Japon et au Bhutan. Beaucoup ont des fleurs doubles ou semi-doubles rouges, roses ou blanches, att. 30 cm de diamètre.

P. ×***lemoinei*** Rehd. **'Argosy'** — Hybride entre *P. lutea* et *P. suffruticosa* obtenu par le Pr A. Saunders de Clinton (New York). Les fleurs, de 18 cm de diamètre tendent à s'asseoir parmi les feuilles ; nonobstant ce caractère, elles sont une amélioration des *P.* ×*lemoinei* préalablement obtenus par Louis Henry dans les jardins du Muséum de Paris et par MM. Lemoine à Nancy. De nouveaux hybrides comme 'Tria' et 'Artemis' ont des fleurs qui se tiennent mieux.

P. lutea Franch. — Or. Yunnan (spécialement dans les montagnes au-dessus de Dali), fleurissant en mai. Arbrisseau caducifolié att. 1 m. Fleurs de 5 à 10 cm de diamètre, souvent jaunes ou rouges dans la nature. Bon sol bien drainé, situation chaude. R. −15 °C. Fin du printemps-début de l'été.

P. lutea var. ***ludlowii*** Stern & Taylor — Or. S.-E. Tibet, près des gorges du Tsangpo entre 3 000 et 3 500 m, fleurissant en juin. Arbrisseau caducifolié att. 2,5 m. Fleurs de 10 à 13 cm de diamètre. Obtenu facilement à partir de graines qui sont produites en abondance. Tout sol ; plein soleil et abri. R. −20 °C. Fin du printemps.

P. lutea × ***P. delavayi*** — Des hybrides supposés entre *P. lutea* et *P. delavayi* ont été notés par George Forrest dans la nature à Lijiang. Leurs fleurs variaient du jaune avec taches rouges au centre à l'orange brunâtre. Des hybrides similaires ont été trouvés en culture, variant dans les proportions de jaune et de rouge dans les fleurs. Celui qui est montré ici a *P. lutea* var. *ludlowii* pour un de ses parents.

P. **'Anne Rosse'** — Hybride entre *P. delavayi* et *P. lutea* var. *ludlowii* obtenu par le comte de Rosse avant 1961. Robuste arbrisseau att. 2 m de haut ; fl. de 10 cm de diamètre, en avril-mai.

P. delavayi Franch. — Or. N. Yunnan dans la chaîne du Lijiang, dans les fourrés et sites dégagés rocheux sur calcaire à env. 3 000 m, fleurissant en mai. Arbrisseau caducifolié avec des tiges faibles et nues surmontées de feuilles profondément divisées. Fleurs de 5 à 10 cm de diamètre, rouge pourpré. Bon sol bien drainé ; soleil. R. −20 °C. Début de l'été.

P. potaninii Komar. f. ***alba*** Stern — Or. N.-O. Yunnan et O. Sichuan, sur coteaux rocheux entre 3 000 et 3 600 m, fleurissant en juin. Le type de l'espèce (préalablement appelé *P. delavayi* var. *angustiloba* Rehd. & Wils.), a des fleurs rouge pourpré comme *P. delavayi*. La forme à fleurs blanches, montrée ici, est plus communément cultivée. Il ne semble pas, cependant, que ce soit une forme de la *P. delavayi*. La forme à fleurs jaunes de *P. potaninii*, du Yunnan, est appelée var. *trollioides* (Stapf) Stern. Arbrisseau drageonnant, att. 1 m, s'étalant par taches. Feuilles att. 25 cm de long et 30 cm de large avec des segments plus étroits que chez *P. delavayi*. Fleurs d'env. 5 cm de diamètre. Tout sol bien drainé ; plein soleil. R. −20 °C. Début de l'été.

Pæonia suffruticosa 'Joseph Rock' à Kew

Pæonia delavayi près de Lijiang, Yunnan

Pæonia potaninii 'Alba'

Pæonia lutea var. *lutea*

Réduction à 40 %. Échantillons de Kew, 19 mai

Sophora microphylla à Logan, Ecosse

Piptanthus tomentosus à Lijiang, Yunnan

Betama sphærocarpa

Piptanthus tomentosus

Genista linifolia

Coronilla emerus L. (*Leguminosæ*), séné bâtard — Or. Europe (du S. Norvège à l'Espagne et à la Crète), dans les fourrés et collines rocheuses calcaires; en fleur de mars à mai. Arbrisseau sempervirent att. 2 m. Feuilles avec 2 à 4 paires de folioles obovales. Fleurs de 14 à 20 mm; gousses de 5 à 10 cm, sur un mince pédoncule de 2 à 5 cm de long. Tout sol bien drainé; plein soleil. R. −20 °C. Fin du printemps.

Genista hispanica L. Voir page suivante. Arbrisseau nain utile pour le sommet d'un mur ensoleillé.

Sophora microphylla Ait. (*Leguminosæ*) — Or. N. et S. Nouvelle-Zélande, dans les forêts ouvertes et les sites rocheux humides où il fleurit de juillet à octobre. Arbuste à feuilles caduques apparaissant en même temps que les fleurs. Tout sol; plein soleil et abri. R. −10 °C. Voir p. 26. Début de l'été.

Sophora tetraptera J. Mill. — Or. N. Nouvelle-Zélande, dans les bois clairs et les endroits humides ou rocheux où il fleurit de juillet à septembre. Arbuste att. 8 m. Feuilles caduques ou semi-caduques avec 10 à 20 paires de folioles souvent elliptiques. Fleurs avec étendard plus court que les ailes ou les égalant. Tout sol; situation abritée ou contre un mur en plein soleil. R. −10 °C. Illustré ici: le cv. **'Otari Gnome'** en boutons. Début de l'été.

Cytisus* ×*præcox **'Allgold'** — Le clone original de cet hybride entre *C. multiflorus* et *C. purgans* s'est révélé fertile et a donné à son tour plusieurs cultivars par semis. 'Allgold' avait été obtenu en 1963 par A. Brand à Boskoop (Pays-Bas). Début de l'été.

Cytisus emeriflorus Rehb. (*Leguminosæ*) — Or. Alpes (autour des lacs de Côme et de Lugano). Arbrisseau att. 60 cm. Feuilles caduques, de 10 à 20 cm de long, trifoliolées. Fleurs en groupes de 1 à 4, de 10 à 12 mm de long. Tout sol bien drainé. Plein soleil. R. −20 °C.

Cytisus scoparius (L.) Link. f. ***andreanus*** (Puissant) Zab. — Forme du genêt à balai (p. 166) chez qui les fleurs ont des ailes rouges, trouvée dans la nature en Normandie par Puissant vers 1884. Début de l'été.

Cytisus purpureus Scop. (syn. *Chamæcytisus purpureus* [Scop.] Link) — Or. S. Alpes et jusqu'à l'Albanie, dans les rochers calcaires subalpins et les fourrés, fleurissant en mai-juin. Arbrisseau nain, non épineux, avec rameaux arqués, att. 30 cm. Feuilles caduques, trifoliolées à folioles obovales de 2 cm de long. Fleurs de 15 à 25 mm de long, du blanc au pourpre foncé dans les jardins. Tout sol bien drainé mais pas trop sec; plein soleil. R. −20 °C. C'est une moitié de la remarquable chimère +*Laburnocytisus* +*adami*. Fin du printemps.

Piptanthus nepalensis (Hook.) D. Don (syn. *P. laburnifolius* [D. Don] Stapf) (*Leguminosæ*) — Or. Himalaya (de Simba au Bhutan), Birmanie, Yunnan et Sichuan, entre 2 000 et 3 800 m; en fleurs de mars à mai. Arbrisseau dressé att. 2 m. Feuilles caduques, vert foncé et luisant, à 3 folioles, att. 14 cm de long. Fleurs de 2,5 à 3 cm de long, ouvertes avant les feuilles. Gousses att. 13 cm. Tout sol bien drainé; soleil ou mi-ombre. R. −15 °C. mais se recasse à la base si on le rabat. Printemps.

Piptanthus tomentosus Franch. — Or. Yunnan, dans les bois clairs et fourrés sur calcaire vers 3 000 m, fleurissant en mai. Arbrisseau caducifolié att. 2 m, se distinguant du *P. nepalensis* par ses feuilles très tomenteuses-soyeuses. Tout sol; soleil ou mi-ombre. R. −15 °C.

Cytisus ratisbonensis Schäffer (syn. *Chamæcytisus ratisbonensis* (Schäffer) Rothm.) — Or. C. Europe (de l'Allemagne à l'O. Russie et aux Balkans). Arbrisseau généralement étalé d'env. 45 cm de haut. Feuilles trifoliolées. Fleurs de 16 à 22 cm de long. Plein soleil. R. −25 °C.

Retama sphærocarpa (L.) Boiss. (syn. *Lygos sphærocarpa* [L.] Heywood) (*Leguminosæ*) — Or. E. Portugal, C. et S. Espagne, Afrique du N., sur collines sableuses ou graveleuses sèches, fleurissant en avril-mai. Arbrisseau presque sans feuilles, att. 2 m. Fleurs de 5 à 8 mm de long, en grappes denses; gousses de 7 à 9 mm, avec une seule graine. Sol bien drainé, sec en été; plein soleil. R. −10 °C.

Genista linifolia L. (syn. *Teline linifolia* [L.] Webb. & Berth.) (*Leguminosæ*) — Or. O. région méditerranéenne dans les bois et maquis sur sol acide, fleurissant en avril-mai. Arbrisseau sempervirent att. 1,50 m. Folioles de 10 à 15 mm, linéaires-oblancéolées, glabres en dessus, soyeuses en dessous. Fleurs en groupes terminaux, de 10 à 18 mm de long. Sol acide bien drainé; plein soleil. R. −10 °C.

Caragana tragacanthoides dans le Ferghana, Asie centrale

Caragana tragacanthoides

Sophora mollis dans le jardin botanique de Tachkent

Caragana arborescens

Caragana brevispina

Caragana tragacanthoides (Pall.) Poir. (*Leguminosæ*) — Or. C. Asie (du Karakoram [Cachemire] à l'O. Mongolie), sur falaises et rochers entre 1 800 et 3 300 m, fleurissant en mai. Arbrisseau épineux, étalé, att. 1 m. C'est la nervure centrale des feuilles qui devient épineuse. Feuilles à 2 ou 3 paires de folioles, poilues et soyeuses, spécialement en dessous. Fleurs de 2 à 3 cm de long. Tout sol sec, bien drainé; plein soleil. R. −25 °C., peut-être.

Caragana arborescens Lam. — Or. Sibérie et C. Asie, au bord des rivières, sur les pentes rocheuses et en lisière de forêts, fleurissant en mai-juin. Arbuste caducifolié att. 3 m (rarement 7 m) de haut. Feuilles avec 4 à 7 paires de folioles elliptiques ou ovales. Pédicelles de 2 à 6 cm de long. Tout sol bien drainé; plein soleil. R. −30 °C ou plus bas. Fin du printemps. Une forme à rameaux pendants est souvent greffée comme un étendard, donnant un petit arbre pleureur assez dégingandé.

Caragana brevispina Royle — Or. O. Himalaya (du Cachemire au C. Népal), dans les fourrés entre 2 400 et 3 200 m, fleurissant de mai à juin. Arbrisseau caducifolié att. 3 m. Feuilles avec 8 à 16 folioles ovales à oblongues de 8 à 20 mm de long. Fleurs souvent nuancées d'orange, de 20 à 25 mm de long. Tout sol bien drainé; plein soleil. R. −20 °C.

Sophora mollis (Royle) Graham (*Leguminosæ*) — Or. Pamir et E. Himalaya, sur les rochers des vallées sèches entre 1 200 et 2 000 m, fleurissant en mars-avril. Arbuste caducifolié dressé att. 2 m. Folioles de 12 à 25 mm de long à maturité, ovales ou elliptiques. Fl. de 12 à 25 mm de long. Gousses ailées avec 4 à 10 graines, rétrécies entre les graines. Tout sol sec bien drainé ; plein soleil. R. −15 °C.

Genista lydia Boiss. (*Leguminosæ*) — Or. Balkans et Turquie, sur rochers et falaises fleurissant en avril-mai. Arbrisseau caducifolié att. 1 m, à rameaux souvent arqués vers le bas. Feuilles de 3 à 10 mm de long, linéaires-oblancéolées. Fleurs en grappes courtes sur les rameaux latéraux, de 10 à 12 mm de long. Tout sol bien drainé ; plein soleil. R. −15 °C.

Genista hispanica L. — Or. Ligurie, Provence, Languedoc, N. et E. Espagne, sur collines rocheuses et dans les fourrés, fleurissant en avril-mai. Arbrisseau étalé d'env. 50 cm de haut, formant des coussins arrondis. Épines sur de courtes pousses latérales. Feuilles de 6 à 10 mm, solitaires. Fleurs de 6 à 11 mm de long, en courtes grappes terminales denses. Tout sol bien drainé ; plein soleil. R. −20 °C.

Anthyllis hermanniæ L. (*Leguminosæ*) — Or. région méditerranéenne (de la Corse à la Turquie), sur collines rocheuses, fleurissant en mai-juin. Arbrisseau caducifolié rameux, att. 50 cm. Feuilles simples ou trifoliolées, d'1 à 2 cm de long, oblancéolées. Fleurs d'env. 5 mm de long. Tout sol bien drainé ; plein soleil. R. −10 °C.

Ulex gallii Planchon (*Leguminosæ*) — Or. côtes atlantiques européennes (de l'Écosse à la Galice), dans les landes sableuses et rocheuses acides ; en fleurs de juillet à septembre (ou décembre). Arbrisseau épineux d'env. 1 m. Diffère de l'ajonc commun, *U. europæus*, par sa floraison tardive, d'un jaune d'or foncé, et ses bractéoles plus étroites (moins d'1,5 mm de large) et de l'ajonc nain, *U. minor* Roth, à floraison automnale, par ses calices plus longs (supérieurs à 10 mm) et ses étendards de 12,5 à 16 mm. Sol acide ; plein soleil. R. −15 °C.

Ulex europæus L., ajonc commun — Or. O. Europe et Afrique du N., dans les landes et collines sableuses ; en fleurs d'avril à juin et par intermittence au cours de l'automne et de l'hiver. Arbrisseau sempervirent épineux att. 2,5 m. Feuilles réduites à des écailles ou de petites épines. Fleurs de 15 à 20 mm de long, fortement parfumées. Gousses noires, poilues. Sol acide ou neutre ; plein soleil. R. −20 °C et rejette des souches s'il est rabattu.

Ononis speciosa Lag. (*Leguminosæ*) — Or. S. Espagne et Afrique du N., sur les coteaux secs et dans les fourrés, fleurissant en mai. Arbrisseau glanduleux et poisseux att. 1 m. Feuilles persistantes à 3 folioles de 15 à 23 mm elliptiques à suborbiculaires. Fleurs de 15 à 20 mm de long. Tout sol sec bien drainé ; plein soleil. R. −10 °C., peut-être.

Genista lydia

Ulex gallii dans le Dartmoor

Genista hispanica

Anthyllis hermanniæ

Ononis speciosa en Espagne

Ulex europæus et *Cytisus scoparius* (à l'arrière-plan) en Écosse

Réduction à 40 %. Échantillons de Kew, 10 juin

Lonicera korolkowii à Milling House, Gloucestershire

Lonicera tatarica 'Hack's Red'

Lonicera implexa dans le sud de l'Espagne

Lonicera japonica

Lonicera reticulata

Lonicera quinquelocularis Hardw. (*Caprifoliaceæ*) — Or. Himalaya (de l'Afghanistan au Yunnan) entre 1 800 et 3 000 m, en forêts, fourrés et haies; en fleurs de mai à juillet. Arbrisseau étalé att. 5 m. Fruits blanchâtres, translucides, avec graines pourprées. R. −15 °C. Début de l'été.

Kolkwitzia amabilis Gräbn. (*Caprifoliaceæ*) — Or. N. et C. Chine (Shaanxi et O. Hubei) et apparemment rare. Arbrisseau caducifolié att. 2,5 m. Tout sol; plein soleil. R. −20 °C. Début de l'été.

Lonicera involucrata (Richards.) Banks ex Spreng. — Or. O. Amérique du N. (de l'Alaska au Mexique dans les sites humides de montagne entre 1 800 et 3 000 m, le long de la côte en dessous de 1 000 m en Californie, et sur les bords des Grands Lacs jusqu'au Québec), généralement sur calcaire près de l'eau, en forêt; en fleurs de juin à août. Arbrisseau caducifolié de 1 à 3 m. R. −25 °C.

Lonicera bracteolaris Boiss. & Bhuse. — Or. Caucase (Géorgie). R. −20 °C.

Lonicera tomentella Hook. f. & Thoms. — Or. Sikkim, dans des vallées assez sèches, entre 2 500 et 3 500 m, fleurissant en juin. Arbrisseau caducifolié dressé att. 4 m. Fruits bleu nuit. R. −15 °C. Été.

Lonicera maackii Maxim. var. ***podocarpa*** Franch. — Or. C. Chine, dans les fourrés et haies, entre 900 et 1 500 m, fl. en mai juin. Arbrisseau caducifolié étalé, att. 4 m. Tout sol; plein soleil. R. −15 °C.

Lonicera pyrenaica L. — Or. Pyrénées, Corbières, N.-E. Espagne, Baléares, sur rochers calcaires; en fleurs de mai à juin. Arbrisseau caducifolié, rameux, att. 1 m. Fleurs de 12 à 15 mm (à 20 mm chez la var. *majoricensis*). Fruits rouges. R. −15 °C.

Chionanthus virginicus L. (*Oleaceæ*) — Or. E. USA, dans les bois et fourrés humides; en fleurs d'avril à juin. Arbuste caducifolié dioïque att. 9 m. Sol riche et humide; soleil. R. −25 °C. Fin du printemps.

Chionanthus retusus Lindl. & Paxton. — Or. Chine, Corée, Japon (S. Honshu) et Formose, en forêts et sur falaises, fleurissant en avril-mai. Arbrisseau caducifolié att. 2 ou 3 m; feuilles des jeunes sujets dentées. R. −15 °C. Fin du printemps.

Lonicera korolkowii Stapf — Or. montagnes sèches du Turkestan, dans les fourrés, fleurissant en juin-juillet. Cultivé pour la première fois en 1880 par Alphonse Lavallée à l'arboretum de Segreg (près de Paris) à partir de graines envoyées par le colonel Korolkov. Arbrisseau caducifolié att. 3 m. Fleurs de 15 mm de long. Fruits rouges. R. −45 °C.

Lonicera tatarica L. — Or. Caucase et jusqu'à l'Altaï, naturalisé dans l'O. Europe et l'E. Amérique du N., dans les fourrés et collines sèches, fleurissant en mai-juin. Arbrisseau caducifolié att. 4 m. Tout sol; soleil. R. −25 °C. 'Hack's Red' est l'un des cultivars à fleurs les plus foncés.

Lonicera implexa Ait. — Or. toute la région méditerranéenne et Portugal, dans les rocailles et fourrés; en fleurs d'avril à juin. Liane sempervirente att. 4 m. Fleurs de 25 à 45 mm de long. Fruits rouges. R. −10 °C.

Lonicera japonica Thunb. — Or. C. Chine, Corée, Japon et Formose, et communément naturalisé dans l'E. Amérique du N., dans les fourrés et bois; en fleurs de mai à juillet. Liane att. 6 m, drageonnante; fleurs parfumées att. 4 cm de long. Fruits noirs. Tout sol, mi-ombre. R. −20 °C.

Lonicera acuminata Wall. (syn. *L henryi* Hemsl.) — Or. O. Hubei où il est très commun, et O. Sichuan, dans les fourrés entre 1 200 et 2 300 m, fleurissant en juin-juillet. Liane sempervirente att. 4 m. Fleurs de 2 cm de long; fruits noirs. R. −20 °C.

Réduction à 50 %. Échantillons du Jardin botanique de l'université, Cambridge, 20 mai

Dipelta floribunda Maxim. (*Caprifoliaceæ*) — Or. C. Chine (O. Hubei et Shaanxi), dans les bois et fourrés clairs, entre 1 200 et 1 800 m; en fleurs de mai à juillet. Arbrisseau caducifolié att. 5 m. Bractées en forme de bouclier, attachées par leur centre. Fleurs de 3 cm de long. Tout sol. R. −20 °C.

Jasminum beesianum Forrest & Diels (*Oleaceæ*) — Or. O. Chine, dans les haies, les ravins et sur les bandes herbeuses séparant les rizières, entre 1 000 et 2 000 m; fl. de mai à août. Liane volubile att. 3 m. Feuilles att. 5 cm de long. Fleurs rose pâle à intense. R. −15 °C.

Abelia triflora R. Br. ex Wall. (*Caprifoliaceæ*) — Or. O. Himalaya (de l'Afghanistan au C. Népal), dans les fourrés secs et sur pentes rocheuses, entre 1 500 et 4 200 m, en fleurs de mai à juillet. Arbrisseau caducifolié att. 4 m. Branches avec poils raides. Fleurs de 8 mm diam. Merveilleusement parfumé. R. −15 °C.

Lonicera* ×*americana (Mill.) K. Koch — Hybride supposé entre *L. caprifolium* et *L. etrusca*, trouvé dans la nature dans le Midi de la France. Moins grimpant que ses parents, il donne un arbuste rameux et désordonné att. 10 m. Les 1 à 3 paires supérieures de feuilles sont soudées. R. −20 °C. Fin du printemps.

Lonicera chætocarpa Rehd. — Or. O. Chine et E. Tibet, dans les fourrés et sur les falaises entre 2 000 et 3 500 m, fleurissant en juin-juillet. Arbrisseau caducifolié dressé att. 2 m. Fruits vermillon, surmontés de bractées pâles. Tout sol; soleil. R. −25 °C.

Lonicera caprifolium L. — Or. Balkans, Italie, Turquie, et naturalisé en Europe O., dans les haies et fourrés, fl. en mai-juin. Liane att. 3 m. Paire supérieure de feuilles soudée. Plein soleil. R. −20 °C.

L.* ×*brownii (Reg.) Carr. **'Fuchsioides'** — Hybride entre *L. sempervirens* et *L. hirsuta*. Ressemble beaucoup à *L. sempervirens*, mais à feuilles caduques avec fleurs plus courtes, finement glanduleuse d'env. 4 cm de long, de la fin du printemps au début de l'automne. R. −15 °C.

L.* ×*tellmanniana Späth — Hybride entre *L. tragophylla* et *L. sempervirens*, obtenu à Budapest vers 1920. Arbrisseau caducifolié att. 6 m. Fleurs d'env. 5 cm de long, jaunes ou orange. Fleurit à l'ombre. R. −10 °C.

Lonicera tragophylla Hemsl. — Or. O. Hubei et commun près de Yichang, dans les fourrés et forêts, entre 900 et 1 800 m; en fleurs de juin à août. Liane volubile att. 6 m. Feuilles glauques en dessous, la paire supérieure soudée. Fleurs jaunes de 7 à 8 cm de long. Tout sol, avec les racines à l'ombre. R. −20 °C.

Lonicera etrusca G. Santi — Or. S. Europe, O. Asie et Afrique du N., dans les haies et maquis; en fleurs de mai à juillet. Liane caducifoliée att. 10 m; feuilles supérieures soudées. Fleurs de 35 à 45 mm de long. Tout sol; soleil ou mi-ombre. R. −15 °C.

Lonicera periclymenum L., chèvrefeuille commun — Europe, surtout centrale et Afrique du N., dans les bois, fourrés et haies; en fleurs de juin à septembre. Liane att. 4 m. Feuilles toutes séparées. Soleil ou mi-ombre. R. −20 °C.
'Graham Thomas' est un clone très florifère trouvé dans une haie du Warwickshire (GB).
'Belgica' est connu depuis avant 1789.

Lonicera tragophylla à Spetchley Park

Lonicera ×*tellmanniana*

Lonicera etrusca

L. periclymenum 'Graham Thomas'

L. periclymenum 'Belgica'

Abelia floribunda à Trebah, Cornouailles

Dipelta yunnanensis à Lijiang, Yunnan

Abelia umbellata à Crathes Castle (Ecosse)

Lonicera tangutica à Lijiang, Yunnan

Leycesteria crocothyrsos

Lonicera tangutica Maxim. (*Caprifoliaceæ*) — Or. Chine, dans les bois clairs, fourrés et endroits rocheux entre 1 800 et 3 300 m, fleurissant en mai-juin. Élégant arbrisseau caducifolié, étalé, att. 2 m. Feuilles obovales à elliptiques de 12 à 36 mm de long, ciliées. Fleurs pendantes par paires sur de minces pédoncules de 12 à 36 mm de long. Bractées très étroites, égalant à peu près les ovaires. Fruits rouges. Tout bon sol; soleil ou mi-ombre. R. −15 °C. Fin du printemps.

Abelia floribunda Decne. (*Caprifoliaceæ*) — Or. Mexique (Veracruz, Puebla et Oaxaca) vers 3 300 m. Arbrisseau sempervirent att. 3 m (rarement 6 m en culture). Feuilles ovales, luisantes, de 2 à 4 cm de long. Fleurs de 3 à 5 cm de long, sur les pousses de l'année précédente. Tout bon sol; plein soleil. R. −10 °C avec abri. Début de l'été.

Abelia umbellata (Græbn. & Buch.) Rehd. — Or. Chine (O. Hubei et Sichuan), dans les bois entre 1 200 et 1 800 m, fleurissant en juin. Arbrisseau caducifolié étalé att. 3 m, avec des rameaux raides et poilus. Feuilles assez coriaces, lancéolées ou elliptiques, de 4 à 8 cm de long, dentées, parfois poilues en dessous sur les nervures, pétioles renflés à la base. Sépales d'env. 17 mm. Fleurs avec tube de 15 à 18 mm, lobes de 3 mm, odorantes. Style aussi long que le tube. Tout sol; soleil ou mi-ombre. R. −15 °C. Début de l'été. Arbrisseau rare; un spécimen pousse dans les jardins du château de Crathes (Écosse). Se distingue par ses petites fleurs groupées par 5 à 7, ses pétioles renflés à la base et ses styles courts.

Dipelta yunnanensis Franch. (*Caprifoliaceæ*) — Or. N.-O. Yunnan, dans les forêts de *Pinus yunnanensis* et sur les collines entre 2 500 et 3 000 m, fl. en mai. Arbrisseau d'env. 2 m, att. rarement 4 m. Feuilles caduques ovales-lancéolées, acuminées, pubescentes sur nervure centrale en dessous, de 5 à 12 cm de long. Fleurs blanchâtres teintées de rose, orangées dans le cœur, de 2 à 2,5 cm de long, bractées cordées, grandissant sur le fruit. Tout bon sol; soleil ou mi-ombre. R. −15 °C. Fin du printemps.

Leycesteria crocothyrsos Airy Shaw (*Caprifoliaceæ*) — Or. Assam, à 1 800 m dans la vallée de Delei sur rochers escarpés abrités, dans des fourrés denses, fleurissant en mai. Arbrisseau caducifolié att. 2 m. Feuilles de 5 à 12,5 cm de long, ovales-lancéolées, acuminées, poilues sur les bords et en dessous. Fleurs en grappes pendantes att. 18 cm de long, chacune de 2 cm de long, jaune; fruit légèrement poilu. Tout sol humide bien drainé; soleil ou mi-ombre. R. −15 °C. Été. Rare en culture, bien installé à Logan (côte O. Écosse).

Weigela præcox (Lemoine) Bailey (*Caprifoliaceæ*) — Or. Corée, Mandchourie et région de l'Ussuri. Arbrisseau étalé ou dressé att. 2 m. Feuilles caduques elliptiques à obovales, de 5 à 8 cm de long, acuminées, poilues sur les deux faces. Fleurs groupées par 3 à 5 sur les rameaux latéraux courts. Calice divisé env. jusqu'au milieu, poilu, à lobes lancéolés. Tout sol; plein soleil. R. −20 °C. Fin du printemps.

Weigela middendorfiana (Trautv. & Mey.) K. Koch — Or. N. Chine, E. Sibérie, Corée, N. Japon, bas en montagne, fl. en juillet.

Weigela præcox

Weigela middendorfiana avec des feuilles de *Podophyllum emodi*

Arbrisseau caducifolié att. 1,50 m. Feuilles oblongues ou étroitement ovales, aiguës ou acuminées, poilues en dessous, de 5 à 8 cm de long. Fleurs par paires à l'aisselle des feuilles supérieures ; calice profondément bilobé ; corolles de 3 à 4 cm de long avec un tube étroit et court à la base. Tout sol humide bien drainé ; soleil ou mi-ombre. R. −20 °C, mais sensible aux gels tardifs. Printemps. Son voisin *W. maximowiczii* (S. Moore) Rehd. est plus grand et plus élégant avec des fleurs sessiles plus petites. Il est limité aux montagnes du C. Honshu.

Weigela ×lavallei Zabel **'Gustave Mallet'** — Hybride entre *W. coraiensis* et *W. florida*. 'Gustave Mallet' a été obtenu en 1868 à Fontenay-aux-Roses par Billard. Arbrisseau caducifolié dressé att. 2 m, fleurissant au début de l'été. R. −20 °C. Meilleur en sol riche et frais, taillé après floraison. Env. 170 cultivars ont été nommés, dans les nuances de rouge, rose ou blanc. 'Dame Blanche' et 'Bristol Snowflake' sont de bons cv. à fleurs blanches ; 'Eva Rathke' et 'Eva Supreme' de bons rouge foncé.

W. florida (Bge.) DC. **'Foliis Purpureis'** *(Caprifoliaceæ)* — Cultivar à feuilles vert foncé teintées de pourpre, obtenu en France à partir de graines reçues de Chine (*Revue horticole* 1921, pp. 278-9) et peut-être aussi trouvé aux Pays-Bas (d'après Krüssman). Arbrisseau à port raide et dressé att. 1,50 m. *W. florida* est or. Kyushu, Corée et N.-E. Chine. Arbrisseau de 2 à 4 m, à feuilles caduques ovales à obovales, acuminées, glabres en dessus, poilues sous les nervures. Calice divisé jusque vers le milieu, glabre. Fleurs d'env. 3 cm de long. Tout sol ; soleil ou mi-ombre. R. −20 °C. Début de l'été.

Sambucus nigra L. **'Pulverulenta'** (syn. 'Albopunctata') *(Caprifoliaceæ)* — Remarquable clone du sureau noir avec ses jeunes feuilles d'un blanc presque pur ; les feuilles plus âgées sont bariolées de blanc. La photographie a été prise dans la fruticetée de West Dean (Sussex). C'est un arbuste blanc tout à fait saisissant, att. 3 m, et à son mieux au milieu de l'été. Connu en Angleterre depuis 1740.

Sambucus racemosa L. **'Tenuifolia'** — Cultivar à feuilles très divisées qui sont pourprées à l'état jeune. Donne un petit arbuste att. 1 m qui ressemble à un érable japonais mais qui porte des baies rouge vif. Obtenu dans les années 1880 par les frères Simon-Louis à Metz à partir du cv. Plumosa reçu de Russie peu avant par Späth à Berlin.

Weigela 'Gustave Mallet'

Weigela florida 'Foliis Purpureis'

Sambucus racemosa 'Tenuifolia'

Sambucus nigra 'Pulverulenta'

Réduction à 50 %. Échantillons des Valley Gardens, Windsor, 25 mars

Rhododendron cyanocarpum (Franch.) W.W.Sm. (ss. *Thomsonia*) (*Ericaceæ*) — Or. O. Yunnan, en lisière de forêts, dans les prairies et ravins entre 3 000 et 4 000 m, fl. en mai. Arbrisseau sempervirent att. 4 m ; écorce rugueuse. Sol acide, frais ; ombre légère. R. −15 °C. Printemps.

R. stewartianum Diels (ss. *Thomsonia*), Forrest n°s 21 841 (crème), 26 922 (rose pâle), 42 891 (rose) — Or. O. Yunnan, N.-E. Birmanie et S.-E. Tibet, sur pentes rocheuses et bambousaies entre 3 000 et 4 250 m, fleurissant en mai-juin. Arbrisseau sempervirent att. 2,50 m. Sol acide humide ; ombre légère. R. −10° à −15 °C.

R. eclectum Balf. fil. & Forrest var. ***eclectum*** (ss. *Thomsonia*), K.-W. n° 21 006 — Or. S.-E. Tibet, N.-O. Yunnan, S.-O. Sichuan et N.-E. Birmanie, sur pentes rocheuses et bambousaies entre 3 000 et 4 000 m, fleurissant en mai-juin. Arbrisseau sempervirent att. 3 m. Sol acide frais ; ombre légère. R. −10° à −15 °C. Début du printemps.

R. eclectum var. ***bellatulum*** Balf. fil. ex Tagg (ss. *Thomsonia*), Forrest n° 21 770 — Dans les mêmes habitats que la var. *eclectum* mais seulement dans le N.-O. Yunnan ; diffère par ses pétioles plus longs (8 à 30 mm contre 4 à 10 mm) et ses feuilles plus larges.

R. fulgens Hook. fil. (ss. *Fulgensia*) — Or. E. Himalaya (de l'E. Népal et du S. Tibet au N.-E. Inde), dans les forêts et fourrés entre 3 200 et 4 300 m, fl. en mai-juin. Arbrisseau att. 4,5 m, écorce lisse écailleuse. Sol acide humide et un peu d'ombre. R. −10° à −15 °C. Début du printemps.

R. meddianum Forr. (ss. *Thomsonia*), Forrest n° 24 104 — Or. N.-E. Haute Birmanie et O. Yunnan, sur pentes rocheuses dégagées et dans les fourrés entre 2 700 et 3 600 m, fleurissant en juin. Arbrisseau att. 2 m. La var. *atrokermesinum* Tagg est plus grande avec de plus jolies fleurs mais plus fragile. Sol acide frais ; ombre légère. R. −10° à −15 °C. Début du printemps.

R. mallotum Balf. fil. & K.-Ward (ss. *Neriiflora*), Farrer n° 815 — Or. O. Yunnan et N.-E. Birmanie, juste à l'O. fleuve Salouen, sur falaises, coteaux rocheux et dans les bambousaies entre 3 350 et 3 650 m, fleurissant en avril-mai. Arbrisseau att. 6,50 m. Sol acide frais. R. −10° à −15 °C.

R. beanianum Cowan (ss. *Neriiflora*) — Or. N.-E. Haute-Birmanie dans la vallée de Seinghku, dans la vallée de Delei à la frontière de l'Inde (NEFA) et Tibet, dans les forêts de bambous, sur rochers abrités et pentes alpines dégagées entre 3 000 et 3 500 m, fleurissant en juin. Arbrisseau att. 3 m. Feuilles att. 9 cm de long, densément brun rouge, feutrées dessous. Sol acide frais ; mi-ombre R. −10 °C. Début du printemps.

R. hæmatodes Franch. (ss. *Neriiflora*) — Or. O. Yunnan, sur les pentes rocheuses alpines et dans les fourrés entre 3 650 et 4 450 m, fleurissant entre mai et juillet. Arbrisseau att. 1,50 m. Feuilles à revers fauve ou brun rouge. Sol acide frais ; un peu d'ombre. R. −15 °C. Début de l'été.

R. pseudochrysanthum Hayata (ss. *Maculifera*) — Or. Formose, en sous-bois de forêts de conifères et sur les pentes du mont Morrison, entre 1 800 et 4 330 m. Bel arbrisseau compact et régulier att. 3 m, mais généralement 1 m. Sol acide frais ; soleil ou ombre. R. −15 °C. Printemps.

Rhododendron mallotum à Wakehurst Place

Rhododendron beanianum à Nymans

Rhododendron hæmatodes

Rhododendron pseudochrysanthum

Réduction à 50 %. Échantillons des Valley Gardens, Windsor, 25 mars.

Rhododendron pachytrichum à Boaxing, Sichuan

Rhododendron argyrophyllum var. *nankingense* 'Chinese Silver'

Rhododendron bureavii à Inverewe

Rhododendron strigillosum Franch. (ss. *Maculifera*) — Or. Sichuan et N.-E. Yunnan, dans les fourrés et forêts, et sur les falaises, entre 2 200 et 3 350 m, fleurissant en avril-juin. Arbrisseau sempervirent att. 2,50 m. Sol acide frais ; un peu d'ombre. R. −10 °C à − 15 °C.

R. uvariifolium Diels (ss. *Fulva*), Ludlow, Sherriff & Elliot n° 15 817 — Or. N.-O. Yunnan. S.-O. Sichuan et S.-E. Tibet, sur pentes rocheuses dégagées, dans les fourrés et en forêts de conifères, entre 3 000 et 4 000 m, fleurissant en mai-juin. Arbuste att. 10 m. Sol frais, non calcaire ; ombre légère. R. −10 °C à −15 °C.

R. pachytrichum Franch. (ss. *Maculifera*), Wilson n° 1 522 — Or. Sichuan et N.-E. Yunnan, dans les fourrés et les forêts claires de conifères, entre 2 500 et 3 600 m, fleurissant en mai. Arbuste att. 6 m. Feuilles att. 15 cm de long, avec des poils ramifiés sur la nervure centrale et quelques glandes pédonculées sur le pétiole. Sol acide. R. −15 °C. Début du printemps.

R. barbatum Wall. ex G. Don (ss. *Barbata*), récolte J.S. Smythe n° 1 962 — Or. E. et O. Himalaya, en forêts et fourrés entre 2 700 et 3 700 m ; en fleurs d'avril à juin. Arbuste att. 9 m avec écorce écailleuse verdâtre. Sol acide frais ; un peu d'ombre. R. −10 °C à −15 °C. Début du printemps.

R. fulvum Balf. fil. & W.W.Sm. (ss. *Fulva*), Forrest n° 24110 — Or. S.-E. Tibet, O. Yunnan et N.-E. Birmanie, sur pentes rocheuses, dans les fourrées et forêts claires de conifères, entre 3 000 et 4 700 m, fleurissant en mai-juin. Arbuste att. 8 m ou davantage. Sol acide humide ; ombre. R. −10 °C à −15 °C. Début du printemps.

R. lanigerum Togg (ss. *Arborea*) — Or. S. Tibet (gorges du Tsang-po) et N.-E. Inde (vallée de Delei), dans les forêts de conifères et de bambous entre 2 550 et 3 350 m, fleurissant en mai. Arbuste att. 6 m. Feuilles blanchâtres à beiges, feutrées en dessous. Sol acide humide ; ombre légère. R. −10 °C à −15 °C. Début du printemps.

R. principis Bur. & Franch. (incl. *R. vellereum*) (ss. *Taliensia*), L.S. & E. n° 15 831 — Or. E. Tibet (principalement vallée du Tsang-po) en forêts de conifères, sur coteaux rocheux secs et falaises, souvent sur sous-sol calcaire, entre 2 900 et 3 950 m, fleurissant en mai. Arbrisseau att. 6 m. Sol frais, non calcaire ; ombre légère. R. −15 °C. Début du printemps.

R. argyrophyllum Franch. var. ***nankingense*** Cowan **'Chinese Silver'** (ss. *Argyrophylla*) — Or. Guizhou (Kouei-tcheou) sur pentes rocheuses vers 1 250 m, et Sichuan, fleurissant en avril-mai. Arbuste att. 12 m. Feuilles argentées à l'état jeune. Sol acide ; un peu d'ombre. R. −15 °C. Les autres var. de *R. argyrophyllum* ont des feuilles et des fleurs plus petites. Fin du printemps.

R. bureauvii Franch. (ss. *Taliensia*) — Or. N. Yunnan, dans les forêts claires de conifères et les fourrés, entre 3 350 et 4 250 m, fleurissant en mai. Arbrisseau att. 3 m ; feuilles densément couvertes d'un feutrage brun rouge en dessous. Sol acide frais ; un peu d'ombre. R. −10 °C. Intéressant pour son beau feuillage. Printemps.

Rhododendron bureavii

Rhododendron strigillosum

Réduction à 40 %. Échantillons des Valley Gardens, Windsor, 24 mars

R. lutescens Franch. (ss. *Triflora*) — Or. C. Sichuan, sur coteaux et lisières de forêts entre 1 750 à 3 000 m, fl. en avril-mai. Arbrisseau sempervirent ou partiellement caducifolié att. 6 m. Feuilles rougeâtres à l'état jeune. Sol non calcaire, frais en période de croissance ; soleil ou ombre, assez résistant à la chaleur et la sécheresse. R. −10 °C. Début du printemps.

***R.* 'Golden Oriole Talavera'** (*R. moupinense* × *R. sulfureum*) — Obtenu par J.C. Williams avant 1947. Arbrisseau sempervirent att. 1 m ; écorce brun-rouge ; écailleuse. R. −10 °C. Début du printemps.

***R.* 'Seta'** (*R. moupinense* × *R. spinuliferum*) — Obtenu vers 1933 par Lord Aberconway. Arbrisseau sempervirent att. 1,50 m de haut et davantage en largeur. R. −10 °C. Début du printemps.

***R.* 'Nestor'** (*R. barbatum* × *R. thomsonii*) — Obtenu par Edmund Loder avant 1969. Arbrisseau sempervirent att. 3 m ou davantage. Sol acide frais ; mi-ombre. R. −10 °C. Début du printemps.

***R.* 'silkcap'** (*R. leucaspis* × *R.* 'Cilpinense') — Obtenu à Windsor avant 1951. Arbrisseau sempervirent att. 1,50 m. Sol acide. R. −10 °C. Début du printemps.

R. johnstoneanum Hutch. (ss. *Maddenia*) — Or. N.-E. Inde (Manipour et Nagalande) dans les fourrés clairs, en lisière de forêts entre 1 850 et 3 100 m, fl. en soleil ou ombre. R. −5 °C à −10 °C. Fin de printemps.

***R.* 'Præcox'** (*R. dauricum* × *R. ciliatum*) — Obtenu par Isaac Davies, près de Liverpool, vers 1853. Att. 1,50 m de haut et davantage en largeur. Sol acide ou neutre ; soleil ou mi-ombre. R. −15 °C mais fleurs très sensibles au gel. Début du printemps.

***R.* 'Cilpinense'** (*R. ciliatum* × *R. moupinense*). Haut de 1 m et plus large. Sol acide ou neutre, frais. Un peu d'ombre. R. 10 °C, mais fleurs très sensibles au gel Début du printemps.

***R.* 'Choremia'** (*R. arboreum* × *R. hæmatodes*) — Obtenu par Lord Aberconway avant 1933. Arbuste sempervirent att. 5 m. Sol acide, mi-ombre. R. −15 °C. Début du printemps.

***R.* 'Portia'** (*R. neriiflorum* × *R. strigillosum*) — Obtenu par Lord Aberconway avant 1935. Arbrisseau sempervirent att. 5 m. R. −15 °C.

R. caucasicum Pallas (ss. *Pontica*) — Or. Caucase (où il est commun au-dessus de 2 000 m) N.-E. Turquie (de Trébizonde au Caucase) et Géorgie, (entre 2 000 et 3 000 m) ; en fleurs de mai à juillet. Sempervirent, att. 1,50 m. Feuilles att. 7,5 cm de long, avec un fin feutrage beige en dessous. Sol acide, frais. R. −20 °C. Printemps.

R. leucaspis Tagg (ss. *Boothia*) — Or. S. Tibet dans les gorges du Tsang-po sur pentes herbeuses et dans les fourrés entre 2 450 et 3 050 m. Att. 1 m de haut. Un peu d'ombre. R. −10 °C. Début du printemps.

***R.* 'Rosa Mundi'** (Hybride de *R. caucasicum*) — Hauteur att. 1 m ; croissance très lente. Comparer avec *R. caucasicum*. R. −20 °C.

***R.* 'Elizabeth'** (*R. forrestii* var *repens* × *R. griersonianum*) — Hauteur att. 2 m, s'étalant sur 3 m ou davantage. Fleurs att. 7,5 cm de diamètre. Obtenu vers 1933 à Bodnant par F. Puddle. Sol acide frais. R. −15 °C. Printemps.

Rhododendron caucasicum près du mont Elbrous, Caucase

Rhododendron caucasicum

Rhododendron leucaspis

Rhododendron caucasicum

Rhododendron 'Rosa Mundi'

Rhododendron 'Elizabeth'

Réduction à 25 %. Échantillons des Valley Gardens, Windsor, 4 avril

Rhododendron calophytum à Boaxing, Sichuan

Rhododendron vernicosum à Lijiang en terrain calcaire

Rhododendron calophytum Franch. (ss. *Fortunea*) — Or. C. et E. Sichuan et N.-E. Yunnan, en forêts, fourrés et coteaux de bambous entre 1 800 et 4 000 m, fleurissant en mai et juin. Arbuste sempervirent att. 12 m. Style avec grand stigmate plat. La var. *openshawianum* (Rehd. & Wils.) Chamb. diffère par ses feuilles plus courtes et plus étroites, de moins de 18,5 cm de long, cuspidées à l'apex et moins nombreuses 5 à 10) sur l'inflorescence. Les deux poussent dans la région du mont Omei. Sol acide frais ; ombre ou mi-ombre. R. −20 °C. Début du printemps.

R. oreodoxa Franch. (ss. *Fortunea*), Wilson nº 4 245 — Or. N.-O. Yunnan, Sichuan, O. Hubei, S. Shaanxi et S. Gansu, en forêt surtout sur les chaînes montagneuses, entre 2 650 et 4 150 m, fleurissant en mai et juin. Arbuste att. 5 m. Ovaires glabres chez la var. *oreodoxa* ; la var. *fargesii* a les ovaires et pédicelles glanduleux ; la var. *shensiense* a les ovaires glanduleux et les pédicelles poilus roux. Souvent très florifère dans les jardins. Sol acide ou non-calcaire, frais ; soleil ou mi-ombre. R. −20 °C. Début du printemps.

R. montroseanum Davidian (syn. *R. mollyanum* (Cowan & Davidian) (ss. *Grandia*) — Or. S.-E. Tibet (commun dans les gorges du Tsang-po) en forêt pluviale entre 2 400 et 2 700 m, fleurissant en mai. Arbuste sempervirent att. 6 m en culture, 15 m dans la nature. Feuilles att. 30 cm (rarement 60 cm), argentées en dessous. Sol acide frais, avec ombre et abri. R. −10 °C. Début du printemps.

R. arboreum Sm. var. ***roseum*** Lindl. (ss. *Arborea*) — Or. E. et O. Himalaya, en forêts claires et sur pentes rocheuses, entre 2 750 et 3 650 m, fleurissant de mars à mai. Arbuste sempervirent att. 5 m ou même arbre att. 30 m. Feuilles de 7 à 11 cm de long, blanches ou fauve en dessous. Sol acide frais ; soleil ou mi-ombre. R. −10 ° à −15 °C et généralement plus rustique que les *R. arboreum* à fleurs rouges. Début du printemps.

R. sutchuenense Franch. (ss. *Fortunea*) — Or. C. et S. Chine, en forêts entre 1 600 et 2 500 m, fleurissant en avril et mai. Arbrisseau sempervirent att. 5 m. Style avec petit stigmate. Sol acide frais ; un peu d'ombre. R. −20 °C. Début du printemps.

R. vernicosum Franch. (ss. *Fortunea*) — Or. N. Yunnan, S.-O. Sichuan et S. Gansu, dans les fourrés, forêts de conifères et forêts mixtes, sur pentes rocheuses dégagées, entre 2 600 et 3 650 m, fleurissant d'avril à juillet. Espèce très variable. Petit arbrisseau arrondi ou, plus rarement, arbuste att. 8 m. Fleurs de 35 à 50 mm, rose pâle à rose pourpré. Sol non calcaire, humide ; un peu d'ombre. R. −15° à −20 °C (voir aussi p. 143). Printemps.

R. orbiculare Decne (ss. *Fortunea*) — C. et S. Sichuan et N.-E. Guangxi, dans les forêts de conifères et sur rochers, entre 2 500 et 4 000 m, fleurissant en mai et juin. Arbuste att. 15 m, mais formant longtemps un arbrisseau arrondi jusqu'à 3 m. Feuilles att. 10 cm de long, et presque autant de large. Sol acide ou neutre, frais ; soleil ou mi-ombre. R. −15 °C, mais les pétioles sont facilement cassés par des vents forts. Printemps.

Rhododendron oreodoxa à Boaxing

Rhododendron orbiculare

Réduction à 40 %. Échantillons du Parc Sandling, 4 avril

***R.* 'Jane Hardy'** (*R. nuttallii* [L. & S. 12 117] × *R. lindleyi* [L. & S. 7 244]) — Obtenu en 1981 par G. Hardy à Sandling Park (Kent). Arbrisseau sempervirent att. 2 m ou plus. Sol acide bien drainé ; soleil ou mi-ombre. R. −5 °C.

***R.* 'Countess of Haddington'** (*R. ciliatum* × *R. dalhousiæ* var. *dalhousiæ*) — Arbrisseau sempervirent att. 1,50 m. Fleurs parfumées. Sol acide bien drainé ; un peu d'ombre. R. −7 °C. Printemps.

R. roseatum Hutch. (ss. *Maddenia*) (ind. *R. parryæ* 'A.M.Form' montré ici) — Or. N.-E. Birmanie et O. Yunnan, en forêts ou poussant en épiphyte sur arbres et rochers. Arbrisseau sempervirent att. 5 m, avec écorce rougeâtre écailleuse. R. −5 °C.

R. burmanicum Hutch. (ss. *Maddenia*) — Or. O. Birmanie, en lisière de forêt et situations exposées vers 3 000 m, fleurissant en mars et avril. Arbrisseau sempervirent att. 2 m. Fleurs odorantes. On voit ci-contre le clone **'Elisabeth David'**. Sol acide bien drainé ; soleil ou mi-ombre. R. −10 °C pendant de courtes périodes.

R. veitchianum Hook. (ss. *Maddenia*) (incl. *R. cubitii* Hutch.) On voit ici le clone **'Ashcombe'** qui n'est pas typique des *R. veitchianum* sauvages — Or. Birmanie, Laos et Thaïlande, poussant en général en épiphyte ou sur les rochers dans les forêts entre 1 200 et 2 400 m, fleurissant de mars à mai. Hauteur att. 2 m. Fleurs parfumées, du début du printemps au milieu de l'été dans les jardins. Tolère la sécheresse mais demande de l'ombre. R. −5 °C avec abri.

R. ciliicalyx Franch. (ss. *Maddenia*), Kingdon-Ward n° 21 081 — Or. N. et C. Yunnan, vers 2 400 m, sur pentes rocheuses, fleurissant en mai. Hauteur att. 2 m. Fleurs att. 6 cm, blanches ou roses. Sol acide bien drainé, bien arrosé pendant la croissance ; soleil ou mi-ombre. R. −10 °C pour de courtes périodes.

***R.* 'William Wright Smith'** (*R. nuttallii* × *R. veitchianum*) — Obtenu au Jardin botanique d'Edimbourg avant 1960. R. −5 °C.

R. pachypodum Balf. fil. & W.W.Sm (ss. *Maddenia*) — Or. N.-E. Birmanie et Yunnan, sur pentes herbeuses escarpées, dans les forêts entre 1 800 et 4 000 m, fl. en mai-juin. Arbrisseau sempervirent att. 7 m, souvent autour d'1 m. Fleurs att. 10 cm de long, parfois parfumées. Sol bien drainé, non calcaire, arrosé l'été ; tolère la chaleur si abrité. R. −5° C. Printemps.

R. dalhousiæ Hook. fil. (ss. *Maddenia*) — Or. E. Himalaya, en épiphyte sur les arbres, ou sur les rochers dans la forêt, entre 1 800 et 2 450 m, fleurissant en mai. Arbrisseau att. 3 m, à port diffus. Lobes du calice non ciliés (ciliés chez *R. lindleyi*). Fleurs att. 10,5 cm de long (avec lignes rouges chez la var. *rhabdotum*). Sol très bien drainé ; résiste à la chaleur et la sécheresse avec abri. R. −5 °C. Pousse bien en plein air en Cornouailles et au S.-O. Écosse. Printemps ou été.

R. edgeworthii Hook. f. (ss. *Edgeworthia*) (syn *R. bullatum* Franch.) — Or. E. Himalaya ; en épiphyte sur les arbres ou rochers entre 2 000 et 3 300 m ; en fleurs d'avril à juin. Feuilles avec épais feutrage rougeâtre en dessous. Fleurs odorantes. Sol non calcaire, très bien drainé ; un peu d'ombre. R. −5° à −10 °C. Printemps.

Rhododendron pachypodum au-dessus du lac Dali, Yunnan

Rhododendron edgeworthii à Bodnant

Rhododendron dalhousiæ

Rhododendron pachypodum

Réduction à 40 %. Échantillons du Grand Parc de Windsor, 23 avril

Rhododendron cinnabarinum à Minterne

Rhododendron cinnabarinum 'Roylei' à Crarae

Rhododendron cinnabarinum subsp.*tamaense* K.W. 21 021

Rhododendron cinnabarinum Hook. var. ***cinnabarinum*** (ss. *Cinnabarina*) — Or. Bhutan et S.-E. Népal, en forêts et fourrés entre 2 700 et 4 000 m, fleurissant en mai et juin. Arbrisseau sempervirent att. 3 m (rarement 7 m) à port diffus. Sol acide frais ; ombre ou mi-ombre. R. −10° à −15 °C. Début de l'été.

***R. cinnabarinum* 'Roylei'** — Grandes fleurs rouge foncé. Des plantes de ce type vont exceptionnellement bien en Écosse occidentale, par exemple à Benmore et Crarae. R. −10 °C.

R. cinnabarinum ssp. ***tamænse*** (Davidian) Cullen, récolte Kingdon-Ward n° 21 021 — Or. extrémité N. Birmanie, dans les fourrés et en lisière de forêts, entre 2 750 et 3 200 m, fleurissant en juin. Arbrisseau semi-sempervirent ou presque caducifolié att. 2 m. R. −10 °C.

R. cinnabarinum ssp. ***cinnabarinum*** var. ***pallidum*** Hook. (syn. *R. concatenans* Hutch., *R. xanthocodon* Hutch.), Luddlow, Sherriff & Taylord n° 6 560 — Or. Bhutan, S. Tibet, Sikkim et E. Népal, sur pentes et en forêts, entre 3 050 et 3 950 m, fleurissant d'avril à juin. Port plus compact que la var. *cinnabarinum* ; feuilles plus larges ; fleurs plus ouvertes, jaunes à orangées ou pourpres. R. −15 °C.

R. russatum Balf. fil. & Forrest (ss. *Lapponica*), Rock n° 18 462 — Or. Yunnan et S.-O. Sichuan, en lisière de forêts et sur prairies alpines entre 3 400 et 4 300 m, fleurissant en juin. Arbrisseau sempervirent att. 2 m. Sol acide ; soleil. R. −20° (ou en dessous). Fin du printemps.

R. cinnabarinum var. ***pallidum*** groupe **'Purpurellum'**, L.S. & T. n° 6 349 A — Variante à fleurs pourpres de la var. *pallidum*, or. S. Tibet.

***R.* 'Alison Johnstone'** (*R. cinnabarinum* var. *pallidum* × *R. yunnanense*) — Obtenu à Trewithen (Cornouailles). R. −15 °C.

R. racemosum Franch. (ss. *Scabrifolia*), Forrest n° 21 965 — Or. Yunnan et S.-O. Sichuan dans les fourrés, sur pentes rocheuses et en lisière de forêts, souvent sur calcaire, entre 2 750 et 4 300 m, fleurissant en mai et juin. Arbrisseau sempervirent att. 3 m, dressé. Sol sec, éventuellement tolérant au calcaire ; soleil. R. −20 °C. Fin du printemps.

R. ciliatum Hook. fil. (ss. *Maddenia*) — Or. E. Himalaya, en forêts et sur rochers et pentes escarpées, entre 2 400 et 4 000 m, fleurissant en mai et juin. Arbrisseau sempervirent att. 2 m et davantage en largeur. Sol non calcaire, frais ; soleil ou mi-ombre. R. −10 °C.

R. rubiginosum Franch. (ss. *Heliolepida*), Rock n° 24 301 — Or. Yunnan, S.-O. Sichuan, S.-E. Tibet et N.-E. Birmanie, dans les fourrés, sur rochers et en forêt claire, entre 2 500 et 3 500 m, fleurissant en mai. Arbuste sempervirent att. 10 m (ou plus en culture). Sol acide ou non calcaire, peu résistant à la sécheresse. Soleil ou mi-ombre. R. −10° à 15 °C. Printemps.

R. augustinii Hemsl. var. ***augustinii*** (ss. *Triflora*) — Or. E. Sichuan et Hubei, en sites rocheux exposés et en lisière de forêts entre 1 300 et 3 000 m, fleurissant en mai.

Rhododendron keysii

Arbrisseau sempervirent att. 10 m. Feuilles avec pubescence fine et raide à la face supérieure. Sol acide, exposé au soleil. R. −10° à −15°C, les clones à fleurs pâles étant généralement plus rustiques. Printemps.

R. spinuliferum Franch. (ss. *Scabrifolia*) — Or. C. et S. Yunnan, entre 1 800 et 2 500 m, dans les fourrés et forêts claires, fleurissant de février à mai. Arbrisseau sempervirent att. 2 m. Sol acide ou latéritique ; soleil. Résistant à la chaleur mais délicat. R. −10 °C.

R. keysii Nutt. (ss. *Cinnabarina*) — Or. E. Himalaya (principalement au Bhutan) en forêts et fourrés, entre 2 440 et 3 650 m, fleurissant en juin-juillet. Arbrisseau sempervirent att. 6 m. Fleurs att. 2,5 cm de long. Sol acide, frais ; mi-ombre. R. −10° à −15 °C. Fin de printemps à été.

Réduction à 50 %. Échantillons du Grand Parc de Windsor, 23 avril

Rhododendron pentaphyllum en mars

Rhododendron callimorphum var. *myiagrum*

Rhododendron quinquefolium

Rhododendron sanguineum var. *didymoides*

Rhododendron sanguineum var. *hæmaleum*

Rhododendron albrechtii Maxim. (s. *Azalea*) — Or. Japon (du C. Honshu au C. Hokkaïdo), dans les montagnes et forêts vers 1 000 m, fleurissant en mai et juin. Arbrisseau caducifolié att. 3 m ; feuilles att. 10 cm de long, ovariales à largement lancéolées, avec poils dispersés en dessous. Sol acide frais ; soleil ou mi-ombre. R. −20 °C ou plus bas. Printemps.

R. reticulatum D. Don ex. G. Don (s. *Azalea*) — Or. Japon (du S. Hokkaïdo à Kyushu), dans les fourrés et forêts claires, entre 100 et 1 800 m, fleurissant de mars à juin. Arbrisseau caducifolié att. 8 m ; feuilles de 4 à 7 cm, largement ovales à rhombiques, vert pâle et presque glabres en dessous. Sol acide ; soleil ou mi-ombre. R. −10 °C, et meilleur sous climats à étés chauds. Printemps.

R. campylocarpum Hook. fil. var. **campylocarpum** (ss. *Campylocarpa*), Kingdon-Ward n° 85 256 — Or. E. Himalaya, dans les forêts mixtes claires, fourrés et sur pentes rocheuses entre 3 000 et 4 600 m, fleurissant en mai-juin. Arbuste sempervirent att. 4 m. Sol acide frais ; un peu d'ombre mais meilleur en situation exposée sous climats frais. R. −10° à −15 °C. Printemps.

R. pentaphyllum Maxim. (s. *Azalea*) — Or. Japon (du C. Honshu à Kyushu) en forêts caducifoliées entre 1 000 et 2 000 m, fleurissant en avril et mai. Arbrisseau caducifolié att. 8 m ; ramilles souvent brun rougeâtre, feuilles de 25 à 45 mm de long, elliptiques, aiguës. Sol acide frais ; soleil ou mi-ombre. R. −15 °C. Début du printemps.

R. thomsonii Hook. fil. (ss. *Thomsonia*), L.S. & Hicks n° 21 285 — Or. E. Himalaya, dans les forêts d'*Abies* et les fourrés à *Rhododendron*, entre 3 000 et 3 800 m, fleurissant en mai-juin. Arbuste ou arbrisseau de 1 à 3 (rarement 6) m de haut. Fleurs cireuses, att. 5 cm de long ; calice bien développé, vert ou rougeâtre. Sol acide frais, mi-ombre. R. −10 °C. Printemps.

R. selense Franch. var. ***selense*** (ss. *Selensia*), Rock n° 11 111, et groupe 'Probum', Forrest n° 21 878 — Or. N.-O. Yunnan et S.-E. Tibet, sur pentes rocheuses, en forêts claires de conifères et dans les fourrés, entre 3 350 et 4 550 m, fleurissant en juin et juillet. Arbuste sempervirent att. 5 m. Fleurs att. 4 m, blanches à roses ou jaunâtres. Sol acide frais ; soleil ou mi-ombre. R. −15 °C. Printemps.

R. neriiflorum Franch. (ss. *Neriiflora*) (incl. *R. euchaites* Balf. fil. & Forrest), Forrest n° 6 780 — Or. Bhutan, S.-E. Tibet, N.E.F.A., N.-E. Birmanie et O. Yunnan, en forêt de pins, sur rochers et dans les fourrés entre 2 750 et 3 350 m, fleurissant en mai-juin. Arbuste sempervirent att. 6 m. Fleurs cireuses att. 4,5 cm. Sol acide frais ; ombre ou mi-ombre. R. −10° ou −15 °C. Printemps.

R. williamsianum Redh. & Wils. (ss. *Williamsia*) — Or. C. Sichuan, sur les falaises couvertes de fourrés du mont Wa à 2 800 m, où il est rare, fleurissant en juin. Arbrisseau arrondi att. 2 m de haut et davantage en largeur. Sol non calcaire, riche en humus, frais ; plein soleil ou mi-ombre. R. −10° ou −15 °C, mais sensible aux gelées tardives. Printemps.

R. callimorphum Balf. fil. & W.W.Sm. var. ***myiagrum*** (Balf. fil. & Forrest) Chamb. (ss. *Campylocarpa*) — Or. O. Yunnan, dans les fourrés et sur pentes rocheuses et falaises, entre 3 000 et 4 000 m, fleurissant en juin. Arbrisseau sempervirent att. 2 m ; feuilles glauques avec glandes infimes en dessous. La var. *callimorphum* ne diffère que par ses fleurs roses. Sol acide frais ; soleil ou mi-ombre. R. −10° à −15 °C. Printemps.

R. quinquefolium Bisset & Moore (s. *Azalea*) — Or. Japon (du N. Honshu au C. Shikoku) dans les montagnes et forêts vers 1 000 m, fleurissant en mai-juin. Arbrisseau caducifolié att. 6 m ; feuilles de 4 à 5 cm de long, rhombiques ou obovales-elliptiques, poilues en dessous. Sol acide frais ; soleil ou mi-ombre. R. −15 °C. Printemps.

R. sanguineum Franch. var. ***didymoides*** (Tagg & Forrest) Chamb. (ss. *Neriiflora*) — Diffère de la var. *hæmalum* par ses fleurs jaune et rose ou roses et ses ovaires glanduleux. Les autres variétés ont les fleurs blanches, jaunes ou roses.

R. sanguineum var. ***hæmaleum*** (Balf. fil. & Forrest) Chamb. — Or. S.-E. Tibet et N.-O. Yunnan, sur pentes rocheuses, sur prairies et dans les fourrés entre 3 000 et 4 500 m ; en fleurs de mai à août. Arbrisseau sempervirent att. 1,50 m (ou davantage en culture). Feuilles att. 8 cm, argentées à grisâtres en dessous. Sol acide, frais et à l'abri de la chaleur ; un peu d'ombre. R. −15 °C. Parmi tous les *Rhododendron*, c'est un de ceux qui ont les fleurs les plus foncées. La var. *sanguineum* a des fleurs d'un rouge plus vif. Printemps.

Rhododendron yunnanense entre Dali et Lijiang, Yunnan

Rhododendron yunnanense Franch. (ss. *Triflora*) — Or. N.-E. Birmanie, O. Yunnan, O. Sichuan et Guizhou, dans les fourrés, forêt claires et sur falaises entre 2 100 et 3 950 m, fleurissant en avril-mai. Belle espèce très commune autour de Dali et sur sous-sol calcaire près de Lijiang. Arbuste ou arbrisseau sempervirent ou caducifolié de 1 à 6 m. Fleurs blanches à mauve pâle, généralement ponctuées. Sol acide ou légèrement alcalin. R. −10° à −15 °C.

Taxillus thibetensis Danser (*Loranthaceæ*) — Or. Yunnan où il parasite *Rhododendron yunnanense*, fleurissant en mai. Fleurs en ombelles. Fruits charnus orangés. C'est un beau gui qui vaudrait la peine d'être cultivé.

R. oreotrephes W.W.Sm (ss. *Triflora*) — Or. N.-O Yunnan, S.-O. Sichuan et S. et S.-E. Tibet, dans les fourrés, les forêts et sur pentes rocheuses (parfois calcaires) entre 2 750 et 4 250 m, fleurissant en mai et juin. Sempervirent ou semi-caducifolié de 1 à 8 m. R. −15 °C. Printemps.

R. polylepis Franch. (ss. *Triflora*) — Or. O. Sichuan, dans les bois, bambousaies et fourrés, entre 2 000 et 3 000 m, fleurissant en mai. Sempervirent, de 1 à 6 m. Fleurs de 2,5 à 3 cm de diam. Sol acide; soleil ou mi-ombre. R. −15 °C. Printemps.

R. concinnum Hemsl. (ss. *Triflora*) (incl. *R. pseudoyanthinum* Balf. fil. ex Hutch.) — Or. Sichuan et O. Hubei, sur rochers et dans les forêts et fourrés, entre 2 300 et 4 200 m. Fleurs de 2 à 3 cm, pourpres à rougeâtres. R. −15 °C. Printemps.

R. davidsonianum Rehd & Wils. (ss. *Triflora*) cv. **'Ruth Lyon'** — Or. S.-O. et C. Sichuan, sur falaises, dans les fourrés ou en lisière de forêts, entre 2 000 et 3 300 m, fleurissant en mai-juin. Arbrisseau sempervirent att. 5 m. Fleurs roses ou lavande. Sol acide ou non calcaire ; soleil ou mi-ombre. R. −10 °C à −15 °C. Printemps.

R. ambiguum Hemsl. (ss. *Triflora*) — Or. C. Sichuan dans les fourrés et sur pentes rocheuses entre 2 600 et 4 500 m, fleurissant en mai au mont Omei, en juin à plus haute altitude. Att. 5 m. Sol acide ou non calcaire; soleil ou mi-ombre. R. −25 °C.

R. keiskii Miq. (ss. *Triflora*) — Or. Japon (du C. Honshu à Yakushima) sur collines, pentes rocheuses ou comme épiphyte, entre 600 et 1 850 m, fleurissant en avril et mai. Arbrisseau sempervirent att. 3 m, mais des clones nains sont fréquents en culture. Sol acide; soleil ou mi-ombre. R. −15° à −20 °C. Début du printemps.

Rhododendron yunnanense

Taxillus thibetensis

Rhododendron oreotrephes

Rhododendron polylepis à Boaxing, Sichuan

Rhododendron polylepis

Rhododendron concinnum

Rhododendron ambiguum à Benmore, Argyll

Rhododendron davidsonianum 'Ruth Lyon'

Rhododendron keiskii

Réduction à 25 %. Échantillons du Grand Parc de Windsor, 24 avril

R. taliense Franch. (ss. *Taliensia*), récolte Ludlow & Sheriff n° 6 612 — Or. O. Yunnan, dans les prairies des montagnes de Dali (Ta-li), les fourrés à rhododendrons et sur les falaises entre 3 050 et 3 650 m, fleurissant en mai et juin. Arbrisseau sempervirent att. 4 m. Sol acide frais ; mi-ombre. R. −15 °C. Printemps.

R. arboreum Sm. var. ***cinnamomeum*** Wall. ex. Lindl (syn. *R. campbelliæ* Hook. fil.) (ss. *Arborea*) — Or. Sikkim et régions limitrophes, en forêts claires et sur pentes rocheuses entre 2 750 et 3 650 m ; en fleurs de mars à mai. Arbuste sempervirent ou arbre att. 50 m. Sol acide frais ; mi-ombre. R. −10 °C. Printemps.

R. arboreum var. ***roseum*** Lindl. — Voir page 111. Feuilles plus courtes que chez la var. *arboreum*, 6,5 à 11 cm de long (au lieu de 10 à 19 cm) avec un feutrage unistratifié à la face intérieure (bistratifié chez la var. *cinnamomeum*).

R. irroratum Franch. var. ***irroratum*** (ss. *Irrorata*) — N.-O. Yunnan et Sichuan limitrophe, dans les fourrés et pinèdes, entre 2 500 et 3 500 m, fleurissant en avril et mai. Arbuste att. 9 m. Fleurs souvent densément pointillées et particulièrement chez **'Polka Dot'** (montré ci-dessus) et 'Spatter Paint'. Sol acide ; soleil ou mi-ombre. R. −10° à −15 °C. Début à fin du printemps.

R. niveum Hook. fil. (ss. *Arborea*) — Or. Sikkim et Bhutan, dans les forêts mixtes avec bambous et *Tsuga*, entre 2 900 et 3 650 m, fleurissant en mai et juin. Très rare dans la nature. Arbuste att. 6 m. Sol acide frais ; ombre ou mi-ombre. R. −10° à −15 °C. Printemps.

R. roxieanum Forrest (incl. var. *oreonastes* Balf. fil. & Forrest) (ss. *Taliensia*) — Or. N.-O. Yunnan et contrées limitrophes du Sichuan et du Tibet, en forêts de pins, prairies alpines et sur pentes rocheuses entre 3 050 et 4 250 m, fleurissant en juin et juillet. Arbrisseau nain ou dressé jusqu'à 2,5 m (rarement 4 m) ; feuilles elliptiques à linéaires et, dans ses variantes extrêmes comme on en montre ici (var. *oreonastes*), jusqu'à 15 fois plus longues que larges. Sol acide ; mi-ombre. R. −15 °C. Printemps.

R. crinigerum Franch. (ss. *Glischra*), Rock n° 59 067/10 982 — Or. N.-O. Yunnan et contrées limitrophes de Birmanie et du Tibet, en pinèdes claires et sur pentes rocheuses, entre 3 350 et 4 000 m, fleurissant en juin et juillet. Arbuste att. 5 m. Sol acide frais ; mi-ombre. R. −10° à −20 °C.

R. campanulatum D. Don (ss. *Campanulata*), Cooper n° 5 736, S.S.W. n° 9 107 — Or. E. et O. Himalaya (du Bhutan au Cachemire), dans les fourrés et forêts mixtes, entre 2 700 et 4 100 m ; en fleurs d'avril à juin. Arbuste att. 4,50 m. Sol acide humide ; mi-ombre. La var. *æruginosum* Hook. fil. ex Cowan & Davidian, de l'E. Népal, Sikkim et Bhutan entre 3 800 et 4 500 m, a de remarquables feuilles à reflets bleu métallique, des fleurs toujours pourpres ou lilas et n'atteint que 2,50 m de haut. R. −20 °C.

R. arboreum Sm. subsp. ***zeylanicum*** (Booth) Tagg (ss. *Arborea*) — Or. montagnes du S. Ceylan (aux alentours des pics Nuwara Eliya et Adams), entre 2 000 et 2 500 m, dans les forêts et stations herbeuses, fleurissant en novembre. Arbuste att. 12 m ; feuilles de 8 à 11 cm de long avec un feutrage spongieux brun en dessous. Sol acide frais ; soleil ou mi-ombre. R. −5° à −10 °C. Printemps. Pousse bien en Cornouailles (GB) et devrait parfaitement supporter la chaleur. Une sous-espèce voisine, subsp. *nilagiricum* (Zenker) Tagg, se rencontre dans le S. Inde (Tamil Nadu, dans les monts Nilgiri, Anaïmalaï et Palni, particulièrement Ootacamund et Kodaïkanal), dans les fourrés herbeux, aux env. de 2 250 m.

R. venator Tagg (ss. *Venatora*) — Or. S.-E. Tibet (dans les gorges du Tsang-po près de Pémako), vers 2 500 m, dans les fourrés, endroits humides et rochers. Arbrisseau att. 3 m. Sol acide frais ; ombre ou mi-ombre. R. −10° à −15 °C. Début de l'été.

R. aberconwayi Cowan (ss. *Irrorata*) — Or. N.-E. Yunnan, sur les sommets de montagnes, fleurissant en juin. Espèce rare et peu récoltée. Arbrisseau att. 2,5 m ; feuilles elliptiques, raides, 3-6 × 1,1 - 2,2 cm, glabres à maturité. Sol acide frais, mi-ombre ou soleil. R. −20 °C et en dessous. **'His Lordship'** (montré ci-contre) a des fleurs blanches ponctuées de rouge.

R. micranthum Turcz. (ss. *Micrantha*) — Or. Corée, Mandchourie, N. et C. Chine jusqu'au Sichuan, dans les fourrés et pentes herbeuses entre 1 000 et 2 600 m. Arbrisseau att. 2 m. Fleurs de 5 à 8 mm de long, avec un tube court (1-3 mm) à la base, ressemblant plus à celles d'un *Ledum* (p. 151) qu'à celles d'un *Rhododendron*, du début du printemps au milieu de l'été. Sol acide ; soleil ou mi-ombre. R. −20 °C.

subsp. *zeylanicum* à Newara Eliya

Rhododendron arboreum var. *roseum* à Windsor

Rhododendron venator

Rhododendron aberconwayi 'His Lordship'

Rhododendron aberconwayi

Rhododendron micranthum

Réduction à 33,33 %. Échantillons du Grand Parc de Windsor, 24 avril

Rhododendron macabeanum à Nymans K-W. 7724

Rhododendron lacteum à Windsor

Rhododendron rex Lévl. (ss. *Falconera*), Rock n° 3 800 — Or. S. Sichuan et N. & C. Yunnan, en forêts de conifères et sur pentes abritées à substrat calcaire, entre 3 000 et 4 000 m, fleurissant en mai. Arbuste sempervirent att. 12 m; feuilles de 12 à 37 cm de long, grises ou fauve en dessous. Fleurs blanches légèrement rosées avec une tache rouge, att. 4,5 cm de long. Sol acide ou non calcaire, à l'ombre ou mi-ombre. R. −15 °C avec abri. Printemps.

R. wightii Hook. fil. (ss. *Taliensia*) — Or. E. Himalaya (E. Népal, Sikkim et Bhutan, principalement) dans les fourrés et forêts, et sur les crêtes rocheuses, entre 3 350 et 4 550 m, fleurissant en mai et juin. Arbrisseau sempervirent att. 4 m; feuilles de 5 à 14 cm de long, avec un doux feutrage brun en dessous. Fleurs att. 4,5 cm, jaune pâle, en culture généralement groupées en une touffe ouverte d'un côté, au printemps. Sol acide humide. R. −15 °C.

R. macabeanum Watt ex Balf. fil. (ss. *Grandia*) — Or. N.-E. Inde (Manipour et Nagalande) au sommet des collines et dans les forêts mixtes, entre 2 500 et 3 000 m, fl. en mai. Arbre att. 15 m; feuilles de 14 à 30 cm de long et att. 18,5 cm de large, arrondies, blanches à grisâtres, veloutées en dessous. Fleurs jaune pâle à jaune citron vif, att. 7,5 cm de long. Situation abritée au soleil ou à mi-ombre; sol acide. R. −10° à −15 °C. Printemps.

R. falconeri Hook. fil. (ss. *Falconera*) — Or. E. Himalaya (de l'extrême E. Népal au N.-E. Inde) en forêts mixtes et caducifoliées, entre 2 700 et 3 750 m, fleurissant en avril et mai. Arbuste de 6 à 12 m; feuilles de 20 à 35 cm de long, densément couvertes d'un feutrage rougeâtre en dessous et comme ridées à la face supérieure par l'enfoncement des nervures. Fleurs att. 5 cm de long, blanc-crème à jaune pâle, cireuse. Sol acide frais; ombre, ou mi-ombre à l'abri des vents froids. R. −10° à −15 °C. Printemps.

R. lacteum Franch. (ss. *Taliensia*) — Or. O. Yunnan (dans les montagnes de Dali et plus à l'E.) en forêts de conifères, fourrés et pentes rocheuses entre 3 700 et 4 000 m, fleurissant en mai. Att. 7,50 m; feuilles de 8 à 17 cm de long, couvertes d'un doux feutrage brun-gris en dessous. Fleurs att. 5 cm de long. Difficile à bien cultiver; pousse le mieux dans une situation chaude et plutôt sèche, partiellement abritée, en sol acide ou non calcaire. R. −15 °C. Printemps.

R. fictolacteum Balf. fil. (syn. *R. rex.* subsp. *fictolacteum* [Balf. fil.] Chamb.) (ss. *Falconera*), Forrest n° 22 020 — Or. N.-O. Yunnan (en particulier au N. de Dali où le père Delavay le découvrit et en récolta les graines reçues à Paris vers 1889) et contrées limitrophes du Tibet et de Birmanie, dans des forêts de conifères et fourrés à *Rhododendron* (sous des climats moins humides que ceux auxquels sont soumises les autres espèces de sa sous-section), entre 3 000 et 4 000 m, fleurissant en mai. Très voisin de *R. rex* dont il ne constitue peut-être qu'une variété; il en diffère par ses feuilles plus petites (inférieures à 30 cm de long) avec indument du revers brun à brun rouge (et non pas fauve); fleurs att. 5 cm de long. R. −15 °C. Printemps.

R. semnoides Tagg & Forrest (ss. *Falconera*), Rock n° 25 393 — Or. N.-O. Yunnan, dans les forêts de rhododendrons, entre 3 700 et 4 000 m, fleurissant en juin. Arbrisseau att. 6 m; feuilles att. 24 cm de long, blanchâtres à chamois en dessous. Fleurs groupées par 15 env., blanches à rose pâle, de 4 à 5 cm de long. Très voisin de *R. basilicum* dont il diffère principalement par la forme des poils de son indument (fortement fimbriés) et par ses fleurs blanches (et non pas jaune pâle). Sol acide frais; abri et mi-ombre. R. −10° et −15 °C. Printemps.

R. hodgsonii Hook fil. (ss. *Falconera*) — Or. E. Himalaya (de l'E. Népal au S.-E. Tibet), en forêts d'*Abies*, fourrés et bambousaies, entre 3 000 et 4 000 m, à plus haute altitude que *R. falconeri*, fleurissant en avril et mai. Att. 11 m; feuilles att. 24 cm, tapissées d'argenté ou de brun en dessous. Fleurs att. 4 cm de long, roses à pourpre ou rougeâtres, cireuses. Sol acide frais; ombre et abri des vents froids. R. −15 °C. Début du printemps.

Rhododendron semnoides

Rhododendron hodgsonii

Rhododendron 'Cornish Cross' à Windsor

Rhododendron 'Temple Belle'

Rhododendron ×*loderi* 'Pink Diamond'

Rhododendron 'Pink Glory'

***Rhododendron* 'Cornish Cross'** (*R. thomsonii* × *R. griffithianum*) — Obtenu vers 1920 par Samuel Smith, jardinier en chef à Penjerrick (Cornouailles). Arbrisseau att. 7 m ; écorce pourprée, écailleuse. Fleurs cireuses att. 13 cm de large. Sol acide frais ; un peu d'ombre et d'abri. R. −12 °C. Printemps.

***R.* 'Temple Belle'** (*R. orbiculare* × *R. williamsianum*) — Obtenu au Jardin Botanique de Kew vers 1916 — Arbrisseau arrondi att. 1,50 m. Sol acide ou neutre, frais, mi-ombre. R. −20 °C. Printemps.

***R.* 'Pink Glory'** (*R. irroratum* × *R.* 'Loderi') — Obtenu à Leonardslee (Cornouailles) avant 1937. Arbrisseau att. 6 m. Sol acide frais. R. −15 °C.

***R.* 'Loderi Pink Diamond'** (*R. griffithianum* × *R. fortunei*) — Obtenu par Edmund Loder vers 1901. Arbrisseau att. 7 m. Fleurs de 15 cm de large, parfumées. Sol acide ou neutre, frais ; un peu d'ombre et d'abri. R. −15 °C. Fin du printemps.

***R.* 'Jocelyne'** (*R. lacteum* × *R. calophytum*) — Obtenu par Rothschild avant 1942. Arbrisseau att. 3 m. Feuilles de 20 cm de long, veloutées en dessous. Sol acide frais. R. −20 °C. Début du printemps.

***R.* 'Crest'** (*R.* 'Lady Bessborough' × *R. wardii* KW n° 4 170) — Obtenu à Exbury par Lionel de Rothschild avant 1940. Arbrisseau att. 2 m. Sol acide ou neutre, frais ; mi-ombre, R. −20 °C. Printemps.

***R.* 'Roza Stevenson'** (*R.* 'Loderi Sir Edmund' × *R. wardii* KW n° 5 736) — Obtenu par M. & Mme J. Stevenson à Tower Court avant 1968. Arbrisseau att. 3 m. Sol acide, frais ; mi-ombre. R. −20 °C. Printemps.

***R.* 'Moonshine Bright'** (*R.* 'Adioan Koster' × *R. wardii*) — Obtenu en 1946 à Wisley par Francis Hanger. Arbrisseau att. 2 m. Sol acide, frais ; mi-ombre. R. −20 °C. Printemps.

***R.* 'Carita'** (*R.* 'Naomi' × *R. campylocarpum*) — Obtenu par Rothschild à Exbury avant 1935. Arbrisseau att. 5 m. Sol acide frais, mi-ombre. R. −15 °C. Printemps.

***R.* 'Moonstone'** (*R. campylocarpum* × *williamsianum*) — Obtenu par J.C. Williams à Cærhays (Cornouailles) avant 1933. Arbrisseau arrondi att. 1,50 m. Sol acide ou non calcaire, frais ; mi-ombre. R. −20 °C. Printemps.

***R.* 'Cowslip'** (*R. williamsianum* × *R. wardii*) — Obtenu par Lord Aberconway avant 1937. Arrondi, att. 1 m. Sol acide ou non calcaire, frais ; mi-ombre. R. −15 °C. Printemps.

Rhododendron 'Moonshine Bright'

Rhododendron 'Jocelyne'

Rhododendron 'Carita'

Rhododendron 'Crest'

Rhododendron 'Roza Stevenson'

Rhododendron 'Moonstone'

Rhododendron 'Cowslip'

Rhododendron 'Lady Rosebery' à Bodnant

Rhododendron 'Conroy'

Rhododendron 'Conyan'

Rhododendron 'Minterne Cinnkeys'

Rhododendron 'Alison Johnstone'

***Rhododendron* 'Lady Rosebery'** (*R. cinnabarinum* × *R.* 'Royal Flush' à fleurs roses) — Obtenu par Rothschild avant 1931. Arbrisseau dressé att. 2,50 m. Feuilles att. 10 cm de long, écailleuses. Fleurs cireuses d'env. 7,5 cm de long. Sol acide frais; mi-ombre. R. −10 °C. Printemps. 'Lady Chamberlain' est similaire, mais avec des fleurs plus orangées. 'Salmon Trout' est un clone de ce croisement.

***R.* 'Conroy'** (*R. cinnabarinum* groupe Roylei × *R. concatenans*) — Obtenu par Lord Aberconway avant 1937. Arbrisseau buissonnant att. 2 m. Feuilles att. 7,50 m de long, écailleuses. Fleurs cireuses d'env. 7 cm de long. Sol acide frais, mi-ombre. R. −15 °C. Printemps.

***R.* 'Conyan'** (*R. cinnabarinum* × *R. concinnum* var. *pseudoyanthinum*) — Obtenu par J. Stevenson avant 1953. Arbrisseau buissonnant att. 2 m. Feuilles att. 7,5 cm de long écailleuses. Fleurs cireuses d'env. 6,5 cm de long. Sol acide frais, mi-ombre. R −15 °C. Printemps. Trois clones de ce croisement ont été nommés: 'Conyan Apricot', 'Conyan Pink' et 'Conyan Salmon'.

***R.* 'Minterne Cinnkeys'** (*R. cinnabarinum* × *R. keysii*) — Obtenu en 1931 à Minterne par Lord Digby. Arbrisseau att. 3 m. Feuilles att. 12 cm de long, écailleuses. Bouquets jusqu'à 30 fleurs d'env. 3,5 cm de long, cireuses. Sol acide frais; mi-ombre. R. −15 °C. Fin du printemps.

***R.* 'Alison Johnstone'** (*R. yunnanense* × *R. cinnabarinum* var. *pallidum*) — Obtenu par G. Johnstone avant 1945. Arbrisseau att. 2 m. Feuilles vert bleuté att. 7,5 cm de long. Fleurs de 4 cm diam. Sol acide frais; soleil ou mi-ombre. R. −15 °C. Printemps.

***R.* 'Electra'** (*R. augustinii* var. *chasmanthum* × *R. augustinii* var. *augustinii*) — Obtenu par Lionel de Rothschild avant 1937. Arbrisseau att. 4 m. Feuilles de 6 cm de long. Fleurs de 6 cm diam. Sol acide, bien drainé; soleil ou mi-ombre. R. −15 °C. Printemps.

***R.* 'Saint-Tudy'** (*R. impeditum* × *R. augustinii*) — Obtenu par E. Magor avant 1950. Arbrisseau att. 2 m. Fleurs de 5 cm diam., groupées par 14 env. Sol acide ou non calcaire; soleil ou mi-ombre. R. −20 °C. Printemps.

***R.* 'Blue Diamond'** (*R.* 'Intrafast' × *R. augustinii*) — Obtenu par Crossfield avant 1935. Arbrisseau att. 2,50 m. Feuilles att. 3,5 cm de long, écailleuses en dessous. Fleurs de 4,5 cm diam. Sol acide ou non calcaire; soleil ou mi-ombre. R. −20 °C. Printemps. Ce nom est porté par plusieurs clones de cette même parenté.

***R.* 'Bo-Peep'** (*R. lutescens* × *R. moupinense*) — Obtenu par Rothschild avant 1934. Arbrisseau att. 1,50 m. Fleurs de 5 cm diam. Sol acide; soleil ou mi-ombre. R. −15 °C. Début du printemps.

***R.* 'Fragrantissimum'** (*R. edgeworthii* × *R. formosum*) — Obtenteur inconnu, avant 1868. Arbrisseau dégingandé att. 1 m ou davantage. Feuilles att. 8,5 cm de long, poilues, et écailleuses en dessous. Fleurs att. 10 cm diam. Soleil ou mi-ombre. Peut être cultivé en serre froide et placé en plein air à mi-ombre en été. R. −10 °C avec abri. Printemps.

Rhododendron augustinii 'Electra' à Crarae

Rhododendron 'St Tudy'

Rhododendron 'Blue Diamond'

Rhododendron 'Bo-peep'

Rhododendron 'Fragrantissimum'

Réduction à 40 %. Échantillons du Parc Sandling, 2 juin

***Rhododendron* 'Mrs E.C. Stirling'** (*R. griffithianum* × *R.* inconnu) — Obtenu par J. Waterer avant 1906. Arbrisseau att. 3 m. Fleurs de 7 cm diam. Sol acide ; soleil ou mi-ombre. R. −20 °C. Fin du printemps.

***R.* 'Professeur Hugo de Vries'** (*R.* 'Pink Pearl' × *R.* 'Doncaster') — Obtenu à Boskoop par L. Endtz avant 1920. Arbrisseau pouvant dépasser 2 m. Sol acide ; soleil ou mi-ombre.

***R.* 'Bulstrode Park'** (*R.* hybride de *griffithianum* × R. 'Sefton') — Obtenu aux Pays-Bas par C. van Nes et Fils. Arbrisseau att. 2 m. Sol acide ; mi-ombre. R. −20 °C.

***R.* 'Cynthia'** (syn. 'Lord Palmerston') (*R. catawbiense* × *R. griffithianum)* — Obtenu par Standish & Noble avant 1856. Arbrisseau att. 10 m. Feuilles de 16 cm de long ; fleurs de 7,5 cm diam. Sol acide, soleil ou mi-ombre. R. −25 °C.

***R.* 'Snow Queen'** (*R.* 'Halopeanum' × *R.* 'Loderi') — Obtenu par Edmund Loder avant 1934. Arbrisseau pouvant dépasser 2 m. Boutons floraux rose intense. Sol acide ; ombre ou mi-ombre. R. −15 °C.

***R.* 'Loder's White'** (*R.* ['Album Elegans' × *griffithianum*] × *R.* 'Halopeanum') obtenu par J. Mangles avant 1884. Att. 5 m. Feuilles att. 18 cm de long. Fleurs de 10 cm diam., rose pâle en bouton. Sol acide ; soleil ou mi-ombre. R. −15 °C.

***R.* 'Brittania'** (*R.* 'Queen Wilhelmina' × *R.* 'Stanley Davies') — Obtenu par C. van Nes et Fils avant 1921. Arbrisseau att. 1,20 m. Feuilles att. 27 cm de long, vert pâle. Fleurs de 7,5 cm de diamètre. R. −20 °C.

***R.* 'Lord Roberts'** (parenté inconnue) — Probablement obtenu par MM. Fromow à Chiswick avant 1900. Arbrisseau att. 2 m. Feuilles ondulées. Fleurs de 5 cm diam. Sol acide ; soleil ou mi-ombre. R. −25 °C.

***R.* 'Daydream'** (*R.* 'Lady Bessborough' × *R. griersonianum)* — Obtenu par Lionel de Rothschild avant 1936. Att. 2 m. Fleurs de 7,5 cm diam., s'ouvrant rose carmin et devenant jaunâtres en fanant. R. −15 °C.

***R.* 'Goldsworth Yellow'** (*R.* 'Jacksonii' ou *R. caucasicum* × *R. campylocarpum* — Obtenu par W. Slocock avant 1917. Att. 1,50 m. Feuilles vert jaunâtre de 12 cm de long. Fleurs de 6,5 cm diam. R. −25 °C.

***R.* 'Pink Pearl'** (*R.* 'George Hardy' × *R.* 'Broughtonii' ou peut-être 'Cynthia') — Obtenu par T. Waterer et Fils avant 1896. Arbrisseau att. 3 m. Feuilles de 12,5 cm de long. R. −20 °C. Fin du printemps.

***R.* 'Alice'** (*R. griffithianum* × *R.* inconnu) — Obtenu par J. Waterer avant 1920. Arbrisseau att. 3 m. Fleurs de 9,5 cm diam. R. −20 °C.

***R.* 'Beauty of Littleworth'** (*R.* inconnu × *R. griffithianum*) — Obtenu par J. Mangles avant 1884. Arbrisseau pouvant dépasser 4 m ; feuilles att. 20 cm de long ; gros bouquets de 15 à 18 fleurs de 12 cm diam., teintées de mauve en bouton. Sol acide ; un peu d'ombre et d'abri. R. −20 °C.

***R.* 'May Day'** (*R. hæmatodes* × *R. griersonianum)* — Obtenu par A. Williams avant 1932. Arbrisseau att. 1,50 m. Feuilles att. 15 cm de long, avec poils beiges veloutés en dessous. Fleurs de 7,5 cm diam., cireuses. Sol acide humide ; mi-ombre. R. −15 °C.

Réduction à 25 %. Échantillons de Eccleston Square, 14 mai

***R.* 'Queen Elizabeth II'** (*R.* 'Idealist' × *R.* 'Crest') — Obtenu à Windsor avant 1967. Arbrisseau att. 3 m. Feuilles de 14 cm de long, glabres en dessous. Fleurs de 11,5 cm diam. Sol acide ; mi-ombre. R. −20 °C.

***R.* 'Mme A.T. de la Mare'** (*R. fortunei* 'Sir Charles Butler' × *R.* 'Halopeanum') — Obtenu par C. van Nes avant 1958. Fleurs de 7,5 cm diam., parfumées, rose pâle en bouton. Sol acide ; soleil ou mi-ombre. R. −25 °C.

***R.* 'Goldfort'** (*R.* 'Goldsworth Yellow' × *R. fortunei*) — Obtenu par W. Slocock avant 1937. Arbrisseau att. 2 m. Feuilles vert pâle att. 15 cm de long. Fleurs de 7,5 cm diam., groupées en bouquets de 12 env. R. −25 °C.

***R.* 'Soleil d'Austerlitz'** (*R. arboreum* × *R.* inconnu) — Origine inconnue ; connu depuis 1868. Arbrisseau pouvant dépasser 2 m. Sol acide ; soleil ou mi-ombre. R. −20 °C.

***R.* 'Mont Everest'** (*R. campanulatum* × *R. griffithianum*) — Obtenu par W. Slocock avant 1930. Arbrisseau att. 4 m. Feuilles att. 15 cm. Fleurs de 7 cm de diam., légèrement parfumées. Très florifère ; un des meilleurs hybrides à fleurs blanches. R. −15 °C.

***R.* 'The Honourable Jean-Marie de Montagne'** (*R. griffithianum* × *R.* inconnu) — Obtenu par C. van Nes et Fils avant 1958. Arbrisseau compact att. 1,50 m. Feuilles oblancéolées att. 22 cm de long, vert foncé. Fleurs de 7 cm diam. Sol acide ; soleil ou mi-ombre. R. −20 °C.

Réduction à 40 %. Échantillons du Parc Sandling, 2 juin

***Rhododendron* 'Arthur Bedford'** (*R. ponticum* × semis mauve) — Obtenu par Th. Lowinsky avant 1936. Arbrisseau att. 2 m. Sol acide ; soleil ou mi-ombre. R. −25 °C. Début de l'été.

***R.* 'Mrs Lionel de Rothschild'** — Obtenu par A. Waterer avant 1931. Arbrisseau att. 2 m. Fleurs rose pâle en bouton, blanches lorsqu'elles sont complètement ouvertes, att. 9 cm diam. R. −15 °C.

***R.* 'G.A. Sims'** — Obtenu par A. Waterer à Knap Hill avant 1938. Arbrisseau att. 2 m. Feuilles att. 18 cm de long. Bouquets jusqu'à 16 fleurs de 6,5 cm diam. R. −20 °C.

***R.* 'Antony Waterer'** — Obtenu par A. Waterer avant 1900. Arbrisseau att. 2 m. Sol acide, soleil ou mi-ombre. R. −20 °C.

***R.* 'Thunderstorm'** (*R.* 'Doncaster' × *R.* inconnu) — Obtenu par W. Slocok en 1930. Att. 3 m. Feuilles att. 17,5 cm de long, fleurs rouge foncé avec étamines blanches. Sol acide; soleil ou mi-ombre. R. −20 °C.

***R.* 'Sappho'** — Obtenu par la Maison Waterer à Knap Hill avant 1867. Arbrisseau att. 3 m. Feuilles att. 17 cm de long. Fleurs d'env. 7,5 cm diam. R. −20 °C.

***R.* 'Mrs Davies Evans'** — Obtenu par A. Waterer avant 1915. Arbrisseau att. 3 m. Fleurs att. 7,5 cm diam. en bouquets denses de 16 à 20. Sol acide; soleil ou mi-ombre. R. −20 °C.

***R.* 'Frank Galworthy'** (*R. ponticum* × *R.* inconnu) — Obtenu par A. Waterer avant 1900. Att. 2 m de haut, plus en largeur. Feuilles att. 15 cm de long. R. −20 °C.

***R.* 'Sigismund Rucker'** — Obtenu par A. Waterer avant 1872. Att. 3 m. Fleurs d'env. 6 cm diam., fin mai ou début juin. Sol acide; soleil ou mi-ombre. R. −20 °C.

***R.* 'Mrs Furnival'** (*R.* hybride de *griffithianum* × *R.* hybride de *caucasicum*) — Obtenu par A. Waterer avant 1920. Att. 2 m. Feuilles att. 10 cm de long. Bouquets de 10 à 14 fleurs de 7,5 cm de diam. Sol acide; soleil ou mi-ombre. R. −20 °C.

***R.* 'Purple Splendour'** (*R. ponticum* × *R.* inconnu) — Obtenu par A. Waterer avant 1900. Arbrisseau att. 2 m. Feuilles att. 15 cm de long. Bouquets comprenant jusqu'à 15 fleurs de 7,5 cm diam. Sol acide; soleil ou mi-ombre. R. −20 °C. Début de l'été.

***R.* 'Susan'** (*R. campanulatum* × *R. fortunei*) — Obtenu par J.C. Williams à Caerhays avant 1948. Att. 4 m. Feuilles de 14 cm de long. Fleurs att. 9 cm diam. Sol acide frais; mi-ombre. R. −20 °C. Fin de printemps.

***R.* 'Nick Skelton'** — Arbrisseau att. 2 m. Sol acide; soleil ou mi-ombre. R. −20 °C. Fin du printemps.

***R.* 'W.F.H.'** (*R. hæmatodes* × *R.* 'Tally Ho') — Obtenu par Whittaker en 1941 et désigné par les initiales de W.F. Hamilton, jardinier en chef du Parc Pylewell (Hampshire). Arbrisseau att. 2 m. Fleurs d'env. 5,5 cm de long. Sol acide frais; mi-ombre. R. −15 °C.

***R.* 'Cunningham's White'** (*R. caucasicum* × *R. ponticum* f. *album*) — Obtenu en 1830 par Cunningham. Buissonnant, att. 3 m. Fleurs de 5 cm diam. Sol acide ou non calcaire, et bon comportement sur calcaire en zone humide. Soleil ou mi-ombre. R. −25 °C.

Réduction à 25 %. Échantillons de l'Arboretum Hillier, 14 mai

***R.* 'Scarlett O'Hara'** (*R. thomsonii* × *R.* 'Langley Park') — Obtenu par J. Horlick vers 1932. Arbrisseau att. 2 m. Fleurs cireuses, d'env. 6 cm de long. Sol acide frais; mi-ombre. R. −15 °C.

***R.* 'Mrs G. W. Leak'** (*R.* 'Coombe Royal' × *R.* 'Chevalier Félix de Sauvage') — Obtenu par M. Foster et Fils vers 1916. Arbrisseau att. 2 m. Feuilles d'env. 20 cm de long. Fleurs de 9 cm diam. Sol acide; soleil ou mi-ombre. R. −20 °C. Fin du printemps.

***R.* 'Crest'** (syn. 'Hawk Crest') (*R. wardii* × *R.* 'Lady Bessborough') — Obtenu par Lionel de Rothschild vers 1940. Arbrisseau att. 2 m. Fleurs de 10 cm diam. Sol acide ou neutre, frais; mi-ombre. R. −20 °C. Fin du printemps.

Réduction à 50 %. Échantillons des Valley Gardens, Windsor, 18 mai

Azalées de Kurume à Sandling Park

'Vuyk's Scarlet'

'John Cairns'

'Jeanette'

'Mother's Day'

Les **azalées sempervirentes** sont presque toutes de petits arbrisseaux att. au maximum 2 m de haut, et davantage en largeur, avec de petites feuilles vert foncé et des fleurs vivement colorées dans les tons rouges, mauves ou blancs. Nombre d'entre eux ont été sélectionnés par les Japonais au XIXe s. à partir de *R. kiusianum* et de *R. kæmpferi* ou de leurs hybrides; on les connaît sous le nom d'azalées de Kurume et cinquante des meilleures furent introduites aux USA par Ernest Wilson en 1918. Au milieu du XXe s., de nombreux hybrides ont été obtenus à Glenn Dale (Maryland) par la Station d'Introduction des Plantes et de nouveaux hybrides sont à l'heure actuelle en cours de création dans le S.-E. des USA.

'Chanticleer' — Azalée hybride de parenté complexe obtenue par B. Morrison à Glen Dale (Maryland) après 1935. Végétation dense; très florifères. R. −25 °C.

'Blue Danube' — Azalée hybride de parenté incertaine obtenue par A. Vuyk à Boskoop vers 1921. R. −20 °C.

'Day Spring' — Azalée hybride de parenté complexe obtenue à Glen Dale (Maryland) avant 1961. R. −25 °C.

'Katsugiri' — Azalée de Kurume introduite du Japon vers 1915. Végétation basse att. 1 m. R. −20 °C.

'Katsura-no Hana' — (Wilson n°27) — Azalée de Kurume introduite par E. Wilson en 1918. R. −20 °C.

'Kure-no Yuki' (Wilson n°2, syn. 'Snowflake') — Azalée de Kurume introduite par Wilson en 1918. Port buissonnant, att. 1 m. R. −20 °C.

'Didpa' — Hybride d'origine inconnue.

'Hershey's Red' — Hybride d'azalées de Kurume obtenu par Ralph Hershey à Gap (Pennsylvanie). Fleurs œil dans l'œil. R. −25 °C.

'Hinamoyo' (communément appelée par erreur 'Hinomayo') — Azalée de Kurume introduite aux Pays-Bas en 1910. Port buissonnant att. 1,50 m. Une des azalées sempervirentes les plus belles et plus florifères. R. −20 °C.

'Mimi' — Hybride d'origine inconnue.

'Eddy' — Hybride, *R. kæmpferi* × *R.* 'Apollo' (Indica), obtenu par Lionel de Rothschild à Exbury avant 1944. Grande croissance, att. 2 m. R. −15 °C.

'Ho-o' (Wilson n°9, syn. 'Apple Blossom') — Azalée de Kurume introduite par E. Wilson du Japon en 1918. R. 20 °C.

'Orange Beauty' — Hybride issu du croisement de l'azalée de Kurume 'Hinoche Giri' avec *R. kæmpferi* obtenu par C. van Nes avant 1945. Port buissonnant att. 1 m. R. −20 °C.

'Iro Hayama' (Wilson n° 8, syn. 'Dainty') — Azalée de Kurume introduite par E. Wilson en 1918. Port buissonnant att. 1,50 m. R. −20 °C.

'Palestrina' — Hybride issu du croisement de *R. kæmpferi* avec 'malvaticum' obtenu par A. Vuyk à Boskoop avant 1926. Att. 1,10 m. Grandes feuilles assez pâles. Très florifères. R. −20 °C.

'Vuyks Scarlet' — Hybride de parenté incertaine obtenu par A. Vuyk à Boskoop avant 1954. Petit arbrisseau, att. 1 m. R. −20 °C.

'John Cairns — Hybride, *R.* 'Malvaticum' × *R.* kæmpferi, obtenu aux Pays-Bas vers 1920. R. −20 °C.

'Jeanette' — Hybride, *R. kæmpferi* × R. 'Malvaticum', obtenu aux Pays-Bas avant 1920. R. −20 °C.

'Mother's Day' — Hybride (probablement de l'azalée de Kurume *R.* 'Minode Giri' et d'une azalée Indica) obtenu par van Hecke en Belgique avant 1970. Arbrisseau étalé att. 1,50 m de haut. R. −20 °C.

Réduction à 40 %. Échantillons des Valley Gardens, Windsor, 13 mai

Rhododendron luteum au bord de la route militaire de Géorgie

Rhododendron microphyton près de Kunming, Yunnan

Rhododendron sinense

Rhododendron amagianum

Rhododendron schlippenbachii Maxim. (s. *Azalea*) — Or. Corée, N.-E. Chine et E. Sibérie, sur les pentes entre 300 et 1 845 m, fl. en mai-juin. Caducifolié, att. 5 m. Feuilles minces, obovales, de 5 à 9 cm de long. Sol acide ; ombre légère, protection contre les gelées tardives. R. –30 °C.

R. scabrum D. Don (s. *Azalea*) — Or. îles Ryu-kyu (principalement Okinawa) dans les fourrés, prairies et pinèdes claires, fl. en mars-avril. Sempervirent, att. 2 m. Feuilles coriaces. Sol acide ou non calcaire ; tolère le soleil et la chaleur. R. –10 °C. Printemps.

R. kiusianum Mak (s. *Azalea*) — Or. C. Japon (Kyushu) en montagne de 600 à 1 700 m, dans les prés et parmi les pins, fl. en mai-juin. Arbrisseau sempervirent ou semi-caducifolié d'env. 1 m de haut. Fleurs mauve à rose. Sol acide ; soleil ou mi-ombre. R. –15 °C. Printemps.

R. vaseyi A. Gray (s. *Azalea*) — Or. O. Caroline du N., dans les ravins en montagne entre 1 000 et 1 800 m. Fleurit en mai. Caducifolié att. 5 m ; feuilles elliptiques ou elliptiques-oblongues, de 5 à 12 cm de long. Sol acide frais ou humide ; soleil ou ombre légère. R. –25 °C. Printemps.

R. kæmpferi Planch. (s. *Azalea*) (syn. *R. obtusatum* var. *kæmpferi* (Planch.) Wils.) — Or. N. au S. Japon, en forêts, sur coteaux et pentes de montagne jusqu'à 1 600 m ; en fleurs d'avril à juin. Arbrisseau sempervirent (caducifolié sous climat froid) att. 3 m. Sol acide ; soleil en ombre légère. R. –20 °C. Printemps. Le clone illustré est **'Semperflorens'**.

R. kiyosumense Mak. (s. *Azalea*) — Or. C. Honshu, en forêts de montagne, fleurissant en avril et mai. Arbrisseau caducifolié att. 2 m. Feuilles largement rhombiques de 3 à 6 cm de long. Sol acide ; soleil ou ombre légère. R. –15 °C. Printemps.

R. canadense (L.) Torr. (s. *Azalea*) — Or. Amérique du N., dans les marais et collines rocheuses ; en fleurs de mars à juillet. Caducifolié, att. 1 m, rarement 2 m. Sol acide frais ; supporte un sol détrempé ; ombre légère. R. –40 °C. La f. **albiflorum** Rehd. est à fleurs blanches.

R. luteum Sw. (s. *Azalea*) — Or. E. et S.-E. Europe, Turquie, Caucase, dans les prairies de montagne, dans les forêts de hêtres ou les forêts claires de conifères, jusqu'à 2 200 m ; en fleurs d'avril à juillet. Caducifolié, att. 3,50 m. Fleurs parfumées, collantes avec des glandes. Sol acide ou non calcaire ; tolère la sécheresse sous les arbres. R. –30 °C. Début de l'été.

R. molle (Bl.) G. Don var. ***glabrius*** (Reg.) Miq. (syn. *R. japonicum* (A. Gray) Suring. (nom. illégitime), *R. glabrius* (Reg.) Nakai, *R. sinense* Maxim., non Sw., *R. molle* Sieb. & Zucc., non G. Don), azalée japonaise — Or. N. et C. Japon, dans les montagnes, en forêt claire, fl. en mai et juin. Arbrisseau caducifolié de 1 à 2 m (3 m en culture) ; feuilles att. 10 cm de long, poilues en dessus, souvent glauques en dessous. Fleurs vermillon, mais parfois rose saumoné à rouge-brique, parfumées. La var. *molle*, or. Chine, rare dans nos jardins, en diffère par ses fleurs toujours jaunes et ses feuilles couvertes de poils mous à la face supérieure.

Sol acide ou non calcaire ; soleil ou mi-ombre. R. –30 °C. Début de l'été.

R. microphyton Franch. (s. *Azalea*) — Or. Yunnan et S.-O. Sichuan, en pinèdes claires, fourrés et sur les falaises entre 1 800 et 3 000 m, fl. en avril-mai. Sempervirent, att. généralement 1 m. Feuilles att. 5 cm de long. Fleurs att. 2 cm diam., blanches ou rosées, ponctuées de rouge. Sol acide. R. –10 °C. Printemps.

R. amagianum Mak. (s. *Azalea*) — Or. Japon (au S.-O. de Tokyo), fl. en juin et juillet. Caducifolié, att. 5 m ; feuilles de 5 à 8 cm de long, par 3 au bout des rameaux. Sol acide ; mi-ombre. R. –15 °C.

Réduction à 40 %. Échantillons des Valley Gardens, Windsor, 25 mai

Rhododendron flammeum (Michx.) Sarg. (syn. *R. speciosum* (Willd.) Sw.) (s. *Azalea*) — Or. Caroline du S. et Géorgie, sur escarpements ombrés, en forêts claires et sur collines sableuses, fleurissant de fin avril à mai. Arbrisseau caducifolié att. 2 m. Sol acide; soleil ou ombre légère. R. −15 °C. Début de l'été.

R. prinophyllum (Small) Millais (s. *Azalea*) (syn. *R. roseum* Rehd. & Wils.) — Or. E. Amérique du N. (du S.-O. Québec au Tennessee), dans les bois secs et sur pentes rocheuses, et aux bords des marécages, fleurissant en mai-juin. Diffère de *R. periclymenoides* par ses rameaux densément poilus et ses fleurs généralement rose vif, très parfumées.

R. occidentale A. Gray (s. *Azalea*) — Or. O. Amérique du N. (de l'Orégon au S. Californie), sur les bancs de rivière et aux endroits frais en forêts de conifères (parmi les *Pseudotsuga menziesii* et *Sequoiadendron*) et forêts mixtes, jusqu'à 2 700 m; en fleurs d'avril à août. Arbrisseau caducifolié att. 3 m. Très variable; les variantes aux plus grandes fleurs poussent près de la côte. La var. **sonomense**, du N. Californie (chaîne Napa dans le comté de Sonoma) diffère par ses feuilles plus petites (2 à 2,5 cm de long) et ses fleurs roses à taches rose-saumon. Sol détrempé acide ou non alcalin. R. −20 °C.

R. atlanticum (Ashe) Rehd. (s. *Azalea*) — Or. E.USA (du S. Nouveau-Jersey à la Caroline du S.), le long de la plaine côtière dans les pinèdes humides stériles et les bois clairs sur sable; en fleurs d'avril à début juin. Arbrisseau caducifolié drageonnant et att. 1 m. Fleurs blanches, rosées, pourpres ou jaunâtres, très parfumées. Sol acide, détrempé ou même seulement humide; soleil ou ombre légère. R. −25 °C.

R. periclymenoides (Michx.) Shinners (s. *Azalea*) (syn. *R. nudiflorum* (L.) Torr.) — E. USA (de New York à la Pennsylvanie, jusqu'à l'Ohio et la Caroline du N.), dans les forêts claires sèches et au long des cours d'eau; en fleurs de mars à mai. Arbrisseau caducifolié att. 2 m. R. −25 °C.

R. minus Michx. var. ***minus*** (ss. *Caroliniana*), incl. *R. carolinianum* Rehd. — Or. S.-E. USA (sauf Floride), dans les bois et sur coteaux, fleurissant en mai. Arbrisseau sempervirent att. 2 m ou davantage. Fleurs blanches à rose pourpre. R. −25 °C. Traditionnellement *R. carolinianum* était considéré comme plus petit et montagnard.

R. minus var. ***chapmanii*** (A. Gray) Dunran & Pullen — Or. Floride, en pinèdes claires sur sable et sur les alluvions déposées dans les criques, fleurissant en avril. R. −10° à −15 °C. Début de l'été.

R. bakeri Lemm. & McKay (s. *Azalea*) **'Camps Red'** (syn. *R. cumberlandense* E.L. Br.) — Or. S. Appalaches (notamment sur le Plateau de Cumberland), dans les chênaies, fleurissant en juin et juillet. Arbrisseau caducifolié att. 2 m. Fleurs après les feuilles. Sol acide; ombre légère. R. −25 °C.

R. albiflorum Hook. (s. *Candidastrum*) — Or. N.-O. Amérique du N., dans les bois humides et fourrés alpins entre 1 200 et 2 200 m; en fleurs de juin à août. Arbrisseau caducifolié att. 2 m, souvent avec branches horizontales. Fleurs de 15 à 20 mm diam., sentant un peu le citron. Sol acide, bien drainé; ombre légère. R. −25 °C.

Rhododendron bakeri à Windsor

R. albiflorum dans la chaîne des Cascades

Rhododendron arborescens

R. arborescens (Pursh) Torr. (s. *Azalea*) — Or. Appalaches et contrées voisines, sur les bancs des cours d'eau et dans les marécages, fleurissant en juin et juillet. Arbrisseau caducifolié att. 3 m (rarement 6 m). Fleurs blanches très parfumées. Sol acide; ombre légère. R. −20 °C ou plus bas. Été.

R. viscosum (L.) Torr. var. ***glaucum*** Torr. (s. *Azalea*) — Or. C.-E. USA (du Massachusetts à la Virginie), sur la plaine côtière, dispersé parmi la var. typique (p. 142). Fleurs blanches, lavées de rouge à l'extérieur, surtout en bouton, ou rouges. Sol acide détrempé. R. −25 °C. Été.

Rhododendron viscosum var. *glaucum*

Réduction à 40 %. Échantillons du Parc Sandling et du Grand Parc de Windsor, 25 mai

'Berry Rose'

Azalées Mollis à Sandling Park

'Spek's Orange'

'George Reynolds'

Azalées Mollis, de Knap Hill et d'Exbury — Les premières azalées 'Mollis' ont été obtenues à partir de *Rhododendron molle* (p. 135) au milieu du XIXe s. Un nombre immense en a été créé en Belgique et aux Pays-Bas pour la décoration hivernale des serres victoriennes. Leurs couleurs étaient douces, du jaune à l'orange-rouge, leurs fleurs assez petites, parfumées et en forme de clochette. On en trouve encore qui constituent des massifs arbustifs parfumés dans de vieux jardins. Certains des cultivars aux fleurs les plus pâles et les plus odorantes peuvent avoir *R. viscosum* dans leur généalogie.

Les azalées de Knap Hill, avec leurs fleurs plus vivement colorées, plus grandes et plus ouvertes, ont été obtenues par la famille Waterer à la pépinière de Knap Hill (Surrey) entre la fin du XIXe s. et 1939. Elles combinent *R. molle* avec quelques espèces américaines comme *R. calendulaceum*, *R. viscosum* et *R. arborescens*. De nouvelles productions dans la même lignée ont été continuées à Exbury par Lionel de Rothschild après avoir commencé par utiliser la production d'azalées à Knap Hill.

Les azalées Mollis, de Knap Hill et d'Exbury sont facilement cultivées en sol acide ou neutre, au soleil ou à mi-ombre ; elles supportent la chaleur estivale et R. −20 °C. Ce sont toutes des arbrisseaux caducifoliés qui atteignent 3 m en quelques années et donnent de belles couleurs d'automne.

***Rhododendron* 'Satan'** — Azalée obtenue à la pépinière de Knap Hill par MM. Waterer avant 1925. Port compact, att. 1,50 m ; feuilles vertes à l'état jeune. Début de l'été.

***R.* 'Klondyke'** — Azalée de Knap Hill obtenue en 1947 par Lionel de Rothschild à Exbury.

***R.* 'Bright Straw'** — Azalée de Knap Hill obtenue vers 1932 à Exbury.

***R.* 'Brazil'** — Azalée de Knap Hill obtenue vers 1934 par Lionel de Rothschild à Exbury.

***R.* 'Balzac'** — Azalée de Knap Hill obtenue avant 1934 par Lionel de Rothschild à Exbury.

***R.* 'Persil'** — Azalée obtenue par MM. Waterer à la pépinière de Knap Hill avant 1925, mais nommée par W. Slocock et Fils après 1945.

***R.* 'Toucan'** — Azalée obtenue par MM. Waterer à la pépinière de Knap Hill avant 1931, nommée en 1941.

***R.* 'Strawberry Ice'** — Azalée de Knapp Hill obtenue par Lionel de Rothschild à Exbury et distribuée par la Maison Waterer de Bagshot en 1949. 'Cecile' est très similaire.

***R.* 'George Reynolds'** — Azalée obtenue à la Pépinière Knap Hill de MM. Waterer avant 1936. Elle a été un parent de nombreuses obtentions d'azalées de Knap Hill réalisées à Exbury ; elle est remarquable par son port élevé et ses grandes fleurs solidement structurées et bien odorantes.

***R.* 'Sunte Nectarine'** — Azalée de Knap Hill obtenue par Lionel de Rothschild à Exbury avant 1934.

***R.* 'Corringe'** — Azalée de Knap Hill obtenue par Lionel de Rothschild à Exbury avant 1934.

***R.* 'Samuel Taylor Coleridge'** — Azalée Mollis obtenue par Kersbergen à Boskoop.

***R.* 'Anthony Koster'** — Azalée 'Mollis' obtenue aux Pays-Bas et commercialisée par M. Koster et Fils en 1892.

***R.* 'Christofer Wren'** (syn. 'Goldball') — Azalée Mollis obtenue par L. Endtz et Cie à Boskoop.

***R.* 'Jeanne Oosthock'** (syn. 'Merrouw G. van Noordt') — Azalée 'Mollis' obtenue par P. van Noordt et Fils à Boskoop.

***R.* 'Köningin Emma'** (syn. 'Queen Emma', 'Dr Nolans') — Azalée 'Mollis' obtenue par K. Weselenburg et Fils à Hazerswonde (Pays-Bas).

***R.* 'Oxydol'** — Azalée de Knap Hill obtenue à Exbury vers 1947.

***R.* 'Koster's Brilliant Red'** — Azalée Mollis obtenue par M. Koster et Fils vers 1918. A l'origine, ce nom avait été donné à une série de semis de couleur uniforme, produits par pollinisation manuelle, précurseur des séries modernes d'hybrides F1. Fleurs peu odorantes. Port dressé, att. 1,80 m.

***R.* 'Spek's Orange'** — Azalée Mollis obtenue par Jan Spek avant 1948.

***R.* 'Berry Rose'** — Azalée de Knap Hill obtenue par Lionel de Rothschild à Exbury avant 1934.

Réduction à 50 %. Échantillons du Parc Sandling, 25 mai

'Freya' à Sandling Park

'Coccinea Speciosa'

'Glory of Littleworth'

Rhododendron vaseyi 'White Find'

Azalées caducifoliées de Gand, Rustica et Occidentale
Les premières azalées hybrides ont été obtenues en Belgique dans les années 1820 par croisement de l'azalée est-européenne *R. luteum* avec des espèces américaines comme *R. calendulaceum* et *R. periclymenoides*. Elles sont généralement plus grandes que celles des groupes Mollis et Knap Hill avec des fleurs plus petites, plus pâles mais plus élégantes et délicatement parfumées. Elles donnent des arbrisseaux diffus att. 3 m de haut et de large. On les désigne collectivement du nom d'hybrides **de Gand** ; ceux à fleurs doubles, dont certains dérivent de croisement avec des azalées Mollis, sont appelés **Rustica**.
Un autre groupe appelé hybrides **Occidentale**, a été produit à Knap Hill par croisement d'azalées de Gant avec l'azalée californienne *R. occidentale* ; ces hybrides ont pour la plupart une floraison pâle et tardive. *R. occidentale* a été aussi croisé avec des azalées Mollis par M. Koster et Fils, donnant des azalées à fleurs pâles mais plus précoces. Grâce à leur ascendance de *R. occidentale*, ces hybrides devraient supporter la chaleur et la sécheresse.
***R.* 'Norma'** — Azalée Rustica obtenue par C. Vuylsteke en 1888. Fleurs parfumées doubles (Gand × Mollis). Végétation compacte att. 1,50 m. R. −25 °C.
***R.* 'Narcissiflora'** — Azalée de Gand à fleurs doubles obtenue par L. van Houtte avant 1871. Fleurs odorantes. Végétation dressée att. 2,50 m. R. −25 °C.
***R.* 'Phœbe'** — Azalée de Gand à fleurs doubles. Végétation dressée att. 2,50 m. R. −25 °C.
***R.* 'Corneille'** — Azalée de Gand à fleurs doubles obtenue par C. Vuylsteke vers 1890. Végétation dressée att. 2,50 m. R. −25 °C.
***R.* 'Freya'** — Azalée Rustica, obtenue par C. Vuylsteke en 1888. Fleurs parfumées doubles (Gant × Mollis). Végétation compacte att. 1,50 m. R. −25 °C.
***R.* 'Flora'** — Azalée de Gand, connue depuis 1875. Végétation att. 2,50 m. R. −25 °C.
***R.* 'Murillo'** — Azalée Rustica, obtenue par C. Vuylsteke en 1888. Fleurs parfumées doubles (Gant × Mollis). Végétation compacte att. 1,50 m. R. −25 °C.
***R.* 'Double Damask'** — Azalée obtenue à la Pépinière de Knap Hill de MM. Waterer. Hauteur att. 2 m. R. −20 °C.
***R.* 'Solion'** — Azalée à fleurs doubles d'origine inconnue. R. −20 °C.
***R.* 'Fanny'** (syn. 'Pulchella') — Azalée de Gand d'origine inconnue. Végétation buissonnante att. 2,50 m. R. −25 °C.
***R.* 'Pallas'** — Azalée de Gand obtenue en Belgique avant 1875. Végétation buissonnante att. 2,50 m.
***R.* 'Gloria Mundi'** — Azalée de Gand obtenue par L. Sénéclause en 1846. Végétation buissonnante att. 2,50 m. R. 25 °C.
***R.* 'Nancy Waterer'** — Azalée obtenue à la Pépinière de Knap Hill de MM. Waterer avant 1867 ; croisement supposé entre une azalée de Gand et *R. molle* ; c'est la première des azalées de Knap Hill à avoir été nommée. R. −20 °C.
***R.* 'Irène Koster'** — Azalée obtenue par Koster & Cie. Hybride entre *R. occidentale* et une azalée Mollis. Fleurs parfumées. Hauteur att. 2,50 m. R. −20 °C.
***R.* 'Exquiseta'** — Azalée obtenue par M. Koster et Fils en 1901. Hybride entre *R. occidentale* et une azalée Mollis. Fleurs odorantes. Hauteur att. 2,50 m. R. −20 °C.
***R.* 'Coccinea Speciosa'** — Voisine de *R. calendulaceum* et connue en Angleterre depuis 1843. Peu odorante. Peut atteindre 2,50 m de haut en plantation serrée. Considérée comme la plus ancienne azalée de Gand.
***R.* 'Glory of Littleworth'** — Azaléodendron obtenu par Henry Mangles avant 1908, de parenté inconnue mais supposée entre une azalée caducifoliée à fleurs jaunes et un rhododendron sempervirent rustique. Arbrisseau dressé et parfois dégingandé, à feuilles semi-caduques, att. 2 m. Sol acide ; plein soleil ou mi-ombre. R. −20 °C.
***R. vaseyi* 'White Find'** — Clone de *R. vaseyi* (p. 135) récolté dans la nature en Caroline du N. Il a des fleurs blanches tachetées de vert et une belle couleur jaune en automne. R. −25 °C.

Réduction à 50 %. Échantillons du Grand Parc de Windsor, 19 juin

Rhododendron vernicosum Yu. T.T. 13 961 à Benmore

Rhododendron fortunei subsp. *discolor* à Windsor

Rhododendron vernicosum

Rhododendron glaucophyllum

Rhododendron auriculatum en août

Rhododendron viscosum (L.) Torr. var. ***viscosum*** (s. *Azalea*) — Or. E. USA (du Maine à la Géorgie), dans les marécages et pinèdes stériles de la plaine côtière ; en fleurs de juin à août. Arbrisseau caducifolié att. 5 m. Fleurs blanches ou roses, parfumées. Sol acide, frais à humide ; soleil ou mi-ombre. R. −20 °C ou plus bas. Été.

R. griersonianum Balf. fil. & Forr. (ss. *Griersoniana*) — Or. O. Yunnan et N.-E. Birmanie, en forêts de conifères ou mixtes et dans les fourrés, entre 2 150 et 2 700 m, fl. en juin. Sempervirent, att. 3 m ; jeunes pousses et pédicelles rendus collants par des poils glanduleux. Sol acide ; tolère mieux sécheresse et soleil que d'autres espèces. R. −10 °C. Été.

R. brachyanthum Franch. subsp. ***hypolepidotum*** (Franch.) Cullen (ss. *Glauca*), Rock n° 11 172 — Or. confins du Yunnan, de la Birmanie et du Tibet, sur pentes rocheuses, dans les fourrés et parfois en épiphyte, entre 3 050 et 4 000 m, fleurissant en juillet. Arbrisseau sempervirent att. 2 m ; feuilles aromatiques, glauques en dessous, avec écailles plus ou moins serrées (très espacées ou absentes chez *brachyanthum* au C. Yunnan près de Dali entre 3 050 et 3 350 m). Sol acide avec un bon drainage ; soleil ou mi-ombre. R. −20 °C. Été.

R. brachycarpum D. Don ex G. Don f. ***brachycarpum*** (ss. *Pontica*) — Or. Corée (où il est remplacé en grande partie par la f. *Fauriei*) et Japon (de Hokkaïdo au C. Honshu et à Shikoku), en général au-dessus de 2 000 m dans les forêts de conifères et fourrés subalpins ; en fleurs de juin à août. Arbrisseau sempervirent att. 3 m. Feuilles feutrées grisâtres en dessous (sauf chez la f. *Fauriei* (Franch.) Murata). Sol acide ; soleil ou mi-ombre. Une des espèces les plus rustiques, R. −25 °C. Été.

R. wardii W.W.Sm (incl. *R. litiense* Balf. fil. & Forr.) (ss. *Campylocarpa*), Forrest n° 19 467 — S.-O. Sichuan, N.-O. Yunnan et Tibet limitrophe, dans les pinèdes, fourrés et pentes de montagne dégagées, parfois dans les marécages ou sur falaises calcaires, entre 3 000 et 4 300 m, fleurissant en juin-juillet. Arbrisseau sempervirent att. 8 m ; fleurs jaunes à blanches (var. *puralbum* (Balf. fil. & W.W.Sm.) chamb.). Sol acide ou non calcaire ; mi-ombre. R. −20 °C pour ses clones les plus rustiques. Début à mi-été.

R. heliolepis Franch. (ss. *Heliolepida*), Forrest n° 15 933 — Or. N.-O. Yunnan, dans les fourrés et forêts, entre 2 500 et 3 700 m, fl. en juillet-août. Sempervirent, att. 3 m. Fleurs blanches ou roses, rarement pourprées. Sol acide ; soleil ou mi-ombre. R. −20 °C. Fin de l'été.

R. ponticum L. (ss. *Pontica*) — Or. O. Caucase, O. Géorgie, N. Turquie, E. Bulgarie ; Liban et S.-O. péninsule ibérique, dans les forêts d'*Abies* et de *Fagus*, pinèdes (au Liban) et maquis, jusqu'à 1 800 m ; en fleurs de mai à juillet. Sempervirent, att. 5 m. Sol acide ou neutre ; soleil ou ombre. R. −15 °C. Été. Voir aussi p. 147.

R. decorum Franch. (ss. *Fortunea*), Kingdon-Ward n° 4 487 — S.-O. Chine (O. Guizhou, S. Sichuan, Yunnan) et contrées limitrophes de Birmanie et du Tibet, en forêts claires, fourrés et dalles calcaires nues, entre 2 500 et 3 600 m, fleurissant en mai-juin. Fleurs parfumées. Sol non calcaire. Supporte la chaleur et la sécheresse. Soleil ou mi-ombre. R. −15 °C. Été.

R. vernicosum Franch. (ss. *Fortunea*), Yu T.T. n° 13 961 — Or. N. Yunnan, S.-O. Sichuan et S. Gansu, dans les forêts de conifères ou mixtes et sur pentes rocheuses, entre 2 600 et 3 650 m ; en fleurs d'avril à juillet. Très variable (p. 111). Arbuste att. parfois 8 m. Fleurs rose pâle à rose pourpré, rarement blanches, parfumées. Sol non calcaire, frais ; un peu d'ombre. R. −15 ° à −20 °C. Fin du printemps.

R. discolor Franch. (syn. *R. fortunei* Lindl. subsp. *discolor* (Franch.) Chamb.) (ss. *Fortunea*) — C. Chine (du N. Zhejiang au C. Sichuan), dans les fourrés et forêts claires, entre 1 100 et 2 100 m, fleurissant en mai-juin. Arbuste sempervirent att. 10 m. Fleurs blanches à roses, parfumées. Sol acide ; mi-ombre. R. −20 °C. Été.

R. glaucophyllum Rehd. (ss. *Glauca*) — Or. E. Himalaya (de l'E. Népal au Bhutan), sur pentes rocheuses et en forêts claires, entre 2 750 et 3 650 m, fleurissant en mai. Arbrisseau sempervirent att. 2 m. Feuilles glauques en dessous. Sol acide ; mi-ombre. R. −20 °C abrité du vent. Printemps.

R. auriculatum Hemsl. (ss. *Auriculata*) — Or. C. Chine (O. Hubei, E. Sichuan et N.-E. Guizhou), dans les forêts claires, sur les arêtes et pentes rocheuses entre 500 et 2 300 m, fl. en juillet. Sempervirent, att. 6 m. Fleurs blanches ou rose pâle, verdâtres dans la gorge, parfumées. Sol acide ; ombre ou mi-ombre et abri. R. −15 °C et supporte la chaleur. Fin de l'été.

Réduction à 40 %. Échantillons du Grand Parc de Windsor, 19 juin

***R.* 'Amor'** (*R. griersonianum* × *R. thayerianum*) — Obtenu par J. Stevenson en 1927. Arbrisseau sempervirent, att. 2 m. R. −15 °C. Milieu de l'été.

***R.* 'Lascaux'** (*R.* 'Fabia' × *R. wardii* groupe *Litiense*) — Obtenu par Francis Hanger à Wisley (Surrey) en 1947. Arbrisseau sempervirent att. 1,50 m. Sol acide. R. −15 °C. Milieu de l'été.

***R.* 'Romany Chal'** (*R.* 'Moser's Maroon' × *R. facetum*) — Obtenu par Lionel de Rothschild avant 1932. Arbrisseau sempervirent att. 3 m. Sol acide frais; un peu d'ombre. R. −15 °C. Milieu de l'été.

***R.* 'Biscuit Box'** (*R. discolor* × *R. elliottii*) — Obtenu par Francis Hanger à Wisley avant 1960. Arbrisseau att. 3 m ou davantage. Sol acide; mi-ombre. R. −15 °C. Milieu de l'été.

***R.* 'Jalisco Goshawk'** (*R.* 'Dido' × *R.* 'Lady Bessborough') — Obtenu par Lionel de Rothschild vers 1942. Arbrisseau att. 2 m. Fleurs avec un petit calice non pétaloïde (contrairement aux autres clones de 'Jalisco'). Sol acide; mi-ombre. R. −15 °C. Milieu de l'été.

***R.* 'Kilimanjaro'** (*R. elliottii* × *R.* 'Dusky Maid') — Obtenu par Lionel de Rothschild avant 1943. Arbrisseau att. 2 m. Sol acide; mi-ombre. R. −15 °C. Milieu de l'été.

***R.* 'Grosclaude'** (*R. hæmatodes* × *R. facetum*) — Obtenu par Lionel de Rothschild en 1941. Arbrisseau compact att. 1,5 m. Sol acide frais; un peu d'ombre. R. −15 °C. Milieu de l'été.

***R.* 'Tensing'** (*R.* 'Fabia' × *R.* 'Romany Chai') — Obtenu par Francis Hanger à Wisley avant 1953. Arbrisseau att. 1,50 m. Sol acide; mi-ombre et abri. R. −15 °C. Voisin de *R. griersonianum* dont est issu chacun de ses parents. Début de l'été.

***R.* 'Tally Ho'** (*R. griersonianum* × *R. facetum*) — Obtenu par J. Crossfield avant 1933. Arbrisseau att. 2,50 m. Sol acide; mi-ombre. R. −10 °C. Début de l'été.

***R.* 'Polar Bear'** (*R. diaprepes* × *R. auriculatum*) — Obtenu par J. Stevenson avant 1926. Arbrisseau att. 9 m. Feuilles att. 20 cm (et même 30 cm) de long. Fleurs de 11 cm diam., parfumées. Sol acide; mi-ombre. R. −20 °C. Fin de l'été.

***R.* 'Rothenberg'** (*R.* 'Diane' × *R. williamsianum*) — Obtenu par J. Bruns avant 1972. Arbrisseau compact att. 1,50 m. Feuilles très vernissées. Sol acide ou sans calcaire; mi-ombre. R. −20 °C. Excellent hybride, tant pour son feuillage que pour ses fleurs. Été.

***R.* 'Joanita'** (*R. lacteum* × *R. campylocarpum* var. *caloxanthum*) — Obtenu par Lionel de Rothschild avant 1942. Arbrisseau compact att. 1,50 m. Sol acide; un peu d'ombre. R. −15 °C. Début de l'été.

***R.* 'Queen's Wood'** (*R. souliei* × *R. aberconwayi*) — Obtenu par T. Findlay à Windsor avant 1972. Arbrisseau att. 2 m. Feuilles largement elliptiques. Sol acide; un peu d'ombre. R. −20 °C. Début de l'été.

***R.* 'Vintage Rose'** (*R. yakushimanum* × ['Eclipse' × 'Fusilier']) — Obtenu par J. Waterer, Fils & Crisp avant 1975. Arbuste étalé att. 1 m de haut. Sol acide; soleil ou mi-ombre. R. −15 °C. Début de l'été.

Rhododendron 'Polar Bear' à Wakehurst en août

Rhododendron 'Rothenberg'

Rhododendron 'Joanita'

Rhododendron 'Queen's Wood'

Rhododendron 'Vintage Rose'

Réduction à 40 %. Échantillons du Grand Parc de Windsor, 19 juin

Rhododendron yakushimanum à Windsor

Rhododendron souliei à Windsor

Rhododendron cerasinum

Rhododendron maximum 'Summer Time'

Rhododendron dichroanthum Diels var. ***scyphocalyx*** (Balf. fil. & Forrest) T.L. Ming (incl. subsp. *herpesticum* (Balf. fil. & K.-Ward) Cowan) (ss. *Neriiflora*) Forrest n° 27 051 — Or. O. Yunnan et N.-E. Birmanie, sur pentes rocheuses et dans les bambousaies, entre 3 600 et 4 550 m, fleurissant en juillet. Arbrisseau sempervirent att. 2 m. Fleurs cireuses, de 3,5 à 5 cm de long. Sol acide frais; mi-ombre. R. −15 °C. Été.

***R.* 'Moonstone'** (*R. campylocarpum* × *R. williamsianum*) — Obtenu par J.C. Williams avant 1933. Arbrisseau sempervirent, arrondi, att. 1,50 m. Fleurs d'env. 6,5 cm diam., groupées par 3 à 5. Sol acide ou non calcaire; mi-ombre. R. −20 °C. Printemps ou été.

R. wardii W.W.Sm. (ss. *Campylocarpa*), L.S. & E. n° 15 764 (voir aussi p. 143). Ce clone, avec des fleurs jaune primevère à taches sombres a été nommé 'Meadow Pond' lorsqu'il a été présenté par les Commissaires d'État de la Couronne de Windsor. *R. wardii* a une distribution géographique étendue et est très variable dans la nature, avec des fleurs en clochette à presque plates, parfois immaculées. Il diffère de *R. campylocarpum*, également à fleurs jaunes, par ses styles glanduleux et ses calices bien développés, de 5 à 15 mm de long.

R. ponticum L. (ss. *Pontica*) (voir p. 143). Dans ses trois aires. *R. ponticum* a reçu des noms particuliers: ssp. *ponticum* autour de la mer Noire, subsp. *bæticum* (Boiss. & Reut. Hand.-Mazz) en Espagne et Portugal et var. *brachycarpum* Boiss. au Liban; toutefois il a été montré que les distinctions morphologiques entre les trois sont superficielles et inconsistantes.

R. triflorum Hook. fil. (ss. *Triflora*) — Or. E. Himalaya (de l'E. Népal au Tibet où il est commun), dans les fourrés, forêts et sur les pentes entre 2 400 et 3 650 m, fleurissant en avril et mai. Arbrisseau sempervirent désordonné att. 7 m, avec écorce brun rougeâtre écailleuse. Fleurs jaune pâle, parfois (au Tibet) tachetées de rouge foncé, de 4 à 5 cm diam. Sol acide. R. −15 °C. Début de l'été.

R. souliei Franch. (ss. *Campylocarpa*) — Or. O. Sichuan (où il fut découvert par le père Soulié) et N.-E. Yunnan, sur les sommets rocheux et dans les forêts, entre 2 700 et 4 500 m, fleurissant en juin. Arbrisseau sempervirent att. 5 m. Fleurs presque plates, de 5 à 7,5 cm diam., rose pâle ou blanc nimbé de rose. Sol acide bien drainé; soleil ou mi-ombre. R. −20 °C. Début de l'été.

R. yakushimanum Nakai (ss. *Pontica*) — Or. île de Yakushima (S. Ryu-kyu), entre 1 200 et 1 800 m, en épiphyte sur les vieux *Cryptomeria* dans les forêts pluviales, sur escarpements granitiques et au bord des tourbières à *Sphagnum*, fleurissant en mai. Arbrisseau sempervirent att. 2,50 m, moins en situation exposée. Fleurs de 3 à 4 cm de long, rose pâle ou presque blanches. Sol acide; soleil ou mi-ombre. R. −25 °C. Fin du printemps. Espèce très facile à cultiver contrairement à ce que laisserait supposer sa distribution restreinte dans la nature. Parent de nombreux nouveaux hybrides nains.

R. cerasinum Tagg (ss. *Thomsonia*), Kingdon-Ward n° 11 011 — S.-E. Tibet et zones limitrophes de l'Inde et de Birmanie, en forêts de conifères et fourrés denses, entre 3 000 et 3 800 m, fleurissant en juin. Arbrisseau de 1 à 3,70 m. Fleurs pendantes de 35 à 45 mm de long sur pédicelles de 15 à 25 mm de long, cireuses, rouges ou roses bordées de blanc, avec nectaires sombres. Sol acide frais; un peu d'ombre. R. −15 °C. Fin du printemps.

R. smirnowii Trautv. (ss. *Pontica*) — Or. N.-E. Turquie et Géorgie limitrophe (près de Batoumi) sur coteaux et en forêts d'épicéas, sur roches acides et ignées basiques, entre 1 525 et 2 200 m, fleurissant en juin et juillet. Arbrisseau att. 4 m. Feuilles feutrées en dessous. Fleurs roses à blanches légèrement rosées, de 35 à 40 mm diam. Sol acide ou non calcaire; soleil ou mi-ombre. R. −25 °C. Fin du printemps.

R. maximum L. (ss. *Pontica*) **'Summer Time'** — Or. E. Amérique du N. (de la Nouvelle-Écosse à l'Alabama), en stations humides près des cours d'eau et au bord des tourbières et marais aussi bien que sur les coteaux jusqu'à 900 m, fleurissant en juin et juillet. Arbuste att. 10 m. Fleurs de 35 à 40 mm diam., rose pâle ou du blanc au pourpré. Sol acide frais; soleil ou mi-ombre. R. −30 °C et en dessous. Été.

Réduction à 40 %. Échantillons des Parcs Sandling et de Windsor, 1er juin

Gaultheria shallon et *Davidia involucrata*

Enkianthus cernuus f. *rubens*

Vaccinium ovatum

Agapetes serpens

Arctostaphylos patula

Enkianthus cernuus (Sieb. & Zucc.) Mak. *(Ericaceæ)* — Or. S. Japon, en forêts de montagne, fleurissant en mai-juin. Arbrisseau caducifolié att. 3 m. Feuilles obovales. Fleurs blanches, ou rouges chez la f. ***rubens*** (Maxim.) Ohwi (syn. var. *matsudæ* (Komatsu) Mak.) R. −20 °C.

Enkianthus campanulatus (Miq.) Nichols — Or. Japon (Honshu [rare dans le S.-E.] et S.-E. Hokkaïdo), fleurissant en juin-juillet. Arbrisseau caducifolié att. 5 m. Feuilles elliptiques — obovales à obovales, poilues sur les nervures en dessous, parfois aussi au-dessus, devenant rouges et orangées à l'automne. Fleurs de 8 à 12 mm de long, verdâtre pâle veinées de rose, ou rougeâtres chez la var. ***palibinii*** (Craib.) Bean du C. Honshu pollinisée par les guêpes.

Enkianthus chinensis Franch. — Or. O. Chine (O. Hubei, Sichuan, Yunnan) et N.-E. Birmanie, en forêts, sur falaises et rochers, entre 1600 et 2000 m, fleurissant en mai-juin. Arbrisseau caducifolié att. 6 m. Feuilles glabres mais par ailleurs nettement différentes de celles de l'*E. campanulatus* japonais. Fleurs généralement jaunâtres, veinées de rose, avec lobes réfléchis; le clone à fleurs pâles illustré ci-contre a été récolté par Kingdon-Ward sur la chaîne du Triangle (N.-E. Birmanie). Sol acide, mi-ombre. R. −10 °C. Début de l'été.

Menziesia ciliicalyx (Miq.) Maxim. var. ***purpurea*** Mak. (syn. *M. multiflora* Maxim. var. *purpurea* (Mak.) Ohwi) *(Ericaceæ)*; voir aussi p. 75 — Cette belle variété est localisée dans le district de Hakone, au S.-E. de Tokyo. La var. *multiflora* (Maxim.) Mak. a des fleurs rose pâle avec de longs sépales ciliés étalés de 4 à 6 mm de long; elle est commune à Hokkaïdo, Honshu et Shikoku mais rare dans les jardins.

Leucothœ fontanesiana (Steud.) Sleumer (syn. *L. editorum* Fern. & Schub., *L. catesbæi* Gray) *(Ericaceæ)* — Or. S. Appalaches (de la Virginie et du Tennessee à la Géorgie) en forêts humides de la montagne, fleurissant en mai. Arbrisseau sempervirent att. 1,50 m, avec rameaux arqués formant une touffe étalée. 'Rainbow', à feuilles tachées de rose, jaune et orange, est souvent cultivé. Sol acide. R. −20 °C.

Berberis hookeri Lem. *(Berberidaceæ)*, Farrer n° 1 030 et Shilling n° 1 089 — Or. Himalaya (du Népal au Bhutan), dans les forêts de Tsuga et de rhododendrons, entre 3000 à 3500 m; en fleurs d'avril à juin. Arbrisseau sempervirent buissonnant, att. 1,50 m. R. −15 °C. Début de l'été.

Berberis calliantha Mulligan *(Berberidaceæ)* — Or. S.-E. Tibet, près de Pemakochung dans les gorges du Tsangpo, dans les marécages vers 2900 m. Arbrisseau sempervirent, dense, att. 1 m. Fleurs att. 2,5 cm diam. R. −10 °C. Début de l'été.

Gaultheria hookeri C.B. Clarke *(Ericaceæ)* — Or. E. Himalaya et O. Chine, en forêts, entre 2700 et 3000 m, fleurissant en mai-juin. Arbrisseau sempervirent drageonnant, att. 1 m, avec rameaux couverts d'une pubescence dense mêlée de quelques poils longs et raides. Fleurs de 4 mm de long. Sol acide; ombre. R. −10 °C.

Gaultheria shallon Pursh *(Ericaceæ)* — Voir p. 151.

Vaccinium corymbosum L. *(Ericaceæ)* — Or. E. Amérique du N. (du Québec à la Floride), dans les marécages, prairies, pinèdes stériles et bois de montagne, fleurissant en mai-juin, fructifiant en juin-août. Arbrisseau caducifolié att. 4,50 m. Fruits bleu foncé avec une pruine grisâtre. Sol acide; soleil ou mi-ombre. R. −30 °C.

Vaccinium ovatum Pursh *(Ericaceæ)* — Or. Amérique du Nord (de l'Alaska à la Californie), sur pentes sèches rocheuses et sableuses, landes côtières jusqu'à 800 m; en fleurs de mars à mai. Arbrisseau sempervirent, très rameux, att. 2,50 m. Fleurs de 5 à 7 mm de long. Fruits de 6 à 9 mm, noirs. R. −15 °C. Début de l'été.

Agapetes serpens (Wight) Sleum. *(Ericaceæ)* — Or. E. Himalaya (de l'E. Népal au N. Assam), sur bancs de mousse en forêts ou en épiphyte entre 1500 et 3000 m; en fleurs de février à juin. Arbrisseau sempervirent lâche avec un tubercule ligneux d'où partent des rameaux étalés et pendants att. 2 m de long. Fleurs de 25 mm, blanchâtres chez 'Nepal Cream', introduit par Roy Lancaster. Sol acide frais; ombre. R. −5 °C. Printemps.

Arctostaphylos patula Greene *(Ericaceæ)* — Or. O. USA (Californie, Oregon, Nevada et Utah), dans les clairières de forêts mixtes de conifères; en fleurs d'avril à juin. Arbrisseau sempervirent att. 2 m, avec écorce lisse rougeâtre et souche renflée résistante aux incendies. Feuilles vert vif ou sombre, non glauques, arrondies. Sol bien drainé, sec en été. R. −10 °C ou moins. Printemps.

Réduction à 50 %. Échantillons de Windsor et de Wisley, 19 juin

Fothergilla major à Wisley

Lyonia ovalifolia à Dali, Yunnan

Gaultheria shallon Pursh *(Ericaceæ)* — Or. O. Amérique du N. (de la Colombie Britannique à Santa Barbara en Californie), dans les forêts de *Sequoia* et autres bois et fruticées des chaînes côtières jusqu'à 800 m; en fleurs d'avril à juillet. Arbrisseau sempervirent, drageonnant, att. 1 m de haut (rarement 2 m). Fruits, formés par le calice charnu, pourpres. Sol acide; mi-ombre ou pleine ombre. R. −20 °C.

×**Gaulnettya** ×**wisleyensis** Marchant *(Ericaceæ)* **'Wisley Pearl'** — Hybride entre *Gaultheria Shallon* et *Pernettya mucronata* qui s'est réalisé spontanément dans le jardin sauvage de Wisley avant 1929. Les spécimens en présence provenaient de la localité-type! Arbrisseau sempervirent att. 1,50 m, drageonnant. Feuilles att. 37 mm de long, dures, rugueuses. Fruits pourpres, charnus (p. 262). Sol acide frais. R. −20 °C. Été.

Pernettya mucronata (L.) Guad. *(Ericaceæ)* — Or. S. Andes (du 40e parallèle au Détroit de Magellan), formant un fourré nain sur sol acide humide; en fleurs d'octobre à décembre (printemps austral). Arbrisseau sempervirent buissonnant att. 2 m. Feuilles att. 2 cm de long avec une pointe épineuse. Fleurs de 5 mm de long, blanches ou légèrement rosées. Baies diversement colorées, blanches, rouges ou pourpres (p. 262), voyantes en hiver. Sol acide frais; soleil ou mi-ombre. R. −20 °C. Début de l'été.

Zenobia pulverulenta (Bartr.) Pollard *(Ericaceæ)* — Or. E. USA (du S.-E. Virginie à la Caroline du S.) dans les landes et pinèdes stériles marécageuses, sableuses ou tourbeuses, fleurissant en juin. Arbrisseau caducifolié att. 3 m. Feuilles de 2 à 7 cm de long, couvertes d'une pruine poudreuse. Fleurs de 6 à 8 mm de long, avec une très bonne odeur, sur les pousses de l'année précédente. Sol acide frais; soleil ou mi-ombre. R. −10 °C. Début de l'été.

Kalmia latifolia L. *(Ericaceæ)* — Or. E. Amérique du N. (du Québec à la Louisiane), dans les forêts caducifoliées souvent parmi les rochers sur sol acide; en fleurs de mai à juillet dans le N. de son aire. Arbrisseau sempervirent att. 3 m, rarement 10 m. Feuilles oblancéolées, att. 10 cm de long. Fleurs att. 25 mm diam., en général roses mais parfois rouges, brun-pourpre ou blanches. Sol acide; mi-ombre, ou plein soleil sous climat frais.

Kalmia angustifolia L. f. **rubra** (Lodd.) Zab. — Or. E. Amérique du N. (du Labrador au Manitoba et jusqu'à la Géorgie en montagne), sur sol acide des tourbières, landes, forêts claires et pinèdes stériles; en fleurs de fin mai à août (dans le N.). Arbrisseau sempervirent, drageonnant, variant de 15 cm à 1 m de haut. Feuilles oblongues à elliptiques lancéolées, att. 5 cm de long. Fleurs att. 13 mm diam., généralement rose profond ou rouges, rarement blanches. Sol acide humide; soleil ou mi-ombre. R. −30 °C. La f. *rubra* a des fleurs rose profond et est fréquente en culture. Été.

Vaccinium stamineum L. *(Ericaceæ)* — Or. E. Amérique du N. (de l'Ontario à la Floride dans les forêts sèches et fourrés; en fleurs de mars à mai. Arbrisseau caducifolié att. 3 m. Feuilles variables en formes et dimensions, att. 10 cm de long. Fleurs blanches, verdâtres ou pourprées, att. 8 mm de long, avec anthères exsertes. Fruits verts, saumonés, pourpres ou bleus, mûrs vers juillet-septembre. Sol acide; mi-ombre. R. −30 °C. Été.

Leucothoe davisiæ Torr. *(Ericaceæ)* — Or. O. USA (du C. Californie [Comté de Fresno] à l'Orégon) dans les tourbières et marais entre 1000 et 2500 m; en fleurs de juin à août. Arbrisseau sempervirent att. 1,50 m. Feuilles glabres, de 3 à 6 cm de long. Sol acide frais; soleil ou mi-ombre. R. −20 °C. Été.

Lyonia ovalifolia (Wall.) Drude *(Ericaceæ)* — Or. E. et O. Himalaya (du Pakistan au Yunnan), C. Chine, Japon et Formose, commun sur les collines, dans les fourrés et en lisière de forêts de chênes, pins et rhododendrons, dans les endroits ensoleillés; en fleurs d'avril à juin. Arbuste caducifolié ou semi-sempervirent att. 10 m avec l'écorce qui s'exfolie par bandes verticales, mais souvent arbrisseau d'1 m de haut seulement, comme ici. Feuilles de 8 à 15 cm de long, souvent poilues en dessous à l'état jeune. Fleurs de 8 à 10 mm en grappes de 5 à 14 cm de long, capsules de 4 à 5 mm diam. Sol acide; soleil ou mi-ombre. R. −10 °C.

Ledum glandulosum subsp. *columbianum*

Fothergilla major (Sims) Lodd. *(Hamamelidaceæ)* — Or. USA (Géorgie), fleurissant en mai. Arbrisseau caducifolié att. 3 m. Feuilles de 5 à 10 cm de long, glabres en dessous, glauques et couvertes de poils étoilés en dessous, jaune-orange en automne. Fleurs en épis de 5 cm de long, avec des étamines blanches bien visibles att. 14 mm de long. Sol acide frais; soleil ou mi-ombre. R. −20 °C. Début de l'été.

Ledum glandulosum Nutt. subsp. **columbianum** (Piper) C.L. Hitchcock *(Ericaceæ)* — Or. O. USA (du N. Californie [Comté de Santa Cruz] au Washington), près de la côte en sites humides et tourbeux, pinèdes claires et forêts de *Sequoia*, en dessous de 1000 m,, fleurissant en mai et juin. Arbrisseau sempervirent, dégingandé, att. 2 m. Feuilles de 3 à 6 cm de long, blanchâtres en dessous. Inflorescences arrondies, denses; fleurs de 12 à 18 mm diam. Sol acide frais; soleil ou mi-ombre. R. −15 °C. Début de l'été.

Réduction à 50 %. Échantillons de Cannington, 10 juin

Ceanothus 'Concha' à Cannington, Somerset

Ceanothus purpureus

Ceanothus dans le nord de la Californie

Ceanothus *(Rhamnaceæ)*. Genre présent dans toute l'Amérique du N., mais avec les plus nombreuses et plus belles espèces en Californie, près de la côte ; celles-ci sont faciles à cultiver, fleurissent à la fin du printemps ou au début de l'été, mais sont sensibles à l'humidité en été et ne doivent pas être arrosées ; elles poussent rapidement mais ne vivent pas longtemps, même si elles ne sont pas tuées par des hivers froids (voir aussi p. 252).

C. ×***mendocinensis*** McMinn — Hybride entre *C. velutinus* et *C. thyrsiflorus*, att. 4 m.

C. integerrimus Hook. & Arn. — Or. Washington jusqu'au S. Californie, sur pentes sèches et collines dans les pinèdes et en forêt mixte, entre 300 et 2000 m, sur les chaînes côtières, fleurissant en mai et juin. Arbuste semi-caducifolié att. 4 m. Fleurs en panicules de 4 à 15 cm de long, blanches à roses ou bleu foncé. R. −10 °C.

***C.* 'Edinburgh'** — Hybride de *C. griseus* et peut-être de *C. papillosus*, obtenu aux Jardins botaniques d'Édimbourg. R. −10 °C.

C. griseus (Trel.) McMinn — Or. Californie (de Santa Barbara à Mendocino) sur les chaînes côtières dans les pinèdes et fruticées ; en fleurs de mars à mai. Sempervirent, att. 3 m. Fleurs bleu violacé en panicules denses de 2 à 5 cm de long. R. −5 °C à −10 °C. Une variété de Yankee Point, var. *horizontalis* McMinn, donne un buisson largement étalé à fleurs bleu pâle.

***C.* 'Ray Hartman'** — Arbuste sempervirent att. 6 m de haut et davantage en largeur. C'est un hybride de *C. arboreus*. R. −10 °C.

C. incanus Torr. & Greene — Or. Californie (de Santa Cruz à Siskiyou), dans les clairières des forêts de *Sequoia* et forêts mixtes des chaînes côtières externes jusqu'à 1000 m, fleurissant en avril et mai. Arbuste sempervirent att. 4 m ; rameaux épineux et glauques. Fleurs blanches en panicules denses de 3 à 6 cm de long. R. −10 °C.

C. arboreus Greene **'Trewithen Blue'** — Or. îles au large des côtes californiennes (Santa Cruz, Santa Rosa et Santa Catalina), dans les fruticées sur les collines ; en fleurs de février à mai. Arbuste sempervirent att. 7 m. Feuilles att. 8 cm de long. Fleurs bleu pâle (dans la nature), en panicules de 12 cm de long. R. −5 °C.

***C.* 'Percy Picton'** — Hybride supposé de *C. impressus* et *C. papillosus*. Sempervirent, dense, att. 3 m.

***C.* 'Southmead'** — Peut-être un hybride entre *C. griseus* et *C. dentatus*. Sempervirent, att. 3 m.

***C.* 'Concha'** — Arbuste sempervirent dense att. 2 m et autant ou davantage en largeur. Feuilles de 2,5 cm de long. Boutons floraux rougeâtres ; pétales bleu foncé. R. −10 °C.

***C.* 'Puget Blue'** — Parfois répertorié comme un clone de *C. impressus* dont il diffère par ses feuilles plus longues et plus étroites, att. 2 cm de long, avec env. 48 dents glanduleuses, qui manifestent peut-être l'influence de *C. papillosus*. Arbuste sempervirent, dense, att. 5 m dans un support. Très florifère. Tout sol (tolère l'argile) ; plein soleil. R. −10 °C.

C. impressus Trel. — Or. S. Californie (de Santa Barbara à San Luis Obispo), dans les fruticées, fleurissant en mars et avril. Arbuste sempervirent dense, att. 2 m. Panicules étroites att. 2,5 cm de long. Fleurs bleu foncé. R. −10 °C.

C. foliosus Parry — Or. Californie (de Santa Cruz à Humboldt, et à San Diego ; avec la var. *medius* McMinn att. vers le S. San Luis Obispo), dans les fruticées en dessous de 1200 m sur les chaînes côtières ; en fleurs de mars à mai. Arbrisseau sempervirent att. 1 m de haut. Inflorescences en grappes att. 2,5 cm de long ou en panicules plus longues. R. −5 °C.

C. rigidus Nutt. — Or. Californie (péninsule de Monterrey), sur sable dans les collines et les vallées ; en fleurs de février à avril. Arbrisseau buissonnant et rameux, att. 2 m de haut et davantage en largeur. Inflorescences en ombelles pauciflores. R. −5 °C. Il y a une forme à fleurs blanches, 'Snowball' cultivée en Californie.

C. divergens Parry — Or. Californie (dans la vallée de Nopa près de Calistoga), dans les fruticées et les bois clairs, fleurissant en février-mars. La subsp. *confusus* (J.T. Howell) Abrams est plus répandue (comtés de Napa [au mont St. Helena], Lake et Sonona). Arbrisseau avec rameaux arqués, att. 1,50 m. Fleurs en petites ombelles. R. −10 °C.

***C.* 'Cascade'** — Clone ou hybride de *C. thyrsiflorus*, avec rameaux arqués. R. −10 °C.

C. spinosus Nutt. — Or. S. Californie (à partir de San Luis Obispo) et N. Basse-Californie, sur pentes sèches et dans les fruticées en dessous de 900 m dans les chaînes côtières ; en fleurs de février à mai. Arbuste sempervirent att. 6 m avec écorce verte ; branche épineuse. Fleurs bleu pâle à blanches, en grandes panicules att. 15 cm de long. R. −5 °C.

C. ×**veitchianus** Hook. — Probablement hybride entre *C. griseus* et *C. rigidus* récolté près de Monterrey. Sempervirent att. 3 m.

***C.* 'Blue Mound'** — Petit arbrisseau sempervirent, étalé, probablement hybride entre *C. thyrsiflorus* var. *repens* et *C. papillosus*.

C. purpureus Jeps. — Or. Californie (chaîne de Napa), sur les collines rocheuses sèches et jusqu'à 500 m ; en fleurs de février à avril.

Réduction à 25 %. Échantillons de Cannington, 10 juin

Wisteria ×formosa à Cannington

Wisteria floribunda 'Alba'

Cæsalpinia decapetala

Wisteria floribunda (Willd.) D.C. **'Macrobotrys'** (syn. 'Multijuga'), glycine du Japon (*Leguminosæ*) — Or. Japon (Honshu, Shikoku et Kyushu) où elle est commune dans les fourrés et bois ainsi qu'au long des cours d'eau en montagne ; en fleurs entre mai et juillet. Les noms de 'Macrobotrys' ou de 'Multijuga' désignent les plantes cultivées qui portent d'extrêmement longues grappes de fleurs, att. parfois 1,50 m de long ; nombre d'entre elles couvrent 676 m^2 (26 m×26 m). Liane caducifoliée, très ligneuse, att. 20 m, se tenant seule jusqu'à 2 m environ, tournant dans le sens des aiguilles d'une montre. Feuilles composées de 11 à 19 folioles. Fleurs de 2 cm de diam., odorantes. Tout bon sol ; plein soleil. R. −20 °C. Début de l'été.
***W. fl.* 'Rosea'** — Clone à fleurs rose pâle, connu depuis 1903. Grappes att. 45 cm de long.
***W. f.* 'Alba'** — Fleurs blanches ou mauve très pâle. Grappes de 30 à 40 cm.
***W. fl.* 'Issai'** — Clone de *W. floribunda* ou hybride avec *W. sinensis* ou *W. venusta* ; fleurit dès son jeune âge. Grappes d'env. 30 cm de long. Plusieurs clones ont été introduits du Japon par K. Wada sous ce nom, d'après W. Bean (ed. 8).

W. sinensis Sw., glycine de Chine — Or. O. Hubei et E. Sichuan notamment, sur falaises et en forêts, fl. en avril-mai. Liane caducifoliée très ligneuse att. 40 m, couvrant de grands arbres, tournant dans le sens inverse des aiguilles d'une montre. Feuilles composées de 7 à 13 folioles ; grappes de 16 à 30 cm de long, bleu-lilas. Floraison au début de l'été dans les jardins, souvent suivie d'une seconde deux mois plus tard. La taille devrait être limitée aux pousses de l'année en laissant 5 cm, en fin d'été. Les moineaux et d'autres oiseaux mangent les jeunes bourgeons, et c'est la cause la plus commune d'une maigre floraison. Tout sol ; plein soleil ou mi-ombre. R. −15 °C. Début de l'été.
***W.* 'Black Dragon'** — Cultivar à fleurs doubles pourpre foncé.

W. ×formosa Rehd. — Hybride entre *W. sinensis* et *W. floribunda* chez lequel toutes les fleurs d'une grappe s'ouvrent en même temps. Le croisement original, réalisé en 1905, était parti de *W. floribunda* 'Alba' et avait donné des grappes de 25 cm de long avec des fleurs mauves de 2 cm de long.

Wisteria venusta Rehd. & Wils. f. **venusta** (ou, selon les auteurs japonais, *W. brachybotrys* f. *alba* (W. Mill.) Hurusawa) — Forme à fleurs blanches cultivée au Japon depuis longtemps, reconnaissable à ses feuilles veloutées, ses grappes courtes et larges (10-15 cm de long) et ses fleurs de 25 à 30 mm diam., ouvertes en même temps. La forme connue dans la nature, avec des fleurs pourpres (f. *violacea* Rehd., syn. *W. brachybotrys* Sieb. & Zucc.) est assez rare dans l'O. Honshu, dans les collines et montagnes, fl. entre mai et juillet. Tourne dans le sens des aiguilles d'une montre. Tout bon sol ; soleil. R. −20 °C.

Cæsalpinia decapetala (Roth.) Alston (syn. *C. sepiaria* Roxb.) (*Leguminosæ*) — Or. Himalaya (depuis le Pakistan), Chine, Japon (var. ***japonica*** (Sieb. & Zucc.) D. Isely) et S.-E. Asie, dans les fourrés, sur les pentes rocheuses, jusqu'à 2 200 m ; en fleurs de mars à mai. Arbuste caducifolié partiellement grimpant, att. 7 m (ou 2 m chez la var. *japonica*) ; branches avec aiguillons recourbés vers l'arrière. Feuilles att. 38 cm de long, doublement pennées. Fleurs de 2 à 3 cm diam., au début de l'été. R. −10 °C.

Mucuna sempervirens

Mucuna sempervirens Hemsl. — Or. O. Hubei et E. Sichuan et de Kyushu (où elle est très rare), sur falaises et dans les ravins, jusqu'à 300 m, fl. en avril. Liane sempervirente rampante att. 12 m. Feuilles composées de 3 folioles, avec nervures réticulées proéminentes. Fleurs nauséabondes, cireuses, riches en miel, à carène incurvée de 6 à 8 cm de long. Gousses de 40 cm de long à 7 graines, veloutées. Tout sol ; situation chaude avec support. R. −5 °C à −10 °C.

Réduction à 50 %. Échantillons de Kew, 30 mai

Syringa oblata Lindl. (*Oleaceæ*) — Or. N. Chine, d'où il fut introduit par Robert Fortune en 1856. Arbrisseau caducifolié att. 4 m de haut, avec fleurs parfumées en panicules att. 12 cm de long. Feuillage bronze à l'état jeune, devenant rouge à l'automne. Peut être endommagé par le froid. Tout bon sol. R. −25 °C. Printemps.

S. microphylla Diels **'Superba'** — Or. C. Chine (N. Hubei). 'Superba' est une sélection obtenue en France en 1934. C'est un buisson arrondi, att. env. 2 m de haut, très florifère, avec des fleurs parfumées d'1 cm de long. Tout sol; plein soleil. R. −25 °C. Printemps et à nouveau en été.

S. ×chinensis Willd. (syn. 'Rouen Lilac') — Hybride entre *S. laciniata* et *S. vulgaris* obtenu vers 1777 au Jardin botanique de Rouen. Buisson att. 5 m de haut. R. −35 °C.

S. ×persica L. **'Alba'** — Forme blanche du *S. ×persica* obtenue en 1770, att. env. 2 m de haut. Feuilles parfois lobées ou pennées. Fleurs parfumées. R. −25 °C.

S. laciniata Miller — Or. N. Chine (Gansu) mais cultivé depuis longtemps à Kaboul (Afghanistan) et parfois confondu avec le *S. afghanica* Schneid. à feuilles entières. C'est peut-être un des parents de *S. ×persica*. Arbrisseau buissonnant att. 2 m. Feuilles diversement pennées avec 3 à 9 lobes. Fleurs en larges panicules. Tout sol; plein soleil. R. −25 °C. Printemps.

S. ×diversifolia Rehd. **'William H. Judd'** — Hybride entre *S. oblata* var. *giraldii* et *S. pinnatifolia*. Arbrisseau moyen obtenu en 1929 à l'Arboretum Arnold; fleurs blanches parfumées en panicules att. 11 cm de long.

S. ×henryi C.K. Schneid. — Hybride entre *S. villosa* et *S. josikæa* obtenu en 1896 à Paris par Louis Henry. Arbrisseau att. 3,50 m de haut. Printemps.

S. reflexa C.K. Schneid. — Or. O. Hubei, entre 1500 et 3000 m. Introduit en 1910 par E.H. Wilson. Arbrisseau att. 4 m avec des fleurs en panicules étroites att. 20 cm de long. Tout bon sol; plein soleil. R. −20 °C. Printemps.

S. ×josiflexa Preston ex J.S. Pringle **'Guinevère'** — Mlle Isabelle Preston a obtenu en 1920 à Ottawa une série d'hybrides *S. josikæa* × *S. reflexa* dont 'Guinevère' fut le premier nommé. À fleurs parfumées en fin de printemps.

S. julianæ Schneid. (syn. *S. verrucosa* Schneid.) — Or. O. Hubei, en montagne, vers 2 500 m, fleurissant en juin. Introduit en 1900 par E. Wilson. Arbrisseau att. 2 m de haut, avec fleurs très parfumées en panicules att. 10 cm de long. Tout bon sol; plein soleil. R. −20 °C. Printemps.

S. sweginzowii Köhne & Lingelsh — Or. O. Sichuan (où il a été récolté en 1904 par E. Wilson dans des ravins vers 2 400 m), fleurissant en juin. Arbrisseau att. 4 m. Feuilles ovales à oblongues de 5 à 10 cm de long. Panicules att. 20 cm de long. Fleurs de 13 m de long, rose pâle avec la gorge rouge. Tout sol; plein soleil. R. −15 °C.

S. vulgaris L., lilas commun — Or. Balkans, dans les fourrés sur collines rocheuses, fleurissant en avril-mai. Arbrisseau att. 4 m. Feuilles de 4 à 8 cm de long. Fleurs mauve pâle ou blanches (var. *alba* Weston) dans la nature. **'Aurea'** est un cultivar à feuilles jaunâtres.

Syringa reflexa à Kildrummy, Écosse

Syringa reflexa

Syringa ×josiflexa 'Guinevere'

Syringa sweginzowii

Syringa julianæ

Réduction à 40 %. Échantillons de Kew, 30 mai

Réduction à 40 %. Échantillons de Kew, 30 mai

Cultivars de *Syringa vulgaris*. Il existe plus de 600 cultivars de lilas commun ; ceux qui sont illustrés ici donnent des fleurs parfumées à la fin du printemps (sauf indication contraire) et réussissent en plein soleil. Ils aiment un bon sol bien drainé, poussent bien sur calcaire, mais ne tolèrent pas des conditions très acides. Aucune taille régulière n'est nécessaire, mais un étêtage embellit la plante. Les lilas mettent 2 ou 3 ans à s'installer après transplantation ; jusque-là, il y a peu de chance pour qu'ils acquièrent une forme et une couleur correspondant à ce que sera leur apparence définitive.

'John Dunbar' — Obtenu aux USA, dédié à John Dunbar du Service des Parcs de Rochester (New York).
'Lucie Baltet' — Obtenu à Troyes par Baltet avant 1888 ; maintenant peu courant. Bon parfum. Mrs McKelvey le considérait comme « un des plus beaux lilas à fleurs simples ».
'Charles Joly' — Obtenu par Lemoine en 1896. Port dressé ; les fleurs très parfumées sont abondantes vers le milieu, la fin de l'été.
'Volcan' — Obtenu en 1899 à Nancy par Lemoine.
'Mme Félix' — Issu du croisement de 'Marie Legraye' et d'un semis sans nom réalisé par Félix et Dykhuis en 1924 aux Pays-Bas. Florifère ; utilisé pour le forçage et la fleur coupée.
'Mme Antoine Buchner' — Grand arbrisseau à port assez « ouvert », obtenu en 1909 par Lemoine. Fleurs très parfumées vers le milieu ou la fin de l'été.
'Sensation' — Lilas inhabituel, avec un port un peu lâche, obtenu en 1938 par De Maarse à Boskoop. Fleurs au milieu de l'été, mais elles reviennent parfois au blanc franc.
'Edith Cavell' — Obtenu et commercialisé en 1916 par Lemoine à Nancy.
'Mme Florent Stepman' — Commercialisé en 1908 par F. Stepman - De Messemæker à Bruxelles ; croisement entre 'Dr Lindley' et 'Marie Legraye'.
'Mrs Edward Harding' — Grand arbrisseau à port plutôt lâche obtenu en 1923 par Lemoine. Fleurs parfumées, qui se décolorent jusqu'à devenir roses peu après leur éclosion, abondantes en fin d'été.
'Primrose' — Mutation de 'Marie Legraye' commercialisée vers 1949 par De Maarse aux Pays-Bas. Port compact ; floraison abondante en été.
'Firmament' — Buisson moyen commercialisé en 1932 par Lemoine. Fleurs parfumées en été.
'Hugo Koster' — Commercialisé en 1914 par Koster à Boskoop ; florifère et très parfumé. Convient bien au forçage.
'Katherine Havemeyer' — Commercialisé en 1922 par Lemoine ; arbrisseau compact avec des fleurs très parfumées (sujettes à pâlir) en été.
'Maréchal Foch' — Grand arbrisseau vigoureux obtenu par Lemoine en 1924. Les grandes inflorescences s'épanouissent au début de l'été.
'Maud Notcutt' — Obtenu par Notcutt (Suffolk, GB) en 1956. Végétation vigoureuse, assez dressée. Grandes inflorescences (jusqu'à 30 cm de long) en été.
'Souvenir d'Alice Harding' — Obtenu par Lemoine en 1938. Début de l'été.

***S. ×hyacinthiflora* 'Blue Hyacinth'** — *S. ×hyacinthiflora* (Lemoine) Rehd. est un hybride entre *S. oblata* et *S. vulgaris* obtenu d'abord par Lemoine à Nancy en 1876. Plus

'Lucie Baltet'

récemment W. Clarke a répété en Californie le croisement et obtenu plusieurs clones, parmi lesquels 'Blue Hyacinth'. Fleurs au printemps.

***S. ×hyacinthiflora* 'Buffon'** — Obtenu vers 1921 par Lemoine. Fleurs légèrement parfumées produites au printemps.

***S. ×hyacinthiflora* 'Esther Staley'** — Obtenu en 1948 par C. Clarke en Californie. Fleurs rosâtres.

Artemisia arborescens 'Powis Castle'

Cotinus coggygria

Cotinus coggygria 'Notcutt's Variety'

Artemisia arborescens **L. 'Powis Castle'** *(Compositæ)* — L'espèce est or. du pourtour méditerranéen, sur les falaises et coteaux, principalement sur calcaire, jusqu'à 800 m, fleurissant en juin-juillet (en France). Arbrisseau sempervirent att. 1 m de haut et davantage en largeur; feuilles aromatiques, une à trois fois pennatiséquées; capitules de 6 à 7 mm diam. sur de grandes inflorescences ramifiées. Sol bien drainé, plein soleil. R. −5 °C à −10 °C (selon la provenance). **'Powis Castle'**, montré ici sur les grands murs soutenant le jardin en terrasse à Powis, où il est né dans un semis, est un clone exceptionnellement rustique peut-être hybridé avec *A. absinthium*, ne fleurissant là que par un été chaud. Tout sol et plein soleil, mais plus robuste en sol pauvre et bien drainé. R. −10 °C à −15 °C.

Cotinus coggygria **Scop.** *(Anacardiaceæ)*, fustet, arbre à perruque — Or. S. Europe, O. Asie, Himalaya; C. Chine (var. *pubescens* Engl.) et E. Chine près de Quingdao (Tsin-tao) (var. *cinerea* Engl.), sur coteaux rocheux et rochers calcaires, le plus souvent sur les piedmonts jusqu'à 1300 m; en fleurs d'avril à juillet, avec des couleurs d'automne éclatantes. Arbuste caducifolié att. 4,50 m. Feuilles de 3 à 8 cm de long, ovales à obovales, glauques, ou pourprées à l'état jeune chez la f. *purpureus* (Dupuis-Jamin) Rehd., pourpre foncé chez 'Foliis Purpureis' ou pourpre rougeâtre foncé chez **'Notcutt's Variety'** (syn. 'Royal Purple') illustré ci-dessus. Fleurs d'env. 3 mm diam., avec 5 pétales minuscules. Inflorescence très ramifiée et munie de longs poils pourpres. Sol sec, bien drainé. Plein soleil. R. −20 °C.

Phlomis fruticosa **L.** *(Labiatæ)* — Or. S. Europe et O. Asie, sur falaises et collines rocheuses calcaires jusqu'à 1 000 m; en fleurs d'avril à juillet. Arbrisseau sempervirent att. 1 m (2 m en culture); feuilles de 3 à 9 cm de long. Fleurs en 1 ou 2 verticilles. Bractéoles obovales ou lancéolées, non glanduleuses. Sol sec bien drainé, sans eau ou très peu d'eau en été. Plein soleil. R. −10 °C.

Phlomis bourgæi **Boiss.** *(Labiatæ)* — Or. S.-O. Turquie,, dans le maquis, en pinèdes claires et sur rochers calcaires ou serpentiniques jusqu'à 1000 m; en fleurs d'avril à août. Arbrisseau sempervirent att. 1,50 m, feuilles verdâtres en dessus, grisâtres en dessous, de 3 à 16 cm de long. Inflorescences à 1 ou 2 verticilles de 12 à 20 fleurs. Diffère de *P. fruticosa* par les bractéoles subulées et collantes couvertes de poils étoilés et glanduleux. Sol bien sec drainé, sans eau en été. Plein soleil. R. −10 °C.

Paliurus spina-christi **Mill.** *(Rhamnaceæ)*, porte-chapeau, épine du Christ — Or. S. Europe (Espagne et France) , O. et C. Asie, N. Chine, sur les collines sèches et dans les haies jusqu'à 3000 m; en fleurs entre avril et septembre (selon les régions) avec des fruits bien visibles entre août et octobre. Arbuste caducifolié att. 3 m avec rameaux flexueux en zigzag. Feuilles de 2 à 4 cm de long avec stipules épineuses. Fleurs à 5 pétales; fruits de 2 à 3 cm de diamètre, entourés d'une aile plissée rayonnée, ondulée sur les bords. Sol sec; très résistant à la sécheresse estivale; plein soleil. R. −15 °C.

Euphorbia dendroides **L.** *(Euphorbiaceæ)* — Littoral méditerranéen (des îles d'Hyères à Israël), dans les fissures des éboulis et des falaises, et sur les collines calcaires, jusqu'à 400 m; en fleurs entre mars et juin. Arbuste sempervirent att. 2 m; feuilles de 2 à 6,5 cm de long. Fleurs à glandes avec 2 cornes obtuses. Graines de 2,5 à 3 mm, gris clair. Sol sec très bien drainé, sans eau en été. Plein soleil. R. −5 °C.

Euphorbia mellifera **Ait.** *(Euphorbiaceæ)* — Or. îles Canaries (N. Ténérife, N. La Palma) et Madère, dans les forêts de lauriers entre 500 et 1000 m; en fleurs de février à avril. Actuellement presque disparu dans la nature. Arbuste att. 15 m de haut. Feuilles att. 10 cm de long. Fleurs avec glandes brunâtres, en fin de printemps. Sol humifère riche et frais mais bien drainé; soleil ou mi-ombre. R. −10 °C, mais souvent subspontané après avoir été détruit par le froid.

Euphorbia acanthothamnos **Heldr. & Sart.** *(Euphorbiaceæ)* — Or. E. région méditerranéenne (Grèce et Turquie), sur roches calcaires et pentes serpentiniques jusqu'à 300 m; en fleurs de mars à mai. Arbrisseau caducifolié att. 35 cm de haut, épineux avec les rayons lignifiés de l'inflorescence de l'année précédente. Feuilles de 0,5 à 2 cm de long. Racine tubéreuse. Fleurs à odeur de miel. Sol sec, bien drainé, sans eau en été, frais en hiver et au printemps. Plein soleil. R. −10 °C.

Phlomis fruticosa à Monemvasia, Sud de la Grèce

Paliurus spina-christi

Phlomis bourgæi en Turquie

Euphorbia dendroides

Euphorbia mellifera

Euphorbia acanthothamnos dans le Sud de la Turquie

Euphorbia mellifera à Kerdalo

Réduction à 50 %. Échantillons du Physic Garden de Chelsea, 20 juin

Cistus* ×*skanbergii Lojac. (*Cistaceæ*) — Hybride entre *C. monspeliensis* et *C. parviflorus* or. de l'île de Lampedusa (S. Italie) et de Grèce. Arbrisseau sempervirent att. 60 cm. Feuilles gris vert. Fleurs d'env. 3 cm diam., en cymes ramifiées. Plein soleil, sans eau en été. R. −10 °C. Printemps-été.

Cistus salviifolius L. — Or. pourtour méditerranéen, Portugal, Aquitaine, vallée du Rhône, jusqu'au N.-E. Turquie, dans les fourrés, maquis et bois clairs siliceux jusqu'à 500 m ; en fleurs entre avril et juin. Selon les régions. Arbrisseau sempervirent att. 50 cm (rarement 1 m), souvent plus large que haut. Cymes de 1 à 4 fleurs de 3 à 5 cm diam. Sépales 5, la paire externe plus grande. Plein soleil ; supporte la sécheresse estivale. R. −10 °C. Printemps.

Cistus creticus L. (syn. *C. incanus* subsp. *creticus* (L.) Heywood) — Or. région méditerranéenne (de la Corse à la Géorgie et à la Crimée, et en Afrique du N.), dans les maquis et forêts claires, sur collines sèches jusqu'à 1000 m ; en fleurs d'avril à juin. Arbrisseau att. 1 m. Cymes de 3 à 7 fleurs de 3 à 5 cm diam. avec 5 sépales. Plein soleil, sol sec en été. R. −10 °C. Printemps.

Cistus* ×*fernandesæ da Silva **'Anne Palmer'** — Hybride entre *C. crispus* et *C. ladanifer* 'Paladin' obtenu par Collingwood Ingram à Benenden (Kent, GB) avant 1960. Tout sol bien drainé en plein soleil. R. −5 °C (ou −10 ° avec abri).

Cistus* ×*purpureus Lam. — Hybride entre *C. creticus* et *C. ladanifer*, connu depuis 1790. Arbrisseau att. 2,50 m. Fleurs de 6 à 8 cm diam. Sol bien drainé ; plein soleil et abri des vents secs et froids. R. −10 °C.

***Cistus* ×*purpureus* 'Betty Taudevin'** (syn. 'Betty Tandeville') — Amélioration du *C.* × *purpureus* obtenue par MM. Taudevin à Willaston (Cheshire, GB) avant 1952. Couleur des fleurs plus profonde que chez le type, avec tiges pourpres.

Cistus* ×*pulverulentus Pourr. (souvent commercialisé sous le nom de *C. crispus* par erreur) — Hybride entre *C. albidus* et *C. crispus* fréquent dans la nature. Arbrisseau att. 1 m, plus large que haut. Sol bien drainé ; plein soleil. R. −10 °C.

Cistus* ×*aguilari Pau var. ***immaculatus*** Ceb. & Vic. — Hybride de *C. ladanifer* f. *albiflorus* et de *C. populifolius* var. *major* trouvé dans la nature en Espagne. Arbrisseau att. 2 m. La var. *aguilari*, à pétales maculés à la base, découverte en 1921 dans la Sierra Morena par Carlos Pau, a été reconstituée en culture vers 1936 et commercialisée sous le nom de 'Maculatus'.

Cistus libanotis L. — Or. S. Portugal et S.-O. Espagne, dans les pinèdes sableuses côtières, fleurissant en mars. Arbrisseau att. 1,50 m. Inflorescences ombelliformes avec jusqu'à 12 fleurs de 2 à 3 cm diam. avec 3 sépales. Sol bien drainé ; plein soleil. R. −10 °C. Fin du printemps.

Cistus parviflorus Lam. — Or. Lybie, S. Italie, Grèce, Chypre et Turquie dans les maquis et collines calcaires jusqu'à 100 m, fleurissant en mars et avril. Arbrisseau att. 1 m de haut et davantage en largeur. Cymes de 3 à 6 fleurs de 2 à 3 cm diam. à style court. Tout sol bien drainé ; plein soleil. R. −10 °C. Printemps-été.

Cistus crispus L., ciste crépu — Or. Portugal et région méditerranéenne occidentale, dans les maquis, les pinèdes claires en dessous de 1000 m ; en fleurs entre mars et juin. Arbrisseau souvent étalé de 30 à 60 cm de haut. Fleurs de 3 à 4 cm de diam. avec pétales chiffonnés et 5 sépales poilus. Plein soleil ; sol siliceux sec en été. R. −10 °C. Printemps.

Cistus* ×*hybridus Pourr. var. ***corbariensis*** (Pourr.) Cout. — Hybride entre *C. populifolius* var. *populifolius* et *C. salvifolius* or. de France (Corbières). Att. 1 m ; feuilles ovales, cordées, de 2 à 5 cm de long. Fleurs de 35 mm diam. Sol bien drainé ; plein soleil et abri des vents froids. R. −15 °C.

Cistus ladanifer var. ***sulcatus*** Dem. (syn. *C. palhinhæ* Ingram) — Or. S.-O. Portugal sur sables côtiers et sommets de falaises calcaires dénudés, en fleurs de février à avril. Arbrisseau att. 50 cm (1,50 m en culture). Feuilles très collantes, de 2 à 6 cm de long, vert foncé avec nervures incrustées en dessus. Fleurs de 7 à 10 cm diam. avec 3 sépales, maculées de pourpre (f. *bicolor* Dem.) ou immaculées (f. ***latifolius*** Dav.). R. −5 °C. Fin du printemps.

Cistus crispus dans le sud de l'Espagne ; à l'horizon, Gibraltar

Cistus libanotis

Cistus crispus

Cistus parviflorus

Réduction à 50 %. Échantillons de Wisley, 21 juin

Halimium atriplicifolium près de Ronda

Cistus populifolius près de Ronda, en Andalousie

Halimium ocymoides

Halimium lasianthum 'Formosum'

Cistus monspeliensis L. (*Cistaceæ*), ciste noir, ciste de Montpellier — Or. pourtour méditerranéen, Portugal et îles Canaries, dans les maquis des collines sèches, fleurissant entre mars et juin selon les régions. Arbrisseau sempervirent att. 1,50 m. Fleurs de 2 à 3 cm diam., avec 5 sépales. Sol bien drainé ; plein soleil. 10 °C. Fin du printemps.

Cistus albidus L., ciste blanc — Or. bassin méditerranéen occidental et Portugal, dans les maquis et pinèdes claires surtout calcaires ; en fleurs entre avril et juin. Arbrisseau sempervirent att. 1,50 m. Feuilles duveteuses grises de 2 à 5 cm de long. Fleurs de 4 à 6 cm diam. Sol bien drainé ; plein soleil. R. −15 °C. Printemps.

Cistus ×argenteus Dans. **'Silver Pink'** — Hybride de *C. laurifolius* avec probablement *C. creticus* obtenu par hasard vers 1910 par les pépinières Hillier (Winchester, G-B). Arbrisseau att. 1 m. Feuilles lancéolées grisâtres, att. 7,5 cm de long. Fleurs d'env. 4 cm diam. Sol bien drainé ; plein soleil. R. −15 °C. Serait plus robuste dans un bon sol que dans un sol pauvre et acide. Fin du printemps.

Cistus laurifolius L. — Or. péninsule ibérique, Aquitaine (rare), Languedoc et Provence ; Thrace et O. Turquie ; Maroc (subsp. *atlanticus* (Pit.) Sen.) ; en montagne et dans les pinèdes claires jusqu'à 1200 m ; en fleurs entre mai et juillet. Arbrisseau att. 3 m. Feuilles coriaces. Fleurs de 3 à 6 cm diam. Sol bien drainé ; plein soleil. R. −20 °C. Fin du printemps.

Cistus ×purpureus Lam. **'Alan Fradd'** — Forme du *C. purpureus* (p. 163) nommée d'après un pépiniériste du Sussex (GB). R. −10 °C.

Cistus ladanifer L. var. ***ladanifer*** — Or. Midi de la France, Espagne et Portugal, dans les collines sèches, généralement siliceuses, jusqu'à 1 000 m, fleurissant entre avril et juin. Arbrisseau att. 2,50 m. Feuilles et tiges très collantes et aromatiques en été. Fleurs de 5 à 10 cm diam., solitaires, avec ou sans (f. *albiflorus* (Dun.) Dans.) macules pourpres. Capsules avec 7 à 12 loges (généralement 9 à 10). Sol bien drainé ; plein soleil. R. −10 °C. Fin du printemps.

Cistus populifolius L. — Or. Languedoc, N. Espagne et N. Portugal ; remplacé plus au S. jusqu'au Maroc par la var. ***major*** Dun., sur collines rocheuses sèches (siliceuses ou calcaires) jusqu'à 1 000 m ; en fleurs entre avril et juin. Arbrisseau att. 2,50 m, légèrement aromatique et collant. Feuilles ovales, cordées, att. 10 cm de long. Fleurs penchées avec sépales rouges en bouton, de 4 à 6 cm diam. Sol bien drainé ; plein soleil. R. −15 °C (−5 °C pour la var. *major*). Printemps.

×Halimiocistus ×wintonensis O. & E. Warb. **'Merrist Wood Cream'** — Hybride entre *Halimium ocymoides* et *Cistus salvifolius* obtenu en 1970 au Collège Horticole de Merrist Wood (Guildford, GB). Arbrisseau sempervirent étalé att. 50 cm ; fleurs d'env. 5 cm diam., en mai et juin. Sol bien drainé ; plein soleil. R. −10 °C.

Halimium ocymoides (Lam.) Wk. (*Cistaceæ*) — Or. Espagne, Portugal et Maroc, dans les landes, endroits sableux et pinèdes claires ; en fleurs entre avril et juin. Arbrisseau sempervirent att. 1 m. Feuilles des pousses stériles argentées, obovales, att. 15 mm de long ; celles des pousses florifères obovales à lancéolées, de 12 à 30 mm de long, vertes. Fleurs de 25 à 35 mm diam. Sol bien drainé ; plein soleil. R. −15 °C. Fin du printemps.

Halimium lasianthum (Lam.) Spach **'Formosum'** — Or. C. et S. Portugal, E. et S. Espagne, N. Maroc, dans les maquis et pinèdes claires, fleurissant en avril-mai. Arbrisseau att. 1 m. Feuilles grises, att. 4 cm de long, immaculées (f. *concolor*) ou maculées. **'Formosum'**, récolté en 1780 en Algarve, est une variante à fleurs particulièrement grandes (4-6 cm diam.) et à macules très apparentes. R. −15 °C. Fin du printemps.

Halimium atriplicifolium (Lam.) Spach — Or. C. et S. Espagne, dans les pinèdes et rocailles jusqu'à 1 000 m, fleurissant en avril et mai. C'est l'espèce la plus grande du genre, att. 1,50 m, avec des inflorescences couvertes de poils glanduleux rouge pourpré. Feuilles argentées d'1 à 4 cm de long ; fleurs de 4 à 5 cm diam., maculées (f. *maculatum*) ou immaculées, avec 3 sépales. Plein soleil et sol bien drainé. R. −5 °C.

Réduction à 20 %. Échantillons de Wisley, 21 juin

Lupinus arboreus à Salt Point, Nord de la Californie

Adenocarpus complicatus (L.) Gray (*Leguminosæ*) — Or. France (des Côtes du N. au Jura jusqu'aux Pyrénées et au Gard), Espagne, Portugal, Madère, Italie, Grèce, O. Asie, dans les maquis et forêts claires, et sur coteaux, fleurissant entre avril et juillet. Arbrisseau caducifolié sans épine, att. 4 m. Tout sol bien drainé ; plein soleil ou mi-ombre. R. −10 °C. Été.

Genista tournefortii Spach (*Leguminosæ*) — Or. Espagne, Portugal et Afrique du N., dans les landes et pinèdes claires, fleurissant en mai. Arbrisseau très rameux d'env. 1 m de haut. Sol bien drainé. R. −15 °C. Été.

Genista florida L. (*Leguminosæ*) — Or. Maroc, Espagne et N. Portugal, dans les maquis de cistes et de bruyères et les forêts claires jusqu'à 1000 m, fleurissant en mai et juin. Arbrisseau sempervirent att. 3 m. R. −15 °C. Les plantes marocaines sont dites plus argentées que les européennes. Été.

Genista tenera (Jacq.) O. Kuntze (syn. *G. virgato* (Ait.) Link von Willd.) — Or. Madère et Canaries (Ténérife) sur falaises et rochers ensoleillés secs en dessous de 1200 m ; en fleurs de mars à juillet. Arbrisseau caducifolié att. 4 m. R. −10 °C.

Genista lydia Boiss. (*Leguminosæ*) — Or. Balkans et O. Asie, sur collines rocheuses calcaires ; en fleurs d'avril à juin. Arbrisseau sempervirent étalé att. 1 m. Feuilles simples de 3 à 10 mm de long, sur des tiges non ailées. Sol bien drainé ; plein soleil et en meilleure place là où ses branches peuvent retomber librement. R. −15 °C. Début de l'été.

Genista cinerea (Vill.) DC. (*Leguminosæ*) — Or. S. France (Dauphiné, Midi), Portugal, Espagne, Italie, Tunisie et Algérie, dans les bois et maquis jusqu'à 1800 m (au S. Espagne) ; en fleurs entre mai et août. Arbrisseau dressé att. 3,50 m. R. −15 °C.

Genista radiata (L.) Scop. (*Leguminosæ*) — Or. C. Europe (du Dauphiné et du Valais à la Thessalie), sur collines calcaires, en fleurs entre mai et juillet. Arbrisseau touffu att. 1 m. R. −15 °C.

Genista ætnensis (Biv.) DC. (*Leguminosæ*), genêt de l'Etna — Or. Sicile et Sardaigne, sur collines sèches jusqu'à 1800 m, fleurissant en juin. Arbuste att. 5 m (10 m en culture) avec des rameaux jonciformes pleureurs. Fleurs d'env. 12 mm diam. R. −15 °C. Été. Très bel et élégant arbuste tardif.

Spartium junceum L. (*Leguminosæ*), genêt d'Espagne — Or. îles Canaries, Portugal et région méditerranéenne jusqu'à Israël, dans les maquis, coteaux et au bord des routes, généralement sur calcaire ; en fleurs entre mai et août. Arbuste att. 3 m ou davantage avec ramilles cylindriques et glauques. Tout sol ; plein soleil. R. −10 °C.

Cytisus ramentaceus Sieb. (syn. *Petteria ramentacea* (Sieb.) Presl) (*Leguminosæ*) — Or. Dalmatie, Albanie, dans les maquis de montagne, fleurissant en mai. Arbrisseau caducifolié att. 2 m. R. −15 °C. Début de l'été.

Cytisus scoparius (L.) Link (syn. *Sarothamnus scoparius* (L.) Wimmer ex Koch) (*Leguminosæ*), genêt à balai — Or. O., C. et S. Europe (de l'Irlande à l'Ukraine) et N. Afrique, dans les forêts claires, landes, collines, bords de rivières, généralement en sol sableux acide, fleurissant en mai et juin. Arbrisseau att. 2 m, avec rameaux vert foncé très anguleux. Fleurs de 16 à 18 mm de long, jaune chaud, parfois jaune pâle ou rougeâtre dans la nature, avec de nombreux cultivars (du blanc pur au rouge foncé, voir p. 95), parfumées. Gousses noires une fois mûres, s'ouvrant de façon explosive sous un soleil chaud. Sol acide ou neutre, bien drainé. R. −20 °C.

Cytisus battandieri Maire (syn. *Argyrocytisus battandieri* (Maire) Raynaud) (*Leguminosæ*) — Or. Maroc (Moyen-Atlas entre 1 500 et 2 000 m, et Rif central) en sol sableux ou acide en forêts de chênes ou de cèdres, fl. en juin. Arbuste semi-sempervirent att. 4 m. Fleurs parfumées. Sol léger et bien drainé; plein soleil. R. −15 °C.

Indigofera amblyantha Craib (*Leguminosæ*) — Or. C. Chine (O. Hubei, où il est commun) dans les fourrés sur pentes entre 1 000 et 1 800 m; en fleurs de mai à juillet et jusqu'en automne. Arbrisseau caducifolié att. 2 m. Feuilles composées de 7 à 11 folioles. Fleurs rose pâle à rougeâtres de 6 à 7 mm de long, ou inflorescences dressées qui continuent de fleurir au cours de l'été. Sol bien drainé; soleil et situation chaude avec arrosage en été. R. −20 °C.

Lupinus arboreus Sims (*Leguminosæ*) — Or. côte pacifique de l'Orégon au S. Californie, sur le sable des dunes stabilisées, dans les pinèdes et fourrés côtiers en dessous de 30 m; en fleurs de mars à juin. Naturalisé sur les côtes d'Irlande et du S. Angleterre. Arbrisseau sempervirent att. 2,50 m, très rameux. Fleurs parfois blanches ('Snow Queen') ou bleutées. Sol bien drainé; plein soleil; bien dans les jardins du bord de mer. R. −15 °C. Été. Les plantes des côtes britanniques ont des feuilles moins soyeuses et des grappes de fleurs plus longues que celles d'Amérique.

Colutea arborescens L. (*Leguminosæ*), baguenaudier — Or. C. et S. Europe (de la Lorraine à l'Autriche), E. Asie et N. Afrique, dans les bois, fourrés et collines calcaires sèches; en fleurs de mai à juillet. Arbrisseau caducifolié att. 6 m. Feuilles composées de 4 ou 5 paires de folioles largement elliptiques, ovales à obovales, att. 3 cm de long. Fleurs jaunes, de 16 à 20 mm de long; gousses très renflées, 4-7×2-3 cm. Sol bien drainé; plein soleil ou mi-ombre. R. −20 °C. Été.

***Colutea* ×media** Willd. (*Leguminosæ*) — Hybride entre *C. arborescens* (ci-dessus) et *C. orientalis*, espèce à fleurs vermillon du Caucase. Arbrisseau att. 3 m. Feuilles grisâtres avec 11 à 13 folioles plus arrondies. Fleurs jaune-orangé, aux lobes du calice lancéolés. Sol bien drainé. R. −20 °C.

Sesbania punicea (Cav.) Benth. (*Leguminosæ*) — Or. S. Brésil, Uruguay et Argentine, naturalisée du S. Texas à la Floride et dans certaines parties de l'Afrique du S., dans les sols riches de décombres, fleurissant en avril, mai et en automne. Arbuste att. 3 m, avec grappes pendantes de fleurs att. 2 cm diam. Gousses comprimées en 4 ailes. R. −10 °C.

Amicia zygomeris DC. (*Leguminosæ*) — Or. O. Mexique, dans la cordillère occidentale, en forêt au bord des cours d'eau, entre 1800 et 2500 m. Sous-arbrisseau att. 2 m ou plus. Feuilles à 4 folioles d'env. 6 cm de long; stipules foliacées, pourpres, de 2 cm diam. Fleurs de 2 cm de long, jaune veiné de pourpre. Tout sol en situation abritée, en plein soleil. Rabattu par le froid en hiver, mais rejette de souche. R. −10 °C. Fin de l'été.

Genista ætnensis aux pépinières Goatcher, Washington, Sussex

Colutea arborescens

Colutea ×media

Amicia zygomeris

Sesbania punicea

Indigofera kirilowii dans les Jardins botaniques de l'Université, Cambridge

Indigofera heterantha

Sophora davidii

Indigofera kirilowii Maxim. (*Leguminosæ*) — Or. Mandchourie, Corée et N. Kyushu, dans les fourrés et endroits herbeux; en fleurs de mai à juillet. Arbrisseau caducifolié att. 1,50 m avec rameaux étalés. Feuilles composées de 7 à 11 folioles pubescentes des deux côtés, mucronées, d'1 à 3 cm de long. Fleurs d'env. 2 cm de large en grappes denses att. 12 cm avec pédoncules plus longs que les pétioles. Tout sol, plein soleil. R. −20 °C. Été.

Indigofera heterantha Wall. ex Brandis (syn. *I. gerardiana* Wall. ex Bak.) — Or. Himalaya (depuis l'Afghanistan jusqu'à l'O. Chine), formant souvent des fourrés denses entre 1 500 et 3 000 m sur pentes sèches ensoleillées, fleurissant en mai-juin. Arbrisseau très rameux att. 2,50 m. Feuilles composées de 13 à 21 petites folioles de 1 à 1,5 cm de long, en général arrondies ou émarginées, avec quelques poils couchés sur les deux faces. Fleurs en grappes denses, dressées, brièvement pédonculées, de 7 à 15 cm de long. Tout sol; plein soleil. R. −15 °C, mais refleurit après avoir été rabattu par le froid. Milieu à fin de l'été.

Sophora davidii (Franch.) Skeels (syn. *S. viciifolia* Hance) (*Leguminosæ*) — Or. Chine (O. Hubei, Sichuan, Yunnan), dans les endroits secs, rocheux et les vallées arides; en fleurs d'avril à juin. Très rameux, att. 2,50 m. Feuilles caduques de 2 à 6 cm de long avec 13 à 19 folioles. Fleurs d'1,6 à 2 cm de long par grappes de 6 à 12, bleu clair à indigo foncé. Tout sol sec bien drainé; bien sur calcaire; plein soleil. R. −20 °C. Début de l'été.

Campylotropis polyantha (Franch.) A. Schindl. (*Leguminosæ*) — Or. O. Chine (Yunnan, Sichan), sur pentes sèches dans les fourrés, entre 1 500 et 2 600 m, fleurissant en mai. Arbrisseau caducifolié plutôt dressé ou arqué, att. 2 m. Feuilles avec 3 folioles d'env. 1 cm de long. Tout sol; plein soleil. R. −10 °C. Fin du printemps.

Desmodium tiliæfolium (D. Don) G. Don (*Leguminosæ*) — Or. Himalaya jusqu'à l'O. Sichuan, dans les fourrés au bord des rivières; fl. de mai à août. Sous-arbrisseau att. 2 m, avec de longues pousses partant de la base. Feuilles caduques à 3 folioles, la terminale obovale à ovale-rhombique de 5 à 10 cm de long. Fleurs d'env. 12 mm de long, rouges, mauves ou roses; gousses de 5 à 7 cm de long avec 6 à 9 graines. Tout sol, soleil ou abri. R. −15 °C, refleurit en une année en repartant du sol. Fin de l'été à l'automne. *D. præstans*, du Yunnan et S. Sichuan, est un arbrisseau plus grand dont les feuilles ont une foliole plus grande.

Lespedeza bicolor Turcz. (*Leguminosæ*) — Or. Japon, Corée, E. Sibérie et N. Chine, dans les fourrés; en fleurs de juillet à octobre. Sous-arbrisseau caducifolié att. 1,80 m, avec des tiges annuelles arquées, 3 folioles elliptiques att. 4 cm de long. Tout sol; mi-ombre. R. −25 °C. Automne. Le très similaire *L. thunbergii* (DC.) Nakai a des folioles plus étroites et les dents inférieures du calice plus longues que le tube (plus courtes chez *L. bicolor*). Plante à floraison tardive et rappelant un genêt pour l'ombre humide ou sèche. Le soleil et un sol sec favorisent une floraison plus précoce.

Campylotropis polyantha à Lijiang

Desmodium tiliæfolium à Boaxing, Sichuan

Lespedeza bicolor au Japon en octobre

Ononis fruticosa

Dorycnium hirsutum

Carmichelia flagelliformis

Dorycnium hirsutum (L.) Sér. — Or. C. et S. Europe sur collines rocheuses sèches et bords de routes, en fleurs de mai à juillet. Arbrisseau sempervirent att. 60 cm, couvert de longs poils blancs. Fleurs de 10 à 12 cm diam., blanches ou roses. Gousses de 6 à 12 mm de long, rougeâtres. Sol bien drainé ; plein soleil. R. −15 °C.

Ononis fruticosa L. (*Leguminosæ*) — Or. Afrique du N., Espagne, Pyrénées centrales, Cévennes, Alpes et Provence (jusqu'à Fréjus), dans les rocailles et bois secs de montagne, généralement sur calcaire ; en fleurs de mai à août. Arbrisseau att. 1 m, à feuilles caduques, collantes, composées de 3 folioles de 7 à 25 mm de long. Fleurs de 1 à 2 cm de long. Sol bien drainé ; plein soleil avec abri. R. −15 °C. Été.

Carmichælia flagelliformis Col. ex. Hook. (*Leguminosæ*) — Or. N. et S. Nouvelle-Zélande, dans les fourrés, alluvions rocheuses sèches et bords de forêts, où il fleurit en octobre-novembre. Arbuste att. 2 (rarement 3) m, généralement sans feuilles. Rameaux arrondis, non aplatis. Feuilles minuscules avec 3 à 5 folioles de 2 à 3 mm diam. Fleurs d'env. 3 mm diam. Sol bien drainé ; plein soleil. R. −10 °C. Printemps. La plupart des autres espèces de *Carmichælia* ont des rameaux aplatis, d'aussi petites fleurs parfumées (jusqu'à 6 mm chez *C. grandiflora* Benth & Hook. fil.) ; elles sont généralement sensibles au gel mais *C. petriei* Kirk, *C. enysii* Kirk et *C. grandiflora* sont les plus rustiques. *C. williamsii* Kirk se distingue par ses fleurs solitaires ou presque, jaunâtres veinées de brun att. 25 mm de long.

Robinia hispida

Robinia kelseyi dans les Jardins botaniques de l'Université, Cambridge

Amorpha canescens

Amorpha fruticosa

Robinia viscosa

Erythrina crista-galli

Erythrina crista-galli L. (*Leguminosæ*) — Or. Brésil. Donne sous climat très tempéré un arbuste de 5 m, avec un tronc et des branches épais, mais peut fleurir sur les pousses annuelles qui sortent de la base ligneuse si celle-ci est protégée du gel. Fleurs att. 5 cm de long sur des inflorescences pouvant dépasser 30 cm de long. Tout sol; plein soleil avec protection murale sous climat frais. R. −10 °C avec protection. Été.

Robinia viscosa Vent. (*Leguminosæ*) — Or. E. USA (O. Virginie, Caroline du N. — où il a été récolté par Michaux qui l'introduisit en France en 1791 — jusqu'en Alabama), dans les fourrés et bois clairs secs, jusqu'à 1 200 m. Arbuste caducifolié att. 9 m. Rameaux et pétioles visqueux. Grappes denses de 6 à 16 fleurs. Sol bien drainé; soleil ou mi-ombre. R. −25 °C. Début de l'été.

Robinia hispida L. — Or. E. USA (de la Virginie et du Tennessee à l'Alabama) dans les fourrés et bois secs sur les collines. Arbuste caducifolié att. 3 m. Rameaux bruns couverts de poils raides. Grappes lâches de 3 à 8 fleurs. Gousses hirsutes. Tout sol bien drainé; plein soleil. R. −20 °C. Début de l'été.

Robinia kelseyi Hutch. — Or. Caroline du N., sur les collines et crêtes boisées. Arbuste att. 3 m. Grappes lâches de 5 à 8 fleurs. Gousses couvertes de poils pourpres. Sol bien drainé, plein soleil. R. −15 °C. Début de l'été.

Asimina triloba

Æsculus parviflora à Wakehurst Place, Sussex

Æsculus californica dans le Nord de la Californie

Amorpha canescens Pursh (*Leguminosæ*) – Or. C. Amérique du N., dans les bois sableux et au bord des cours d'eau. Arbrisseau att. 1 m ; feuilles sans pétiole, avec 15 à 45 folioles de 7 à 20 mm de long. Fleurs nombreuses. Soleil ou mi-ombre. R. –25 °C ou en dessous. Fin de l'été.

Amorpha fruticosa L. – Or. C. et E. Amérique du N., dans les fourrés humides et dans les plaines inondables. Arbrisseau caducifolié att. 4 m. Feuilles avec folioles de forme et dimensions variables, att. 6 cm de long. Tout sol sableux ; soleil ou mi-ombre. R. –25 °C. Été.

Asimina triloba (L.) Dunal (*Annonaceæ*) – Or. C. et E. Amérique du N., sur les sols riches et humides de vallées, fleurissant en avril et mai. Arbuste att. 12 m. Fleurs de 4,5 cm diam. Fruits allongés, bruns ou noirs, avec un bon goût rappelant la pomme-cannelle (*Annona squamosa* L.). Tout bon sol ; soleil ou mi-ombre. R. –20 °C. Début de l'été.

Æsculus parviflora Walt. (*Hippocastanaceæ*) Or. S.-E. USA (de la Géorgie à la Floride), sur les escarpements boisés et dans les bois riches, le long des cours d'eau. Arbrisseau drageonnant att. 4 m pouvant former une grande touffe. Feuilles caduques composées de 5 à 7 folioles att. 20 cm de long. Inflorescence att. 30 cm de long. Soleil ou mi-ombre. R. –20 °C. Été.

Æsculus californica (Spach) Nutt., marronnier de Californie – Or. C. Californie, dans les fruticées, en lisières de chênaies et pinèdes en dessous de 1 000 m. Arbuste att. 7 m. Feuilles caduques avec 5 à 7 folioles att. 15 cm de long ; inflorescences att. 20 cm de long avec fleurs rose pâle ou blanches. Fruits bruns en forme de poire, non épineux. Graines très grosses à semer en place de préférence. Tout sol bien drainé, sec en été. R. –15 °C. Été.

Æsculus pavia L. – Or. S.-E. USA, dans les bois humides et au long des cours d'eau. Arbuste att. 6 m. Feuilles caduques de 18 à 32 cm de long, avec 5 à 7 folioles minces. Fleurs rouges. Fruits lisses. Tout sol ; soleil ou mi-ombre. R. –25 °C. Début de l'été.

Cephalanthus occidentalis L. (*Rubiaceæ*) – Or. Amérique du N. (du Canada à Cuba), dans les marécages et endroits humides ; en fleur de juin à août. Arbrisseau att. 6 m. Feuilles caduques opposées ou par 3. Fleurs de 15 mm de long, sans pétiole, parfumées, en têtes globuleuses. Sol très humide ; plein soleil. R. –25 °C.

Cephalanthus occidentalis

Æsculus pavia

Rubus odoratus

Rubus 'Tridel Benenden'

Rubus odoratus × 'Tridel'

Rubus neomexicanus

Rubus deliciosus

Rubus odoratus L. (*Rosaceæ*) — Or. Amérique du N. (du Québec et de l'Ontario à la Géorgie et au Tennessee), dans les bois humides et broussailles ; en fleurs de juin à septembre. Arbrisseau drageonnant att. 2 m. Feuilles caduques avec 3 à 5 lobes, de 10 à 30 cm diam. Fleurs de 3 à 6 cm diam. avec un calice glanduleux. Fruits rouges, plutôt secs. Tout bon sol ; ombre ou mi-ombre. R. −40 °C. Milieu et fin de l'été.

***Rubus odoratus* × *R.* 'Tridel'** — Cet hybride a le port de *R. odoratus* mais des fleurs rose mauve plus grandes et plus pâles.

***Rubus* 'Tridel Benenden'** — Hybride entre *R. trilobus* (espèce mexicaine de montagne) et *R. deliciosus*) obtenu par Collingwood Ingram à Benenden (Kent, GB) en 1950. Cannes rougeâtres arquées att. 4 m. Feuilles caduques att. 9 cm de long. Fleurs att. 5 cm diam. Tout bon sol. Soleil ou mi-ombre. R. −20 °C. Début de l'été.

Rubus neomexicanus Gray — Or. Nouveau-Mexique, Arizona et Sonora, dans les ravins de montagnes. Arbrisseau dressé att. 2 m, ressemblant à *R. deliciosus* mais avec des feuilles à 3-5 lobes plus profonds, le terminal aigu, et pubescentes en dessous. Fleurs att. 5 cm diam. R. −15 °C.

Rubus spectabilis Pursh — Or. côte O. Amérique du N. (de l'Alaska au N.-O. Californie), dans les bois humides et forêts de *Sequoia* ; en fleurs de mars à juin. Cannes dressées et ramifiées att. 4 m. Feuilles avec 3 folioles, la médiane de 4 à 10 cm de long. Inflorescences avec 1 à 4 fleurs de 15 à 20 mm de long. Fruits rouges, orangés ou jaunes. Sol humide ; mi-ombre. R. −25 °C. Été. Le clone à fleurs doubles illustré ci-contre pousse dans le jardin du château de Crathes (Aberdeenshire, Écosse).

Rubus biflorus Buch.-Ham. — Or. Himalaya (depuis le Cachemire) jusqu'à l'O. et le N. Chine (Gansu), dans les broussailles et bords de forêts entre 1 800 et 2 100 m, fleurissant en mai. Cannes arquées att. 3,50 m avec une pruine blanche. Feuilles caduques avec 3 à 5 folioles blanches en dessous. Grappes lâches de 2 à 8 fleurs de 2 à 2,5 cm diam., penchées. Fruits jaunes ou orangés. Tout sol ; soleil ou mi-ombre. R. −15 °C, peut-être. Floraison printanière. Bien pour ses cannes blanches en hiver.

Rubus amabilis Focke — Or. E. Himalaya jusqu'au N. Chine, colonisant le sol des forêts entre 1 300 et 3 800 m, fleurissant en mai-juin. Cannes att. 2 m de long. Feuilles caduques de 10 à 20 cm de long, avec 7 à 11 folioles. Fleurs solitaires, penchées, de 4 à 5 cm diam. Fruits rouges. Sol humifère frais ; mi-ombre. R. −20 °C. Printemps-été.

Rubus tricolor Focke — Or. O. Chine (Yunnan et Sichuan), sur talus abrupts et dans les broussailles entre 1 000 et 2 000 m, fleurissant en juin-juillet. Arbrisseau rampant, semi-sempervirent, couvrant de grandes surfaces, et poussant de plus d'1 m par an. Tiges rougeâtres couvertes de poils raides. Feuilles de 6 à 10 cm de long. Fleurs att. 25 mm diam. Sol frais ; mi-ombre. R. −15 °C. Été.

Pyracantha rogersiana (A.B. Jacks.) Chitt. (*Rosaceæ*) — Or. N.-O. Yunnan, dans les fourrés et haies vers 2 500 m, fleurissant en

Rubus spectabilis

Pyracantha rogersiana près de Lijiang, Yunnan

Rubus spectabilis à fleurs doubles

Neillia thibetica

Rubus tricolor

mai. Arbrisseau épineux att. 4 m. Feuilles persistantes ou semi-caduques, obtuses, glabres en dessous, de 15 à 35 mm de long, serrulées. Inflorescences glabres. Fruits de 6 mm, orangés (voir p. 262). Tout bon sol; plein de soleil. R. −15 °C. Fin du printemps; fructification pendant tout l'hiver.

Neillia thibetica Franch. (*Rosaceæ*) — Or. O. Sichuan, dans les fourrés et parmi les rochers près des cours d'eau, entre 1 600 et 2 600 m, fleurissant entre mai et juillet. Arbrisseau caducifolié avec tiges arquées att. 2 m. Feuilles de 5 à 8 cm de long, poilues en dessous, serrulées et lobulées. Fleurs de 8 mm de long, en grappes denses de 4 à 8 cm de long. L'espèce très voisine *N. longiracemosa* Hemsl. a des feuilles non lobulées, presque glabres en dessous et des grappes att. 15 cm de long. Tout sol; soleil ou mi-ombre. R. −20 °C. Été.

Rubus biflorus à Lijiang

Rubus amabilis à Boaxing

Réduction à 50 %. Échantillons de l'Arboretum Hillier, 14 mai

Viburnum lantanoides à Windsor

Xanthoceras sorbifolium

Viburnum buddleifolium Wright (*Caprifoliaceæ*) — Or. C. Chine, dans les fourrés, fl. en mai. Dressé, att. 2 m feuilles caduques, oblongues-lancéolées, de 8 à 15 cm, grisâtres en dessous. Fleurs de 8 mm diam., les lobes de la corolle plus longs que le tube (voir *V. cotinifolium* p. 177). Tout sol, plein soleil. R. −20 °C. Début de l'été.

V. carlesii Hemsl. — Or. Corée et îles Tsushima (Khyushu) dans les fourrés, fleurissant en avril-mai. Arbrisseau arrondi att. 1,50 m. Feuilles larges, ovales, de 3 à 10 cm de long, densément pubescentes en dessous, avec 5 à 7 paires de nervures. Fleurs de 10 à 14 mm diam., parfumées, en têtes rondes de 5 à 7 cm diam. Tout sol; soleil ou mi-ombre. R. −20 °C. Fin de printemps. Trois sélections à partir de graines de Corée nommées par Leslie Slinger (des pépinières Slieve Donard, Irl. du N.) **'Aurora'** à fleurs rosées, **'Diana'** plus vigoureuse à fleurs rosées et 'Charis' à fl. blanches.

V. bitchiuense Mak. (syn. *V. carlesii* var. *bitchiuense* (Mak.) Nakai). — Or. Corée et stations isolées au Japon, dans les fourrés, fl. en avril-mai. Diffère de *V. carlesii* par ses feuilles à pétiole plus long (4 à 8 mm contre 3 à 5) et ses plus petites fleurs. Hauteur att. 2,50 m. R. −20 °C.

***V.* 'Anne Russel'** — Hybride obtenu avec croisement de retour entre *V. carlesii* et *V. burkwoodii* en 1951 par L. Russel à Windlesham (Surrey, G-B). Port plus dressé que celui de *V. carlesii*, avec fleurs parfumées de 16 mm diam. Début du printemps.

***V.* ×*burkwoodii* 'Park Farm'** — Hybrides entre *V. carlesii* et *V. utile* obtenu vers 1925. Le clone 'Burkwoodii' a des groupes un peu plus petits de fleurs plus pâles. Arbrisseau caducifolié att. 2,50 m. Feuilles ovales à lancéolées; fleurs parfumées de 12 mm diam, au printemps. Tout sol; plein soleil. R. −20 °C. Plus rustique et plus rapide en croissance que *V. carlesii*.

V.* ×*carlcephalum Burkw — Hybride entre *V. macro-cephalum* et *V. carlesii*. Arbrisseau caducifolié att. 2 m de haut. Fleurs en grosses têtes globuleuses att. 13 cm diam., rosées en bouton, s'ouvrant blanc pur, légèrement parfumées. R. −20 °C. Printemps. Plus robuste mais moins beau que *V. carlesii*.

V.* ×*juddii Rehd. — Hybride entre *V. carlesii* et *V. bitchiuense*; diffère de *V. carlesii* par ses feuilles plus oblongues, ses têtes plus grosses et plus lâches de fleurs plus petites et des signes de vigueur hybride. Arrondi, att. 2 m de haut; fleurs d'env. 6 mm diam., parfumées au printemps.

V. lantanoides Michx. (syn. *V. alnitolfum* Marsh.) — Or. E. Amérique du N. (de l'Ontario à la Géorgie et au Tennessee), en forêts humides et vallées ombragées, fleurissant en mai-juin. Caducifolié, att. 3 m, se marcottant pour former une touffe. Similaire à *V. furcatum* mais distinct par ses fleurs fertiles avec lobes arrondis et étamines plus longues. Sol frais, acide de préférence; ombre ou mi-ombre. R. −30 °C. Début de l'été.

V. furcatum Bl. — Or. Formose, Corée et Sakhaline, dans les fourrés et bois humides de montagne, fleurissant en mai, fructifiant en octobre. Arbrisseau dressé att. 2 m. Feuilles caduques de 7 à 15 cm de long, avec 7 à 10 paires de nervures. Fleurs en têtes plates de 7 à 15 cm de large; fleurs fertiles avec lobes aigus; étamines courtes. Sol acide; mi-ombre. R. −25 °C. Début de l'été. Voir les fruits page 259.

V. davidii Franch. — Or. O. Sichuan, dans les bois, entre 1 800 et 2 600 m, fleurissant en juin, fructifiant en octobre. Arbrisseau sempervirent att. 1 m, avec rameaux ascendants formant un monticule. Feuilles elliptiques de 5 à 14 cm de long, trinervées. Fleurs petites, blanc sale, en têtes plates de 5 à 8 cm diam. Fruits bleus de 6 mm de long. Tout sol; soleil ou mi-ombre. R. −15 °C. N'est vraiment beau que s'il pousse bien.

Xanthoceras sorbifolium Bge. (*Sapindaceæ*) — Or. N. Chine. Arbuste dressé att. 6 m. Feuilles caduques, pennées, att. 20 cm de long, avec 9 à 17 folioles dentées de 4 à 6,5 cm de long. Fleurs de 2,5 à 3 cm diam. avec 5 pétales, jaunâtres puis rougeâtres à leur base, en panicules att. 20 cm de long, apparaissant avec les feuilles. Tout sol; plein soleil, situation sèche. R. −20 °C. Début de l'été. Meilleur sous climat à étés chauds et printemps sans gelées tardives.

Symplocos paniculata (Thunb.) Miq. (*Symplocaceæ*) — Or. Himalaya (depuis le Cachemire) jusqu'à la Chine, la Corée, le Japon et le S.-E. asiatique, dans les fourrés et bois jusqu'à 2 700 m; en fleurs d'avril à juin. Arbuste caducifolié att. 4 m. Feuilles rugueuses, de 4 à 7 cm de long. Fleurs de 8 à 10 mm diam; fruits généralement bleus, parfois blancs. Sol acide; plein soleil. R. −10 °C. Début de l'été; fruits mûrs en automne et persistant après les feuilles.

Symplocos paniculata

Viburnum davidii

Viburnum ×*juddii*

Réduction à 50 %. Échantillons de Wisley, 11 juin

Staphylea bumalda DC. (*Staphyleaceæ*) — Or. Japon, Corée et C. Chine, dans les bois et au bord des cours d'eau jusqu'à 1 300 m, fleurissant en mai-juin. Arbrisseau att. 2,50 m. Feuilles caduques composées de 3 folioles; fleurs épanouies après les feuilles. Fruits en général bilobés avec pointes recourbées. Tout sol; soleil ou mi-ombre. R. −25 °C. Début de l'été.

Euonymus hamiltonianus Wall. (*Celastraceæ*) — Or. Himalaya (du Cachemire au N. Birmanie) avec variétés en Chine, E. Sibérie et Japon, dans les fourrés et bois jusqu'à 2 700 m, fleurissant entre avril et juillet. Arbuste très variable pouvant atteindre 9 m de haut. Feuilles caduques ou semi-persistantes att. 10 cm de long. Fleurs de 7 à 8 mm diam., quadripartites. Fruits à 4 lobes, rouges. Tout sol; soleil ou mi-ombre. R. −15 °C. Des clones (par exemple 'Red Elf') ont été sélectionnés pour leurs belles fructifications et couleurs d'automne.

Euonymus verrucosus Scop. — Or. C. et E. Europe, Turquie, Caucase dans les fourrés et bois, fleurissant en mai-juin. Arbrisseau caducifolié, touffu, att. 3 m, avec rameaux verruqueux verts. Feuilles att. 6 cm de long. Fleurs quadripartites; graines noires en partie seulement recouvertes d'une arille noire. Tout sol; soleil. R. −25 °C.

Sinojackia rehderiana Hu (*Styracaceæ*) — Or. C. et S. Chine, fleurissant en avril. Arbuste caducifolié att. 6 m. Feuilles de 6 à 9 cm de long. Fleurs de 8 à 12 mm de long. Fruits cylindriques, crochus, de 2,5 cm de long. Tout sol; plein soleil. R. −10 °C. Début de l'été.

Viburnum opulus var. ***calvescens*** (Rehd.) Hara (syn. *V. sargentii.* Kœhne (*Caprifoliaceæ*) — Or. E. Sibérie, N. et O. Chine et Japon, dans les fourrés, bois et au bord des rivières, fleurissant en juin-juillet. Similaire à *V. opulus,* mais ses feuilles ont en général un pétiole et un lobe central plus longs, souvent pubescent blanc en dessous. Tout sol frais; soleil ou mi-ombre. R. −30 °C. Été.

Viburnum plicatum Thunb. f. ***tomentosum*** (Thunb.) Rehd. — Or. Japon (S.-O. Honshu, Shikoku et Kyushu), Formose et O. Chine (par exemple au mont Omei), dans les fourrés de montagne jusqu'à 1 800 m; en fleurs d'avril à juin. Arbrisseau att. 3 m. Feuilles caduques de 4 à 10 cm de long. Têtes florales de 6 à 10 cm diam. Fruits d'abord rouges, puis noirs. Tout bon sol; soleil ou mi-ombre. R. −30 °C.

Viburnum plicatum Thunb. **'Pink Beauty'** — Cultivar de petite dimension; fleurs stériles d'abord blanches, devenant rapidement roses. Bon producteur de fruits.

Viburnum plicatum Thunb. f. ***plicatum*** (syn. *V. tomentosum* Thunb. non Lam., var. *sterile* Koch) — C'est la forme à fleurs stériles du *V. plicatum,* cultivée depuis longtemps en Chine et au Japon où elle fut découverte en 1712 par Kämpfer; introduite de Chine en 1846 par Robert Fortune.

Viburnum opulus L., sureau d'eau, obier — Or., Europe, Afrique du N., Sibérie dans les haies, marécages et bords de rivières, fleurissant en mai-juin. Arbrisseau caducifolié att. 4 m. Feuilles trilobées, pubescentes ou glabres en dessous. Fleurs stériles avec grands pétales et fleurs fertiles de 4 à 7 mm diam., ou fleurs toutes stériles en « boule-de-neige » (var. *roseum* L., syn. var. *sterile* DC.). Tout sol frais; bien sur calcaire.

Viburnum plicatum 'Mariesii' à Eccleston Square

Viburnum plicatum f. *plicatum*

Viburnum plicatum 'Pink Beauty'

Viburnum opulus 'Sterile'

Viburnum cotinifolium

R. −50 °C. Été. Baies rouges en automne et hiver.

Viburnum sieboldii Miq. — Or. Japon (Honshu et plus au S.), dans les fourrés sur les basses collines, fleurissant en avril-mai. Arbuste caducifolié att. 10 m. Feuilles de 6 à 12 cm de long, luisantes en dessus, à odeur fétide quand on les froisse. Têtes florales de 7 à 10 cm diam.; fleurs de 8 mm diam. Fruits d'env. 1 cm de long, rouges puis noirs. Tout sol frais; mi-ombre. R. −15 °C. Fin du printemps.

Viburnum lentago L., appelé « alisier » au Québec — Or. C. et E. Amérique du N., du Manitoba et de la Baie d'Hudson à la Géorgie et au Colorado, au bord des bois et des cours d'eau, fleurissant en mai-juin. Arbuste att. 10 m. Feuilles caduques de 5 à 10 cm de long; têtes florales de 6 à 12 cm diam. Baies noires. Tout sol frais; soleil ou mi-ombre. R. −50 °C. Fin du printemps.

Viburnum cotinifolium D. Don — Or. Himalaya (du Cachemire au Bhutan) dans les fourrés, forêts et au bord des cours d'eau entre 1 800 et 3 600 m, fleurissant en avril-mai. Arbrisseau caducifolié att. 4 m. Feuilles blanches feutrées en dessous, de 5 à 12 cm de long. Fleurs d'env. 8 mm diam., inodores. Tout sol, même calcaire; plein soleil. R. −15 °C. Printemps.

Discaria discolor Dusen (*Rhamnaceæ*) — Or. S. Andes, où il fleurit en novembre-décembre. Arbuste épineux att. 2 m de haut et de large. Feuilles opposées de 5 à 18 mm de long. Fleurs parfumées. Tout sol bien drainé; plein soleil. R. −15 °C.

Styrax wilsonii à Baoxing, Sichuan, à la fin mai

Reevesia pubescens Mast. (*Sterculiaceæ*) – Or. E. Himalaya et O. Chine, dans les forêts et fourrés des vallées chaudes entre 1 200 et 3 300 m. Arbre att. 18 m ou parfois arbuste de 2 m. Feuilles persistantes. Fleurs avec style de 25 mm de long. Tout sol; soleil. R. –10 °C. Été.

Styrax wilsonii Rehd. (*Styracaceæ*) – Or. O. Sichuan, dans les fourrés sur pentes rocheuses et au bord des cours d'eau, entre 1 300 et 1 700 m, fleurissant en mai. Arbuste att. 3 m. Feuilles caduques de 1,5 à 3 cm sur les pousses florifères, plus grandes sur les pousses de croissance. Grappes de 3 à 5 fleurs de 13 à 15 mm de long. Tout sol; plein soleil; R. –15 °C, peut-être. Fin du printemps. Si florifère en culture qu'il vit souvent peu longtemps.

Styrax limpritchii Lingelsh (syn. *S. lankongensis* W.W.Sm.) – Or. Yunnan et Sichuan entre 1 300 et 2 000 m, dans les fourrés et sur coteaux rocheux, fleurissant entre mai et juillet. Arbuste att. 3 m. Feuilles caduques de 3 à 6,5 cm. Grappes courtes de 2 à 6 fleurs. Tout sol; plein soleil. R. –10 °C, peut-être.

Styrax Officinalis L., aliboufier – Or. E. région méditerranéenne (de l'Italie à Israël), et Californie (dans le C., chaînes côtières et Sierra Nevada, en dessus de 900 m: subsp. *californicus* (Torr.) E. Murr., et dans le S., de San Luis Obispo à San Bernardino et San Diego jusqu'à 1 500 m: subsp. *flavescens* (Eastw.) R. Beauchamp), sur pentes rocheuses sèches, souvent calcaires, fl. mars-mai. Naturalisé (?) depuis 1597 dans le S. Var. Caducifolié, att. 7 m. Fleurs de 12 à 18 mm de long. Sol bien drainé; situation chaude, sèche en été. R. –10 °C. Printemps.

Styrax serrulatus Roxb. – Or. Himalaya (du Népal au N. Thaïlande) entre 300 et 1 200 m. Rameux, att. 3 m. R. –10 °C.

Wattakaka sinensis (Hemsl.) Stapf (*Asclepiadaceæ*) – Or. O. Chine, dans les fourrés aux endroits rocheux, entre 30 et 2 400 m; en fleurs entre mai et juillet. Liane caducifoliée att. 2,50 m. Feuilles couvertes de poils souples en dessous. Fleurs de 15 mm diam. en têtes arrondies de 8 à 9 cm diam., roses ou blanches. Capsules att. 7 cm de long. Tout sol; plein soleil. R. –15 °C.

Styrax obassia Sieb. & Zucc. – Or. Japon (commun), Corée et N.-E. Chine, dans les fourrés de montagne, fleurissant en mai-juin. Att. 9 m. Feuilles caduques, ovales à orbiculaires-ovales, de 10 à 20 cm de long, plus larges que celles de l'espèce voisine *S. hemsleyana* Diels de l'O. Chine. Fleurs de 2 cm de long. Tout bon sol; soleil ou mi-ombre. R. –20 °C.

Pterostyrax hispida Sieb. & Zucc. (*Styracaceæ*) – Or. O. Chine au Japon, dans les forêts de montagne jusqu'à 2 300 m, fleurissant en juin. Arbuste att. 6 m, (rarement 12 m). Fleurs de 6 à 8 mm de long en grappes pendantes de 10 à 20 cm de long. Sol acide humide; mi-ombre. R. –20 °C. Eté.

Halesia carolina L. (*Styracaceæ*) – Or. S.-E. USA (de l'O. Virginie à l'E. Texas), dans les bois humides au long des cours d'eau de montagne, fleurissant en avril-mai. Arbuste caducifolié att. 9 m. Tout sol humide. R. –25 °C.

Styrax limpritchii

Styrax serrulatus

Wattakaka sinensis à Baoxing, Sichuan

Pterostyrax hispida à Wisley

Styrax officinalis en Turquie

Halesia carolina

Reevesia pubescens à Wakehurst

Styrax obassia

Réduction à 40 %. Échantillons de Kew, 19 juin

Cornus alternifolia 'Argentea' à Savill Gardens, Windsor

Cornus florida dans le New Jersey

Cornus 'Ormonde'

Cornus 'Eddie's White Wonder'

Cornus capitata

Stewartia serrata Maxim. *(Theaceæ)* — Or. Japon (E. et S. Honshu, Shikoku et Kyushu) dans les bois de montagnes, fleurissant en juin-juillet. Arbuste ou petit arbre att. 15 m. Feuilles caduques, de 3 à 7 cm de long. Fleurs de 5 à 6 cm diam., ovaire et capsule glabres. Sol acide. R. −15 °C.

Styrax japonica Sieb. & Zucc. *(Styracaceæ)* — Or. Japon (où il est partout commun), Corée, Chine, Formose et Philippines, dans les bois, fourrés et au bord des cours d'eau de montagne, fleurissant entre avril et juin. Arbuste caducifolié att. 8 m. Fleurs pendantes sur branches horizontales. Le nom de *S. fargesii* a été donné aux plantes issues des graines récoltées en Chine en 1898 par le père Farges pour l'Arboretum des Barres et à leur descendance distribuée dans les années 1920 par Vilmorin et Lemoine.

Trochodendron aralioides Sieb. & Zucc. *(Trochodendraceæ)* — Or. Japon, Formose et Corée, généralement en épiphyte à la partie inférieure des troncs de *Cryptomeria*, fleurissant en mai-juin. Arbre sempervirent att. 24 m de haut, mais en culture arbuste d'env. 3 m. Fruits avec 5 à 10 lobes. R. −10 °C. Fin du printemps.

Cornus rugosa Lam. *(Cornaceæ)* — Or. E. Amérique du Nord (du Québec au Manitoba; en fleurs de fin mai à juillet. Fruits bleu clair ou vert pâle.

Cornus kousa Bürg. ex Hance — Or. Japon (où il est commun à Honshu et plus au S.) et Corée, dans les bois et fourrés de montagnes, fleurissant en juin-juillet. Arbuste caducifolié att. 10 m, avec branches étalées. Tout sol non calcaire. R. −20 °C. Été. La subsp. ***chinensis*** (Osborn) Q.Y. Xiang (C. et O. Chine) se distingue par ses feuilles dépourvues de poils à la face inférieure.

Cornus controversa Hemsl. — Or. N. et S. Japon, Corée et Chine (jusqu'au Yunnan), dans les bois et haies de montagne jusqu'à 2 000 m (dans l'O. Chine), fl. en mai-juin. Grand arbuste caducifolié att. 18 m, avec un tronc droit et des branches horizontales. Feuilles alternes, att. 12 cm de long. Le cv. **'Variegata'** fut commercialisé en France par Barbier en 1896. R. −20 °C.

Cornus mas L. Voir aussi p. 37.

Cornus nuttallii Audub. — Or. Californie (rare au S., commun au N.) jusqu'à la Colombie Britannique et l'Idaho, dans les forêts mixtes claires et en montagne en dessous de 1 800 m; en fleurs entre avril et juillet et parfois en septembre. Arbuste caducifolié ou arbre att. 25 m. Fleurs avec 4 à 7 bractées blanches ou roses, de 4 à 7 cm de long. R. −15 °C. Fruits: voir p. 271.

Cornus florida L. — Or. E. Amérique du N. (de l'Ontario et du Maine à la Floride et à l'E. Texas) dans les bois caducifoliés et champs, jusqu'à 1 500 m, fleurissant entre avril et juin. Arbuste de 6 à 12 m de haut, moins à l'état isolé. Fleurs avec bractées blanches ou roses, l'ensemble jusqu'à 10 cm diam. Sol acide; soleil ou mi-ombre. R. −25 °C. Fruit p. 271.

Cornus capitata Wall. — Or. Himalaya, O. et C. Chine, en forêts et fourrés, entre 1 200 et 3 400 m, fleurissant entre mai et juillet.

Cornus nuttallii

Arbrisseau att. 9 m. Feuilles caduques mais coriaces att. 7,5 cm de long, glauques en dessous. Fleurs entourées de 4 ou 5 bractées att. 4,5 cm de long. Fruits hémisphériques. Tout sol. Soleil. R. −10 °C.

***Cornus* 'Eddie's White Wonder'** — Hybride entre *C. florida* et *C. nuttallii*. Culture plus facile que celle de *C. nuttallii*. R. −15 °C.

***Cornus* 'Ormonde'** — Cultivar ou hybride de *C. nuttalii* obtenu au Jardin botanique de Kew. Arbuste très florifère att. 4 m.

Cornus alternifolia L. **'Argentea'** — L'espèce typique (à feuilles vertes) est or. E. Amérique du N. (du Minnesota à l'Acadie et au Missouri) dans les forêts caducifoliées sèches et sur pentes rocheuses. R. −40 °C.

Réduction à 33,33 %. Échantillons de Kew, 4 juillet

Stewartia monadelpha à High Beeches, Sussex

Staphylea pinnata (L. (*Staphyleaceæ*), nez-coupé, faux-pistachier — Or. C. et E. Europe et O. Asie, naturalisé en Angleterre, dans les fourrés et bois, fl. en mai-juin. Arbrisseau caducifolié att. 5 m. Pétales de 6 à 10 mm de long, rosés; sépales blanc verdâtre. R. −20 °C. Printemps.

S. holocarpa Hemsl. **'Rosea'** — Or. O. Chine, dans les fourrés et en lisière de forêts, entre 1 300 et 2 500 m, fleurissant en mai, avant la sortie des feuilles. Arbuste att. 10 m. R. −25 °C. Fin du printemps.

S. colchica Stev. — Or. O. Caucase (Adjarie et Abkhazie), dans les forêts jusqu'à 1 200 m, fl. en mai. Arbrisseau att. 4 m. Feuilles caduques avec 3 folioles sur les pousses florifères (5 sur les pousses stériles) de 4 à 6 cm de long. R. −20 °C. Printemps.

Stewartia malacodendron L. (*Theaceæ*) — Or. S.-E. USA, en forêts humides, fl. en juin. Arbuste caducifolié att. 10 m. Fleurs de 8 à 10 cm diam., avec styles soudés. Sol acide frais; mi-ombre. R. −15 °C. Été.

S. pseudocamellia Maxim. — Or. C. et S. Japon, dans les forêts de montagne, fleurissant en juillet. Arbuste caducifolié att. 10 m avec écorce se détachant par lames. Fleurs de 6 à 7 cm de diam., plus ou moins en forme de coupe. R. −20 °C. Été.

S. ovata (Car.) Weath. — Or. E. USA (de la Virginie à l'Alabama), en forêts et au bord des cours d'eau, fleurissant entre mai et août. Arbuste att. 5 m. Fleurs de 6 à 7,5 cm diam. (jusqu'à 10 cm chez la var. *grandiflora* (Bean) Weath. de Géorgie). Styles 4, séparés. R. −20 °C. Été.

S. monadelpha Sieb. & Zucc. — Or. Japon et îles Quelpart, en forêts de *Cryptomeria* en montagne, fl. en juillet-août. Att. 25 m, à feuilles caduques; écorce écailleuse. Fleurs de 2 à 3,5 cm diam. R. −15 °C. Été.

Elæagnus commutata Bernh. (*Elæagnaceæ*), chale argenté (au Québec) — Or. Canada, Alaska et N. USA sur sols sablonneux, secs et pauvres, souvent calcaires, fleurissant en juin-juillet. Arbrisseau caducifolié att. 4 m et poussant en cépée par drageons. Feuilles ondulées, argentées de 2 à 10 cm. Tout sol sec; plein soleil. R. −40 °C.

Elæagnus angustifolia L., olivier de bohème — Or. Asie Centrale, mais largement planté en haies et naturalisé en Amérique du N., S. et E. Europe, et de la Turquie au Pakistan, le long des cours d'eau, fl. entre avril et juin. Caducifolié att. 7 m. Fleurs de 8 à 10 mm, à parfum sucré. R. −45 °C.

Calycanthus occidentalis Hook. et Arn. (*Calycanthaceæ*) — Or. Californie (sur les chaînes côtières du N. et au pied de la Sierra Nevada), endroits humides en dessous de 1 200 m, fl. entre avril et août. Caducifolié, arrondi att. 3 m. R. −15 °C.

Staphylea colchica

Staphylea holocarpa 'Rosea'

Elæagnus commutata

Carpenteria californica Torr. (*Saxifragaceæ*) — Or. C. Californie (entre le fleuve de San Joaquin et le King), sur collines granitiques sèches; en fleurs de mai à juillet. Sempervirent, att. 4 m ou étalé. Fleurs de 5 à 8 cm diam. R. −10 °C. Été.

Diervilla sessilifolia Buckl. (*Caprifoliaceæ*) — Or. E. USA (de la Virginie à l'Alabama), dans les bois de montagnes; en fleurs de juin à août. Arbrisseau sempervirent drageonnant, att. 1,50 m, avec rameaux arqués. R. −25 °C.

Stephanandra tanakæ Franch. et Sav. (*Rosaceæ*) — Voir p. 207.

Stewartia ovata var. *grandiflora*

Réduction à 50 %. Échantillons de Wisley, 21 juin

Deutzia glomeruliflora Franch. (*Saxifragaceæ*) — Or. O. Chine (Sichuan et Yunnan), dans les fourrés humides et sur falaises ombragées entre 1 800 et 3 500 m, fleurissant en mai-juin. Arbrisseau att. 3 m, avec rameaux arqués. Feuilles caduques, de 1,5 à 4 cm de long. Tout bon sol frais; plein soleil ou mi-ombre. R. −20 °C. L'illustration montre la var. ***forrestiana*** Zaikonn aux têtes florales arrondies.

D. ×hybrida Lemoine **'Mont rose'** — Hybride entre *D. longifolia* et *D. discolor* ou peut-être *purpurascens*, commercialisé en 1925. Arbrisseau dressé att. 1,50 m. R. −20 °C.

D. discolor Hemsl. (syn. *D. longifolia* var. *farreri* Airy-Shaw) — Or. C. Chine, (S. Gansu, S. Shaanxi et O. Hubei), entre 1 150 et 2 400 m, fl. en mai-juin. Arbrisseau caducifolié att. 1,50 m; feuilles de 6 à 9 cm de long. Fleurs blanches. R. −15 °C.

D. gracilis Sieb. & Zucc. — Or. S. Japon, dans les fourrés de montagne, fleurissant en mai-juin. Caducifolié, att. 1 m, avec rameaux arqués. Pétales d'env. 1 cm de long. Tout sol; soleil ou mi-ombre. R. −20 °C, mais parfois endommagé par les froids tardifs responsables de la production de toutes petites fleurs. Fin du printemps. **'Grandiflora'** est plus grand et peut-être hybride (*D. gracilis* × *D. sieboldiana*).

D. scabra Thunb. **'Candidissima'** (syn. *D. crenata* Sieb. & Zucc.) — Commercialisé en 1868 par Fräbel. Fleurs blanc pur, presque sphériques.

D. ×elegantissima (Lemoine) Rehd. **'Fasciculata'** — Hybride entre *D. purpurascens* et *D. sieboldiana* obtenu en 1911 par Lemoine. Arbrisseau dressé att. 2 m.

D. ×elegantissima **'Rosealind'** — Obtenu aux pépinières Slieve Donard avant 1926. Arbrisseau dressé att. 1,50 m; fleurs du rose le plus profond de ce groupe.

D. longifolia Franch. — Or. O. Sichuan, dans les fourrés entre 1 500 et 2 750 m, fl. en juin. Caducifolié, att. 1,50 m. Fleurs rosées. Ci-contre le cv. **'Veitchii'** à grandes fleurs. R. −15 °C. Été.

D. calycosa Rehd. — Or. Yunnan, dans les fourrés et forêts claires vers 2 700 m, fleurissant en mai-juin. **SBEC 435** semble appartenir à la var. ***longisepala*** Zaikonn décrite des monts Shangchang. Arbrisseau caducifolié dressé att. 2 m. Feuilles grisâtres en dessous. Tout sol; soleil ou mi-ombre. R. −15 °C. Fin du printemps.

D. mombeigii W.W.Sm. — Or. Yunnan, dans les fourrés vers 3 300 m, fl. en juin-juillet. Arbrisseau caducifolié att. 2 m. Feuilles à face intérieure blanche et couverte d'écailles à multiples rayons. Tout sol; plein soleil. R. −15 °C. Voir aussi p. 187.

D. grandiflora Bge. — Or. N. et C. Chine (Hebei jusqu'au N. Shaanxi et Hubei) et Mongolie, formant des fourrés sur collines sèches, fl. en avril-mai. Arbrisseau drageonnant att. 1,50 m. Fleurs groupées par 1 à 3, de 2,5 à 3 cm diam. Sol bien drainé; plein soleil. R. −20 °C. Printemps.

D. ningpoensis Rehd. (syn. *D. chunii* Hu) — Or. C. Chine (Anhui et Zhejiang) dans les monts Ningpo entre 150 et 1 500 m, fleurissant en juin-juillet. Gracieux arbrisseau att. 2 m, aux feuilles étroites (jusqu'à 16 mm de large), aux petites fleurs (jusqu'à 6 mm de long) et à la floraison tardive.

Deutzia glomeruliflora près de Lijiang, Yunnan

Deutzia calycosa SBEC 435

Deutzia mombeigii

Deutzia grandiflora

Deutzia ningpoensis

Réduction à 50 %. Échantillons de Kew, 28 juin

Deutzia glauca Cheng (*Saxifragaceæ*) – Or. E. Chine (Anhui et Jiangxi) dans les fourrés sur les collines entre 350 et 1 000 m, fleurissant en mai. Arbrisseau caducifolié att. 2 m. Feuilles de 5 à 8 cm de long. Fleurs de 10 à 17 mm de long. R. −15 °C.

D. scabra Thunb. (syn. *D. crenata* Sieb. & Zucc.) – Or. E. Chine, Corée, Japon, dans les fourrés, fl. entre mai et juillet. Caducifolié, att. 3 m, avec écorce brune écailleuse. Pétales d'env. 15 mm de long. Feuilles rugueuses. R. −20 °C.
'Flore Pleno' – Introduit en 1861 du Japon par R. Fortune. Fleurs rosées à l'extérieur.

D. mombeigii W.W.Sm. – Voir p. 185. Feuilles souvent lancéolées, de 1,5 à 4 cm de long.

D. setchuenensis Franch. – Or. Sichuan et O. Hubei, dans les fourrés entre 900 et 1 500 m. Arbrisseau caducifolié att. 2 m. Fleurs d'env. 1 cm diam. Bon sol ; soleil ou mi-ombre. R. −15 °C. Été.

D. pulchra Vidal – Or. N. Luçon et Formose, dans les montagnes vers 2 500 m. Arbrisseau caducifolié att. 3 m ou davantage. Fleurs de 12 mm de long. R. −15 °C.

D. compacta Craib (syn. *D. hookeriana* (Schneid.) Airy-Shaw) – Or. Himalaya. Arbrisseau caducifolié att. 2 m. Fleurs d'env. 15 mm diam. R. −15 °C. Été.

D. corymbosa R. Br. – Or. O. Himalaya, dans les fourrés entre 2 000 et 3 000 m, fl. en juin-juillet. Arbrisseau caducifolié att. 3 m. Fleurs d'env. 15 mm diam. Anthères grandes et jaunes. R. −15 °C.

D. ×kalmiiflora Lemoine. Hybride entre *D. purpurascens* et *D. parviflora* obtenu vers 1900 par Lemoine à Nancy.

Philadelphus intectus Beadle (*Saxifragaceæ*) – Or. E. USA (avec la var. *pubigerius* dans l'Arkansas), sur coteaux rocheux, fl. en juin. Arbrisseau caducifolié att. 5 m. Fleurs de 3 cm diam. R. −15 °C.
P. 'Dame Blanche' – Obtenu en 1920 par Lemoine. Végétation basse, avec branches arquées. Fleurs de 8 mm de long, bien parfumées. R. −25 °C.
P. 'Virginal' – Obtenu vers 1909 par Lemoine. Peu étoffé, dressé att. 2,50 m. Fleurs doubles, de 4 à 5 cm diam.
P. 'Burfordensis' – Serait une mutation de 'Virginal' obtenue à Burford Court (Surrey). Arbrisseau dressé att. 3 m, formant une colonne dense de fleurs att. 7,5 cm diam.

P. coronarius L., seringat commun – Or. S.-E. Europe (depuis l'Italie) jusqu'à l'O. Asie, sur collines rocheuses et falaises, fleurissant en mai-juin. Arbrisseau caducifolié att. 2 m. Fleurs parfumées. R. −25 °C. Début de l'été.

Jamesia americana Torr. & Gray (*Saxifragaceæ*) – Or. O. USA, dans les ravins et au bord des cours d'eau entre 2 200 et 3 600 m, fl. en mai-juin. Arbrisseau en touffe, att. 1,50 m. Feuilles caduques. Fleurs d'1,5 cm diam. Plein soleil. R. −20 °C. Fin du printemps.

Fendlera wrightii (Gray) Hell. (*Saxifragaceæ*) – Or. Texas, Nouveau-Mexique, Arizona, dans les ravins et sur les bancs rocheux entre 1 000 et 2 200 m, fl. en mai-juin. Caducifolié, att. 2 m, avec branches arquées. Fleurs d'env. 2 cm diam. Sol bien drainé ; plein soleil. R. −20 °C. Début de l'été.

Jamesia americana

Deutzia compacta

Deutzia corymbosa

Deutzia ×kalmiiflora

Fendlera wrightii

Philadelphus coronarius à Crathes Castle, Aberdeenshire

Philadelphus ×*lemoinei* 'Avalanche' à Eccleston Square

Philadelphus 'Beauclerk'

Philadelphus 'Bicolore'

Philadelphus 'Sybille'

Philadelphus 'Conquête'

Philadelphus microphyllus Gray (*Saxifragaceæ*) — Or. Montagnes Rocheuses entre 1 200 et 3 000 m dans les ravins ensoleillés à steppe arborée de *Pinus edulis* et *Juniperus scopulorum*, fleurissant entre mai et août. Gracieux arbrisseau rameux et arrondi, att. 1,50 m. Feuilles att. 2 cm de long. Fleurs de 2 à 2,5 cm diam., parfumées. Tout sol sec ; plein soleil. R. −20 °C. Été.

P. ×lemoinei Lemoine **'Avalanche'** — Obtenu en 1896 par Lemoine par croisement de *P. coronarius* et *P. microphyllus*. Arbrisseau caducifolié att. 2 m avec rameaux arqués. Fleurs parfumées, att. 2,5 cm diam., généralement par 7. Tout bon sol ; soleil ou mi-ombre. R. −15 °C. Été.
***P.* 'Beauclerk'** — Obtenu en 1938 par Lewis Palmer en fécondant 'Sybille' avec du pollen de 'Burfordensis'. Arbrisseau caducifolié étalé, att. 2 m de haut et davantage en largeur. Fleurs parfumées, att. 7,5 cm diam., avec pétales réfléchis, à peine rosés à la base.
***P.* 'Bicolore'** — Obtenu en 1918 à Nancy par Lemoine. Arbrisseau étalé att. 1 m. Fleurs solitaires ou par 3, en forme de coupe, de 4,5 à 5 cm diam., parfumées.

P. delavayi L. Henry — Or. Yunnan, S.-O. Sichuan, S.-E. Tibet et N.-E. Birmanie, entre 700 et 3 800 m, dans les fourrés et au bord des cours d'eau, fleurissant en juin. Arbrisseau caducifolié dressé att. 3 m. Feuilles att. 10 cm de long. Fleurs at. 4 cm diam., parfumées. Chez la var. **calvescens** Rehd. (syn. f. *melanocalyx* ou 'Nymans Variety'), les tiges et calices sont pourpres, comme le montre la photographie ci-contre. R. −15 °C. Début de l'été.

***P.* 'Sybille'** — Obtenu en 1913 par Lemoine. Port étalé, att. 1 m. Fleurs de 4 à 5 cm diam., parfumées.
***P.* 'Conquête'** — Obtenu en 1903 par Lemoine. Port étalé, att. 1 m. Fleurs variables, doubles.

P. subcanus var. ***magdalenæ*** (Köhne) S.Y. Hu — Or. N. Yunnan et O. Sichuan, dans les haies et fourrés, entre 1 500 et 3 000 m, fleurissant en mai-juin. Arbrisseau caducifolié dressé avec branches arquées att. 4 m. Feuilles avec poils appliqués courts, plus denses en dessous. Ovaire et sépales brunâtres à l'extérieur. Tout sol ; plein soleil. R. −15 °C. Début de l'été.

P. tomentosus Wall. ex G. Don. — Or. Cachemir et S.-E. Tibet, dans les fourrés et forêts claires entre 1 800 et 3 300 m, fleurissant entre mai et juillet. Arbrisseau caducifolié dressé, att. 3 m. Feuilles poilues, densément grisâtres en dessous, rarement glabres. Tout sol ; soleil. R. −15 °C. Été.

P. incanus Köhne — Or. O. Hubei, Shaanxi et O. Honan, dans les fourrés et au bord des cours d'eau entre 600 et 2 300 m, fleurissant en juin-juillet. Arbrisseau caducifolié diffus, att. 3,50 m, avec poils appliqués denses. Fleurs parfumées, d'env. 2,5 cm diam. Tout sol. R. −20 °C. Été.

P. purpurascens (Köhne) Rehd. — Or. S.-E. Tibet, O. Sichuan et N. Yunnan, dans les fourrés alpins entre 2 750 et 3 200 m, fleurissant en juin-juillet. Arbrisseau étalé att. 2 m. Feuilles petites, att. 5 cm de long, poilues sur les nervures en dessous. Fleurs att. 27 mm diam., souvent avec calice pourpre. R. −15 °C. Début de l'été.

Philadelphus subcanus var. *magdalenæ* au-dessus de Dali, Yunnan, en mai

P. tomentosus à Cambridge

Philadelphus incanus à Nymans

Philadelphus subcanus var. *magdalenæ*

Philadelphus delavayi var. *calvescens*

Philadelphus purpurascens à Crathes Castle, Aberdeenshire

Philadelphus microphyllus

Réduction à 40 %. Échantillons de Eccleston Square et de Kew, 19 mai

Clematis montana près de Lijiang, Yunnan

C. chrysocoma var. *sericea* dans le Sichuan

Clematis alpina

Clematis chrysocoma dans le Yunnan

Clematis alpina (L.) Mill. (*Ranunculaceæ*) (syn. *Atrogene alpina* L.), clématite des Alpes — Or. Alpes, Carpathes ; Laponie, N. Asie et N. Amérique, entre 1 000 et 2 400 m, sur rochers, généralement calcaires et dans les bois subalpins, fleurissant de juin à août. Liane caducifoliée att. 2,50 m. Fleurs bleu violacé, rarement blanches. Sépales de 2,5 à 4 cm de long, plus de deux fois plus longs que les étamines pétaloïdes. Tout sol bien drainé ; mi-ombre ou racines ombragées. R. −25 °C. A ne pas tailler. Fin du printemps.

***C. alpina* 'Ruby'** — Cultivar à fleurs rougeâtres obtenu vers 1937 par Markham.

***C. alpina* 'Grandiflora'** — Cultivar de *C. alpina* (voir ci-dessus) à fleurs plus grandes.

***C. alpina* 'Inshriach Form'** — Obtenu à la pépinière de Jack Drake près d'Aviemore (Écosse).

***C. alpina* 'Pauline'** — Commercialisée en 1970 par les pépinières Washfield (Sussex). Les longues étamines pétaloïdes suggèrent qu'elle pourrait avoir été hybridée avec *C. macropetala*.

C. montana (Buch.-Ham.) DC. — Or. Himalaya (de l'Afghanistan à l'Assam) et var. en Chine et à Formose, dans les forêts et fourrés entre 1 600 et 4 000 m, et souvent très commune, fleurissant entre avril et juin ; très variable. Liane caducifoliée att. 6 m ou davantage. Feuilles avec 3 folioles, att. 7,5 cm de long. Fleurs blanches ou rose pâle, de 2 à 8 cm diam. A ne pas tailler. Tout sol, avec orientation vers le N. de préférence. R. −15 °C. Fin du printemps.

***C. montana* 'Elizabeth'** — Cultivar de *C. montana* (voir ci-dessus) obtenu en 1958 par la Maison Jackman de Woking. Fleurs légèrement parfumées.

***C. montana* 'Mayleen'** — Cultivar de *C. montana* à fleurs rose pâle.

***C. montana* 'Pink Perfection'** — Sélection de *C. montana* var. *rubens* Kunze. Fleurs de 6 à 8 cm diam. N'a pas besoin d'être taillée. R. −15 °C.

***C. montana* 'Tetrarose'** — Forme tétraploïde obtenue en 1960 par un traitement à la colchicine à la Station de Recherche de Boskoop. Feuilles bronzées ; fleurs bien fermes et att. 8 cm diam.

C. montana var. ***rubens*** Kunze — Or. O. Sichuan et O. Hubei, dans les fourrés et endroits rocheux entre 1 300 et 3 000 m, fleurissant en mai-juin. Diffère de la var. *montana* par son feuillage pourpré et ses sépales roses ou blancs à revers rose.

C. chrysocoma Franch. — Or. Yunnan (chaîne de Dali et près de Lijiang) sur les pentes de montagne et dans les fourrés entre 2 800 et 3 000 m, fleurissant à partir de mai. Donne dans la nature un sous-arbrisseau épars, ligneux seulement à la base, att. 1 m, non grimpant. Fleurs rosées ; folioles obovales, en coin, obtuses, rugueuses sur le dessus avec des nervures profondément incrustées, couvertes de poils soyeux. Tout sol bien drainé ; soleil ou mi-ombre. R. −10 °C. Fin du printemps à été.

C. chrysocoma var. ***sericea*** (Franch.) Schneid. (syn. *C. spooneri* Rehd. & Wils.) — Or. O. Sichuan, dans les fourrés et sur les falaises, entre 1 600 et 2 600 m, fl. en mai et juin. Liane caducifoliée ou arbrisseau poussant dans tous les sens, att. 6 m. Folioles obovales, avec une dent de chaque côté, des poils jaunâtres. Sépales obovales ou orbiculaires, de 3 à 4 cm de long. R. −15 °C. Fin du printemps.

C. macropetala Ledeb. **'Markham's Pink'** — Cultivar de *C. macropetala* (voir p. 199) qui pousse jusqu'à env. 3,50 m de haut. Ses fleurs ont env. 8 cm diam. Réussit en tout sol et toute situation. A ne pas tailler. R. −25 °C. Fin du printemps.

Clematis ×vedrariensis Vilmorin — Hybride entre *C. montana* var. *rubens* et *C. chrysocoma* obtenu vers 1910 par MM. Lévèque de Vilmorin à Verrières-le-Buisson près de Paris. Feuilles poilues ; fleurs de 5 à 6 cm diam. R. −15 °C.

Clematis tangutica var. *obtusiuscula*

Clematis 'Orange Peel'

Clematis potaninii à Brodick

Clematis tangutica (Maxim.) Korsh. (*Ranunculaceæ*) — Or. C. Asie (Tien-shan et Pamir-Alaï), Sibérie et N. Chine, souvent sur galets de rivière. La var. **obtusiuscuta** Rehd. et Wils. montrée ci-dessus, est signalée dans l'O. Sichuan et l'O. Gansu entre 2 600 et 3 300 m. *C. tangutica* diffère de *C. orientalis* par ses sépales acuminés att. 4 cm de long, glabres en dedans, et ses feuilles vertes plus rèches. Chez la var. *obtusiuscula*, les sépales ont 2,5 à 3 cm de long et sont obtus. Liane vigoureuse att. 3 m. R. −15 °C.

Clematis vernayi Fisch. (syn. *C. tibetana* subsp. *vernayi*), récolte L.S & E. n° 13 342, **'Orange Peel'** — Chez cette plante, récoltée au S. Tibet, les feuilles sont fragiles, molles et vertes ; les sépales sont verts, épais, tendus à l'horizontale, jaune éclatant fonçant en orange (d'où le nom anglais de « zeste d'orange ») en fanant. On la considère d'habitude comme une forme de *C. orientalis*, mais elle ressemble davantage à *C. glauca* Willd ou à *C. tangutica* var. *obtusiuscula*. Beaucoup des plantes en culture sont probablement des hybrides de *C. tangutica*.

C. potaninii Maxim. (syn. *C. fargesii* Franch. var. *souliei* Finet & Gagnep.) — Or. Yunnan, O. Sichuan, Gansu et Shaanxi, dans les clairières de bois et forêts entre 1 400 et 4 000 m, fleurissant en juin-juillet. Liane caducifoliée att. 6 m. Sol humide et humifère. R. −15 °C.

C. alpina subsp. ***sibirica*** (L.) Kuntze — Or. Norvège et montagnes du C. Asie et de Sibérie sur les falaises et dans les bois fl. en mai-juin. Arbrisseau poussant dans tous les sens, att. 2 m. Diffère de la *C. alpina* typique par ses fleurs crème à sépales plus étroits. Tout bon sol. R. −40 °C. Printemps.

C. armandii Franch. — Or. C. et O. Chine, dans les fourrés et sur les berges des rivières entre 60 et 2 400 m, fleurissant en avril-mai. Liane sempervirente att. 5 m. Fleurs de 3 à 6 cm diam., parfumées, blanches ou roses (8 cm diam. chez la F. *farquhariana* dans l'O. Hubei). Tout sol, soleil ou mi-ombre avec abri. R. −10 °C. Printemps.

C. orientalis — Or. Mer Égée, N. Turquie, Caucase, Iran, Himalaya, N. Chine et Mandchourie, dans les vallées sèches et dans les fourrés, jusqu'à 3 000 m, fleurissant entre juillet et septembre. Arbrisseau caducifolié grimpant ou poussant dans tous les sens, att. 2 m. Feuilles grisâtres. Sépales de 10 à 14 mm de long, aigus, soyeux sur les deux faces, étalés et réfléchis. R. −15 °C. Fin de l'été.

C. barbellata Edgew. — Or. O. Himalaya (du Cachemire au C. Népal), dans les fourrés et forêts, entre 2 100 et 4 000 m, fleurissant en juin-juillet. Liane caducifoliée att. 2 m. Feuilles avec 3 folioles de 4 à 10 cm de long. Fleurs att. 2,5 cm de long, poilues à l'intérieur et à l'extérieur, et avec des étamines très poilues. Sol humide et humifère. R. −15 °C.

C. cirrhosa L. — Voir p. 22 pour les fleurs et texte complet.

C. phlebantha L. Williams — Or. O. et C. Népal, particulièrement au N.-O. du massif du Dhaulagiri, entre 2 700 et 3 700 m, dans les rocailles et falaises chaudes et sèches, fleurissant en mai-juin. Arbrisseau traînant, att. 1,50 m ou davantage en culture. Feuilles soyeuses-blanches en dessous. Fleurs de 25 à 45 mm diam. Sol bien drainé ; plein soleil. R. −10 °C. Fin du printemps.

Clematis alpina subsp. *siberica* près de Alma Ata, Asie centrale

Clematis armandii

Clematis orientalis, Turquie

Clematis barbellata à Kew

Clematis cirrhosa près de Ronda, Espagne

Clematis phlebantha à Ventnor

Réduction à 50 %. Échantillons de la pépinière Treasures, 3 juillet

Clematis **'Sylvia Denny'** — Fleurs moyennes (att. 10 cm diam.) écloses en fin de printemps. Réussit le mieux au soleil ou à mi-ombre. N'a besoin que d'une taille légère. R. −20 °C.

C. **'Maureen'** — Hybride à port assez touffu, avec de grandes fleurs abondantes à partir de l'été. Préfère le soleil ou la mi-ombre. N'a besoin que d'une taille légère. R. −20 °C.

C. **'Prince Heinrich'** (syn. 'Prins Hendrik') — Hybride assez fragile, poussant mieux en serre ou contre un mur en plein air. Demande une taille sévère. Très grandes fleurs au début de l'été, avec une remontée en fin d'été. R. −20 °C.

C. **'Gypsy Queen'** — Hybride vigoureux att. 5 m de haut éventuellement. Fleurs att. 13 cm diam., abondantes en été et en début d'automne. La couleur des sépales change légèrement avec l'âge. Lui éviter l'ombre dense. Demande une taille sévère. R. −20 °C.

C. **'Lawsoniana'** — Hybride vigoureux avec très grandes fleurs (jusqu'à 20 cm diam.) au début de l'été et parfois à nouveau en fin d'été. Se plaît en toute situation. Demande seulement une taille légère. R. −20 °C.

C. **'Nelly Moser'** (syn. 'Nellie Moser') — Un des hybrides les plus connus et les plus populaires, att. env. 3,50 m. Les grandes fleurs (jusqu'à 18 cm diam.) sont abondantes en juin et à nouveau en septembre. Sa meilleure place est à l'ombre pour éviter la décoloration des fleurs. Demande une taille légère. R. −20 °C.

C. **'Barbara Jackman'** — Bel hybride vigoureux avec des fleurs att. env. 15 cm diam. en été; leur couleur passe lorsqu'elles s'ouvrent et il vaut mieux leur éviter le plein soleil. N'a besoin que d'une taille légère. R. −20 °C.

C. **'Miss Crawshay'** — Beau vieil hybride avec des fleurs att. 14 cm diam. au printemps. Donne le mieux au soleil ou à mi-ombre. Taille légère seulement. R. −20 °C.

C. **'Mrs Cholmondely'** — Vieil hybride vigoureux particulièrement florifère. Les fleurs (att. 20 cm diam.) apparaissent au milieu du printemps et s'affadissent avec l'âge. Convient à toutes les situations. Seule une taille légère lui convient. R. −20 °C.

C. **'Lord Nevill'** — Cultivar vigoureux, poussant jusqu'à env. 6 m. Feuilles bronzées lorsqu'elles sont jeunes; fleurs att. 18 cm diam. en été. N'a besoin que d'une taille légère. R. −20 °C.

C. **'Mrs Spencer Castle'** — Membre du groupe *viticella* à vigueur moyenne (jusqu'à 5 m de haut). Ses grandes fleurs apparaissent en juin, et les fleurs simples naissent sur le jeune bois à l'automne. Ne demande qu'une taille légère. R. −20 °C.

C. **'Beauty of Richmond'** — Cultivar vigoureux avec des fleurs att. 16 cm diam. à partir du début de l'été. Réussit en toute situation. Taille légère seulement. R. −20 °C.

C. **'Beauty of Worcester'** — Moins vigoureux que certains autres, ce cultivar donne des fleurs doubles sur le vieux bois au début de l'été, et des fleurs simples sur le jeune bois jusqu'au début de l'automne.

Réduction à 25 %. Échantillons de la pépinière Treasures, 3 juillet

Préfère une situation ensoleillée. A ne tailler que légèrement. R. −20 °C.

C. ×*jackmanii* **'Rubra'** — Belle forme vigoureuse de *C.* ×*jackmanii* (voir p. 199) avec des fleurs semi-doubles au début de l'été, suivies de fleurs simples jusqu'au début de l'automne. Taille légère seulement. R. −20 °C.

C. **'The President'** — Vigoureux cultivar (jusqu'à 3,50 m de haut) avec un feuillage bronzé dans sa jeunesse. Ses fleurs, jusqu'à 18 cm diam. sont légèrement en forme de coupe, montrant le revers pâle des sépales; elles sont abondantes en juin-juillet. A ne tailler que légèrement. R. −20 °C.

C. **'Belle of Woking'** — Parmi les vieux hybrides, celui-ci n'est pas particulièrement vigoureux, mais il donne de grandes fleurs (jusqu'à 15 cm diam.) au milieu du printemps. Préfère une situation ensoleillée. A ne tailler que légèrement. R. −20 °C.

C. **'Proteus'** — Vieil hybride d'abord distribué sous le nom de 'The Premier'. Modérément vigoureux, avec des fleurs doubles en juin et une seconde production de fleurs simples, vers la fin de l'été. Réussit le mieux à l'écart du plein soleil ou de l'ombre épaisse. A ne tailler que légèrement. R. −20 °C.

C. **'Vyvyan Pennell'** — Vigoureux hybride att. 3,50 m. Grandes fleurs doubles att. 20 cm diam. à la fin du printemps suivies de fleurs simples plus pâles sur le jeune bois en automne. Ne réussit pas à l'ombre dense. Taille légère seulement. R. −20 °C.

Réduction à 50 %. Échantillons de la pépinière Treasures, 3 juillet

C. ×jackmannii 'Superba' grimpant sur un arbre à Eccleston Square

'Dr Ruppel'

'Niobé'

***Clematis* 'Ernest Markham'** — Vigoureux cultivar, att. 2,50 m de haut, avec des fleurs att. 15 cm diam. Lorsqu'il est taillé légèrement, sa floraison commence en début d'été, mais s'il est taillé sévèrement, il ne commence à fleurir qu'en fin d'été. R. −20 °C.

***C.* 'Carnaby'** — Fleurs de dimension moyenne écloses en juin. Il vaut mieux lui éviter le plein soleil et le tailler sévèrement. R. −20 °C.

***C.* 'Corona'** — Hybride de vigueur moyenne, avec de grandes fleurs mesurant jusqu'à 14 cm diam., en juin et quelquefois aussi en fin d'été. Préfère le soleil ou la mi-ombre. Demande une taille légère. R. −20 °C.

***C.* 'Serenata'** — Nouvel hybride inhabituel avec une longue période de floraison, de la fin du printemps au début de l'automne ; une des rares clématites à fleurs pourpres qui soient ; se plaît en toute situation. Demande une taille légère. R. −20 °C.

***C.* 'Countess of Lovelace'** — Viel hybride assez vigoureux avec de grandes fleurs (att. 15 diam.) qui passent un peu, au printemps. Seconde production de fleurs, simples, à l'automne. R. −20 °C.

***C.* 'Ville de Lyon'** — Vieil hybride vigoureux (att. 5 m de haut) à grandes fleurs (att. 14 cm diam.) de juillet à septembre. Les feuilles intérieures de cet hybride brunissent souvent pendant l'été. Préfère le soleil ou la mi-ombre, et une taille sévère. R. −20 °C.

***C.* 'Kathleen Wheeler'** — Hybride avec de très grandes fleurs (jusqu'à 16 cm diam.) de juillet à septembre. A besoin seulement d'une taille légère. R. −20 °C.

***C.* 'Ascotiensis'** — Plante vigoureuse à grandes fleurs (att. 13 cm diam.) produites en début ou milieu d'été. Demande une taille sévère. R. −20 °C.

***C.* 'Richard Pennell'** — Création récente avec de grandes fleurs en milieu de printemps - début d'été. Demande une bonne taille mais pas trop sévère. R. −20 °C.

***C.* ×jackmanii 'Superba'** — Semblable à C. *×jackmanii*, ce cultivar bien connu à des fleurs d'un coloris plus profond (avec des sépales plus larges) produites en juillet-septembre. Demande une taille sévère. R. −20 °C.

***C.* 'Royally'** — Cultivar à fleurs doubles d'origine inconnue.

***C.* 'Dr Ruppel'** — Commercialisé en 1975 par Fisk. Ne demande aucune taille. Att. 4 m de haut. Eté et début de l'automne.

***C.* 'Niobé'** — Commercialisé en 1975 par Fisk. A tailler sévèrement. Floraison en fin d'été.

Réduction à 40 %. Échantillons de la pépinière Treasures, 3 juillet

Clematis 'Étoile Rose'

Clematis campaniflora

Clematis ×durandii

Clematis viticella

Clematis ×durandii Kuntze — Hybride entre *C. ×jackmanii* et *C. integrifolia* obtenu vers 1870 à Lyon par les frères Durand. Arbrisseau plus ou moins sarmenteux att. 2,50 m à placer de préférence au milieu d'autres plantes qui lui serviront de support. Feuilles att. 12 cm de long; fleurs d'env. 11 cm diam. Tout sol; soleil ou mi-ombre. Tailler sévèrement au printemps. R. −20 °C. Été. 'Pallida' a des fleurs rose-violacé plus pâles.

C. viticella L. — Or. S.-E. Europe et O. Asie, dans les fourrés et haies près de la mer et jusqu'à 900 m d'altitude. Feuilles pennées avec souvent des folioles profondément lobées. Fleurs de 25 à 45 mm diam., pourpre foncé, penchées. Styles ne devenant plus plumeux au stade fruit. Sol bien drainé; plein soleil. R. −15 °C.

***C. viticella* 'Purpurea Plena Elegans'** — Voir p. 201.

C. 'Gravetye Beauty' — Vigoureuse liane sous-ligneuse qui vit assez peu de temps sous le climat anglais. Ses fleurs en cloche s'ouvrent jusqu'à 8 cm diam. Meilleure au soleil ou à mi-ombre avec taille sévère. C'est un hybride de *C. texensis*. Été.

C. scottiæ Porter & Coult (syn. *C. douglasii* var. *scottiæ*, *C. hirsuta*) — Or. N.-O. Amérique du N. (Colombie Britannique, Washington, Idaho, Montana ainsi que dans les steppes sèches et à armoises et dans les forêts claires de *Pinus contorta*. Sous-arbrisseau en touffe att. 1 m, à nombreuses tiges herbacées simples produites par une souche ligneuse. Plein soleil et sol sec. R. −20 °C. Été.

***C. florida* 'Alba Plena'** (syn. *C. florida* 'Plena') — Ce vieux cultivar de *C. florida* est assez rare; on croit qu'il a été introduit du Japon au XVIIIe s.; il a été cultivé couramment pendant le XIXe s. Meilleur au soleil; demande une taille sévère. R. −15 °C.

C. florida Thunb. **'Sieboldii'** (syn. *C. florida* var. *bicolor* Lendl.) — Or. C. Chine (O. Hubei près de Yichang) mais cultivée depuis longtemps. Hauteur att. 2,50 m. Fleurs att. 8 cm diam., avec étamines modifiées en forme de pétales pourpres. Réussit le mieux dans une situation ensoleillée et assez abritée. Le vieux bois qui a donné des fleurs doit être enlevé. R. −15 °C. Été.

C. heracleifolia DC. var. ***stans*** (Sieb. & Zucc.) Kuntze — Or. C. et S. Japon dans les endroits dégagés en montagne, fleurissant entre août et octobre. Tiges herbacées att. 1 m, parfois ligneuses à la base. Fleurs de 15 à 20 mm de long, avec en général les mâles et femelles sur des plantes différentes. R. −20 °C.

C. 'Étoile Violette' — Vigoureux hybride de *C. viticella* obtenu par Morel; hauteur att. 3,50 m. Les fleurs, att. 10 cm diam., sont abondantes en été. Va bien en toute situation. Demande une taille légère. R. −20 °C.

C. ×jackmanii T. Moore — Ce fameux hybride de *C. lanuginosa* × *C. viticella* a été obtenu en 1860 à la pépinière de MM. Jackman à Woking (Surrey, GB) et c'est un des parents d'un grand nombre des hybrides à grandes fleurs bien connues. Liane caducifoliée att. 3,50 m de haut. Feuilles d'env. 11 cm. Fleurs jusqu'à 13 cm diam. Réussit en toute situation. R. −25 °C. Juillet à octobre. Demande une taille sévère.

C. integrifolia L. — Or. Balkans, O. Asie et Caucase, dans les prairies, fleurissant de juin à août. Plante herbacée att. 1 m, parfois ligneuse à la base. Tout bon sol; plein soleil. R. −25 °C. Été.

C. 'Venosa Violacea' — Vieil hybride d'origine incertaine connu avant 1860, probablement entre *C. viticella* et *C. patens*.

C. macropetala Ledeb. — Or. Sibérie et N. Chine dans les rocailles de montagne, fleurissant en mai-juin. Liane caducifoliée att. 3 m. Feuilles biternées att. 15 cm de long. Fleurs att. 5 cm de long, bleutées, avec 4 grands sépales et de nombreux segments pétaloïdes. Fruits avec styles plumeux. Tout sol; soleil ou mi-ombre. R. −25 °C. Fin du printemps. N'a besoin d'aucune taille.

C. 'Étoile Rose' — Liane sous-ligneuse assez vigoureuse, att. 3,50 m, obtenue en 1903 par Victor Lemoine et Fils à Nancy. Hybride de *C. texensis*. Les fleurs, penchées att. 5 cm env. de long et de large, épanouissent en juin ou juillet et jusqu'à l'automne. Situation chaude en plein soleil. Tout sol. R. −20 °C.

C. campaniflora Brot. — Or. Portugal, S. et O. Espagne, dans les maquis, haies et terrains accidentés, fleurissant de mai à juillet. Liane caducifoliée att. 8 m. Feuilles pennées. Fleurs att. 3 cm diam., rose violacé, parfumées. Tout sol; plein soleil ou mi-ombre. R. −15 °C. Été. Tailler sévèrement au printemps. Liane luxuriante à placer contre un arbre ou un grand mur.

Réduction à 33,33 %. Échantillons des jardins d'Eccleston Square, Londres SWI, 22 juillet

Clematis viticella 'Alba Luxurians'

Clematis viticella 'Abundance'

Clematis 'Huldine'

***Clematis* 'Margaret Hunt'** — Vigoureux hybride att. 5 m de haut. Floraison estivale. R. −20 °C.
***C.* 'Comtesse de Bouchaud'** — Obtenu par F. Morel au début de ce siècle. Végétation vigoureuse att. 3,50 m, très florifère en été. Demande une taille sévère. R. −20 °C.
***C.* 'Daniel Deronda'** — Hybride vigoureux avec fleurs att. 17 cm diam. de la fin du printemps à la fin de l'été. Les fleurs précoces sont doubles ou semi-doubles, les tardives sont simples. Demande seulement une légère taille. R. −20 °C.
***C.* 'Madame Édouard André'** — Hauteur d'env. 2 m seulement. Fleurs att. 12 cm diam. à partir de juillet. Pousse bien au soleil ou à mi-ombre. Demande une taille sévère. R. −20 °C.
***C.* 'Perle d'Azur'** — Vigoureux hybride de *C.* ×*jackmanii* obtenu en 1885 par F. Morel ; att. 4,50 m de haut. Les superbes fleurs, att. 15 cm diam., sont abondantes en été. Pousse bien au soleil ou à mi-ombre. Ne demande qu'une taille légère. R. −20 °C.
***C. viticella* 'Alba Luxurians'** — Vigoureux cultivar à fleurs att. 8 cm diam., production de juillet à septembre. Les premières fleurs sont souvent entièrement vertes, mais les dernières sont blanches, parfois avec du vert au bout des sépales.
***C. viticella* 'Abundance'** — Cultivar nommé par les Jackman mais peut-être obtenu originellement par F. Morel au début de ce siècle. Plante vigoureuse portant des fleurs jusqu'à 5 cm diam. de juillet à septembre. R. −15 °C.
***C. viticella* 'Purpurea Plena Elegans'** (syn. *C.v.* 'Plena Elegans') — Cultivar anciennement inventorié en 1629 par Parkinson, redécouvert, multiplié et distribué par Graham Thomas vers 1945. Liane vigoureuse (att. 3 m) avec des fleurs att. 5 cm diam. de juillet à septembre. Tailler sévèrement. R. −20 °C.
***C. viticella* 'Mme Julia Correvon'** — Vigoureux cultivar avec des fleurs att. 13 cm diam., produites en abondance de juillet à septembre. Demande une taille sévère. R. −15 °C.
***C. viticella* 'Margot Koster'** — Plante vigoureuse avec des fleurs att. 10 cm diam., produites de juillet à septembre. Demande une taille sévère. R. −15 °C.
***C. viticella* 'Minuet'** — Vigoureux cultivar qui peut atteindre 8 m de haut ; fleurs att. 5 cm, de juillet à septembre. Demande une taille sévère. R. −15 °C.

***C.* ×*triterna* DC. 'Rubromarginata'** — *C.* ×*triterna* est un croisement entre *C. Flammula* et *C. viticella*, et 'Rubromarginata' est un cultivar (parfois, incidemment, répertorié sous le nom de *C. flammula*) connu depuis 1880. Il est vigoureux (att. 4 m de haut), très florifère et demande une taille sévère. R. −20 °C.
***C.* 'Kermesina'** (syn. *C. viticella* 'Rubra') — Vigoureux hybride de *C. viticella* obtenu par Lemoine ; très vigoureux att. 6 m, et très florifère en été. Tailler sévèrement. R. −20 °C.
***C.* 'Violuceau'** (syn. *C.* 'Voluceau') — Hybride obtenu par Girault ; fleurs att. 10 cm diam., en été. Demande une taille sévère. R −20 °C.
***C.* 'Huldine'** — Hybride vigoureux (att. 6 m), mais assez irrégulier de comportement qui réussit en plein soleil. Fleurs att. 10 cm diam., très abondantes de juillet à septembre, mais parfois la plante poussera fortement sans produire de fleurs du tout ; la raison en est inconnue. Tailler sévèrement. R. −20 °C.
***C.* 'Rouge Cardinal'** — Hybride passablement vigoureux, att. 3,50 m de haut, fleurissant en début d'été et une autre fois en fin d'été. Les fleurs ont une teinte rouge au début mais deviennent pourpres plus tard. Tailler sévèrement. R. −20 °C.

Clematis rehderiana

C. rehderiana Craib. — Or. O. Chine (Sichuan où il a été récolté en 1898 près de Tatsien-lou [Kangding] par le père Aubert qui l'introduisit en France), dans les fourrés entre 2 300 et 3 300 m ; en fleurs de juin à septembre. Liane att. 8 m. Feuilles caduques, pennées avec 7 à 9 folioles. Fleurs jaune pâle, parfumées, att. 15 mm de long. Fruits avec longs styles plumeux. Tout sol, plein soleil. R. −15 °C.

Réduction à 50 %. Échantillons du jardin de la RHS, de Wisley et du Physic Garden de Chelsea

Lavandula angustifolia Mill. (*Labiatæ*), lavande vraie — Or. région méditerranéenne occidentale (naturalisée dans le C. Europe), sur collines sèches; en fleurs de juin à août (en France). Très rameux, att. 1 m. Épis floraux de 2 à 8 cm de long avec bractées inférieures de 3 à 9 mm, obovales, acuminées. Fleurs de 10 à 12 mm de long. Sol bien drainé; plein soleil. R. −15 °C. Été.
***L.* 'Loddon Pink'** — Floraison précoce; hauteur 60 à 75 cm.
***L.* 'Nana Alba'** — Précoce; att. 30 cm.
***L.* 'Hidcote'** — Précoce; hauteur 60-80 cm; fleurs violet foncé. Communément cultivé en Angleterre.
***L.* 'Munstead'** — Précoce, hauteur 60-75 cm.
***L.* 'Ariele'** — Tardif; hauteur att. 1,20 m; feuilles larges; épis souvent ramifiés. C'est probablement un hybride entre *L. angustifolia* et *L. latifolia*.

Lavandula latifolia Medic., grande lavande, spic — Or. O. région méditerranéenne (jusqu'à la Dalmatie et la Tunisie), sur collines sèches généralement calcaires à sol assez profond; en fleurs de juillet à septembre. Diffère de *L. angustifolia* par ses bractées plus étroites, linéaires et ses fleurs s'arrachant difficilement de l'axe, de 8 à 10 mm de long.

L. lanata Boiss. — Or. S. Espagne, sur rocailles calcaires de montagne jusqu'à 1 800 m, fl. en mai-juin. Bas, très blanc-laineux, att. 50 cm. Feuilles de 35 à 50 mm. Fleurs de 8 à 10 mm disposées en un épi att. 10 cm. R. −15 °C. Été.

L. dentata L. — Or. côtes méditerranéennes d'Espagne et Baléares, sur collines sèches; en fleurs de mars à mai. Sempervirent, grisâtre att. 1 m, lâche en culture. Feuilles de 15 à 35 mm, dentées ou lobées. Épis de 2,5 à 5 mm. Fleurs de 8 mm, pourpres, rarement blanches. Plein soleil. R. −10 °C.

L. stœchas L., lavande d'Hyères — Or. pourtour méditerranéen en pinèdes claires, sur collines sèches plutôt siliceuses, jusqu'à 700 m, fleurissant entre mars et juin. Sempervirent, att. 50 cm. Fleurs petites, mauve très foncé, sur un épi brièvement pédonculé. Plein soleil. R. −10 °C. La subsp. ***pedunculata*** (Mill.) Samp. ex Rozeira (or. C. Espagne et N.-E. Portugal, dans les montagnes), a les épis longuement pédonculés. La subsp. *cariensis* (de Turquie) est similaire.

L. multifida L. — Or. O. région méditerranéenne (France exceptée), sur collines sèches sableuses et rocheuses, fleurissant à partir de mars. Sempervirent, arrondi att. 1 m; fleurs de 12 mm, pourpre foncé, en épis minces de 2 à 7 cm de long. R. −10 °C, peut-être. La subsp. ***canariensis*** (Mill.) Pit. & Pr. des Canaries a les feuilles moins lobées. R. −5 °C.

L. pinnata L. fil. — Or. îles Canaries sur collines sèches. Feuilles une fois pennées. R. −5 °C.

Santolina neapolitana Jord. **'Edward Bowles'** (*Compositæ*) — Or. C. Italie sur pentes rocheuses près de la mer, fl. en mai-juin. Sempervirent, grisâtre att. 50 cm. Feuilles avec lobes de plus de 2,5 mm. Fleurs jaunes. R. −15 °C.

Santolina pinnata Viv. — Or. N.-O. Italie, sur pentes calcaires herbeuses jusqu'à env. 1 000 m, fl. en juillet. Sempervirent, att. 25 cm. Feuilles avec lobes de 2,5 à 7 mm.

Lavandula stœchas subsp. *stœchas* dans le sud de l'Espagne

Lavandula lanata

Lavandula multifida

Lavandula 'Lodden Pink'

Santolina pinnata

Réduction à 50 %. Échantillons de Wisley, 4 juillet

Potentilla fruticosa L. (*Rosaceæ*) — Or. tout l'hémisphère N. (en Europe, att. au S. les Pyrénées et le Caucase ; en Asie, l'Himalaya, le Yunnan et le Japon ; en Amérique la Californie et le Nouveau-Mexique), dans les montagnes, souvent en des lieux humides, fleurissant pendant l'été. R. −25 °C ou plus bas ; préfère les climats frais et humides avec un sol bien drainé.

P. fruticosa du comté de Clare (Irlande) — C'est la plante indigène de cet endroit où elle pousse sur des pavés calcaires régulièrement inondés.

P. fruticosa var. ***dahurica*** Nestl. f. ***rhodocalyx*** — Forme distincte découverte par George Forrest au Yunnan.

P. fruticosa var. ***dahurica* 'Manchu'** — Arbrisseau dense, att. env. 1 m de haut.

P. fruticosa var. ***rigida*** (Wall. ex Lehm.) Wolf (syn. *P. arbuscula* D. Don) — Pousse communément au N. Inde, Népal, Bhutan et dans l'O. Chine entre 2 700 et 4 300 m.

P. fruticosa var. ***parvifolia*** — Cette variété, avec de très petites feuilles soyeuses, est typique de celles trouvées au Népal.

***P.* 'Beesii'** (syn. *P. rigida* var. *albicans*, P. 'Nana Argentea') — Arbrisseau nain à croissance lente, att. 60 cm avec des feuilles particulièrement argentées, obtenu à partir d'une graine récoltée par Kingdon Ward dans le S. Tibet.

P. vilmoriniana (Komar.) Konken — Arbrisseau att. 1,80 m de haut, obtenu par Vilmorin de graines reçues du Sichuan en 1905. Cette plante très vigoureuse est hexaploïde et l'on pense qu'elle provient du croisement de *P. arbuscula* et de *P. davurica*.
***P.* 'Elizabeth'** (syn. 'Sutter's Gold' aux USA) — Arbrisseau touffu, att. env. 1 m de haut, obtenu vers 1950 aux pépinières Hillier (GB). C'est probablement un hybride entre la var. *rigida* et le cv. Manchu.
***P. fruticosa* 'William Purdom'** — Récoltée en Chine (Gansu) en 1911.
***P.* 'Pink Form'** — Semis à fleurs rose-orange.
***P.* 'Tangerine'** — Obtenu à la pépinière Slieve Donard vers 1955. Fleurs de 3 cm diam. Farren, en 1920, a récolté des graines d'une 'forme rouge' à la frontière de la Birmanie et du Yunnan. Ces graines ont donné 'Tangerine'. La couleur rouge a récemment (vers 1975) réapparu chez 'Red Ace'.
***P.* 'Red Ace'** — Petit buisson faible att. env. 60 cm et assez large. Les fleurs pâtissent par temps sec et chaud.
***P.* 'Tilford Cream'** — Hybride, peut-être entre la var. *dahurica* et un cultivar nain à fleurs jaunes.
***P.* 'Katherine Dykes'** — Trouvé dans le jardin de Mr. W. Dyke vers 1925.
***P.* 'Mrs Brunshill'** — Cultivar d'origine inconnue avec des fleurs saumonées, voisines de la var. *rigida*.
***P.* 'Primrose Beauty'** — Hybride dense, étalé, att. env. 1 m de haut, obtenu aux Pays-Bas.
***P.* 'Grandiflora'** (syn. 'Jackman's Variety') — Vigoureux arbrisseau avec des fleurs att. 5 cm diam.
***P.* 'Goldfinger'** — Obtenu par Knol aux Pays-Bas.
***P.* 'Sunset'** — Mutation de 'Tangerine' (voir ci-dessus).
***P.* 'Princess'** — Bon clone à fleurs roses.
***P.* 'Abbotswood'** — Arbrisseau nain (60 cm de haut sur 90 cm de large) à port étalé.

P. fruticosa du comté de Clare, Irlande

P. fruticosa var. *dahurica* f. *rhodocalyx*

Potentilla 'Beesii'

Potentilla 'Princess'

Potentilla 'Vilmoriniana'

Potentilla 'Abbotswood'

Potentilla 'Red Ace'

Réduction à 40 %. Échantillons de Wisley, 15 juillet

Sorbaria arborea à Cambridge

Spiræa salicifolia

Spiræa japonica 'Little Princess'

Neviusia alabamensis

Physocarpus monogynus

Stephanandra tanakæ Franch. & Sav. (*Rosaceæ*) — Or. C. Japon, dans les fourrés de montagne, fleurissant en mai et juin. Gracieux arbrisseau caducifolié att. 2 m. Fleurs avec 15 à 20 étamines (12 chez *S. incisa* [Thunb.] Zab.). Feuillage jaune à rouge en automne. R. −20 °C.

Spiræa ×sanssouciana Koch — Hybride entre *S. douglasii* et *S. japonica* connu depuis 1857. Arbrisseau caducifolié att. 1,50 m; fleurs rose pâle, sur des inflorescences intermédiaires entre celles de ses parents, en juillet et août.

Spiræa ×watsoniana Zab. — Hybride entre *S. douglasii* et *S. densiflora,* autre espèce de l'O. Amérique du N. avec des corymbes plats, connu en culture depuis 1890, mais trouvé à l'état naturel en Orégon. Arbrisseau caducifolié att. 1,20 m. R. −25 °C.

Spiræa douglasii Hook. (*Rosaceæ*) — Or. N. Californie et Colombie Britannique dans les forêts de *Sequoia* et autres conifères en dessous de 1 800 m, formant des fourrés dans les lieux humides; en fleurs de juin à septembre. Naturalisé aussi en Écosse et ailleurs dans le N. Europe. Arbrisseau drageonnant att. 2 m. Feuilles caduques blanches-tomenteuses en dessous. Fleurs d'env. 4 mm diam. R. −25 °C.

S. salicifolia L. est similaire à l'espèce précédente, mais avec des feuilles glabres en dessous. On la trouve depuis l'Autriche et la Pologne jusqu'au Japon et elle est souvent naturalisée ailleurs.

S. canescens D. Don — Or. Himalaya (du Cachemire au Yunnan et S.-O. Sichuan), dans les fourrés et haies entre 1 500 et 3 000 m, fleurissant en mai et juin. Arbrisseau caducifolié att. 2 m (rarement 5 m) avec des branches arquées. Feuilles de 1 à 2 cm, grisâtres en dessous. Fleurs de 4 à 6 mm diam. R. −25 °C. Été.

S. japonica L. fil. — Or. Japon où il est commun dans les montagnes, fleurissant de mai à août, avec variétés en Chine (jusqu'au Yunnan). Arbrisseau caducifolié, dressé, att. 1,50 m (2 m chez la var. *fortunei* (Planch.) Rehd. de Chine avec des corymbes composés plats plus grands). Tout bon sol; soleil ou mi-ombre. R. −20 °C. Été.
***S. japonica* 'Macrophylla'** — Mutation avec des feuilles caractéristiques, apparue dans la pépinière de MM. Simon-Louis avant 1866.
***S. japonica* 'Rosea Superba'** — Cultivar à fleurs rose pâle d'origine inconnue.
***S. japonica* 'Little Princess'** — Cultivar nain, de 1 m de haut.
***S. japonica* 'Antony Waterer'** — Ce cultivar est une mutation de *S. japonica* 'Bumalda' qui a généralement des feuilles bordées de blanc ou panachées. 'Antony Waterer' a souvent aussi des feuilles panachées, ou souvent des pousses roses ou blanches mais il a des fleurs d'une meilleure couleur que le 'Bumalda' d'origine.

Neviusia alabamensis Gray (*Rosaceæ*) — Or. E. USA (Alabama où il n'existerait que dans 1 ou 2 stations), dans les falaises. Arbrisseau caducifolié att. 2 m. Fleurs sans pétales, avec 5 sépales pétaloïdes, et de longues étamines, d'environ 2,5 cm diam. Fruit charnu. Tout sol; plein soleil. R. −20 °C. Été.

Physocarpus monogynus (Torr.) Coult. (*Rosaceæ*) — Or. USA (du S. Dakota et du Wyoming au Texas et au Nouveau-Mexique), dans les pinèdes et rocailles ensoleillées entre 1 200 et 1 300 m; en fleurs entre mai et juillet. Arbrisseau caducifolié att. 2 m, généralement moins dans la nature, avec des rameaux arqués. Fruits composés de 2 gousses soudées et dilatées. R. −25 °C.

Sorbaria arborea Schneid. (*Rosaceæ*) — Or. C. et O. Chine, dans les fourrés et forêts, entre 1 500 et 3 100 m, fleurissant en juillet et août. Arbuste caducifolié att. 6 m; feuilles souvent pubescentes en dessous, avec poils étoilés. Inflorescence avec ramifications étalées (dressées chez *S. sorbifolia*). R. −20 °C. Été.

Réduction à 40 %. Échantillons du Physic Garden de Chelsea, 13 septembre

Buddleia globosa

Buddleia alternifolia à Wisley

Buddleia officinalis

Buddleia alata

Buddleia auriculata Benth. (*Loganiaceæ*) — Or. S. Afrique sur les pentes de montagnes ou au bord des forêts sempervirentes de haute altitude. Fl. entre avril et août. Sempervirent, de 3 à 4 m de haut (6 m palissé). Feuilles minces, de 3 à 12 cm; fleurs de 6 à 8 mm, à odeur agréable. R. −10 °C. Floraison automnale et hivernale. Cultivé pour son parfum en hiver.

B. lindleyana Fortune — Or. Chine (de l'E. à l'O.), au bord des cours d'eau et dans les fourrés, jusqu'à 1 300 m, fl. en juin-juillet. Naturalisé au S.-E. USA. Caducifolié, att. 2 m. Fleurs en longs épis att. 20 cm, s'ouvrant en petit nombre à la fois chacune de 15 mm avec un tube courbe. Tout sol, soleil. R. −15 °C. Fin de l'été.

B. crispa Benth. (syn. *B. tibetica* W.W.Sm.) — Or. E. et O. Himalaya, entre 1 800 et 4 400 m, dans les fourrés et sur coteaux découverts; en fleurs d'avril à juin, avant le déploiement des feuilles. Caducifolié, att. 4 m. Fleurs parfumées d'env. 8 mm de long. Tout sol bien drainé; plein soleil; à placer contre un mur sous climat frais. R. −10 °C. Fleurit au printemps si on ne le taille pas, de l'été à l'automne si on le taille au printemps. *B. farreri* Balf. fil. & W.W.Sm. du Gansu, similaire, est maintenant considéré comme une variété de *B. crispa*.

B. fallowiana Balf. fil. & W.W.Sm. var. ***alba*** Sabourin — Or. Yunnan, dans les rocailles sèches et les fourrés, entre 2 400 et 3 300 m, fl. en août. Caducifolié, att. 3 m, mais poussant d'1,50 m en une seule saison. Fleurs lavande ou blanches (var. *alba*) d'1 cm de long ; étamines insérées vers le milieu du tube de la corolle. Tout sol, plein soleil. R. −10 °C. Fin de l'été.

B. 'Lochinch' — Hybride entre *B. fallowiana* et peut-être *B. davidii*, obtenu à Lochinch (Wigtown, S.-O. Écosse) et commercialisé en 1959. Plus poilu que *B. davidii*, avec des fleurs bleu-mauve; plus rustique que *B. fallowiana*, R. −15 °C.

B. nivea Duthie — Or. O. Chine, dans les fourrés, entre 1 300 et 3 600 m, fleurissant en juillet-août. Arbrisseau att. 3 m. Tiges et face inférieure des feuilles couvertes d'un feutrage blanc. Feuilles caduques, ovales-lancéolées, de 10 à 25 cm de long. Fleurs en épis étroits ou en panicules att. 15 cm de long, chacune de 6 mm de long. La var. *yunnanensis* (Dop.) Rehd. & Wils. a un indument plus jaune et des fleurs att. 5 mm diam. avec les lobes. R. −15 °C.

B. davidii var. ***wilsonii*** Rehd. & Wils. — Or. C. Chine (O. Hubei) entre 1 600 et 2 000 m, fleurissant en août. Se distingue de la var. *davidii* (voir p. 211) par ses panicules à fleurs lâches, ses feuilles étroites et ses grandes fleurs individuelles. R. −15 °C.

B. globosa Hope — Or. Chili, Argentine et Pérou, jusqu'à 2 000 m, et cultivé pour un usage médicinal. Sempervirent, att. 5 m. Feuilles tomenteuses-fauves au revers. Inflorescences sphériques de 2 cm diam., parfumées. Plein soleil. R. −10 °C à l'abri des vents secs et froids; pousse bien au bord de la mer. Début de l'été.

B. alternifolia Maxim. — Or. C. Chine (S.-E. Gansu), sur pentes sèches et dans les haies, fleurissant en mai-juin. Caducifolié, att. 6 m, avec rameaux retombants (et dressés chez 'Argentea'). Fleurs de 8 mm de long en amas serrés att. 2,5 cm diam., le long des pousses de l'année précédente. Tout sol; bien sur calcaire. R. −20 °C. Début de l'été. Tailler *après* la floraison.

B. officinalis Maxim. — Or. C. et O. Chine, sur falaises, dans les rocailles et les fourrés jusqu'à 1 000 m, fleurissant en février-mars. Arbrisseau sempervirent att. 2,50 m. Feuilles lancéolées, couvertes de poils souples et gris à la face inférieure, att. 15 cm de long. Panicules terminales de 8 cm composées de groupes de fleurs parfumées. Tout sol, plein soleil. R. −10 °C. Début du printemps. Joli arbrisseau à floraison hivernale pour la serre.

B. alata Rehd. & Wils. — Or. O. Sichuan, dans les vallées rocheuses vers 1 300 m, fleurissant en août. Arbrisseau caducifolié att. 2 m avec des tiges quadrangulaires ailées. Feuilles lancéolées, acuminées de 14 à 28 cm de long, grises-tomenteuses en dessous. Panicules étroites de 10 à 20 cm de long avec des fleurs de 5 mm de long poilues à l'extérieur. R. −10 °C.

Réduction à 33,33 %. Échantillons de Kew, 12 septembre

Buddleia davidii Franch. (*Loganiaceæ*) — Or. C. et O. Chine, poussant dans les galets des bords de rivières et ruisseaux, sur les talus au bord des routes et dans les fourrés, entre 1 300 et 2 600 m, fleurissant en juillet-août. Arbuste caducifolié de 3 à 5 m. Feuilles lancéolées, opposées. Fleurs rose-pourpre à violet-pourpre ou blanches, parfumées ; variables dans la nature. Communément cultivé et naturalisé en Europe occidentale, où il colonise les terrains vagues calcaires, ainsi que dans l'E. USA et la Californie. On a nommé un grand nombre de cultivars ; tous réussissent en sol calcaire ou crayeux, bien drainé, en plein soleil, avec une sévère taille au printemps, fleurissant mieux sur les nouveaux rejets. Les fleurs parfumées, surtout les blanches, attirent les papillons, et sont à leur mieux en fin d'été. R. −15 °C, mais refleurit dès la première année s'il est rabattu par le froid.

B. davidii var. ***nanhoensis*** (Chitt.) Rehd. **'Nanho Blue'** — Or. Gansu. Plus petit (att. 1,50 m) et plus élégant que la var. *davidii*,, avec des feuilles et des panicules plus petites. Deux clones sont communs : 'Nanho Purple' et 'Nanho Blue', et on cultive aussi une rare forme à fleurs blanches.
B. davidii **'Black Knight'** — Un des meilleurs cultivars de *B. davidii*, obtenu en 1959 par Ruys.
B. davidii **'Fortune'** — Att. 2 m de haut avec un port assez « ouvert » ; commercialisé en 1936 par Schmidt. Panicules jusqu'à 40 cm de long.
B. davidii **'Royal Red'** — Cultivar populaire obtenu par Good et Reese et commercialisé en 1941. Il y a deux clones panachés de ce cultivar : **'Variegata'** (illustré) et 'Harlequin', une mutation de plus faible hauteur.
B. davidii **'White Cloud'** — Cultivar qui peut atteindre 3 m de haut et donne des panicules florales petites mais denses.
B. davidii **'White Bouquet'** — Cultivar rare et assez petit, obtenu en 1941 par Tarnok.
B. davidii **'Ile-de-France'** — Cultivar vigoureux, att. 3 m de haut, obtenu en 1930 par Nonin.

B. **'Dartmoor'** — Vigoureux hybride entre probablement *B. davidii* et sa var. *nanhoensis* avec des panicules de fleurs pourpres et des feuilles longues et étroites. Connu depuis 1971.

B. forrestii Diels — Or. N.-O. Yunnan au-dessus de Dali dans les fourrés et sur escarpements secs entre 2 000 et 3 000 m, fleurissant en juin et juillet. Arbrisseau caducifolié att. 3 m (mais généralement env. 2 m seulement en culture). Feuilles de 20 à 30 cm de long. Fleurs de 8 à 10 mm de long, avec un tube large (3,5 mm diam.), en panicules lâches, mauves en s'ouvrant puis devenant jaunes et brunâtres. Sol bien drainé ; plein soleil en situation chaude. R. −10 °C. Fin de l'été.

B. japonica Hemsl. Or. C. Japon, sur collines ensoleillées et dans les fourrés de montagne, fleurissant entre juillet et octobre. Petit arbrisseau att. 1,50 m, à fleurs de 15 à 20 mm de long, légèrement courtes, mauves avec des poils bruns à l'extérieur. Sol bien drainé ; plein soleil. R. −20 °C.

B. ×weyeriana **'Golden Glow'** — Hybride entre *B. globosa* (p. 209) et *B. davidii* var. *magnifica* (Wils.) Rehd. & Wils. obtenu par M. Van de Weyer en 1914 dans le Dorset (G-B). Arbuste semi-sempervirent att. 3 m de haut ; fleurs à tons variés, crème ou jaune à orangé, souvent mêlés de pourpre. Cinq autres clones nommés sont en culture.

Buddleia 'Dartmoor'

Buddleia forrestii

Buddleia 'Dartmoor'

Buddleia 'Ile-de-France'

Buddleia japonica

Réduction à 40 %. Échantillons de Wisley, 4 juillet

Richea scoparia au Jardin botanique d'Edimbourg

Hebe cupressoides

Hebe 'Ettrick Shepherd'

Hebe macrantha

Hebe albicans (Petrie) Ckn. (*Scrophulariaceæ*) — Or. montagnes du N. de l'île du S. Nouvelle-Zélande. Sempervirent, att. 60 cm de haut et 1 m de large, fleurs blanches en grappes de 6 cm de long env. R. −15 °. **'Sussex Carpet',** prostrée, forme des tapis de 15 à 30 cm de haut et d'1 m de large, avec des feuilles sessiles grises; nommé vers 1985.

Hebe matthewsii (Cheesem.) Ckn. — Or. montagnes de l'île du S. Nouvelle-Zélande. Arbrisseau att. 1,20 m, avec des petites feuilles vert foncé et des grappes anormalement longues pour le genre (att. 10 cm) de fleurs blanches ou mauve pâle en été. Les capsules ovales sont légèrement poilues. R. −10 °C.

***Hebe* 'Autumn Glory'** Obtenu en Irlande du N. vers 1900 et considéré comme l'hybride *H. franciscana* × *H. pimeleoides*; c'est un petit buisson d'env. 60 cm de haut et de large avec de larges feuilles vert-pourpre luisantes et des fleurs pourpre foncé en fin d'été. R. −10 °C.

***Hebe* 'County Park'** — Plante rustique, basse et passablement compacte, formant un coussin d'env. 20 cm de haut et 60 cm de large. Elle a été obtenue à partir d'un bon clone de *H. pimeleoides* dont elle diffère principalement par son port plus compact. Ses feuilles grisâtres sont bordées de rouge et au début de l'été apparaissent des grappes de fleurs violettes. Introduite en culture en 1974. R. −15 °C.

***Hebe* 'McEwanii'** — Petit arbrisseau à feuilles grises, probablement un hybride de *H. pimeleoides*, connu depuis 1941. Le spécimen illustré est faible (d'habitude les inflorescences ont 3 branches). R. −10 °C.

***Hebe* 'Midsummer Beauty'** — Bel arbrisseau de 2 m de haut et de large, obtenu un peu avant 1950. Les fleurs mauves sont produites pendant plusieurs mois à partir du début de l'été. C'est une des véroniques arbustives les plus rustiques. R. −10 °C.

Hebe anomala (J.F. Armst.) Ckn. — Curieuse plante parfois considérée comme un hybride naturel, or. Rakaia dans l'île du S. Nouvelle-Zélande. Buisson compact att. 1 m. R. −15 °C.

Hebe pimeleoides (Hook. fil.) Ckn. & Allan — Or. montagnes sèches du S.-E. de l'île du S. Nouvelle-Zélande. La combinaison de tiges foncées, petites feuilles glauques, souvent bordées de rouge, et fleurs mauves est distinctive, mais les plantes varient en port et dimensions des feuilles (voir aussi H. 'County Park'). R. −15 °C.

Hebe ×franciscana (Eastw.) Souster **'Blue Gem'** — Voir p. 19.

Hebe rakaiensis (J.F. Armstr.) Ckn. — Or. rocailles de basse altitude de l'île du S. Nouvelle-Zélande. Buisson bas, en forme de dôme, avec un feuillage vert assez pâle, att. éventuellement 60 à 100 cm de haut et 1 à 1,50 m de large (parfois plus grand dans la nature). R. −15 °C.

***Hebe* 'Trixie'** — Semis de *Hebe albicans* commercialisé en 1970. 'Trixie' diffère de ses parents par ses feuilles plus étroites, plus pointues et plus vertes que glauques. R. −10 °C.

***Hebe* 'Ettrick Shepherd'** — D'origine incertaine, connu depuis 1953. Les fleurs s'ouvrent pourpres ou magenta mais passent au blanc, donnant des grappes bicolores.

Hebe cupressoides (Hook. fil.) Ckn. & Allan — Or. dans les vallées jusqu'à 1 500 m de l'île du S. Nouvelle-Zélande, c'est la véronique dont le feuillage est le plus semblable à celui d'un cyprès, jusque dans son odeur de résine. Constitue un buisson d'env. 2 m de haut et 1,50 m de large. R. −15 °C. Le cv. Boughton Dome n'a que 30 à 45 cm de haut.

Hebe macrantha (Hook. fil.) Ckn. & Allan. — Or. montagnes du N. de l'île du S. Nouvelle-Zélande, facilement reconnaissable à ses grandes fleurs blanc pur groupées par 2 à 6 en été. R. −5 °C.

Richea scoparia Hook. fil. (*Epacridaceæ*) — Or. Tasmanie, en montagne jusqu'à 4 000 m. Les épis floraux denses sont produits en été sur des buissons sempervirents d'env. 1 m de haut mais qui peuvent dépasser 2 m dans la nature. La couleur des fleurs est variable et dans la nature, elles sont rouges, roses ou blanches. Sol acide humide. R. −15 °C.

Réduction à 40 %. Échantillons de la pépinière Goatcher, 11 septembre

Hebe 'Great Orme'

Hebe carnulosa

***Hebe* 'Margery Fish'** (syn. 'Primley Gem') (*Scrophulariaceæ*) — Obtenu au zoo de Paignton (Devonshire, GB) avant 1966, mais distribué par la défunte Margery Fish à partir de son jardin de Lambrook Manor (Somerset). Buisson bas, att. 60 cm de haut et 1 m de large. Fleurs violettes avec tube blanc, en grappes de 5 à 8 cm de long. R. −10 °C.

Hebe recurva Simpson & Thomson — Espèce variable or. rocailles du N. de l'île du S. Nouvelle-Zélande. Le clone le plus fréquent dans les jardins est 'Aoira' avec des feuilles très glauques et assez recourbées. Grappes de fleurs blanches (roses en boutons) en été. R. −5° à −10 °C.

***Hebe* 'Dorothy Peach'** — Cette plante semble identique à celles connues antérieurement sous le nom de 'Watson's Pink'. Ce pourrait être un semis de 'Great Orme' qui est similaire mais somme toute plus grand. Les fleurs de **'Dorothy Peach'** sont plus petites, avec des étamines stériles. R. −5 °C.

Hebe* ×*andersonii (Lindl. & Paxt.) Ckn. **'Variegata'** — **Le nom de *H.* ×*andersonii* est attribué aux hybrides entre *H. speciosa* et *H. salicifolia*. 'Variegata' est le cultivar panaché le plus courant de cet hybride intéressant, pour le bord de mer ; il est passablement fragile, mais en bonnes conditions peut pousser jusqu'à 2 m de haut et de large.** R. −5 °C.

***Hebe* 'Bowles'Hybrid'** — Cette plante attrayante fait partie d'un groupe confus de cultivars très voisins. Elle a des feuilles assez pâles et des fleurs mauves en grappes lâches en été et souvent à nouveau en automne. R. −10 °C.

***Hebe* 'Spender's Seedling'** — Deux plantes quelque peu semblables sont cultivées sous ce nom, mais il semble que celle qui est illustrée ci-contre soit la vraie. L'autre en diffère par ses feuilles plus étroites à pointe plus obtuse et ses bourgeons solaires étroitement cylindriques. Les fleurs de 'Spender's Seedling' ont les étamines stériles, ce qui n'est pas le cas de la plante à feuilles plus étroites qui est probablement le cv. C.P. Raffill. R. −10 °C.

***Hebe* 'Great Orme'** — Fleurs plus grandes que celles de 'Dorothy Peach', avec des étamines fertiles, et couleur rose clair inhabituelle chez les petites *Hebes*. R. −5 °C.

***Hebe* 'Simon Delaux'** — C'est un vieil hybride, dérivé de *H. speciosa*.

***Hebe* 'Mrs Winder'** (syn. 'Warley', 'Warleyensis') — Plusieurs noms sont appliqués assez librement à de nombreux hybrides semblables. La plupart sont des buissons assez rustiques d'env. 60 à 80 cm de haut à port étalé. Ils ont des feuilles étroites, souvent bronzes, et des grappes lâches de fleurs violettes en été et en automne. R. −10 °C ou plus bas.

***Hebe* 'La Séduisante'** — Beaucoup d'hybrides ont été obtenus en France au XIXe s. à partir de *H. speciosa*, et leurs belles fleurs ont permis à certains d'entre eux d'être encore cultivés. 'La Séduisante' a des fleurs rouges et ses jeunes feuilles sont souvent rougeâtres. R. −5 °C.

Hebe* ×*franciscana (Eastw.) Souster **'Variegata'** — C'est un bon cultivar de l'hybride entre *H. elliptica* et *H. speciosa*. C'est probablement une mutation de 'Blue Gem'. 'Variegata' est plus compact et légèrement plus délicat. R. −10 °C.

***Hebe* 'Gloriosa'** (syn. 'Pink Pearl') — Il y a un petit doute sur le nom correct de la plante illustrée. Elle a les grandes feuilles et jolies grappes typiques des hybrides dérivés de *H. speciosa*. R. −5 °C.

Hebe carnosula (Hook. f.) Ckn. — Espèce quelque peu « douteuse », (un hybride naturel ?) récoltée dans les montagnes du N. de l'île du S. Nouvelle-Zélande. Elle est proche de *H. pinguifolia* qui en diffère par ses capsules poilues et ses feuilles plus petites et moins claires. R. −15 °C.

Hebe ochracea M.B. Ashwin — Véronique en forme de salicorne or. montagnes du N. île du S. Nouvelle-Zélande. On l'a souvent confondue avec *H. armstrongii* et on la cultive encore sous ce nom. Elle en diffère par son feuillage très ocré et ses feuilles plus arrondies. Elle pousse à 60 cm de haut env. et un peu plus en largeur ; 'James Stirling' plus compact est apparu vers 1975. R. −15 °C.

Hebe ochracea

Embothrium coccineum au Chili

Embothrium coccineum, forme à feuilles étroites

Embothrium coccineum à Logan

Embothrium coccineum Forst. (*Proteaceæ*) — Arbuste ou petit arbre sempervirent or. S. Chili et S.-O. Argentine où il pousse dans les sous-bois clairs à basse altitude. En culture, il atteint 10 m ou davantage occasionnellement aux endroits les plus abrités. Fleurs vermillon au printemps. La forme des feuilles est particulièrement variable, étroitement lancéolée à largement oblongue. Dans la nature, on trouve parfois des plantes à fleurs jaunes. Introduit en 1846 et rustique dans les situations abritées, il pousse bien en sous-bois clair. Les sujets à feuilles étroites sont les plus rustiques. R. −10° ou −15 °C.

Philesia magellanica Gmel. (syn. *P. buxifolia* Lam.) (*Liliaceæ*) — Or. S. Chili, dans les forêts pluviales à basse altitude. Arbrisseau drageonnant, grimpant parfois le long des troncs d'arbres au moyen de racines adventives. En culture, il donne généralement un arbrisseau nain, sempervirent, de moins d'1 m de haut, mais largement étalé. Fleurs charnues rouges en fin d'été, mais on rencontre parfois une forme à fleurs roses. Introduit en 1847 par William Lobb, il est le mieux approprié aux conditions des secteurs les plus humides des côtes atlantiques. Ailleurs, il demande un sol humide et riche en humus dans une situation douce et ombragée. R. −15 °C.

Azara serrata Ruiz & Pav. (*Flacourtiaceæ*) — Autre arbuste sempervirent chilien att. 5 ou 6 m. Fleurs presque sans odeur produites en été sur des ombelles nettement pédonculées ou de courtes grappes. Il est passablement rustique mais fleurit plus abondamment en Angleterre lorsqu'il est planté contre un mur chaud. R. −10 °C.

Azara lanceolata Hook. fil. (*Flacourtiaceæ*) — Or. S. Andes, en forêt pluviale. Arbuste att. 6 m. Feuilles att. 6 cm de long, lancéolées à étroitement ovales, pendantes sur les branches arquées. Fleurs parfumées. Sol acide humide ; mi-ombre et abri ou protection murale. R. −5 °C. Fin du printemps. Voir p. 263.

Grevillea rosmarinifolia A. Cunn. (*Proteaceæ*) — Or. E. Australie, cet arbrisseau peut atteindre 2 m en bonnes conditions, mais dans les jardins d'Angleterre, il a souvent moins d'1 m. Ses feuilles persistantes en forme d'aiguilles sont grisâtres en dessous. Il a été introduit dans les années 1920. Pousse bien dans le calcaire mais préfère un sol acide et tourbeux. R. −10 °C.

Fabiana imbricata Ruiz & Pav. (*Solanaceæ*) — Or. Andes (de la Bolivie au Chili), fleurissant au début de l'été. Cet arbrisseau sempervirent avec un feuillage de bruyère peut atteindre 2 m de haut, mais la plupart des cultivars sont plus compacts, dépassant rarement 60 cm. Les sujets à fleurs violettes sont parfois distingués sous le nom de var. *violacea* ; un de ces clones, 'Prostrata', donne un petit arbrisseau étalé. R. −10 °C.

Berberidopsis corallina Hook. fil. (*Flacourtiaceæ*) — Or. forêts humides du C. Chili mais maintenant rare ou même disparu dans la nature. C'est un vigoureux arbrisseau lâche poussant à 4-5 m quand il est palissé contre un mur et fleurissant en fin d'été. Introduit en 1862, il est passé de mode à cause de sa faible rusticité mais on voit quelquefois de beaux sujets dans les serres froides en sol acide ou neutre, généralement élevés contre un mur ombragé. R. −10 °C.

Crinodendron patagua Mol. (*Elæocarpaceæ*) — Or. Chili, fleurissant en fin d'été. Arbuste sempervirent ou petit arbre att. 10 m de haut. Il semble très légèrement plus tolérant à la sécheresse que *C. hookerianum* et est peut-être un peu plus rustique. Il est vigoureux et pousse bien à Kew et au Physic Garden de Chelsea avec la protection d'un mur. R. −10 °C.

Crinodendron hookerianum Gay (syn. *Tricuspidaria lanceolata* Miq.) — Arbuste sempervirent or. C. Chili, att. 3 ou 4 m (rarement 10 m). Les boutons floraux se forment en fin d'automne mais ne s'ouvrent pas avant le printemps suivant. Introduit par William Lobb en 1848, il demande une situation fraîche et abritée avec un sol sans calcaire. R. −10 °C.

Desfontainia spinosa Ruiz & Pav. (*Potaliaceæ*) — Or. majeure partie des Andes d'Amérique du S. jusqu'au détroit de Magellan, dans les sites humides et frais des régions côtières dans le S. et dans les basses montagnes dans le N. de son aire. Fleurit en fin d'été. Forme un arbrisseau sempervirent étalé att. 3 ou 4 m de haut dans les bonnes conditions. Introduit par Lobb en 1843 et demandant des conditions semblables à celles de *Philesia*. 'Harold Comber' ('Comber's Form') a des fleurs rouge-orangé. R. −10 °C.

Réduction à 40 %. Échantillons de Cannington, Somerset, 10 juin

Crinodendron patagua

Crinodendron hookerianum

Azara lanceolata

Berberidopsis corallina

Desfontainia spinosa à Nymans, Sussex

Philesia magellanica

Réduction à 40 %. Échantillons de Wisley, 15 juillet

***Brachyglottis* 'Sunshine'** (syn. *Senecio greyi* Hort., *Senecio laxifolius* Hort., *Senecio* 'Sunshine') (*Compositæ*) — Hybride d'origine horticole et un peu plus rustique que ses parents *S. compactus* et *S. laxifolius*. Arbrisseau sempervirent att. 1 m (rarement 2 m). R. −10 °C.

Brachyglottis monroi (Hook. fil.) B. Nord. (syn. *Senecio monroi* Hook. fil.) — Or. île du S. Nouvelle-Zélande, dans les fourrés jusqu'à 1 000 m env. Sempervirent, compact att. env. 1 m. Culture facile en situation ensoleillée de région tempérée. R. −10 °C.

Brachyglottis compacta (Kirk) B. Nord. (syn. *Senecio compactus* Kirk.) — Restreint dans la nature à une seule localité du S.-E. de l'île du N. Nouvelle-Zélande, sur des falaises calcaires maritimes. C'est un arbrisseau sempervirent, compact, att. 1 m de haut. R. −5 °C seulement.

Cassinia fulvida Hook. fil. (*Compositæ*) — Or. Nouvelle-Zélande, dans les prairies et fourrés de plaine et de montagne, où il fleurit en avril. Arbuste sempervirent att. 2 m dans la nature, mais généralement moins d'1 en culture. Les feuilles ont une odeur de miel. Milieu de l'été. R. −15 °C.

Callistemon citrinus (Curt.) Skeels (*Myrtaceæ*) — Or. S.-E. Australie, dans les dépressions sableuses humides, att. 3 m. Ses fleurs rouge vif, groupées en écouvillon sont produites en été. Ses feuilles, à odeur de citron lorsqu'on les froisse, varient considérablement de forme. R. −10 °C.

***Callistemon* 'Widdicombe Gem'** — Sélection horticole, probablement dérivée de *C. sieberi*, une des espèces les plus rustiques or. montagnes du S.-E. Australie. Dans la nature, *C. sieberi* att. 4 m de haut, mais n'a qu'1 ou 2 m en culture. 'Widdicombe Gem' a des étamines d'un jaune profond. R. −10 °C.

Passiflora cærulea L. (*Passifloraceæ*) — Or. S. Brésil. Vigoureuse liane fleurissant du début de l'été au début de l'automne. Drageonne et, en cas de gel, rejette de souche. A protéger contre un mur. R. −10 °C.

Euryops pectinatus Cass. (*Compositæ*) — Or. Afrique du S. en zone montagneuse. Survit en plein air dans les régions tempérées. Plein soleil; sol bien drainé. R. −5 °C.

Lippia citriodora (Ortega) H.B.K. (syn. *Aloysia triphylla* (L'Hérit.) Britt.) (*Verbenaceæ*) — Or. Chili. Arbrisseau buissonnant et dressé att. 1,5 m (rarement 2 m) de haut. Minuscules fleurs blanches ou mauve pâle en été. Il est cultivé pour l'odeur puissante de son feuillage qui lui vaut le nom de verveine-citronnelle. R. −10 °C.

Drimys winteri J.R. & G. Forst. (*Winteraceæ*) — Arbuste ou petit arbre att. 15 m, Or. Amérique du S., de la Terre de Feu au Mexique. Ombelles de fleurs blanc-crème parfumées au printemps. R. −10 °C env.

Tepualia stipularis (Hook. fil.) Griseb. (*Myrtaceæ*) — Or. Chili et O. Argentine, cet arbrisseau pousse dans les clairières des forêts de *Nothofagus*. Il a un port dressé, att. 3 m de haut. N'est pas cultivé.

Hibbertia scandens (Willd.) Dryand. (*Dilleniaceæ*) — Liane sempervirente volubile, vigoureuse mais très fragile, or. des côtes E. Australie où elle pousse en forêt. Floraison estivale. R. −5 °C.

Euryops pectinatus

Drimys winteri en Cornouailles

Lippia citriodora

Tepualia stipularis

Callistemon citrinus

Hibbertia scandens à Palo Alto, Californie

Réduction à 50 %. Échantillons de Wakehurst, 2 septembre

Itea ilicifolia Oliv. (*Saxifragaceæ*) — Or. O. Chine, fleurissant au milieu de l'été. Arbrisseau sempervirent att. 3 m de haut en situation abritée, mais pouvant dépasser 5 m dans la nature. Fleurs à odeur de miel. R. −15 °C.

Phyllocladus alpinus L.C. & A. Rich. (*Podocarpaceæ*) — Or. N. et S. Nouvelle-Zélande, dans les forêts de montagne jusqu'à 1 600 m. Arbuste sempervirent att. 7,50 m mais parfois réduit à un buisson de 1 ou 2 m en zone alpine. R. −10 °C.

***Olearia* 'Talbot de Malahide'** (syn. *O. albida* Hort.) (*Compositæ*) — Hybride d'*O. avicenniifolia*. Diffère de cette espèce par ses fleurs avec 3 à 6 ligules. Arbrisseau sempervirent att. 3 m de haut. R. −10 °C.

Olearia avicenniifolia (Raoul) Hook. fil. (*Compositæ*) — Or. S. Nouvelle-Zélande, dans les fourrés subalpins jusqu'à 1 000 m. Arbuste sempervirent att. 6 m dans la nature, mais plus souvent 2 ou 3 m dans les jardins. Fleurs agréablement parfumées produites au début de l'été. Utile au bord de mer car tolérant aux vents chargés de sel. R. −10 °C.

Olearia* ×*haastii Hook. fil. (*Compositæ*) — Hybride entre *O. avicenniifolia* et *O. moschata*, présent en Nouvelle-Zélande dans la nature et les jardins. Buisson compact de 1 à 2 m de haut. Bonne plante pour faire des haies au bord de la mer. R. −15 °C.

Lomatia myricoides (Gärtn.) Dorrien (*Proteaceæ*) — Or. S.-E. Australie, dans les ravins et au bord des cours d'eau en forêts clairsemées. Arbuste sempervirent att. 4 m de haut mais rarement plus de 2 m en culture. R. −5 °C.

Grevillea sulphurea A. Cunn. (*Proteaceæ*) — Or. S.-E. Australie, dans les basses montagnes. R. −5 °C.

Lomatia ferruginea R. Br. (*Proteaceæ*) — Or. Chili, dans les forêts pluviales où il pousse comme un arbuste peu ramifié, att. 9 m. R. −10 °C.

Sollya heterophylla Lindl. (syn. *S. fusiformis* (Labill.) Briq.) (*Pittosporaceæ*) — Liane volubile sempervirente or. S.-O. Australie. Att. 2 m en culture et fleurit en fin d'été. R. −5 °C.

Abutilon* ×*suntense Brick. **'Jermyns'** (*Malvaceæ*) — Hybride entre *A. ochsenii* et *A. vitifolium* dont plusieurs clones sont en culture. C'est un vigoureux arbuste à feuilles caduques att. 6 m et donnant une abondance de fleurs mauves en été. Pousse bien au soleil et en sol léger. R. −10 °C.

Abutilon ochsenii (Phil.) Phil. (*Malvaceæ*) — Or. Chili. C'est une espèce très voisine d'*A. vitifolium* dont elle diffère principalement par ses fleurs d'un violet plus foncé et par ses feuilles et pousses moins poilues. R. −10 °C.

Abutilon vitifolium (Cav.) Presl. **'Veronica Tennant'** (*Malvaceæ*) — Or. Chili. Arbuste caducifolié att. 5 m ou davantage en situation abritée. Il est moins rustique que les autres espèces d'*Abutilon* illustrées ici, mais pousse vite et donne un bel arbuste dans les zones les plus tempérées. R. −5 °C.

Felicia petiolata (Harv.) N.E. Br. (*Compositæ*) — Sous-arbrisseau sempervirent or. Lesotho et province du Cap en Afrique du S., dans les rocailles, pendant souvent le long des falaises. R. −10 °C.

Felicia petiolata

Abutilon ×suntense 'Jermyns'

Sollya heterophylla

Abutilon ochsenii

Abutilon 'Veronica Tennant'

Lomatia ferruginea au Chili

Réduction à 50 %. Échantillons de la pépinière Goatcher, 15 juillet

Escallonia 'Iveyi'

Escallonia tucumanensis

Escallonia virgata

Vallea stipularis

***Escallonia* 'Slieve Donard'** *(Saxifragaceæ)* — C'est un des nombreux hybrides obtenus à la pépinière de Slieve Donard à Neuvry (Down, Irl. du N.) par croisement des *E. rubra*, *E. rubra* var. *macrantha* et *E. virgata*. Vigoureux arbrisseau sempervirent att. 2 m, avec rameaux un peu arqués et fleurs à pétales recourbés. R. −15 °C.
***E.* 'Donard Seedling'** — Arbrisseau de 2 à 3 m de haut, plus rustique que beaucoup d'autres escallonias. Ses pétales sont arrondis mais avec une base étroite (l'« onglet ») et sont un peu recourbés vers la pointe. R. −15 °C.
***E.* 'Apple Blossom'** — Cultivar très populaire qui forme un arbrisseau compact att. 1,50 m de haut. Les pétales à onglet large sont incurvés pour donner une fleur dont la forme rappelle souvent celle d'un calice. R. −15 °C.
'Donard Radiance' est similaire.
***E.* 'Langleyensis'** — Un des premiers hybrides obtenus à la pépinière Veitch à Langley (Buckinghamshire, G-B) en 1893. C'est un hybride entre *E. rubra* et *E. virgata*. Arbrisseau vigoureux et très florifère de 2 ou 3 m de haut. Milieu de l'été. R. −10 °C.
***E.* 'Donard Beauty'** — Vigoureuse plante à petites feuilles et rameaux assez arqués, pouvant atteindre 2 m de haut. Début de l'été. R. −10 °C.
***E.* 'Crimson Spire'** — Arbrisseau à croissance rapide att. 2 m ou davantage et très utilisé pour faire des haies au bord de mer. Il est apparu par hasard dans un semis à la pépinière de Treseder en Cornouailles (G-B). Les pétales ont de larges onglets étroits assez serrés les uns contre les autres pour donner une apparence tubulaire aux fleurs. R. −10 °C.

***E.* 'William Watson'** — Hybride entre *E. rubra* et *E. virgata*. Arbrisseau compact att. 1,50 m de haut. Fleurs rose-rouge à partir du milieu de l'été et souvent s'avançant bien en automne. R. −15 °C.

Escallonia rubra (Ruiz & Pav.) Pers. (incl. *E. punctata* DC.) — Or. Chili et O. Argentine. Espèce très variable dans la nature, très robuste et vigoureuse avec des feuilles passablement aromatiques et densément ponctuées de glandes qui les rendent luisantes. Tube du calice et pédoncule glanduleux aussi. Inappréciable pour faire des haies en zone maritime. R. −10 °C.

Escallonia rosea Griseb. — Or. S. Chili. Contrairement à son épithète, les fleurs légèrement parfumées de cette espèce sont blanches. Arbrisseau att. 3 m avec pousses anguleuses. Situation abritée. Floraison en milieu d'été. R. −10 °C.

Escallonia ×exoniensis Veitch — Hybride entre *E. rosea* et *E. rubra* obtenu aux pépinières de Veitch et Fils à Exeter dans les années 1880. Arbrisseau vigoureux att. 6 m de haut dans les zones tempérées, 2 ou 3 m ailleurs. Fin d'été. R. −10 °C.

***Escallonia* 'Iveyi'** — Obtenu par hasard dans un semis au jardin de Caerhays (Cornouailles, GB) dans les années 1920. On pense que c'est un hybride entre *E. bifida* et *E. ×exoniensis*. Arbrisseau vigoureux à grandes feuilles arrondies vert foncé qui mettent bien en valeur l'abondante floraison blanche en été. R. −15 °C.

Escallonia tucumanensis Hosseus — Or. N.-O. Argentine, entre 800 et 2 000 m. Arbuste caducifolié att. 6 m à fleurs blanches en été. R. −10 °C.

Escallonia virgata (Ruiz & Pav.) Pers. — Or. S. Chili et S.-O. Argentine, dans les fourrés au-dessus de la limite altitudinale des arbres. Arbrisseau caducifolié att. 3 m. C'est une des espèces les plus rustiques, à ne pas planter en terrain calcaire cependant. R. −15 °C.

Vallea stipularis L. fil. *(Elæocarpaceæ)* — Or. N. Andes (de la Bolivie au Venezuela), dans les fourrés de montagne entre 2 000 et 4 000 m. Arbuste sempervirent att. 5 m. Fleurs rose profond ou rouges au milieu de l'été. R. −5 °C.

Réduction à 66,66 %. Échantillons de Wakehurst Place, Sussex, 24 août

E. glutinosa (à gauche) et *E. 'Nymansay' (à droite)*

Eucryphia moorei à Nymans, Sussex

Eucryphia milliganii à l'Arboretum Hillier

Eucryphia lucida à l'Arboretum Hillier

Eucryphia* ×*intermedia Bausch **'Rostrevor'** — Vigoureux hybride entre *E. glutinosa* et *E. lucida* obtenu dans les années 1930 au jardin de Rostrevor (comté de Down, Irlande du N.) par hasard dans un semis. Petit arbre à port étroit att. 10 m de haut, fleurissant en fin d'été. Ses feuilles peuvent être simples ou trifoliées et sont seulement légèrement dentées. *E.* ×*intermedia* tolère une ombre légère et se trouve probablement mieux avec les racines au frais. Cependant, il lui faut du soleil pour bien fleurir ; sa meilleure place est dans un sol riche en humus. R. −10 °C en situation abritée.

Eucryphia milliganii Hook. fil. — Or. montagnes de Tasmanie. Arbrisseau compact att. 4 m dans la nature, mais souvent plus petit en culture. Feuilles sempervirentes, petites et simples ; fleurs d'env. 15 mm diam. (plus petites que l'*E. lucida* par ailleurs similaire). Introduit en 1929, il demande une situation dégagée mais abritée. Sol frais sans calcaire. R. −10° ou −15 °C.

Eucryphia* ×*nymansensis Baush **'Nymansay'** — Hybride entre *E. cordifolia* et *E. glutinosa* apparu spontanément vers 1914 à Nymans (O. Sussex, GB). Un semis de même parenté naquit par la suite à Mount Usher dans le comté de Wicklow en Irlande. 'Nymansay' est un vigoureux petit arbre sempervirent att. 15 m de haut, à feuilles denticulées simples et trifoliées sur la même plante et fleurs blanc pur en fin d'été. Sol retenant bien l'humidité ; soleil avec abri des vents froids qui roussissent les feuilles. R. −15 °C.

Eucryphia glutinosa (Pœpp. & Endl.) Baill. — Or. Chili (où il est rare maintenant), fleurissant au milieu de l'été. Arbuste att. 8 m de haut. Feuilles généralement caduques se colorant bien en dégradés d'orange et de rouge avant de tomber. Fleurs inodores mais attirantes pour les abeilles. Introduite en 1859 par l'un des collecteurs de la pépinière Veitch, c'est une espèce solide et rustique dans la majeure partie de la zone atlantique européenne mais à croissance lente. Sol frais à humide sans calcaire ; ombre légère sous climat ensoleillé. R. −15 °C.

Eucryphia glutinosa à fleurs doubles — On le trouve parfois dans un semis des plantes à fleurs doubles ou semi-doubles. Elles sont moins ornementales que les plantes à fleurs simples.

Eucryphia cordifolia Cav. — Or. C. Chili, dans les forêts tempérées à basse altitude où il devient un arbre important att. 20 m de haut. En culture, les sujets les plus grands sont presqu'aussi grands mais on voit le plus souvent des petits arbres de 8 à 10 m. Feuilles persistantes toujours simples et entières, sauf sur les jeunes plants. Introduit en 1851. Assez tolérant au calcaire, mais ne réussit vraiment qu'en climat maritime humide et frais. R. −10 °C.

Eucryphia moorei F.v.Muell. — Or. S.-E. Australie, dans les forêts de basse altitude. Arbre att. 20 m dans la nature, rarement plus de 10 m en culture, fleurissant au milieu de l'été. Fleurs plus petites que celles des espèces les plus communément cultivées. Feuilles très caractéristiques par leurs nombreuses (de 11 à 13) folioles. Introduit en 1915. Rustique seulement dans les jardins maritimes bien abrités. R. −5°C.

Eucryphia lucida (Labill.) Baill. — Or. Tasmanie, dans les forêts, souvent au bord des rivières à basse altitude. Peut atteindre 30 m dans la nature, mais en culture forme un arbre à port colonnaire de 8 à 12 m de haut. Feuilles persistantes. Situation dégagée mais abritée. Sol humide et léger, sans calcaire. R. −10 °C. Une forme avec des fleurs roses à centre rouge a été récemment découverte dans le N.-O. Tasmanie et nommée 'Pink Cloud'. 'Leatherwood Cream' a des feuilles bordées de jaune pâle.

Réduction à 50 %. Échantillons de Wakehurst Place, Sussex, 26 juillet

Olearia* ×*oleifolia Kirk *(Compositæ)* — Hybride entre *O. avicenniifolia* et *O. odorata.* Buisson sempervirent compact att. 2 m de haut. R. −10 °C. Été.

Helichrysum hookeri (Sond.) Druce (syn. *Ozothamnus hookeri* Sond.) *(Compositæ)* — Or. S.-E. Australie et Tasmanie, dans les montagnes entre 1 000 et 1 300 m. Buisson compact, aromatique att. 2 m de haut. R. −5 °C. Été.

Escallonia virgata (Ruiz & Pav.) Pers. — Voir p. 223.

Olearia moschata Hook. fil. *(Compositæ)* — Or. S. Nouvelle-Zélande, dans les fruticées montagnardes. Arbrisseau sempervirent att. 4 m dans la nature, 2 m en culture. Ses feuilles ont une odeur musquée caractéristique. R. −5 °C.

Hoheria lyallii Hook. fil. — Voir p. 229.

Leptospermum lanigerum (Ait.) Sm. *(Myrtaceæ)* — Or. Tasmanie et S.-E. Australie, près des côtes et jusqu'aux basses montagnes. Arbuste sempervirent att. 7 m dans la nature, seulement 2 m en culture, sol léger. R. −10 °C.

Lomatia silaifolia (Sm.) R.Br. *(Proteaceæ)* — Or. S.-E. Australie, près des côtes. Arbrisseau sempervirent drageonnant, att. 1 m. Fleurs parfumées. Au milieu de l'été, les feuilles sont souvent plus divisées que celles qui sont montrées ci-contre. Sol bien drainé; plein soleil. R. −10 °C.

Olearia macrodonta Bak. *(Compositæ)* — Or. N. et S. Nouvelle-Zélande, dans les forêts jusqu'à 1 300 m. Arbrisseau ou arbuste sempervirent att. 6 m de haut dans la nature, et 3 m en culture. R. −15 °C.

Olearia* ×*scilloniensis Dorrien-Smith *(Compositæ)* — Hybride obtenu par hasard entre *O. lyrata* et probablement *O. phlogopappa* à Tresco (îles Sorlingues, GB) en 1910. Arbrisseau compact att. 2 m. R. −10 °C. Fin du printemps.

Acca sellowiana (Berg.) Burret (syn. *Feijoa sellowiana* (Berg) Berg) *(Myrtaceæ)* — Or. S. Brésil et Uruguay. Arbuste sempervirent att. 5 m dans la nature mais rarement plus de 3 m en culture. Fleurs à pétales sucrés, comestibles. Fruits comestibles, appelés goyaves de Montevideo. Soleil; sol bien drainé. R. −10 °C. Été.

Gevuina avellana Mol. *(Proteaceæ)* — Or. Chili (sur la côte entre Valparaíso et les îles Guaitecas) dans les forêts humides près des ravins, y fleurissant en janvier et février. Arbuste ou arbre sempervirent att. 20 m dans la nature. Feuilles pennées ou bipennées avec folioles variables en forme, dimension et nombre (de 3 à 30 env.). Fruits comestibles semblables à des noix, att. 2 cm diam., verts, rouges, marrons, puis violet. R. −10 °C.

Helichrysum ledifolium (DC.) Benth. (syn. *Ozothamnus ledifolius* (DC.) Hook. fil.) *(Compositæ)* — Or. Tasmanie, dans les montagnes vers 1 000 m. Arbrisseau sempervirent compact, att. 1 m env., avec un exsudat aromatique et collant couvrant les tiges et la face inférieure des feuilles. Introduit par Harold Comber en 1930. Soleil; sol bien drainé. R. −10 °C. Été.

Metrosideros excelsa Sol. ex Gaertn. *(Myrtaceæ)* — Or. N. Nouvelle-Zélande à basse altitude. Arbre sempervirent att. 20 m. R. −5 °C. Été.

Olearia macrodonta

Olearia ×scilloniensis

Acca sellowiana

Gevuina avellana

Ozothamnus ledifolius

Metrosideros excelsa

Réduction à 50 %. Échantillons de Wakehurst Place, Sussex, 28 août

Hoheria lyallii à Wakehurst Place

Clethra fargesii

Hoheria glabrata à l'Arboretum Hillier

Hoheria 'Glory of Amlwch'

Clethra barbinervis

Clethra alnifolia L. (*Clethraceæ*) — Or. E. et S.-E. USA (du S. Maine à l'E. Texas), dans les marécages et les forêts humides, fleurissant entre juillet et septembre. Arbrisseau att. 3 m drageonnant et formant un petit bosquet. Feuilles att. 7 cm de long. Fleurs blanches ou roses (f. *rosea* Rehd.), parfumées, en grappes dressées. Sol frais, sableux ; plein soleil. R. −30 °C. Été.

Clethra monostachya Rehd. & Wils. — Or. O. Chine et S.-E. Tibet, dans les forêts entre 1 600 et 2 800 m, fleurissant en juillet-août. Arbrisseau att. 6 m. Feuilles caduques att. 14 cm de long, sépales aigus. Grappes généralement solitaires (ou par 3) att. 20 cm de long. Pétales égalant les étamines. Sol acide ou sans calcaire ; mi-ombre. R. −15 °C. Été.

Clethra fargesii Franch. — Or. C. et O. Chine, dans les fourrés, entre 1 300 et 2 500 m, fleurissant en juillet-août. Arbrisseau arrondi att. 3 m. Feuilles caduques att. 14 cm de long. Fleurs parfumées, en panicules att. 25 cm de long. Pétales plus courts que les étamines. Sol acide ou sans calcaire ; mi-ombre. R. −20 °C. Été.

Clethra delavayi Franch. — Or. N.-O. Yunnan (près de Dali), dans les forêts de sapins sur rochers escarpés calcaires, vers 3 000 m, fleurissant en juin-juillet. Arbuste att. 15 m. Feuilles de 5 à 15 cm de long, pâles et pubescentes en dessous. Pétales plus longs que les étamines, att. 1 cm, ciliés. Grappes de 10 à 15 cm de long. Sol acide ; mi-ombre. R. −10 °C. Été.

Clethra barbinervis Sieb. & Zucc. — Or. N. et S. Japon et îles Quelpart (S. Corée), dans les bois de montagne ; en fleurs de juin à septembre. Arbuste att. 10 m avec écorce orange, écailleuse, généralement inférieur à 3 m en culture. Feuilles att. 12 cm de long. Pétales de 5 à 6 mm, plus courts que les étamines. Fleurs parfumées, en panicules de 10 à 15 cm de long. Sol acide ou sans calcaire ; mi-ombre. R. −20 °C. Été.

Hoheria sexstylosa Col. — Or. N. et S. Nouvelle-Zélande, dans les forêts de basse altitude, où il fleurit en mars-avril. Arbuste étalé att. 6 m. Feuilles persistantes att. 7,5 cm de long. Fleurs d'env. 2 cm diam. groupées par 2 à 5 en cymes. Plein soleil. R. −15 °C. Été. L'espèce très voisine, *H. populnea* A. Cunn., diffère par son port arborescent (att. 15 cm de haut), ses feuilles plus larges et ses feuilles plus longues (att. 2,5 cm) groupées par 5 à 10. Réputé moins rustique. La var. *osbornei*, avec les étamines et le revers des feuilles pourpres a été trouvée sur la Grande Île Barrière (au N. péninsule de Coromandel, près d'Auckland).

Hoheria lyallii Hook. fil. (*Malvaceæ*) — Voir aussi p. 226. Or. île du S. Nouvelle-Zélande, au bord des forêts et rivières en zone subalpine sur le versant E. Alpes du S. ; formant souvent dans la partie S. de son aire des bosquets serrés à la bordure supérieure de la forêt ; en fleurs de novembre à février. Arbuste att. 6 m. Feuilles pubescentes sur les deux faces, att. 11 cm de long. Fleurs att. 35 mm diam. Tout sol bien drainé ; plein soleil. R. −15 °C. Été. Facile à cultiver mais sujet au dépérissement en hiver si les nouvelles pousses sont trop molles.

Hoheria glabrata Sprague & Summ. — Or. île du S. Nouvelle-Zélande, au bord des forêts et rivières sur la face O. (pluvieuse) des Alpes du S. ; en fleurs de novembre à février. Arbuste caducifolié att. 6 m. Feuilles att. 10 cm de long. Fleurs att. 25 mm de long. Sol bien drainé ; plein soleil. R. −15 °C. Été.

***Hoheria* 'Glory of Amlwch'** (prononcer « âmlouitch ») — Hybride, probablement entre *H. glabrata* et *H. sexstylosa*, obtenu par le Dr Jones à Amlwch (île d'Anglesey, Pays de Galles) avant 1948. Arbuste à feuilles semi-persistantes et fleurs d'env. 4 cm diam. avec styles pourpres.

Réduction à 75 %. Échantillons des Jardins botaniques royaux, Kew, 12 septembre

Heimia myrtifolia Cham. & Schlecht. (syn. *H. salicifolia* Hort., non (H.B.K.) Link) *(Lythraceæ)* — Or. Brésil et Uruguay, au bord des forêts et dans la steppe. Arbrisseau caducifolié att. 2 m de haut. Fleurs de 8 à 12 mm diam. Plein soleil en situation abritée; sol bien drainé. R. −15 °C. Été.

Bupleurum fruticosum L. *(Umbelliferæ)* — Arbrisseau sempervirent att. 2 m de haut. Or. S. Europe, O. Asie et N. Afrique, dans les garrigues et lieux stériles où il fleurit d'avril à août. R. −15 °C.

Myrtus luma Mol. (syn. *Luma apiculata* (DC.) Burret) *(Myrtaceæ)* — Or. S. Chili (entre Colchagua et l'île de Chiloé), jusqu'à 700 m, dans les terrains très humides. Arbre de 12 à 15 m de haut dans la nature (rarement dans les jardins, comme en Cornouailles ou aux îles Sorlingues), arbustif dans les jardins. Il fleurit en été mais il est remarquable pour la belle couleur cannelle de son écorce qui découvre en s'écaillant une surface crème ou grise. Beaux sujets en Bretagne. R. −10 °C.

***Myrtus luma* 'Glanleam Gold'** Cultivar commercialisé en 1975 par les pépinières Treseder (Cornouailles). R. probablement −10 °C.

Myrtus communis L. *(Myrtaceæ)* — Or. région méditerranéenne jusqu'en Afghanistan, fleurissant en été. Arbrisseau sempervirent att. 4 m. Feuilles fortement aromatiques (comme chez tous les myrtes) lorsqu'on les froisse. Baies pourpres. R. −10 °C, et peut-être −15 °C en situation abritée.

Myrtus communis var. ***tarentina*** L. — Diffère de la variété typique de l'espèce par ses feuilles beaucoup plus petites et sa végétation plus compacte, inférieure à 2 m de haut. R. −10°C ou −15 °C.

Myrtus ugni Mol. (syn. *Ugni molinæ* Turz.) *(Myrtaceæ)* — Or. S. Chili (de Talca au rio Palena) et îles Juan Fernández, dans le maquis et au bord des forêts. Sempervirent, très variable, petit en zone sèche mais pouvant atteindre 2 m de haut en zone très humide. Fleurs blanches au printemps (novembre-décembre au Chili) suivies de baies charnues brun-pourpre, comestibles. R. −10 °C en situation abritée.

Hymenanthera angustifolia DC. *(Violaceæ)* — Or. S. et S.-E. Australie, Tasmanie (900-1 200 m), et Nouvelle-Zélande (à basse altitude). Arbrisseau dressé d'1 à 2 m de haut. Feuilles persistantes, très épaisses et rigides; fleurs jaunes en été suivies de baies blanc-crème parfois tachées de pourpre. La plante illustrée serait *H. alpina* (Kirk) Oliv. qui s'en distingue par son port plus compact. R. −10 °C.

Aralia elata (Miq.) Seem. *(Araliaceæ)* — Or. Japon et N.-E. Asie, dans les forêts clairsemées et les fourrés de basse altitude. Arbuste caducifolié att. 10 m, peu ramifié avec de fortes pousses marquantes en hiver. En culture, les feuilles se colorent rarement en automne autant que celles de la plante sauvage illustrée. Le cv. **'Variegata'** a les folioles largement bordées de blanc-crème. Sol acide; mi-ombre. R. −15 °C.

Jasminum fruticans L. *(Oleaceæ)*, jasmin jaune — Or. région méditerranéenne jusqu'en Iran, sur coteaux secs et rocailleux en situation découverte. Donne en mai-juin (en France) des fleurs inodores. Arbrisseau à feuilles plus ou moins persistantes, haut de 30 cm à 1,50 m. R. −15 °C.

Aralia elata au nord de Hokkaïdo en octobre

Myrtus luma en Cornouailles

Myrtus ugni au Chili

Jasminum fruticans

Aralia elata 'Variegata'

Réduction à 50 %. Échantillons des Jardins botaniques royaux, Kew, 12 septembre

Abelia chinensis R.Br. (*Caprifoliaceæ*) — Or. C. Chine, fleurissant en juillet et août. Arbrisseau caducifolié att. 1,50 m. Rameaux finement pubescents. Fleurs parfumées. Plein soleil. R. −10 °C. Début de l'été.

Abelia ×grandiflora (André) Rehd. — Hybride entre *A. chinensis* et *A. uniflora* (de l'E. Chine) obtenu en Italie par Rovelli avant 1880. Arbrisseau semi-sempervirent att. 2,50 m. Rameaux pubescents. Fleurs avec 2 à 5 sépales: corolles de 2 cm de long. Tout sol. R. −15 °C. Été-automne.

Abelia schumannii (Græb.) Rehd. — Or. O. Chine, dans les vallées sèches, entre 1 200 et 3 600 m, fleurissant entre mai et août. Arbrisseau caducifolié att. 1,50 m. Jeunes ramilles pourpres et pubescentes. Fleurs avec 2 sépales, de 6 à 10 mm de long; corolle de 2,5 à 3 cm. R. −15 °C.

Trachelospermum asiaticum (Sieb & Zucc.) Nakai (*Apoycnaceæ*) — Or. Corée, C. et S. Japon, dans les bois et fourrés, fl. en mai-juin. Liane sempervirente att. 6 m. Feuilles de 3 à 6 cm de long. Fleurs avec anthères exsertes et la partie étroite du tube de deux fois la longueur de sa partie large. Soleil ou mi-ombre. R. −15 °C, avec protection murale. Début de l'été.

Jasminum grandiflorum L. (*Oleaceæ*) — Or. Arabie, anciennement cultivé et naturalisé de la Chine à l'Espagne. Semblable à *J. officinale*, mais avec une inflorescence plus lâche et de grandes fleurs roses en bouton. Soleil, mi-ombre. R. −5 °C. Début de l'été.

Jasminum ×stephanense Lemoine — Hybride entre *J. besianum* et *J. officinale* obtenu vers 1918 par T. Jaritt, connu à l'état sauvage. Liane caducifoliée att. 3 m. Fleurs d'env. 15 mm diam. Feuilles jaunâtres. Soleil. R. −15 °C. Été.

Jasminum officinale L., jasmin blanc — Or. Caucase, Iran, Himalaya et Chine, dans les fourrés et forêts; en fleurs de mai à juillet — Arbrisseau plus ou moins sarmenteux att. 4 m. Feuilles composées de 5 à 7 folioles. Fleurs parfumées, de 25 mm diam. R. −15 °C. Fin de l'été.

Jasminum humile L. — Or. Himalaya, dans les fourrés et vallées sèches entre 1 500 et 3 000 m, fleurissant entre avril et juillet. Caducifolié, att. 2 m. Fleurs d'env. 14 mm diam. Soleil. R. −10 °C. Été.

Clerodendrum trichotomum Thunb. (*Verbenaceæ*) — Or. Japon, Corée. E. Chine, Philippines (et la var. ***fargesii*** (Dode) Rehd., introduite en 1898 chez Maurice de Vilmorin grâce au père Farges, de l'O. Chine), dans les bois et dans les fourrés jusqu'à 2 300 m, fleurissant entre juillet et octobre. Arbrisseau ou arbuste caducifolié att. 6 m. Feuilles fétides. Fleurs à parfum se répandant à la ronde. Plein soleil. R. −15 °C (la var. *fargesii*, jusqu'à −20 °C).

Clerodendrum bungei Steud. — Or. C. et O. Chine, dans les bois et fourrés jusqu'à 2 300 m, fleurissant entre juin et septembre. Arbrisseau caducifolié att. 2 m. Feuilles fétides. Plein soleil. R. −10 °C.

Pileostegia viburnoides Hook. fil. & Thoms (*Saxifragaceæ*) — Or. Assam (monts Khasia) O. et C. Chine, Formose, sur les arbres et les falaises jusqu'à 1 000 m, fl. en août. Grimpant au moyen de courtes racines jusqu'à 10 m de haut. Feuilles persistantes, coriaces, att. 18 cm. Sol humide. R. −15 °C.

Clerodendrum trichotomum à Yakushima

Jasminum humile

Jasminum grandiflorum

Trachelospermum asiaticum

Jasminum ×stephanense

Jasminum officinale au Physic Garden de Chelsea, Londres

Réduction à 25 %. Échantillons de Wakehurst Place, Sussex, 2 septembre

Hydrangea aspera Buch-Ham. ex D.Don (syn. *H. villosa* Rehd.) (*Saxifragaceæ*) — Or. E. Asie (de l'E. Himalaya à Formose et à Sumatra), dans les fourrés et forêts de montagne entre 1 200 et 2 700 m. Arbrisseau att. 7 m. Feuilles caduques att. 30 cm de long. Fleurs pourprées, parfois blanches, en corymbes att. 25 cm diam. Bon sol, calcaire inclus. R. −15 °C.

H. strigosa Rehd. (syn. *H. aspera* subsp. *strigosa* (Rehd.) McClint.) — Or. C. Chine dans les fourrés et forêts entre 900 et 1 800 m. Arbrisseau caducifolié att. 3 m. Feuilles att. 28 cm de long chez la var. ***macrophylla*** (Hemsl.) Rehd. avec poils rugueux couchés en dessous. R. −20 °C.

***H. aspera* 'Rosthornii'** — Clone à larges feuilles. Le vrai *H. rosthornii* Diels est maintenant rattaché à *H. robusta* Hook. fil. & Thoms. Pétioles pouvant atteindre 20 cm.

H. sargentiana Rehd. (syn. *H. aspera* subsp. *sargentiana* (Rehd.) McClint.) — Or. O. Hubei, dans les fourrés, entre 1 500 et 1 800 m. Arbrisseau caducifolié att. 2 ou 3 m, souvent maigre en culture. Feuilles att. 30 cm de long. Fleurs stériles blanchâtres ou rosées en corymbes att. 20 cm diam. Ombre, en situation abritée. R. −15 °C. Été.

H. quercifolia Bartram — Or. E. USA, sur les berges des cours d'eau et sur les escarpements, fleurissant en juin. Arbrisseau caducifolié att. 2 m dans la nature, mais généralement 1 m en Europe. Fleurs stériles de 3 à 4 cm diam., blanches devenant pourprées. Sol acide. R. −20 °C, demande de la chaleur en été. Été.

H. paniculata Sieb. — Or. S. et E. Chine (rare), Sakhaline et Japon, dans les bambousaies et au bord des cours d'eau, fl. entre juillet (à Yakushima) et octobre (à Hokkaïdo). Dressé, att. 6 m. Feuilles att. 12 cm. Sol riche et frais. R. −25 °C. **'Floribunda'** — Chez ce clone, les fleurs stériles sont plus nombreuses, grandes et rondes sur une inflorescence allongée. **'Tardiva'** — Clone tardif, montré ici en boutons, fleurissant au début de l'automne. **'Præcox'** — Clone le plus précoce, fleurissant env. 6 semaines avant 'Grandiflora', récolté à Hokkai. La plante illustrée ici, poussant à Hokkaïdo près de Shari, était en train de fleurir fin septembre. Les inflorescences plates, lâches, sont typiques de 'Præcox'. **'Grandiflora'** — Clone aux fleurs souvent stériles et groupées en une panicule dense.

H. heteromalla D.Don (syn. *H. xanthoneura* Diels, *H. breitschneideri* Dipp.) — Or. E. Asie (de l'Himalaya au N. de la Chine : à Pékin la variante *H. bretschneideri* a été récoltée). Arbuste caducifolié att. 6 m. Feuilles de 15 à 25 cm. Fleurs blanches ou rosées. Bon sol humide; soleil ou mi-ombre. R. −20 °C. Été. La récolte B.L. & M. 222 illustrée ici vient du Népal.

H. angustipetala Hayata (syn. *H. grosseserrata* Engler) — Or. Formose (jusqu'à 2 000 m), îles Ryu-kyu et Jiangxi, dans les fourrés et clairières, fleurissant de juillet à septembre. R. −10 °C.

H. anomala D.Don subsp. ***petiolaris*** (Sieb. & Zucc.) McClint. — Or, Sakhaline, Japon, S. Corée et Formose, en montagne, sur les arbres défaillants ou morts. Plante grimpant jusqu'à 25 m. Feuilles de 4 à 10 cm de long. Corymbes de 15 à 25 cm diam. Bon sol; mi-ombre. Pousse bien sur les murs ombragés. R. −20 °C. Été.

Hydrangea angustipetala à Yakushima, Japon, en octobre

Hydrangea aspera sargentiana

Hydrangea anomala subsp. *petiolaris*

Hydrangea paniculata à Hokkaïdo

Hydrangea heteromalla B.L. & M. 222

Réduction à 25 %. Échantillons de Wakehurst Place, Sussex, 2 septembre

Hydrangea aspera à Wallington Park

Decumaria barbara

Schizophragma hydrangeoides 'Roseum' à High Beeches

Hydrangea 'Veitchii'

Hydrangea serrata (Thunb.) Sér. (syn. *H. macrophylla* var. *acuminata* (Sieb., & Zucc.) Mak.). (*Saxifragaceæ*) — Or. C. et S. Japon où, il est commun dans les montagnes jusqu'à 1 500 m, fleurissant entre juin et août. Arbrisseau caducifolié att. 1,5 m, avec tiges minces, souvent noirâtres. Feuilles lancéolées à elliptiques de 5 à 15 cm de long. Inflorescences d'env. 14 cm diam. Sol acide ou neutre ; soleil ou mi-ombre. R. −20 °C. Été. Illustrés ci-contre : récolte Wilson n° 7 820, séduisant clone nain, bleu dans un sol acide, et **'Rosalba'** à fleurs blanches devenant fortement marquées de rouge groupées par 5 à 7 seulement, à sépales dentés.

H. serrata **'Blue Bird'** — Vigoureux cultivar rustique, att. 1,60 m de haut. Feuillage rougissant à l'automne. R. −15 °C. Été. La var. *thunbergii* est similaire, avec des tiges foncées et des fleurs stériles très arrondies. Ses feuilles séchées sont douces et utilisées pour faire une tisane au Japon.

H. **'Preziosa'** — Hybride entre *H. macrophylla* et *H. serrata* obtenu en 1961 par Ahrends en République Fédérale d'Allemagne. Ses fleurs sont d'abord roses et deviennent rouge foncé.

H. **'Ayesha** (syn. 'Silver Slipper') — Arbrisseau att. 1 m, généralement considéré comme un hortensia, mais bien distinct par ses fleurs parfumées assez charnues. Pousse bien au soleil ou à mi-ombre.

H. macrophylla **'Mariesii Perfecta'** (renommé en Angleterre 'Blue Wave') — Cultivar très populaire obtenu par Lemoine (Nancy) vers 1900 à partir d'un semis de 'Mariesii'. Arbrisseau exceptionnellement rustique att. 2 m de haut et de large. Fleurs bleu franc en sol très acide, roses ou lilacées dans les autres.

H. macrophylla **'Grant's Choice'** — J. Grant était chef jardinier à Grayswood (Haslemere, GB) dans les années 1930. Il semait des 'Mariesii Perfecta' et 'Graywood' ; ainsi, c'est peut-être une sélection de l'un de ses semis de 'Mariesii Perfecta'.

H. macrophylla **'Lilacina'** — Vigoureux hybride obtenu par Lemoine à Nancy au début de ce siècle. Atteint env. 1,60 m.

H. macrophylla **'Lanarth White'** — Arbrisseau compact, att. env. 1 m de haut et large, observé pour la première fois dans le jardin de Lanarth en Cornouailles (GB).

H. macrophylla (Thunb.) DC f. ***normalis*** (Wils.) Hara — Or. Japon (à Honshu, districts de Sagami et d'Izu, dans la péninsule de Chiba (près de Tokyo) et sur les îles voisines, aux endroits ensoleillés près du rivage, formant des bosquets att. 3 m, fleurissant en juin-juillet. C'est la forme sauvage de l'H. *macrophylla*. R. −10 °C.

H. **'Veitchii'** — Cultivar assez lâche, att. 1,60 m de haut, commercialisé en 1903 par Veitch à Exeter (GB) qui l'importa du Japon. Très rustique (R. −15 °C) et supportant le calcaire, mais préférant une ombre légère.

H. aspera Buch-Ham.-ex D.Don — Beau sujet poussant au Parc Wallington (Northumberland, GB). Voir texte p. 235.

Schizophragma hydrangeoides Sieb. & Zucc. (*Saxifragaceæ*) — Or. N. et S. Japon (de Hokkaïdo aux îles Ryu-Kyu) dans les forêts humides, passant comme du lierre, à la fois sur le sol (avec de très petites feuilles) et grimpant aux arbres au moyen de racines aériennes et fleurissant jusqu'à 10 m de haut ou davantage, en juin-juillet. Sol frais et humifère. Mi-ombre, surtout pour les racines. R. −10 °C. Été. Le cv. **'Roseum'**, illustré, a été obtenu aux pépinières Hillier (Winchester, Hants, G-B).

Decumaria barbara L. (*Saxifragaceæ*) — Or. S.-E. USA, grimpant sur les arbres à la manière du lierre, fleurissant en mai-juin. Plante semi-caducifoliée att. 10 m. Feuilles ovales elliptiques, att. 10 cm de long, généralement lisses. Corymbes att. 10 cm diam., sans fleurs stériles. Fleurs à 9 ou 10 pétales. R. −15 °C.

Réduction à 25 %. Échantillons de Wakehurst Place, Sussex, 2 septembre

Hydrangea arborescens 'Grandiflora' dans le New Jersey

Hydrangea serrata

Hydrangea arborescens 'Annabelle'

Hydrangea 'Kluis Superba'

Hydrangea 'Nikko Blue'

Hydrangéas — Il y a beaucoup de cultivars qui descendent d'*H. macrophylla* ou d'*H. serrata*; on les répartit en deux groupes: les "hortensias" (à fleurs toutes formées de 4 sépales pétaloïdes et généralement stériles) et les autres, appelés *lacecaps* ("bonnets de dentelle") dans les pays anglo-saxons (à petites fleurs fertiles au centre et grandes fleurs stériles à la périphérie). Les hortensias sont pour la plupart rustiques en Europe occidentale et sur les côtes d'Amérique du N. Ils atteignent généralement 1,80 m de haut et fleurissent à partir de juillet. Ils réussissent le mieux près de la mer, en sol neutre ou acide, humide. Dans les sols très acides (avec un pH entre 4 et 5,5 la plupart des cultivars deviennent bleus; ils restent roses avec un pH supérieur à 7. On peut leur donner un colorant spécial pour les hydrangéas pour obtenir des fleurs bleues. Tailler après la floraison ou au printemps, en éclaircissant en plus les jeunes pousses. Les "bonnets de dentelle" tendent à être plus rustiques que les hortensias et ont des têtes plates de fleurs légèrement odorantes. En Europe, on considère que les hybrides d'*H. macrophylla* peuvent résister à −20° ou −25 °C (−15 °C en Amérique du N.). Des vents froids de −15 °C peuvent détruire les tiges mal lignifiées jusqu'au sol.

***H.* 'Parsifal'** — Hortensia att. 1 m de haut, avec des fleurs rose profond, bleu foncé, ou le mélange des deux, selon la nature du sol.

***H.* 'Hamburgh'** — Vigoureux hortensia à grosses fleurs qui durent jusqu'à l'automne. En sol acide, elles sont bleu foncé; en sol neutre, elles sont rose vif et deviennent rouge foncé en automne. Situation abritée et à l'ombre.

***H.* 'Niedersachsen'** — Hortensia assez fragile, att. 1,30 m de haut. Fleurs rose pâle ou bleu pâle en fin d'été-automne.

***H.* 'Mousseline'** — Vigoureux hortensia très rustique à floraison de longue durée. Bonnes couleurs d'automne. Facile à faire bleuir.

***H.* 'Générale Vicomtesse de Vibraye'** (syn. 'Vibraye') — Hortensia rustique att. 1,30 m à longues tiges un peu faibles. Réussit en tout sol acide où les fleurs seront d'un pur bleu éclatant. Peut fleurir à partir de pousses latérales si le bourgeon terminal est gelé.

***H.* 'Kluis Superba'** — Hortensia compact, att. 1 m, très florifère, avec des fleurs bleu foncé qui pâlissent uniformément sous un soleil chaud. Très sensible au pH du sol; aussi ses fleurs sont-elles souvent roses.

***H.* 'Mme E. Mouillère'** — Vieil hortensia à floraison de longue durée, jusqu'aux premières gelées. Ses fleurs deviennent roses au soleil. Cultivar bien adapté au sol calcaire.

***H.* 'Amethyst'** — Vigoureux cultivar avec de fortes tiges att. 1 m de haut. Floraison tardive avec les plus belles fleurs en début d'automne; de ce fait, il lui faut une situation abritée et une protection contre les gelées précoces.

***H.* 'Nikko Blue'** — Cultivar très florifère d'*H. macrophylla* d'origine inconnue, peut-être japonaise.

H. serrata (Thunb.) Sér. — Élégante espèce avec de petites inflorescences de type « bonnet de dentelle ». Voir p. 237.

H. arborescens L. **'Annabelle'** — Sélection d'*H. arborescens* 'Grandiflora' avec de grandes inflorescences att. 20 cm diam. L'*H. arborescens* sauvage est or. E. et S.-E. USA, dans les bois et sur les rochers humides. Fleurissant entre mai et juillet. Arbrisseau caducifolié désordonné att. 1 m rarement davantage. Inflorescences de 5 à 15 cm diam, avec quelques fleurs stériles. Tout bon sol; mi-ombre. R. −25 °C.

***H. arborescens* 'Grandiflora'** — Clone d'*H. arborescens* introduit en Grande-Bretagne en 1907, descendant d'une plante trouvée dans la nature dans l'Ohio (USA). Arbrisseau caducifolié att. 1,20 m env. avec malheureusement des tiges faibles. Tout sol acide ou neutre; ombre légère. R. −15 °C. Été.

Réduction à 66,66 %. Échantillons du Physic Garden de Chelsea, 2 septembre

Salvia buchananii Hedge (*Labiatæ*) — Trouvée dans un jardin de Mexico et introduite en Angleterre par Charles Buchanan. Sous-arbrisseau sempervirent donnant des drageons. Fleurs att. 5 cm. Sol frais ; plein soleil. R. −5 °C. Été.

Salvia guaranitica St.-Hill. ex. Benth. **'Blue Enigma'** — Or. Brésil, Paraguay, Uruguay et Argentine, dans les fourrés près des cours d'eau et dans les bois. Sous-arbrisseau att. 2 m ou davantage. Feuilles poilues de 4 à 15 cm de long. Fleurs avec tube de 20 à 33 mm et lèvre supérieure de 11 à 19 mm. Tout sol ; plein soleil. R. −5 °C. Été.

Colqhounia coccinea Wall. (*Labiatæ*) — Arbrisseau semi-caducifolié att. 3 m. Fleurs de 1,5 à 5 cm de long, rougeâtres ou orangées. Sol bien drainé ; plein soleil. R. −10 °C, avec protection contre les vents froids. Automne. Voir aussi p. 254.

Salvia fulgens Cav. Or. Mexique, dans les forêts en montagne, entre 2 650 et 3 400 m. Sempervirent ou semi-caducifolié att. 4 m. Feuilles att. 6 cm de long. Fleurs groupées par 6 à 12. Tube de la corolle de 25 à 28 mm ; lèvre supérieure de 13 à 15 mm. R. −5 °C, peut-être.

***Salvia* 'James Compton'** — Hybride entre *S. greggii* et *S. microphylla* obtenu par James Compton au Physic Garden de Chelsea en 1985. Sempervirent, att. 2 m. R. −5 °C.

Salvia coccinea Juss. var. ***pseudococcinea*** Gray — Probablement or. Brésil, largement naturalisée dans les régions subtropicales et aux USA jusqu'à la Caroline du S. Sous-arbrisseau ou plante annuelle att. 1 m. Feuilles avec limbe de 3 à 6 cm. Fleurs avec tube de 13 à 17 mm ; lèvre supérieure de 3 à 5 mm de long. R. −5 °C peut-être.

Salvia greggii Gray — Or. Mexique et Texas, dans les chênaies et pinèdes, entre 1 500 et 2 600. Sous-arbrisseau att. 1 m, ou davantage en culture. Feuilles att. 2 cm de long, rarement 2,5 cm. Fleurs avec tube de 18 à 22 mm ; lèvre supérieure de 8 à 10 mm de long. Tout sol ; plein soleil. R. −5 °C.

Salvia elegans Vahl. — Or. Mexique, dans les fourrés et les forêts d'*Abies*, *Pinus* et *Quercus* entre 2 550 et 3 100 m. Sous-arbrisseau att. 2 m. Feuilles att. 6 m de long. Plein soleil. R. −5 °C, peut-être.

Salvia microphylla H.B.K. var. ***neurepia*** et var. ***wislizinii*** — Or. Mexique, dans les fourrés et forêts, entre 1 600 et 2 800 m. Sous-arbrisseau att. 1,20 m. R. −10 °C.

Salvia leucantha Cav. — Or. Mexique, vers 2 500 m près de Villa N. Romero, dans les fourrés, mais communément cultivée. Sous-arbrisseau att. 1,50 m. Feuilles att. 15 cm de long. Calice densément couvert de poils pourpres, rarement blancs. Corolle blanche att. 2 cm. R. −5 °C, peut-être.

Salvia officinalis L. **'Purpurascens'** — Clone à feuilles pourpres de la sauge commune, connu depuis le début du XIXe s. *S. officinalis* L. est or. S. Europe sur coteaux secs. Sempervirent, étalé att. 50 cm. Fleurs att. 35 mm, violettes, roses ou blanches. Tout sol drainé. Plein soleil. R. −15 °C.

Trichostema lanatum Benth. (*Labiatæ*) — Or. S. Californie dans les collines boisées sèches et fruticées, jusqu'à 1 000 m. Sempervirent, att. 1,50 m. Feuilles linéaires att. 7,5 cm, aromatiques. Fleurs att. 2,6 cm, style et étamines att. 3 cm. R. −10 °C. Été.

Salvia microphylla et *Opuntia* naturalisé dans le sud de l'Espagne

Salvia leucantha

Salvia officinalis 'Purpurascens'

Trichostema lanatum près de San Luis Obispo, Californie

Réduction à 33,33 %. Échantillons de Wakehurst Place, 2 septembre

Hypericum balearicum

Hypericum ×*inodorum* 'Elstead'

Hypericum pseudohenryi N. Robson, récolte Lancaster nº 1 029 (*Guttiferæ*) — Or. O. Chine et Tibet, dans les clairières herbeuses des forêts, jusqu'à 3 000 m env., fleurissant entre mai et juillet. Arbrisseau caducifolié att. 1,50 m. Feuilles avec pétiole court (0,5-1 mm) et limbe att. 6,5 cm de long, étroitement ovale à lancéolé. Sépales plus ou moins dressés sur le bouton. Très voisin de *H. acmosepalum* qui a des sépales étalés plus étroits. Fleurs att. 55 mm diam. Tout sol. R. −10 °C. Été.

H. androsæmum L. — Or. Europe (jusqu'à la mer Caspienne) et N. Afrique, dans les bois ou les haies, fleurissant entre mai et septembre. Arbrisseau caducifolié att. 1 m. Feuilles sessiles. Fleurs att. 2 cm diam. Fruits charnus, devenant rouges puis noirs.R. −20 °C, mais souvent rabattu au sol.

H. monogynum L. (syn. *H. chinense* L.) — Or. O. et C. Chine, Formose, dans les fourrés des ravins, vers 500 m, fleurissant entre mai et septembre. Arbrisseau sempervirent att. 70 cm. Feuilles sessiles, étroitement oblongues att. 9 cm de long, aiguës à l'apex, à nervures distinctes en dessous. Sépales dressés sur le bouton. Fleurs att. 6 cm diam. Styles beaucoup plus longs que l'ovaire. Tout sol, situation chaude. R. −5 °C. Été à automne.

H. henryi Lév. & Vanniot, récolte Roy Lancaster nº 653 — Or. Yunnan, dans les pinèdes et fourrés sur pentes sèches entre 2 000 et 2 400 m, fleurissant à partir d'avril. Caducifolié ou semi-persistant, att. 1,50 m.

H. subsessile N. Robson, récolte S.B.E.C. nº 551 — Or. O. Chine (O. Yunnan et C. Sichuan) sur pentes découvertes vers 3 200 m, fleurissant à partir de juin.

H. bellum Li — Or. E. Himalaya, N. Birmanie et Yunnan, dans les fourrés sur pentes découvertes, fleurissant entre mai et juillet. Arbrisseau caducifolié att. 70 cm. Feuilles brièvement pétiolées att. 35 mm de long, 1,1 à 1,7 fois plus longues que larges, arrondies ou rétuses à l'apex, ondulées sur les bords. Sépales elliptiques ou obovales, dressés sur le bouton. Fleurs att. 4 cm diam. Tout sol ; soleil. R. −10 °C. Été.

H. hircinum L. subsp. ***albimontanum*** (Greut.) N. Robson — Or. Crète (Montagne Blanche), Péloponèse, îles égéennes et Chypre, dans les endroits frais, jusqu'à 600 m ; en fleurs de juin à août. Arbrisseau caducifolié ou semi-sempervirent att. 1 m. Feuilles larges, ondulées sur les bords. Fleurs de 3 à 5 cm diam. R. −15 °C.

H. forrestii (Chitt.) N. Robson, récolte R. Lancaster nº 1048 — Or. E. Himalaya (Assam), N. Birmanie et O. Chine, fleurissant entre mai et juillet. Arbrisseau caducifolié att. 2 m. Feuilles à pétiole court, limbe att. 45 mm de long, 1,8 à 2,5 fois plus long que large. Fleurs att. 6 cm diam. Voisin de *H. pseudohenryi* et *H. beanii*. Tout sol ; soleil ou mi-ombre. R. −10 °C. Été.

H. acmosepalum N. Robson, récolte R. Lancaster nº 683 — Or. Yunnan et Guizhou, sur pentes de montagne et dans les clairières des forêts, entre 1 850 et 3 000 m, fleurissant à partir de juin. Arbrisseau semi-sempervirent att. 1 m. Feuilles brièvement pétiolées, elliptiques ou oblongues à oblancéolées, glauques en dessous, de 2 à 6 cm de long. Fleurs de 35 à 55 mm diam. Étamines un peu plus courtes que les sépales. R. −15 °C.

H. balearicum L. — Or. îles Baléares, dans la garrigue sur coteaux rocheux, fleurissant en mai et juin. Arbrisseau att. 50 cm de haut. Ramilles verruqueuses. Feuilles ondulées sur les bords, att. 1,5 cm de long. Fleur d'env. 3 à 5 cm diam. Sol bien drainé, sec en été ; plein soleil. R. –5 °C. Été.

H. Xinodorum **Mill 'Elstead'** (syn. *H. elatum* Ait.). Hybride entre *H. androsæmum* et *H. hircinum* connu dans la nature, mais le cv. 'Elstead' illustré ici a été obtenu par W. Ladhams à Elstead (G-B). Arbrisseau semi-sempervirent att. 1 m, généralement moins. Feuilles sessiles att. 7,5 cm. Fleurs petites, d'env. 2,5 cm diam. Fruits plus allongés que ceux de l'*H. androsæmum*, rose orangé à rouges et plus voyants que les fleurs, à leur optimum en août et septembre. Sensible à la rouille, mais récemment *H. calycinum* a été contaminé à sa place.

H. beanii N. Robson (syn. *H. patulum* var. *henryi* Bean), R. Lancaster n° 752 — Or. Yunnan et Guizhou. Arbrisseau semi-sempervirent att. 1,5 m. Feuilles ovales, brièvement pétiolées, att. 7 cm de long. Sépales refermés sur le bouton, ovales à elliptiques pointus. Fleurs en forme de coupe att. 6 cm diam. Étamines de la moitié aux 3/4 de la longueur des pétales. Tout sol. Soleil ou mi-ombre. R. –10 °C. Été.

H. hookerianum Wight & Arn., récoltes B.L. & M. n° 253, Kingdon-Ward n° 21 484 — Or. Himalaya (du Népal au N. Birmanie) et Thaïlande, ainsi que dans les collines du S. de l'Inde, dans les endroits herbeux et les fourrés clairs, fleurissant entre mai et juillet. Arbrisseau sempervirent att. 1,5 m. Feuilles brièvement pétiolées, lancéolées ou étroitement ovales, att. 6 m de long. Fleurs en forme de coupe att. 5 cm diam., plus petites dans la partie N.-E. de leur aire. Styles très courts, de 20 à 50 % de la longueur de l'ovaire. Étamines de 25 à 33 % de la longueur des pétales. Tout bon sol ; soleil ou mi-ombre. R. –10 °C. Eté.

***H.* 'Hidcotée'** — Très probablement hybride entre *H.* ×*cyathiflorum* 'Gold Cup' et *H. calycinum*, distribué en culture à partir des jardins du manoir de Hidcote (Gloucestershire, G-B), mais peut-être originaire d'ailleurs. Arbrisseau caducifolié att. 1,50 m de haut et davantage en largeur. Feuilles triangulaires-lancéolées, pâles et densément distinctement nervurées en dessous. Sépales dressés sur le bouton. Fleurs att. 7,5 cm diam., entre juin et octobre, presque plates. Étamines trois fois plus courtes que les pétales avec anthères orange. Tout sol ; soleil ou mi-ombre. R. –10 °C., rejetant de souche après avoir gelé.

***H.* 'Rowallane'** — Hybride entre *H. hookerianum* 'Charles Rogers' et *H. leschenaultii* trouvé à Rowallane (comté de Down, Irl. du N.). Fleurs att. 7,5 cm diam., assez plates, Sépales oblancéolés, parfois pointus. Arbrisseau att. 2 m de haut dans les jardins les plus tempérés. Tout bon sol ; soleil ou mi-ombre. R. –5 °C.

H. kouytchense Lév. (syn. *H. patulum* 'Sungold' et *H. patulum* var. *grandiflorum*) — Or. Yunnan et Guizhou. Arbrisseau semi-sempervirent att. 1,50 m, avec des rameaux languissants. Feuilles brièvement pétiolées, ovales à étroitement ovales, att. 55 mm de long. Sépales dressés ou ascendants, lancéolés acuminés. Fleurs d'env. 6 cm diam. ; longueur des étamines égalant env. les 2/3 de celle des pétales. Tout bon sol ; soleil ou mi-ombre. R. –10 °C.

Réduction à 33,33 %. Échantillons de Wakehurst Place, 2 septembre

H. calycinum L. — Or. S. Bulgarie et N. Turquie, dans les endroits herbeux et forêts claires jusqu'à 1 800 m, fleurissant de juillet à septembre. Plante drageonnante à feuilles persistantes, capable de couvrir de grandes surfaces. Tiges att. 50 cm de haut, terminées par une grande fleur solitaire de 10 cm diam. Étamines à anthères rouges. Styles plus longs que les ovaires. Utile comme couvre-sol ; tolère la sécheresse, l'ombre et la pauvreté du sol. R. –25 °C.

H.* ×*moseranum André — Hybride entre *H. patulum* et *H. calycinum*, obtenu vers 1887 à Versailles par les pépinières Moser. Arbrisseau sempervirent att. 50 cm, mais généralement rabattu au sol en hiver. Feuilles att. 5 cm de long ; fleurs att. 6 cm diam. entre juillet et octobre. Styles d'une longueur égale ou un peu supérieure (1,3 fois) à l'ovaire. Anthères rougeâtres. Tout sol ; plein soleil ou mi-ombre. R. –10 °C. Il existe aussi une clone à feuilles panachées, bordées de rose, 'Tricolor', que nous n'avons pas vu.

H. patulum Thunb. ex Murr. — Or, Tibet et Chine, et cultivé depuis longtemps au Japon. Arbrisseau sempervirent att. 1 m ; rameaux avec 2 à 4 lignes ou 4 angles. Jeunes feuilles brièvement pétiolées att. 6 cm de long, ovales, obtuses, apiculées. Fleurs en forme de coupe, att. 5 cm diam. Sépales ovales à circulaires, finement dentés, généralement mucronés. Styles presque égaux à l'ovaire ou un peu plus petits (jusqu'aux 2/3 de sa longueur). Anthères jaunes. Tout sol ; soleil ou mi-ombre. R. –5 °C, rejette de souche en cas de gel. Été-automne.

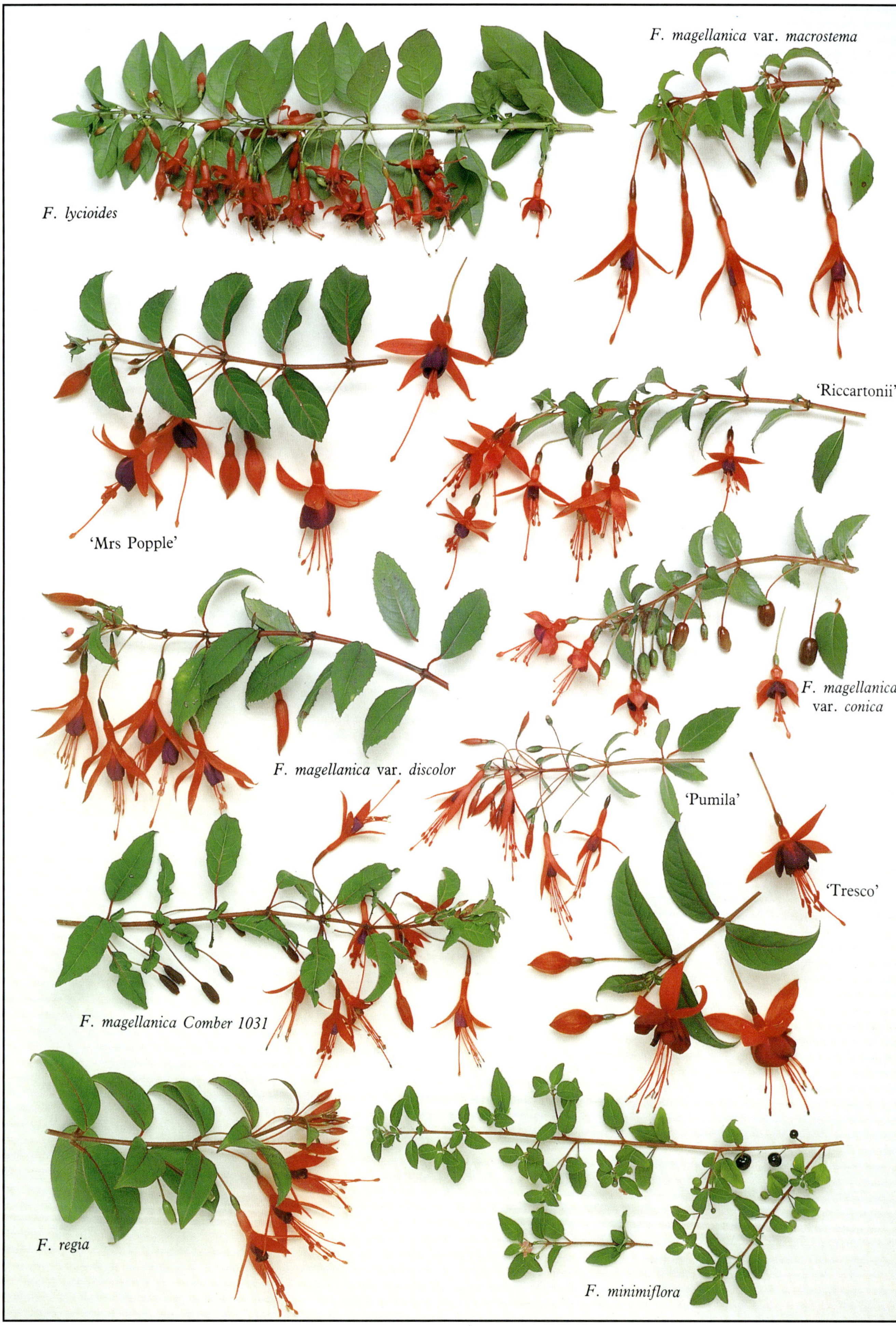

Réduction à 40 %. Échantillons des Jardins botaniques royaux, Kew, 12 septembre

Fuchsia 'Riccartonii' à Trebah, Cornouailles

Fuchsia excorticata à Logan

Fuchsia lycioides Andr. (*Onagraceæ*) — Or. C. Chili (entre Coquimbo et Valparaíso) où il est fréquent dans les collines sableuses près de la mer, fleurissant toute l'année. Arbrisseau caducifolié ou semi-sempervirent att. 3 m. Fleurs, tube inclus, att. 2 cm de long env. Tout sol; soleil ou mi-ombre. R. −10 °C., peut-être. Été.

F. magellanica Lam — Or. Chili (depuis Valparaíso (31° lat. S.) et le S. Argentine (40° lat. S.) jusqu'à la Terre de Feu), principalement sur les versants O. des montagnes, au bord des cours d'eau et des marais dans les forêts de *Nothofagus*, et sur la côte dans les forêts à *Nothofagus* et *Drimys*, fleurissant en avril, pollinisé par les oiseaux-mouches. Arbrisseau caducifolié att. 5 m, mais généralement d'env. 2 m ou moins dans les climats froids. Feuilles opposées att. 5 cm de long. Fleurs avec tube att. 12 mm de long. Tout sol frais, de préférence tourbeux; soleil ou mi-ombre avec protection des vents secs. R. −10 °C ou une température inférieure si la souche est protégée du froid. Été-automne.

F. magellanica var. ***macrostema*** (Ruiz & Pav.) Munz — Or. partie N. de l'aire de *F. magellanica*. Appréciable pour ses longs sépales et pédoncules (4 à 6 cm) et ses plus grandes feuilles.

F. magellanica var. ***conica*** (Lindl.) Bailey — Or. Chili. se distingue de la var. *magellanica* par ses feuilles plus larges et son calice à tube dilaté très court. C'est un des parents de 'Riccartonii' par l'intermédiaire de (l'hybride ?) 'Globosa' (*F. magellanica* var. *conica* × *F. coccinea* ?).

***F. magellanica* 'Pumila'** — On dit qu'il y a plusieurs clones sous le nom de 'Pumila'; celui qui est illustré est nain et très florifère. Un autre, 'Tom Pouce', (p. 247), est un hybride avec un tube floral court.

F. magellanica, Comber n° 1 031 — Ce clone a été récolté par Harold Comber près du lac Calafquen (Valdivia, Chili) à 300 m.

***F. magellanica* 'Riccartonii'** — Obtenu vers 1830 par Young, jardinier à Riccarton, près d'Édimbourg (Écosse). Maintenant considéré par certains auteurs comme une variante de *F. magellanica* et non plus comme un hybride. C'est le fuchsia communément planté dans les haies de l'O. Irlande, de l'Écosse et de la Cornouailles. On le reconnaît à ses tubes courts et ses sépales raides, étalés, de 18 à 22 mm de long, sol frais et riche en humus; soleil ou mi-ombre. R. −15 °C une fois bien installé.

F. magellanica var. ***discolor*** (Lindl.) Bailey — Variété naine, récoltée aux environs du détroit de Magellan entre 1826 et 1830. Réputé rustique.

F. excorticata (J.R. & B. Forst.) L. fil. — Or. N. et S. Nouvelle-Zélande, où il est commun à basse altitude et en forêt subalpine, au bord des forêts, cours d'eau et ravines ombragées, où il fleurit d'août à décembre. Arbuste caducifolié att. 12 m, avec une écorce rougeâtre, papyracée, faisant apparaître en se desquamant la couche inférieure lisse et verte. Feuilles alternes, att. 10 cm de long. Fleurs de 2 à 3 cm de long, à pollen bleu. Sol frais humifère et conditions climatiques fraîches et humides. R. −10 °C. Printemps.

F. regia (Vand.) Munz — Or. Brésil (monts Organ près de Rio de Janeiro) vers 900 m. Arbrisseau caducifolié désordonné, avec rameaux arqués ou grimpants, att. 6 m (dans la nature). Feuilles en général plus étroites que celles illustrées ci-contre. Sépales non réfléchis. Bon sol riche en humus; mi-ombre. Fin de l'été. Rustique s'il est planté profond.

F. minimiflora Hemsl. — Or. S.-C. Mexique. Arbrisseau caducifolié att. 4 m, mais généralement plus petit en culture. Feuilles att. 2 cm de long. Fleurs avec pétales inférieurs à 2,5 mm de long; sépales de 1,5 à 2,5 mm de long. Sol frais; mi-ombre. R. −5 °C, peut-être, ou à une température plus basse avec protection.

***F.* 'Mrs Popple'** — Vieux cultivar connu dès avant 1934, probablement hybride de 'Corallina'. Voir aussi p. 249. R. −10 °C, ou à une température inférieure si la souche est protégée.

***F.* 'Tresco'** — Plante rigoureuse, touffue, étalée et très florifère, obtenue à Tresco (îles Sorlingues). Hybride de *F. magellanica* et d'un hybride à grandes fleurs. R. −10 °C.

Réduction à 50 %. Échantillons de Wisley, 26 septembre

***Fuchsia* 'Cliff's Hardy'** — Hybride entre 'Athela' et 'Bon Accord' obtenu en 1966 en Grande-Bretagne, à végétation dressée, att. 1 m. R. −10 °C.

***F.* 'Ruth'** — Fuchsia touffu, dressé, obtenu en 1949 en Grande-Bretagne. Très florifère. R. −10 °C ou température inférieure si la souche est protégée. Fin de l'été-automne.

***F.* 'Sleepy'** — Fuchsia nain, jusqu'à seulement 40 cm env., à port buissonnant et dressé. Obtenu aux îles Sorlingues en 1954. R. −10 °C.

***F.* 'Sealand Prince'** — Plante dressée, touffue, obtenue en 1967 en Grande-Bretagne. Très florifère. R. −10 °C.

***F.* 'Pee Wee Rose'** — Peut-être un semis de *F. magellanica* var. *molinæ* Espinoza, obtenu en 1939 aux USA. Végétation assez ouverte qui peut être conduite contre un mur, vigoureuse sous serre. Petites fleurs abondantes. R. −10 °C.

***F.* 'Susan Travis'** — Vigoureux buisson étalé att. éventuellement 75 cm de haut et large. Obtenu en 1958 en Grande-Bretagne. Très florifère. R. −10 °C.

***F.* 'Thornley's Hardy'** — Obtenu par hasard dans un semis en 1970 en Grande-Bretagne. Végétation lâche et pendante. Petites fleurs abondantes. R. −10 °C.

***F.* 'Pixie'** — Mutation dressée et touffue, de 'Graf Witte', obtenue en 1960 en Grande-Bretagne. Croissance vigoureuse, att. 1 m; peut-être utilisé en haie. Très florifère. R. −10 °C.

***F.* 'Mme Cornellissen'** — Plante vigoureuse, touffue, att. 1 m, appropriée à faire des haies. Obtenu en 1860 en Belgique. Extrêmement florifère. R. −10 °C.

***F.* 'Rufus'** — Cultivar vigoureux, touffu et dressé, obtenu en 1952 aux USA. Facile à cultiver; très florifère pendant une longue période. R. −10 °C.

***F. magellanica* var. *gracilis* (Lindl.) Bailey 'Variegata'** — Feuilles largement bordées de blanc similaire par ailleurs à 'Versicolor'. Retourne parfois à la variété *gracilis* à feuillage vert. R. −10 °C. Fin de l'été et jusqu'aux premiers gels.

***F. magellanica* var. *gracilis* (Lindl.) Bailey 'Versicolor'** (syn. var. *gracilis* 'Tricolor') — Feuilles grisâtres, rosées lorsqu'elles sont jeunes, parfois bordées de blanc, souvent par trois. Fleurs minces. La couleur inhabituelle des feuilles est à son optimum lorsque la plante pousse en pleine lumière. R. −10 °C.

***F.* 'Tom Pouce'** — Cultivar nain, touffu, obtenu probablement en France dans les années 1850. Extrêmement florifère. R. −10 °C.

F. magellanica* var. *molinæ Espinoza (syn. var. *alba* Hort.) — Or. S. Chili (île de Chiloe). Fleurs rose très pâle. Variété gracieuse mais peu florifère, réputée la plus rustique de tous les fuchsias. R. −15 °C, peut-être.

***F.* 'Corallina'** — Vieil hybride obtenu en 1844 à Exeter (Devonshire, G-B). Buisson lâche, étalé, att. 1 m; feuilles par trois. R. −10 °C.

Réduction à 40 %. Échantillons de Wisley, 26 septembre

Mitraria coccinea Cav. (*Gesneriaceæ*) — Or. S. Chili et S. Argentine (au S. du 35° de lat. S. env.), dans les forêts de brouillard au S. Coquimbo, sur les arbres et rochers couverts de mousse à l'ombre dense. Arbrisseau désordonné ou grimpant att. 3 m ou davantage. Feuilles persistantes de 2 à 3 cm de long, poilues sur la nervure centrale et le pétiole. Fleurs att. 35 mm de long. Fruit charnu att. 10 cm diam. Sol humifère ou tourbeux à l'ombre, de préférence sur les côtes atlantiques ou pacifiques. R. −10 °C.

Mitraria coccinea à Brodick, île d'Arran

Réduction à 50 %. Échantillons de Wisley, 9 septembre

Fuchsia **'Howletts Hardy'** — Végétation touffue, att. env. 80 cm de haut. Largement florifère. R. −10 °C.

F. magellanica var. ***molinæ*** **'Sharpitor'** — Cultivar d'apparence inhabituelle obtenu dans le jardin du même nom et commercialisé par le National Trust pendant les années 1970. R. −15 °C, peut-être.

F. **'Chillerton Beauty'** — Cultivar touffu, att. 1 m (et approprié à faire des haies) obtenu à Chillerton sur l'île de Wight au cours des années 1840. Extrêmement florifère. R. −10 °C.

F. **'Goldsworth Beauty'** — Cultivar touffu et dressé obtenu en 1952 en Grande-Bretagne. Très florifère. R. −10 °C.

F. **'Alice Hoffman'** — Plante compacte, touffue, att. 60 cm de haut, obtenue en 1911 en Allemagne. Très florifère. R. −10 °C.

F. **'C. J. Howlett'** — Cultivar touffu, dressé, obtenu en 1911 en Grande-Bretagne. Fleurs simples, parfois semi-doubles, abondantes. R. −10 °C.

F. **'Lady Thumb'** — Mutation de 'Tom Pouce' commercialisée en 1966 en Grande-Bretagne. Nain mais dressé. Extrêmement florifère. R. −10 °C.

F. **'Genii'** — Commercialisé en 1951 aux USA où il a été connu sous le nom de 'Jeanne'. Végétation touffue et dressée. Très florifère. Feuilles jaunâtres ; tiges rouges.

F. **'Pink Lace'** — Vigoureux cultivar dressé, touffu, att. 80 cm, obtenu dans les îles Sorlingues au cours des années 1970. Très florifère. R. −5 °C.

F. **'Eva Boerg'** — Petit fuchsia assez diffus, obtenu en Grande-Bretagne au cours des années 1940. Très florifère. R. −10 °C.

F. **'Purple Splendour'** — Plante vigoureuse à port étalé, att. 60 cm. R. −10 °C.

F. **'Mrs Popple'** — Un des fuchsias les plus populaires, à végétation dressée, touffue et très vigoureuse, att. 1 m. Très florifère. R. −10 °C. Approprié à faire des haies en zone tempérée.

Mutisia decurrens Cav. (*Compositæ*) — Or. Andes du Chili et d'Argentine, dans les rocailles sèches, dans les montagnes basses, où elle fleurit en janvier et février. Plante grimpante de 2 à 4 m de haut ou de long. Feuilles persistantes, étroites, entières ou avec quelques dents, att. 12,5 cm de long. Sol sec rocailleux bien drainé ; plein soleil. R. −10 °C. Avec ce mutisia et les espèces du même genre, il est recommandé de placer un gros caillou sur la racine pour protéger les drageons.

Mutisia oligodon Pöpp. & Endl. — Or. Andes du Chili et d'Argentine, entre 1 000 et 1 500 m, dans les rocailles et sur les pentes chaudes et sèches. Liane att. 3 m (ou davantage en culture). Feuilles att. 3 cm de long avec bords dentés, couvertes d'un feutrage blanchâtre en dessous, terminées par une vrille fine. Fleurs d'env. 7 cm diam., produites seulement au cours des étés chauds en culture (en Angleterre). Sol rocheux bien drainé ; plein soleil. R. −15 °C. Été.

Fuchsia 'Mrs Popple' à Castle Howard, Yorkshire

Potée de fuchsias à Nymans

Vieux fuchsia de serre à Wallington

Mutisia oligodon

Mutisia decurrens

Réduction à 37,5 %. Échantillons de Wisley, 25 septembre

Hibiscus sinosyriacus 'Lilac Queen' à l'Arboretum Hillier

Hibiscus syriacus 'Oiseau Bleu'

Hibiscus sinosyriacus L.H. Bailey (*Malvaceæ*) — Or. O. et C. Chine, où il est communément cultivé. Arbuste caducifolié att. 3 m, plus vigoureux que l'*H. syriacus*, avec des feuilles plus larges, plus finement dentées et des fleurs un peu plus grandes à la fin de l'été. Introduit de Chine par Harold Hillier en 1936 qui nomma deux cultivars : **'Ruby Glow'** et **'Lilac Queen'**. Tout sol ; situation chaude, plein soleil. R. −15 °C.

H. syriacus L., althéa — Or. Chine, mais cultivé depuis longtemps là-bas ainsi qu'au Japon de sorte que son aire naturelle est obscurcie et qu'on ne le connaît pas à l'état sauvage de façon certaine. Il est connu et cultivé en Europe depuis son introduction à la fin du XVIe s. du Proche-Orient pense-t-on (d'où le nom de *syriacus*). De nombreux cultivars ont été obtenus et nommés ; tous sont rustiques en Europe occidentale et méridionale, tolérant des froids att. R. −20 °C. Sous climat frais, une protection murale, ou une situation très chaude, favorisera leur floraison. Ce sont des arbustes précieux, att. 3 m. Feuilles trilobées att. 10 cm de long. Fleurs att. 6 cm diam. (jusqu'à 12 cm chez certains cultivars récents), rose pourpre à l'origine, en août-septembre. Sol bien drainé ; plein soleil. Il n'est pas nécessaire de les tailler régulièrement.

***H. syriacus* 'Woodbridge'** — Cultivar populaire obtenu en 1928 par Notcutts à Woodbridge (Suffolk, GB) qui demeure probablement le meilleur à fleurs rouges simples.

***H. syriacus* 'Comte de Flandres'** (syn. 'Boule de Feu') — Vieil hybride, connu dès 1856. Fleurs att. 7 cm diam. Ne fleurit pas bien sous climat froid.

***H. syriacus* 'Redheart'** — Très grandes fleurs. Origine non enregistrée.

***H. syriacus* 'Pink Giant'** — Hybride de 'Woodbridge' (à voir) et 'Red Heart', qui donne de grandes fleurs.

***H. syriacus* 'Diana'** — Arbuste att. 2 m de haut, obtenu par Egolf et commercialisé par l'Arboretum National des USA en 1963. Les fleurs, mesurant jusqu'à 12 cm diam., sont produites en abondance.

***H. syriacus* 'Mauve Queen'** — Obtenu par Notcutts.

***H. syriacus* 'Oiseau Bleu'** — Vigoureux arbuste, att. 2,50 m de haut, obtenu par les pépinières Croux à Châtenay-Malabry avant 1958. Les grandes fleurs (att. 8 cm diam.) sont produites en abondance en août-septembre ; elles se ferment par temps humide.

***H. syriacus* 'Hamabo'** — Vigoureux arbuste, att. 2 m de haut, avec grandes fleurs. (A ne pas confondre avec l'espèce japonaise *H. hamabo* Sieb. & Zucc. qui a des fleurs jaune pâle à centre rouge foncé.)

Alyogyne huegellii (Endl.) Fryx (syn. *Hibiscus huegellii* Endl.) (*Malvaceæ*) — Or. S. et O. Australie, sur les coteaux rocheux et dans les ravins, où il fleurit entre juin et janvier. Arbuste att. 2 m. Feuilles avec 3 à 5 lobes profonds, suborbiculaires dans le contour général, att. 3 cm de long. Fleurs de 4,5 à 7 cm de long, violettes ou pourpres. Tout sol bien drainé ; plein soleil. R. −5 °C. Bien pour le littoral méditerranéen.

Alyogyne huegellii

H. syriacus 'Hamabo'

Réduction à 40 %. Échantillons de la pépinière Goatcher, Sussex, 17 octobre

Cestrum aurantiacum

Cestrum elegans

Fremontodendron decumbens

Solanum jasminoides 'Album'

Caryopteris ×clandonensis

Dendromecon harfordii

Ceanothus thyrsiflorus Esch. (*Rhamnaceæ*) — Or. Californie et S. Orégon, près de la côte dans les bois et ravins. Grand arbuste, att. 6 m. R. −10 °C.

C. thyrsiflorus Esch. var. ***repens*** McMinn. — Or. C. Californie (du comté de Marin à celui de Monterey) dans les fourrés et au sommet des falaises. Arbrisseau prostré ou en monticule, att. 1 m de haut et dépassant 2 m de large. Feuilles persistantes att. 5 cm de long. Floraison en début d'été et souvent à nouveau en début d'automne. Plein soleil. Un des céanothes les plus rustiques. R. −15 °C.

***C.* 'Gloire de Versailles'** — Hybride obtenu avant 1891. Arbuste semi-caducifolié att. 4 m ou davantage. Feuilles att. 8 cm de long. Fleurit du milieu de l'été aux premières dures gelées. Plein soleil. R. −15 °C.

***C.* 'Burkwoodii'** — Hybride obtenu en Grande-Bretagne. Arbuste sempervirent att. 2 m. Feuilles att. 3 cm de long, grises en dessous. Fleurs att. 6 cm de long. Plein soleil. R. −10 °C à l'abri des vents froids. Été-automne.

***C.* 'A.T. Johnson'** — Hybride à longue floraison, mais au mieux au printemps et à l'automne. Sol bien drainé; plein soleil et situation abritée. R. −10 °C.

***C.* 'Autumnal Blue'** — Hybride de *C. thyrsiflorus*; arbuste sempervirent att. 1,50 m. Feuilles att. 4 cm de long. Fleurs en panicules lâches. Plein soleil. R. −15 °C. Été-automne.

Cestrum parqui L'Hérit. (*Solanaceæ*) — Or. Chili, Argentine, Uruguay, Brésil et Pérou. Arbrisseau caducifolié att. 2 m. Feuilles att. 14 cm de long. Fleurs d'env. 2 cm de long, en été dans les jardins. Plein soleil. R. −10 °C, mais souvent rabattu par le froid.

Cestrum elegans Schlecht. — Or. Mexique. Arbrisseau caducifolié att. 3 m. Feuilles att. 10 cm de long. Fleurs att. 2 cm de long. Fruits rouges pourprés, charnus. R. −10 °C. Début de l'été.

Cestrum aurantiacum Lindl. — Or. Guatemala. Arbrisseau caducifolié att. 2 m. Feuilles att. 9 cm de long. Fleurs d'env. 1,5 cm de long en été et automne. Plein soleil. R. −5 °C, peut-être.

Fremontodendron decumbens Lloyd (syn. *F. californicum* subsp. *decumbens* (Lloyd) Munz) (*Sterculiaceæ*) — Or. Californie (Comté d'Eldorado) dans les fourrés et fruticées. Sempervirent, prostré att. 4 m diam. et 1 m de haut. Fleurs de 3,5 cm diam. en fin de printemps. R. −10 °C.

***Fremontodendron* 'California Glory'** — Hybride obtenu au Jardin botanique de Santa Ana (Californie). Fleurs att. 10 cm diam., du printemps à la fin de l'été. Superbe arbuste à croissance rapide mais à vie courte. Sol bien drainé; plein soleil avec protection murale. R. −10 °C.

Dendromecon harfordii Kell. (*Papaveraceæ*) — Or. Californie, dans les fourrés sur pentes sèches, fleurissant d'avril à juillet et de façon intermittente plus tard. Arbrisseau ou arbuste sempervirent att. 6 m. Fleurs att. 6,5 cm. *D. rigida* Benth. est similaire, avec des feuilles plus étroites et des pédoncules plus longs. Tous deux ont besoin d'un sol bien drainé; plein soleil. R. −5 °C. Été.

Calceolaria integrifolia (*Scrophulariaceæ*) — Or. Chili. Arbrisseau sempervirent att. 1,50 m. Feuilles att. 10 cm de long. Fleurs d'env. 13 mm diam. Sol bien drainé; plein soleil et situation abritée des vents froids. R. −10 °C. Été.

Solanum jasminoides Paxt. **'Album'** (*Solanaceæ*) — Or. S. Brésil et Paraguay au bord des forêts et dans les fourrés. Liane sempervirente ou caducifoliée att. 5 m. Feuilles att. 5,5 cm de long. Fleurs de 15 à 25 mm diam., groupées par 10 à 20 en corymbes plats. R. −10 °C.

Caryopteris ×clandonensis Simmonds (*Verbenaceæ*) — Hybride entre *C. incana* (Thumb.) Miq. et *C. mongolica* Bge. connu depuis 1933. Les *Caryopteris* sont or. O. Asie, sur les pentes abruptes. Sous-arbrisseau caducifolié att. 1 m, réduit à sa base ligneuse en hiver. Fl. en août-septembre. *C. incana* a des feuilles plus larges, dentées. Plein soleil. R. −15 °C.

Réduction à 40 %. Échantillons du Physic Garden de Chelsea, 17 octobre

Distictis buccinatoria à La Mortola

Isoplexis canariensis à Tenerife

Campsis radicans

Campsis grandiflora

Ceratostigma willmottianum Stapf (*Plumbaginaceæ*) — Or. O. Sichuan, sur pentes sèches dans la vallée du Min entre 1 000 et 2 000 m, fleurissant entre mai et juillet. Sous-arbrisseau caducifolié att. 1 m, généralement réduit au sol en hiver. Plein soleil. R. −15 °C, avec protection de la souche. Été.

Ceratostigma plumbaginoides Bge. — Or. N. Chine. Sous-arbrisseau à souche rampante, formant de grandes taches. Tiges annuelles att. 35 cm. R. −20 °C.

Colquhounia coccinera Wall. (*Labiatæ*) — Or. E. et O. Himalaya, Birmanie, Yunnan, Indochine, dans les fourrés entre 1 200 et 3 000 m, fleurissant en septembre-octobre. Arbrisseau semi-caducifolié dressé att. 3 m. Voir aussi p. 241. R. −10 °C.

Abutilon megapotamicum St.-Hil. & Naud. (*Malvaceæ*) — Or. Brésil, peut-être près du Rio Grande. Arbuste sempervirent att. 2 m. Chez le cultivar à feuilles marbrées de blanc, **'Variegatum'**, la panachure est probablement causée par une infection virale. R. −10 °C, contre un mur chaud.
***Abutilon* 'Kentish Belle'** — Hybride entre *A. megapotamicum* et *A.* 'Golden Fleece', avec feuilles légèrement poilues. Arbuste sempervirent att. 2 m. R. −5 °C, peut-être à une température inférieure. Été. *A.* 'Golden Fleece' est un frère d''Ashford Red'.
***Abutilon* 'Ashford Red'** — Hybride possible entre *A. darwinii* et *A. striatum*, avec feuilles couvertes de poils mous. Arbuste sempervirent att. 1 m (rarement 2 m). R. −5 °C, peut-être. Été. Peut être planté en plein-air en été.

Abutilon ×milleri Hort. — Groupe d'hybrides entre *A. megapotamicum* et *A. pictum* fleurissant plus ou moins tout au long de l'année. Arbustes sempervirents att. 1,50 m avec rameaux arqués. R. −5 °C.

Penstemon cordifolius Benth. (*Scrophulariaceæ*) — Or. S. Californie, dans les fourrés des ravins et sur pentes rocheuses, en dessous de 1 000 m, fleurissant de mai à juillet. Arbrisseau rameux et informe, att. 3 m. Fleurs parfois jaunes. Sol bien drainé, sec en été. R. −5 °C.

Mimulus aurantiacus Curt. (syn. *M. glutinosus* Wendl.) (*Scrophulariaceæ*) — Or. Californie (chaînes côtières et contreforts N.-O. Sierra Nevada) et O. Oregon, dans les rochers, remblais et pentes sèches en dessous de 600 m, fl. de mars à août. Sempervirent, informe, att. 1 200 m. Feuilles att. 5 cm de long, collantes. R. −10 °C. Été.

Distictis buccinatoria (DC.) Gentry (syn. *Phædranthus buccinatorius* (DC.) Miers) (*Bignoniaceæ*) — Or. Mexique. Liane sempervirente att. 5 m ou davantage. Feuilles avec 2 folioles et une vrille trifide. Fleurs att. 12 cm de long. Bon sol, plein soleil et chaleur. R. −5 °C, peut-être. Été.

Isoplexis canariensis (L.) Steud. (*Scrophulariaceæ*) — Or. îles Canaries, dans les clairières de la forêt de lauriers et dans la forêt de bruyères arborescentes jusqu'à 1 000 m; en fleurs de novembre à juin. Arbrisseau sempervirent att. 2 m. Feuilles lancéolées att. 10 cm. Fleurs att. 5 cm de long. Tout sol; soleil ou mi-ombre. R. −5 °C. Principalement début de l'été.

Campsis radicans (L.) Seem. (syn. *Bignonia radicans* L.) (*Bignoniaceæ*) — Or. E. et S.-E. USA (du Nouveau Jersey et de l'Iowa à la Floride et au Texas) et naturalisé plus au nord, dans les bois et fourrés, grimpant sur les arbres, en fleurs d'avril à juin. Liane ligneuse att. 20 m. Fleurs de 6 à 8 cm de long, rarement jaunes. Tout bon sol; plein soleil et supplément de chaleur fourni par un mur. R. −20 °C.

Campsis grandiflora (Thunb.) K. Schum. — Or. C. Chine, vers 100 m, fleurissant en août. Liane caducifoliée att. 6 m ou davantage. Feuilles avec 7 à 9 folioles, plus rugueuses en dessus, glabres. Fleurs d'env. 7,5 cm diam., en panicules. Calice plus profondément lobé que celui de C. radicans. R. −10 °C.

Réduction à 50 %. Échantillons du Physic Garden de Chelsea, 17 octobre

Medicago arborea L. (*Leguminosæ*), luzerne en arbre — Or. région méditerranéenne (en Grèce, et naturalisée notamment près de Nice), sur coteaux pierreux. Arbrisseau sempervirent att. 4 m. Fleurs de 12 à 15 mm de long. Plein soleil. R. −10 °C.

Arbutus unedo L. (*Ericaceæ*), arbousier — Or. région méditerranéenne et littoral atlantique d'Espagne, France et Irlande, préférant les sols siliceux, fleurissant et fructifiant simultanément de septembre à janvier. Arbuste sempervirent att. 12 m. Feuilles att. 12 cm. Fleurs att. 9 mm de long, roses dans la f. ***rubra*** (Ait.) Rehd. Fruits rouges, comestibles. Sol bien drainé; plein soleil. R. −15 °C à l'abri des vents secs et froids. Automne.

Convolvulus cneorum L. (*Convolvulaceæ*) — Or. région méditerranéenne, près de la mer sur calcaire. Sempervirent, att. 50 cm. Feuilles att. 4 cm. Fleurs de 15 à 25 mm. Sol pauvre bien drainé; soleil. R. −10 °C.

Prunus laurocerasus L. **'Otto Luyken'** (*Rosaceæ*) — Clone compact, à port horizontal et feuilles étroites, att. env. 1 m de haut. Fl. printemps-automne. R. −15 °C.

Viburnum tinus L., laurier-tin (*Caprifoliaceæ*) — Or. région méditerranéenne, dans les bois, et garrigues. Arbuste att. 7 m. Feuilles persistantes de 3 à 10 cm de long. Fleurs de 5 à 9 mm diam. Plein soleil. R. −10 °C. Printemps. Ci-contre: **'Eve Price'** avec boutons roses et **'Variegatum'** assez fragile.

Prasium majus L. (*Labiatæ*) — Or. Région méditerranéenne sur collines près de la mer. Sempervirent, att. 1 m. Fleurs de 17 à 20 mm de long, blanches ou mauves. R. −10 °C.

Erica terminalis Salisb. (*Ericaceæ*) — Or. région méditerranéenne, dans les endroits humides. Sempervirent, att. 2,50 m. Feuilles de 3 à 5,5 mm. Fleurs de 5 à 7 mm. Sol acide; soleil. R. −10 °C. Été-automne.

Osmanthus heterophyllus — Voir p. 79.

Hamamelis virginiana L. — Voir p. 269.

Nerium oleander L. (*Apocynaceæ*), laurier rose — Or. région méditerranéenne, au bord de l'eau. Arbrisseau sempervirent att. 4 m. Feuilles de 6 à 12 cm. Fleurs de 3 à 4 cm diam. rouges, orangées, jaunes ou blanches en culture. Plein soleil. R. −5 à −10 °C. Été.

Lagerstrœmeria indica L. (*Lythraceæ*) — Or. Chine et Corée, entre 30 et 800 m. Arbuste caducifolié att. 8 m. Feuilles de 3 à 5 cm de long. Fleurs att. 4 cm diam., blanches ou roses en culture. Tout sol; plein soleil. R. −15 °C, si le bois est bien durci. Été. Demande un été chaud pour fleurir en Normandie et Bretagne.

Solanum crispum Ruiz & Pav. **'Glasnevin'** (*Solanaceæ*) — Or. Amérique du S. Liane semi-sempervirente att. 10 m env. Bon comportement sur calcaire. Soleil ou mi-ombre. R. −8 °C. Été-automne.

Phillyrea angustifolia L. (*Oleaceæ*), alavert — Or. région méditerranéenne. Arbrisseau sempervirent att. 2,50 m. Feuilles att. 80 mm. Soleil. R. −20 °C. Printemps.

Teucrium fruticans L. (*Labiatæ*) — Or. région méditerranéenne. Sempervirent, att. 2,50 m. Feuilles att. 4 cm. Fleurs bleu pâle, rosées ou presque blanches, de 15 à 25 mm. Sol bien drainé; soleil. R. −10 °C.

Nerium oleander

Nerium oleander

Lagerstrœmeria indica

Solanum crispum 'Glasnevin'

Phillyrea angustifolia

Teucrium fruticans, Sud de l'Espagne

Réduction à 50 %. Échantillons du Savill Garden, Windsor, 30 octobre

Leycesteria formosa Wall. (*Caprifoliaceæ*) — Or. Himalaya, du Cachemire au Yunnan, et O. Sichuan (var. *stenosepala* Rehd.), dans les fourrés et forêts près des cours d'eau, entre 2 000 et 3 000 m, fleurissant en mai-juin. Arbrisseau caducifolié att. 2 m, avec pousses vertes, creuses et dressées. Sol frais ; soleil ou mi-ombre. R. −15 °C. Été-automne.

Viburnum betulifolium Batal. (*Caprifoliaceæ*), dans les fourrés et forêts claires entre 1 350 et 2 400 m, fleurissant en juin-juillet, fructifiant en septembre-octobre. Arbrisseau caducifolié à tiges multiples att. 4 m. Sol humide ; soleil ou mi-ombre. R. −25 °C.

***Viburnum plicatum* 'Pink Beauty'** — Voir p. 177 pour les fleurs. Fruits abondants.

Viburnum henryi Hemsl. — Or. C. et O. Chine (O. Hubei et O. Sichuan), dans les fourrés entre 1 500 et 2 700 m, fleurissant entre juin et août. Arbrisseau sempervirent att. 3 m. Feuilles épaisses, charnues, de 5 à 12 cm de long. R. −10 °C.

Viburnum setigerum Hance — Or. C. et O. Chine (O. Hubei, O. Sichuan et Jiangxi), dans les fourrés entre 1 200 et 2 100 m, fleurissant entre mai et juillet. Arbrisseau caducifolié att. 4 m. Feuilles de 7 à 12 cm de long, avec poils soyeux sur les nervures à la face inférieure. Fleurs de 6 cm diam., toutes fertiles, avec un calice pourpre. Fruits de 8 mm de long. R. −20 °C.

Viburnum opulus* var. *calvescens — Pour les fleurs et le texte, voir p. 177. Les fruits sont légèrement plus gros que ceux de *V. opulus*.

***Viburnum opulus* 'Compactum'** — Clone nain de *V. opulus* (voir p. 177) att. 1,50 m, fructifiant abondamment. **'Xanthocarpum'** : forme à fruits jaune-orange en bouquets pendants à 1,50 m. Tout sol frais ; plein soleil ou mi-ombre. R. −25 °C. Fleurs blanches en été.

Viburnum furcatum Bl. — Voir p. 175 pour les fleurs et le texte. Sur cette photographie prise dans l'E. Hokkaïdo, on peut voir *Euonymus macropterus*, *Acer japonicum*, *Quercus mongolica* et *Aralia elata*.

Viburnum acerifolium L. — Or. E. Amérique du N. (du Québec à la Floride, au Minnesota et au Tennessee, dans les bois caducifoliés de montagne, fleurissant entre mai et août. Arbrisseau caducifolié att. 2 m. Fleurs toutes fertiles, de 6 mm diam.

Lonicera maackii Maxim. (*Caprifoliaceæ*) — Voir p. 99 pour les fleurs et le texte.

Symphoricarpus albus (L.) S.F. Blake (*Caprifoliaceæ*), symphorine — Or. E. Amérique du N. (du Québec à la Virginie occidentale et du Minnesota au Colorado), fleurissant entre mai et juillet. Arbrisseau drageonnant avec des tiges dressées att. 2 m. Feuilles de 2,5 à 8 cm de long, ovales-orbiculaires à ovales, pubescentes ou glabres en dessous, parfumées. Fleurs roses, de 6 mm de long, campanulées. Baies spongieuses, de 13 mm diam. Tout sol frais ; soleil ou mi-ombre. R. −45 °C.

Sambucus sieboldiana Blume ex Gräbn. (*Caprifoliaceæ*) — Or. C. et S. Japon, Corée, N. et O. Chine, dans les fourrés et bois des collines ; fleurissant entre avril et juin. Arbrisseau att. 4 m. Feuilles caduques avec de 5 à 7 folioles assez espacées de 4 à 12 cm de long. Fleurs blanc verdâtre de 3 à 4 mm diam. Fruits rouges ou jaune orangé d'env. 4 mm diam.

Mélange d'arbustes dans l'Est de Hokkaïdo, début octobre

Viburnum furcatum

Symphoricarpus albus

Sambucus sieboldiana

Viburnum acerifolium

Réduction à 50 %. Échantillons de la pépinière Goatcher, 30 octobre

Berberis vulgaris près de Erzurum, dans le Nord-Est de la Turquie

Berberis georgei

Osmanthus decorus (p. 79)

Cotoneaster bullatus

Cotoneaster 'Cornubia'

Cotoneaster lacteus W.W.Sm. (*Rosaceæ*) — Or. N.-O. Yunnan, dans les fourrés. Arbrisseau sempervirent att. 5 m. R. −15 °C. Été.

***C.* 'Rothschildianus'** — Hybride entre *C. salicifolius* et *C. frigidus* 'Fructo-luteo' obtenu à Exbury en 1930. Gracieux arbrisseau att. 5 m.

C.* ×*watereri Exell. — Groupe d'hybrides entre *C. frigidus* et *C. henryanus*. Arbrisseaux sempervirents ou semi-sempervirents att. 5 m. R. −15 °C.

C. franchetii Boiss. var. ***sternianus***) Turrill — Or. Tibet, N. Birmanie (var. *sternianus*) Yunnan et O. Sichuan, dans les fourrés entre 2 000 et 3 000 m, fleurissant en juin, fructifie en septembre-octobre. Arbrisseau sempervirent ou semi-sempervirent att. 3 m. Fleurs petites, rosées. R. −15 °C. Illustré ci-contre : récolte Farrer n° 1325.

***C.* 'Hybridus Pendulus'** (syn. 'Pendulus') — Origine inconnue. Rameaux prostrés, ou pendants quand on les greffe en étendard. Feuilles caduques.

C. conspicuus Marquand. — Or. S.-E. Tibet, par-dessus les rochers près du Tsang-po et "leur donnant l'apparence d'un bouillonnement de lave rougeoyante" (Kingdon-Ward). Arbrisseau sempervirent att. 2 m en culture, ou prostré. R. −15 °C.

C. simonsii Bak. — Or. Assam (monts Khasia). Arbrisseau dressé, semi-sempervirent, att. 4 m, avec de longues pousses. R. −20 °C.

***C.* 'Cornubia'** — Semis de parenté inconnue né à Exbury vers 1930. Arbrisseau étalé att. 7 m de haut et de large avec branches arquées.

***C.* 'Pink Champagne'** — Hybride voisin de *C. salicifolius*, avec des baies jaunes devenant rosées.

C. salicifolius Franch. var. ***floccosus*** Rehd. & Wils. — Or. O. Sichuan dans les fourrés vers 2 600-3 000 m, fleurissant en juillet, fructifiant en novembre. Arbrisseau sempervirent ou semi-sempervirent att. 4 m, avec rameaux arqués. R. −20 °C.

***C.* 'Juergl'** — Hybride entre *C. dammeri* et probablement *C. rotundifolius*. Arbrisseau sempervirent att. 50 cm.

***C.* 'Gnom'** — Semis de *C. salicifolius*, formant un tapis sempervirent. Feuilles d'env. 2 cm.

C. microphyllus Wall. ex Lindl. — Or. Himalaya, du Cachemire à l'O. Sichuan (var. *cochleatus* Franch., sur les rochers et sur pentes alpines entre 2 000 et 5 400 m, fleurissant en mai-juin, fructifiant entre septembre et décembre. Arbrisseau sempervirent prostré ou bas (att. 60 cm). R. −25 °C.

C. horizontalis Dcne — Or. O. Hubei et O. Sichuan, rampant par-dessus les rochers, fleurissant en juin, fructifiant en novembre. Arbrisseau désordonné att. 2 m en tous sens. Fleurs rosées, visitées par les guêpes. R. −25 °C .**'Variegatus'** est un clone à croissance lente avec des feuilles bordées de blanc.

C. bullatus Boiss. — Or. S.-E. Tibet et O. Sichuan, dans les fourrés et forêts entre 1 900 et 2 800 m, fleurissant en mai-juin, fructifiant en septembre-octobre. Arbrisseau ou arbuste att. 8 m, mais généralement 3 m. Fleurs petites, roses. R. −20 °C.

Berberis vulgaris L. (*Berberidaceæ*) — Or. Europe (de la France à la Russie centrale et N.-E. Turquie), dans les haies, fourrés et sur pentes rocheuses. Fleurissant en mai-juin, fructifiant en septembre-octobre. Arbrisseau caducifolié att. 3 m. R. −35 °C.

Berberis georgei Ahrendt — Hybride d'origine inconnue, probablement de *B. vulgaris*. Arbrisseau att. 1,50 m, avec branches arquées ; fructification particulièrement abondante.

Réduction à 50 %. Échantillons du Savill Garden, Windsor, 30 octobre

Photinia davidiana (Decne.) Cardot (syn. *Stranvæsia davidiana* Decne.) (*Rosaceæ*). Or O. Sichuan (sur le Mont Omei) et O. Hubei (var. *undulata*), jusqu'au Viet-Nam, sur les falaises et dans les fourrés, fleurissant en juin, fructifiant en octobre. Arbuste att. 10 m. Feuilles de 6 à 11 cm de long. Fleurs blanches, de 8 mm diam. Fruits de 7 à 8 mm diam. en bouquets lâches et penchés. Tout sol ; soleil ou mi-ombre. R. –15 °C.

P. davidiana F. ***frutu-luteo*** – Apparu avant 1920 à la pépinière Slieve Dunard (Comté de Down, Irlande du Nord).

***P. davidiana* 'Prostrata'** – Clone prostré obtenu au Manoir de Hidcote, probablement par graines envoyées du Yunnan par G. Forrest. Forme un tapis largement étalé avec occasionnellement des rameaux dressés.

P. davidiana var ***undulata*** (syn. *Stranvæsia undulata* Decne.) – introduit du Hubei où E. Wilson l'a noté comme « extrêmement commun » ; il a des feuilles plus petites, des fleurs presque glabres et un port plus étalé.

Pyracantha atalantoides (Hance) Stapf (syn. *P. gibbsii* A.B. Jacks) (*Rosaceæ*) – Or C. Chine (Guizhou, S.-E. Sichuan, O. Hunan et O. Hubei) dans les haies et près des cours d'eau, entre 300 et 1 300 m, fleurissant entre mai et juillet, fructifiant en novembre-décembre. Arbuste sempervirent att. 6 m. Feuilles glabres en dessous, généralement entières, plus larges au milieu, oblongues ou ovales, de 3 à 7 mm de long. Fleurs blanches de 8 à 9 mm diam. Fruits de 6 à 7 mm diam. Tout bon sol ; plein soleil. R. –15 °C. Les fruits persistent pendant tout l'hiver.

P. 'Orange Glow' – Cultivar obtenu par hasard dans un semis dans un jardin à Wageningen (Pays-Bas) vers 1930. Feuilles de 2 à 4 cm de long. Fruits de 7 à 9 mm de diam.

P. rogersiana (A.B. Jacks.) Chittenden – Or N.-O. Yunnan, dans les haies et fourrés, vers 2 500 m, fleurissant en mai. Arbrisseau sempervirent att. 4 m. Feuilles oblancéolées ou étroitement obovales, plus petites que celles des autres espèces, de 15 à 35 mm de long sur 5 à 10 mm de large, se rétrécissant progressivement en pétiole. Fleurs de 7 mm diam. Fruits de 6 mm diam., vermillon à jaune. Tout sol ; plein soleil ou mi-ombre contre un mur. R. –15 °C. Fructification en automne-hiver. **'Flava'** présente des baies jaunes.

P. 'Mohave' – Hybride entre *P. koidzumii* et *P. coccinea* 'Wyatt' obtenu en 1963 par D. Egolf à l'Arboretum national des USA (Washington DC). Arbrisseau vigoureux att. 4 m de haut et davantage en largeur. Feuilles obovales. R. –20 °C, peut-être.

P. Cuccinea Rœm. **'Lalandei'** – Obtenu vers 1874 par M. Lalande à Nantes. Arbuste sempervirent, dressé, att. 6 m. Feuilles ovales-oblongues de 2 à 4 cm de long, aiguës, légèrement crénelées. Fruits de 10 × 8 mm, oranges, en corymbes assez denses.

×***Gaulnettya*** ×***wisleyensis*** Marchant **'Wisley Peral'** (*Ericaceæ*) – Pour les fleurs, voir p. 150. Hybride entre *Pernettya mucronata* et *Gaulthe shallon* apparu dans le jardin sauvage de Wisley (G-B). R. –15 °C.

Pernettya mucronata (L. fil.) Gaud. (*Ericaceæa*) – Or. S. Chili et S. Argentine jusqu'au 40 °S env. composant de vastes landes. Arbrisseau sempervirent att. 1,50 m, formant des touffes par drageons. Feuilles terminées en pointe att. 18 mm de long. Fleurs blanches, att. 6 mm de long. Fruits spongieux, att. 15 mm diam., variant du blanc au pourpre. De nombreux clones ont été nommés et on en montre ici une sélection. On dit que ces plantes sont en partie unisexuées et en partie hermaphrodites, aussi est-il prudent de planter une bonne plante mâle à proximité de clones femelles fructifères. Sol acide, humide. R. –15 °C. Fructification de l'hiver au printemps.

Cratægus orientalis près d'Ankara, en Turquie centrale

Pyracantha sur un mur de cottage dans le Dorset

Prunus padus

Azara lanceolata à Brodick

Cratægus orientalis Pallas ex M. Bieb (*Rosaceæ*) – Or. S. Europe, Crimée, Caucase et Turquie, sur coteaux rocheux et dans les forêts claires jusqu'à 2 250 m, fleurissant entre mai et juillet. Arbuste caducifolié att. 5 m. Feuilles rhombiques ou obovales-oblongues, avec 3 à 7 lobes et poils grisâtres. Fleurs de 15 à 20 mm diam. Fruits orangés rougeâtres att. 2 cm diam. Tout sol bien drainé ; plein soleil. R. –20 °C.

Prunus padus L. (*Rosaceæ*), cerisier à grappes – Pour les fleurs, voir p. 77. Les baies noires et juteuses ne sont pas comestibles, étant très acides.

Azara lanceolata Hook-fil (*Flacourtiaceæ*) – Pour les fleurs, voir p. 216. Or S. Chili et Argentine limitrophe, au bord des forêts de *Nothofagus* sempervirents et près des lacs, fleurissant en novembre-décembre, fructifiant en février, sol et ambiance humides. Très sensible aux vents desséchants qui noircissent les feuilles et les font tomber. La photographie montre les fruits à Brodick dans l'île d'Arran (S.-O. Ecosse).

Réduction à 40 %. Echantillons de Wisley, 9 septembre

Euonymus alatus

Euonymus oxyphyllus

Euonymus macropterus

Euonymus hamiltonianus Wall. **'Coral Chief'** (*Celastraceæ*) — Or. Himalaya (de l'Afghanistan à l'Assam), N. Birmanie et Yunnan, avec la var. *sieboldianus* (Bl.) Komar. (syn. var. *yedoensis* (Köhne) Blakeluck) dans le N.-E. Asie et Japon, dans les forêts et fourrés entre 700 et 2 700 m, fleurissant entre avril et juillet, fructifiant de septembre à novembre. Arbuste caducifolié de 5 à 9 m de haut. Feuilles oblongues, elliptiques ou ovales-oblongues, de 5 à 12 cm de long, finement serrulées. Fleurs vert pâle à 4 pétales. Fruits rosés, lobés. Tout bon sol ; soleil ou mi-ombre. R. −30° C. Il existe une sélection de cultivars pour leur fructification et leur couleur de feuilles en automne parmi lesquels on peut citer 'Coral Charm', 'Coral Chief' et 'Fiesta'.

Euonymus planipes (Köhne) Köhne (syn. *E. sachalinensis* Hort.) — Or. N. Japon, N.-E. Chine, Corée et E. Sibérie, dans les bois et fourrés de montagne, fleurissant en mai-juin, fructifiant en septembre-octobre. Arbuste caducifolié att. 4 m. Feuilles de forme variable, de 7 à 13 cm de long. Fleurs vertes en cymes pendantes de 10 au moins (brunes et en cymes plus pauvres chez le vrai *E. sachalinensis* (Fr. Schmidt) Maxim. Or. de Sakhaline et du Japon). Fruits pentagonaux avec des ailes étroites, de 18 mm diam. Soleil ou mi-ombre. R. −25° C. Fructification en début d'automne.

Euonymus europæus L., fusain, bonnet carré — Or. Europe (sauf le grand N. et la côte méditerranéenne), dans les fourrés et haies, particulièrement sur craie ou calcaire fleurissant en mai-juin, fructifiant de septembre à novembre. Arbuste caducifolié att. 6 m. Feuilles de 3 à 8 cm de long, ovales-lancéolées à elliptiques, crénelées-serrulées. Fleurs avec 4 pétales ; fruits roses, de 10 à 15 mm de large, anguleux. Tout sol bien drainé, soleil ou mi-ombre. R. −35° C. On a sélectionné de nombreux bons clones comme 'Red Cascade'.

Euonymus grandiflorus Wall. — Or. Himalaya (du Kumaon au Bhutan), monts Khasia, N. Birmanie, O. et C. Chine, dans les forêts et près des cours d'eau entre 1 000 et 3 400 m. Arbuste semi-sempervirent att. 7,50 m (rarement petit arbre att. 15 m). Feuilles obovales ou obovales-oblongues att. 12 cm de long (pétiole inclus). Fleurs de 2 cm diam. Fruits avec 4 lobes et 4 côtés, jaunâtres à rose pâle. R. −15° C.

Euonymus alatus (Thunb.) Sieb. — Or. Japon (commun dans toutes les îles), Corée, E. Sibérie et N.-E. Chine, dans les fourrés et bois en plaine et en montagne, fleurissant en

Euonymus planipes

Camellia sasanqua 'Cotton Candy' en Oregon

Camellia sasanqua à Yakushima

Camellia sasanqua 'Choji Guruma'

Euonymus latifolius près de Trabzon

Schizandra grandiflora var. *rubriflora*

mai-juin. Arbrisseau caducifolié att. 3 m avec des rameaux horizontaux en éventail. Feuilles de 1,5 à 7 cm de long. Fleurs de 6 mm diam., solitaires ou par petits groupes, avec 4 pétales vert pâle. Fruits profondément lobés. Tout sol ; soleil ou mi-ombre. R. –40° C. La forme illustrée ici, avec des rameaux non ailés, est f. *apterus* (Reg.) Rehd. ; l'*E. alatus* normal a des rameaux plus ou moins ailés avec 2 ou 4 excroissances liégeuses.

Euonymus oxyphyllus Miq. (*Celastraceæ*) — Or. Japon (du N. au S.), Corée et C. Chine, dans les bois des basses montagnes, fl. en mai-juin, fructifiant en septembre-octobre. Arbuste caducifolié att. 4 m. Feuilles de 5 à 10 cm de long. Fleurs verdâtres ou rosées, plus de 10 par branche, de 7 mm diam. Fruits de 10 à 12 mm diam. R. –25° C.

Euonymus macropterus Rupr. — Or. Japon (de Hokkaïdo à Shikoku), N.-E. Chine, E. Sibérie, Sakhaline et Corée, dans les forêts et les fourrés, fl. en juin-juillet. Arbuste caducifolié att. 4 m. Feuille obovale brièvement acuminée, de 6 à 12 cm. Cymes de 10 fleurs de 6 mm diam. avec 4 pétales vert pâle. Fruits de 2 à 5 cm diam. Tout sol frais ; soleil ou mi-ombre. R. –25° C.

Euonymus latifolius (L.) Mill. — Or. C. et S. Europe, N. Turquie, Caucase, Crimée, Algérie, dans les fourrés, les fougeraies et les bois escarpés, fleurissant en mai-juin, fructifiant en septembre-octobre. Arbuste caducifolié att. 6 m, avec rameaux arqués. Feuilles de 8 à 16 cm, elliptiques-oblongues à obovales. Fleurs vertes avec 4 pétales. Fruits de 15 à 20 mm diam. Tout sol ; soleil ou mi-ombre. R. –20° C.

Camellia sasanqua Thunb. (*Theaceæ*) — Or. S. Japon sur pentes herbeuses et dans les forêts de *Cryptomeria*, fleurissant d'octobre à décembre. Arbuste sempervirent dressé, att. 4 m. Feuilles luisantes de 3 à 7 cm de long, largement oblancéolées à étroitement obovales, serrulées. Fleurs de 4 à 7 cm diam. ; pétales obovales ou oblongs, un peu échancrés. Sol acide ; soleil ou mi-ombre. R. –10° C, avec abri. Automne. Des cultivars de *C. sasanqua*, la plupart à fleurs simples roses ou rouges, ont été obtenus au Japon.

Schisandra grandiflora (Wall.) Hook. fil. var. ***rubriflora*** (Franch.) Schneid. (*Schisandraceæ*) — Les fleurs de cette espèce dioïque sont illustrées p. 87. Il est normalement nécessaire d'avoir des plantes mâle et femelle proches l'une de l'autre pour assurer une bonne production de fruits.

Vitis coignetiæ grimpant dans un *Tilia mongolica* dans le nord de Hokkaïdo, près de Shari, en octobre

Vitis coignetiæ Pulliat ex Planch. (*Vitaceæ*), vigne de Mme Coignet — Or. Japon (de Hokkaïdo à Shikoku), Corée et Sakhaline, grimpant haut dans les arbres forestiers. Liane caducifoliée att. 25 m ou davantage. Feuilles rugueuses, de 8 à 30 cm de long et large, pourprée ou rouges en automne. Fruits petits, noirs, en longues grappes étroites. Tout bon sol ; soleil ou mi-ombre. R. −25° C. Une des plus belles lianes à feuillage pour les grands jardins.

Vitis vinifera L., vigne — Or. Caucase probablement, et largement naturalisée dans le S. Europe, l'O. et le C. Asie, au bord des rivières et dans les bois humides. La vigne sauvage, ou lambrusque (V. *sylvestris* Gmel.), dioïque donne de petits raisins noirs et des feuilles plus profondément lobées sur les plantes femelles. La vigne cultivée (*V. vinifera*) qui en a probablement dérivé, a des fleurs hermaphrodites et des raisins à couleurs variables. Ses cultivars décoratifs sont cultivés surtout pour leur feuillage. Tout sol ; soleil ou mi-ombre. R. −20° C.
'Incana' a des feuilles couvertes de poils blancs et fins, surtout à l'état jeune, et des raisins noirs. Couleurs d'automne dans les rouges clairs.
'Purpurea' a des feuilles d'un pourpre rougeâtre chaud avec une pruine à l'état jeune, pourpre foncé plus tard, et de petits raisins noirs.

***Vitis* 'Brant'** — Hybride entre *V. vinifera* 'Black St Peters' et une vigne américaine, 'Clinton' (cultivar de *V. riparia*), obtenu vers 1860 par Charles Arnold à Paris (Ontario, Canada). Fruits sucrés, noirs mais petits. Feuilles rouges avec des nervures vertes en contraste, à la fin de l'été.

Parthenocissus quinquefolia (L.) Planchon (*Vitaceæ*) — Or. Amérique du Nord (du Québec au Minnesota et de la Floride au Mexique), dans les bois et rochers. Liane exubérante att. 20 m ou davantage, grimpant au moyen de disques sur les vrilles ondulées. Feuilles avec de 3 à 7 folioles, rouges en automne. Tout sol ; soleil ou ombre. R. −25° C. Coloration au début de l'automne.

Parthenocissus tricuspidata Planch. — Or. Japon (où il est commun), Corée et C. Chine (O. Hubei, Jiangxi), sur les rochers et en forêt, jusqu'à 1 200 m. Liane exubérante att. 20 m, s'accrochant au moyen de ventouses rondes sur les vrilles. Feuilles luisantes, épaisses, att. 12 cm de long. Feuilles des pousses rampantes trifoliolées ; celles des pousses grimpantes cordées et crénelées pour les plus petites, trilobées pour les plus grandes, se colorant bien à l'automne. Tout sol ; soleil ou ombre. R. −15° C.

Smilax lasioneura Hook. (*Liliaceæ*) — Or. Amérique du N. (du S. Ontario et du Montana au Colorado et à la Géorgie) dans les fourrés ou au bord des bois, fleurissant en mai-juin. Liane volubile herbacée att. 3 m. Feuilles glauques. Baies noires. Fruits verdâtres, à odeur cadavérique attirant les mouches. Tout sol, plein soleil. R. −25° C.

Smilax aspera L. (*Liliaceæ*), salsepareille — Or. Açores, Portugal et région méditerranéenne, dans les fourrés et parmi les rochers, fleurissant entre août et octobre, fructifiant à partir de septembre. Liane sempervirente avec épines recourbées sur des tiges att. 15 m. Feuilles att. 11 cm de long, dures ; fleurs verdâtres, très petites. Tout sol ; soleil. R. −10° C. Fin de l'été.

Vitis coignetiæ

Vitis vinifera 'Incana'

Vitis vinifera 'Purpurea' sur la Longue Pergola de West Dean, Sussex

Parthenocissus tricuspidata

Parthenocissus quinquefolia

Smilax lasioneura

Vitis 'Brant'

Smilax aspera

Réduction à 40 %. Echantillon du Savill Garden, Windsor, 30 octobre

Couleurs d'automne dans le comté de Westchester, New York

Hamamelis virginiana dans l'État de New York

Cornus alba 'Sibirica' avec Jardins Savill, Windsor

***Hamamelis mollis* 'Pallida'** — Voir fleurs p. 15. Couleur d'automne jaune.

***Hamamelis* ×*intermedia* 'Diane'** — Pour les fleurs, voir p. 15. Feuilles de 6 à 12 cm de long rouge en automne. La plupart des clones d'*H. japonica* ont des feuilles jaune-orangé en automne.

Hamamelis vernalis Sarg. **'Sandra'** — Voir aussi p. 15.

Hamamelis virginiana L. (*Hamamelidaceæ*) — Or. E. Amérique du N. (de la Nouvelle-Écosse au Wisconsin jusqu'au N. Floride et au Texas), dans les bois caducifoliés, fleurissant en septembre-octobre aussi bien avec les feuilles qu'après la chute des feuilles. Arbrisseau caducifolié att. 9 m, même sur sols pauvres. Pétales non ondulés par temps chaud, redevenant ondulés par temps froid. Sol acide. R. −35° C.

Cornus alba L. **'Sibirica'** (*Cornaceæ*) — Or. Sibérie, Mandchourie, Corée, près des lacs et des cours d'eau dans les forêts mixtes. Rameaux rouge profond. Arbrisseau caducifolié att. 3 m. Fleurs blanc crème, en cymes de 3,5 à 5 cm diam. Fruits blancs ou bleu très pâle. R. −45° C. Ce clone est moins robuste que les autres cultivars et se porte mieux si on le taille tous les 2 ans.

***Cornus alba* 'Sibirica Variegata'** (syn. 'Elegantissima', 'Argenteo-Marginata'). Feuilles vert pâle largement bordées de blanc et rameaux d'un rouge plus foncé que ceux de 'Sibirica'.

Cornus kousa Hance subsp. ***chinensis*** (Osborn) Xiang — Voir p. 180 pour les fleurs. Comparer avec les fruits de *C. florida* et de *C. nuttallii* p. 271.

Cornus stolonifera Michx. **'Flaviramea'** — Forme à rameaux jeunes du *C. stolonifera* qui est or. Amérique du N. (de Terre-Neuve au Yukon jusqu'à la Virginie et la Californie), dans les fourrés humides, près des lacs et rivières, fleurissant entre mai et août, fructifiant de juillet à octobre. Arbrisseau drageonnant et colonisateur att. 2,50 m. R. −50° C ; cultivé pour la couleur de ses rameaux en hiver.

Aronia arbutifolia (L.) Elliott (*Rosaceæ*) — Or. E. Amérique du N. (du Massachussetts au Minnesota jusqu'à la Floride et au Texas), dans les bois et fourrés, fleurissant en avril-mai, fructifiant en septembre-octobre. Arbrisseau caducifolié att. 3 m à végétation dressée, assez diffuse. Corymbes assez denses de 9 à 20 fleurs blanches ou rosées d'1 cm diam. Fruits de 5 à 7 mm diam. R. −35° C.

Disanthus cercidifolius Maxim. (*Hamamelidaceæ*) — Or. S.-E. Chine (?) et Japon dans les bois humides du C. Honshu et de Shikoku, fleurissant en octobre-novembre, aussitôt ou avant la chute des feuilles. Arbrisseau caducifolié à tiges multiples avec rameaux arqués att. 3 m. Feuilles lisses, de 5 à 12 cm de long et large, glauques en dessous. Fleurs de 12 mm diam. Sol acide humide, avec chaleur et humidité pour bien pousser ; mi-ombre ou dominance de hauts arbres à feuilles caduques, en situation abrités, ou bien sol très humide en situation exposée. R. −15° C.

Fothergilla major (Sims) Lodd. — Voir p. 151 pour les fleurs. Toutes les espèces de

Disanthus cercidifolius en fleur

Fothergilla sont remarquables pour leurs excellentes couleurs d'automne.

Callicarpa bodinieri Lév. var. ***giraldii*** (Rehd.) Rehd. (*Verbenaceæ*) — Or. C. et O. Chine, dans les bois et fourrés, fleurissant entre juin et août, fructifiant à partir d'octobre. Arbrisseau caducifolié att. 2 m. Feuilles elliptiques, acuminées, de 5 à 12 cm de long, glabres en dessus. Fleurs pourprées d'env. 7 mm. Fruits mauves ou pourpres de 3 à 4 cm diam. R. −20° C.

Viburnum lantanoides Michx. (*Caprifoliaceæ*) — Voir p. 175 pour les fleurs et le texte.

Amelanchier lamarckii — Voir p. 76. La plupart des *Amelanchier* sont particulièrement intéressants pour leurs couleurs d'automne.

Réduction à 33,33 %. Echantillons de la pépinière Goatcher, 5 décembre

Cornus florida

Paliurus spina-christi

Pistacia lentiscus

Cornus nuttallii

Hippophäe rhamnoides

Cornus sanguinea

Pittosporum tenuifolium Gärtn. (*Pittosporaceæ*) — Or. Nouvelle-Zélande (partie O. exceptée), commun dans les forêts côtières et d'altitude inférieure à 900 m, où il fleurit en octobre-novembre. Élégant petit arbre sempervirent att. 9 m. R. −10° C mais tué par les vents glacés. On cultive plusieurs clones :
'Mayi' réussit le mieux près de la mer sur les côtes d'Europe occidentale ; a été trouvé dans la nature.
'Warnham Gold' a été sélectionné à Warnham Court (Sussex, G-B) en 1959.
'Purpureum' a des feuilles adultes pourpres et de jeunes feuilles vertes. Fragile.
'Variegatum' a les feuilles bordées de blanc.
'Garnettii' a les feuilles teintées de rose en hiver, plus longues que celles de *P. tenuifolium* poilues en dessous. C'est peut-être un hybride de *P. ralphii* ; a été obtenu en Nouvelle-Zélande.

Lonicera nitida Wils. (*Caprifoliaceæ*) — Or. Yunnan et O. Sichuan, dans les fourrés et au long des cours d'eau, entre 1 200 et 3 000 m, fleurissant en juin. Arbrisseau sempervirent att. 2 m. Fruits pourpres, rares dans les jardins. R. −15° C.
'Baggesen's Gold' a des feuilles jaunâtres.

Lonicera pileata Oliver (*Caprifoliaceæ*) — Or. O. Hubei et O. Sichuan, dans les fourrés et près des cours d'eau, entre 300 et 1 800 m, fleurissant en juin. Arbrisseau sempervirent att. 1 m de haut et davantage en largeur avec des rameaux étalés. R. −15° C.

Euonymus japonicus Thunb. — Or. Japon, Chine et Corée, dans les fourrés et bois, particulièrement près de la mer, fleurissant en juin-juillet, fructifiant en décembre-janvier. Arbuste sempervirent att. 5 m, dense et dressé. Tout sol ; soleil ou ombre. R. −15° C, à l'abri des vents glacés.
'Microphyllus' — Nain, dressé, att. 1 m.
'Microphyllus Variegatus' (syn. 'Microphyllus Albomarginatus') — Feuilles étroitement bordées de blanc.
'Ovatus Aureus' (syn. 'Aureovariegatus') — Feuilles à couleur variable sur la même plante.
'Aureopictus' (syn. 'Aureus') — Cultivar assez fragile.
'Albomarginatus' — Feuilles bordées de blanc-crème
'Président Gauthier' — Voisin de 'Latifolius Albomarginatus', mais feuilles plus foncées au centre, s'amenuisant vers le pétiole.

Euonymus fortunei (Turcz.) Hand.-Mazz. (syn. *E. radicans* Sieb. ex Miq.) (*Celastraceæ*) — Or. Japon, Chine et Corée, dans les bois et fourrés, fleurissant en juin-juillet. Arbrisseau traînant ou grimpant à la façon du lierre (avec des racines aériennes) att. 5 m. R. −25° C. Bon couvre-sol sempervirent.
'Silver Queen' — Arbrisseau att. 1 m, ou davantage.
'Emerald Gaiety — Arbrisseau dressé att. 1,50 m.
'Sheridan Gold' — Arbrisseau arrondi att. 50 cm. Cultivar canadien bien rustique.
'Gracilis' (syn. 'Variegatus, 'Silver Gem', 'Argenteomarginatus') — Dressé jusqu'à 40 cm ou rampant et grimpant.
'Emerald'n Gold' — Tiges dressées jusqu'à 50 cm.

Euonymus myrianthus Hemsl. — Or. C. et O. Chine (Hubei, Sichuan, Guizhou, etc.), dans les fourrés humides et sur les falaises, entre 1 000 et 2 100. Sempervirent, att. 4,50 m. R. −10° C.

Celastrus orbiculatus Thunb. (*Celastraceæ*) — Or. Japon, Corée, Chine, E. Sibérie, Sakhaline et S. îles Kuriles, fleurissant en mai-juin. Liane att. 12 m. R. −15° C.

Rhamnus alaternus L. (*Rhamnaceæ*) — Or. Portugal et pourtour méditerranéen, dans les fourrés et maquis, particulièrement sur calcaire, fleurissant en mars-avril. Arbuste sempervirent att. 5 m. R. −15° C.
'Argenteo-variegata' a des feuilles plus petites un peu tordues avec les bords blancs.

Cornus sanguinea L. (*Cornaceæ*), sanguine, bois-punaise — Or. Europe (de l'Irlande à la Russie) et O. Asie, dans les fourrés et haies, souvent sur calcaire, fleurissant en mai-juin. Arbrisseau att. 4 m. R. −25° C. Voir les fleurs p. 180.

Cornus nuttallii Audub. — Fruits d'1 cm diam., avec de nombreuses graines. Voir p. 181.

Cornus florida L. Voir p. 181.

Paliurus spina-christi L. — Fruits plats, discoïdes, de 2 à 3 cm diam. Voir p. 161.

Hippophae rhamnoides L. (*Elæagnaceæ*), argousier — Or. Eurasie sur les graviers des côtes, rivières et moraines, fleurissant entre avril et juin, fructifiant de septembre à novembre. Arbrisseau caducifolié arrondi att. 3 m. R. −45° C. Des plantes des deux sexes sont nécessaires pour la fructification.

Pistacia lentiscus L. (*Anacardiaceæ*) — Or. région méditerranéenne, dans les maquis et sur les coteaux secs, fleurissant avril-juin, fructifiant septembre-octobre.

Réduction à 33,33 %. Echantillons de Peter Rose, 2 décembre

Dicksonia antarctica à Trewithen, Cornouailles

Fatsia japonica dans un jardin londonien

Hedera helix 'Cavendishii'

Hedera helix L. (*Araliaceæ*), lierre — Or. Europe (sauf le grand N.), Turquie et Caucase, grimpant sur les arbres, rochers et murs, fleurissant en septembre-octobre. Plante grimpante ou rampante au stade juvénile, att. 30 m, et arbrisseau au stade adulte, avec des feuilles moins lobées et des fleurs. Feuilles persistantes, généralement inférieures à 15 cm de long, diversement lobées. Fleurs en ombelles, verdâtres, très butinées par les mouches, abeilles et papillons pour leur nectar tardif. Fruits mûrs au printemps généralement noirs. Tout bon sol frais ; soleil ou ombre. R. −25° C. Automne. Une sélection de nombreux cultivars est illustrée ci-contre.

H. poetarum Bertol. (syn. *H.chrysocarpa* Walsh) — Or. Caucase, Turquie, Grèce, Sicile, Corse et Afrique du N., mais a pu être introduit dans ces derniers lieux par les romains qui l'associaient au culte de Bacchus. Se distingue de *H. helix* par ses fruits jaune orangé, att. 12 mm diam., et ses feuilles plus pâles, moins profondément lobées. Voisin de *H. nepalensis*.

H. pastuchovii G. Woronow — Or. forêts caspiennes d'Iran et S.-E. Caucase en Géorgie, particulièrement dans la vallée de Lagodekhi, sur les falaises calcaires ombragées et les arbres.

H. nepalensis K. Koch — Or. Himalaya (de l'Afghanistan au N. Birmanie) ; S., S.-O. et C. Chine (var. *chinensis* (Tobl.) Rehd.), dans les forêts entre 300 et 3 000 m, fleurissant en septembre-octobre. Liane sempervirente att. 30 m ; feuilles entières ou avec 3 à 5 lobes, de 5 à 15 cm de long. Fruits souvent jaunes, de moins de 10 mm diam. Tout sol ; mi-ombre. R. −15° C. Automne.

H. rhombea (Miq.) Bean **'Variegata'** — Clone à feuilles panachées de *H.rhumbea*, qui est or. C. et S. Japon et S. Corée. Fruits toujours noirs. R. −10° C, peut-être.

H. hibernica (Kirch.) Bean — Or. S.-O. Écosse, O. Pays de Galles, S.-O. Angleterre, Irlande, O. France (découvert par H. McAllister en 1981) Portugal et S.-O. Espagne, dans les endroits abrités en général près de la côte. Diffère de *H. helix* par le nombre de ses chromosomes (tétraploïde) et ses poils étoilés à rayons parallèles à la surface foliaire (visibles au grossissement × 10).

H. algeriensis Hibberd **'Gloire de Marengo'** (Syn. 'Variegata') — Clone découvert à la Villa Marengo en Algérie. Souvent désigné sous le nom de *H. canariensis* mais qui a un nombre de chromosomes différent (48 contre 96 chez *H. algeriensis*) le vieux nom donné par Hibberd est donc à nouveau reconnu.

H. colchica C. Koch — Or. N.-E. Turquie, N. Iran et S. Caucase, dans les bois et sur les falaises. Fruits noirs. Le clone illustré ci-contre a été récolté par R. Lancaster à Batum (R.L. 313). R. −15° C.

H. colchica **'Dentata'** — Clone vigoureux, grimpant, à rameaux raides. Grandes feuilles avec petites dents espacées. Pousserait bien en sol acide. **'Sulphur Heart'** (syn. 'Paddy's Pride') et **'Dentata Variegata'** sont également illustrés.

H. azorica Carr. — Or. Açores. Feuilles grandes, lisses, vert mat, diversement lobées. Pointes des jeunes pousses couvertes de longs poils blanchâtres.

Diksonia antaretica Labill. (*Cyatheaceæ*) — Or. Tasmanie, E. et S. Australie, dans les forêts humides et au long des cours d'eau. Fougère arborescente sempervirente att. 6 m (rarement 15 m). Sol humifère humide ; l'ombre, l'humidité ambiante et l'abri du vent sont importants. R. −5° C, peut-être une température plus basse en situation abritée. Pousse bien, se ressème même d'elle-même, dans les jardins côtiers ombragés d'Écosse, d'Irlande, de Cornouailles et du Cotentin.

Fatsia japonica (Thunb.) Decne. & Planch. (*Araliaceæ*) — Or. C. et S. Japon, S. Corée, dans les bois près de la mer, fleurissant en octobre-novembre. Arbrisseau sempervirent att. 4 m. Fleurs blanches en larges panicules de 20 à 40 cm diam. Fruits noirs. Tout sol ; ombre et situation abritée. R. −10° C. Automne.

Réduction à 33,33 %. Echantillons des Valley Gardens, Windsor, 19 novembre

Ilex aquifolium L. (*Aquifoliocecæ*), houx — Or. O. et S. Europe, Afrique du N., S. Turquie et N. Iran, dans les bois, haies et sur falaises, généralement sur sol acide. Arbuste ou petit arbre sempervirent att. 16 m. Feuilles raides, ondulées sur les bords, généralement épineuses au moins sur les branches inférieures, vert foncé luisant en dessus. Fruits de 8 à 10 mm diam.
R. −15° C pendant de courtes périodes. La forme et les cultivars suivants sont illustrés ci-contre.
'Crassifolia' — Clone inhabituel, à croissance lente, avec des feuilles att. 6 cm de long. Jeunes pousses pourpres.
'Flavescens' — Connu sous le nom de 'Moonlight Holly' ; feuilles irrégulièrement colorées de jaune, surtout à l'état jeune. Clone femelle.
'Amber' — Obtenu à la pépinière Hillier avant 1955.
'Ferox' — C'est un des plus anciens cultivars subsistant à l'heure actuelle, cultivé depuis le XVIIe siècle. Clone mâle.
'Ferox Argentea' — Épines et bords des feuilles argentées ; similaire à 'Ferox' mais à croissance plus lente.
'Crispa' — Mutation de 'Scotica'. Clone mâle.
'Crispa Aureopicta' — Semblable à 'Crispa' mais avec une tache jaune au centre des feuilles. Clone mâle.
'Ovata' — Clone mâle à croissance lente, att. env. 2 m, avec des tiges pourpres.
'J.C. van Tol' (syn. *I. a.* 'Polycarpa Lævigata') — Obtenu aux Pays-Bas vers 1895, c'est un des houx les plus fructifères.
f. **bacciflava** (West.) Rehd. (syn. *I.a. fructu-luteo* Dallim.) — Forme à fruits jaunes parfois rencontrée dans la nature.
'Argentea Marginata' — Probablement le houx à feuilles panachées le plus fréquemment cultivé. Feuilles att. 8 cm de long. Clone hermaphrodite.
'Aurea Picta Latifolia' (syn. 'Golden Milkboy') — Clone spectaculaire, mâle, voisin de 'Aurea Medio-Picta' (syn. 'Golden Milkmaid'), mais à feuilles plus larges.
'Handsworth New Silver' — Clone mâle à croissance assez lente et port pyramidal. Tiges pourpres.
'Aurifodina' (syn. 'Goldmine') — Clone très fructifère à tiges pourpres.

Ilex canariensis Poir. — Or. Madère et Canaries (assez commun dans les forêts de lauriers et zones à bruyères) jusqu'à 1 200 m, fleurissant en mai. Arbuste ou petit arbre att. 15 m. Feuilles généralement sans épines. Fruits d'1 cm diam. R. −5° C, peut-être.

Ilex perado Ait. subsp. ***platyphylla*** (Webb & Berth.) Tutin — Or. îles Canaries (Ténérife et Gomera), dans les forêts de lauriers et zones à bruyères, vers 1 000 m. Att. 12 m. R. −10° C, avec abri.

Ilex colchica Pojak. — Or. S. Caucase, N. Turquie et N. Thrace, dans les forêts mixtes et les hêtraies jusqu'à env. 1 000 m. Arbrisseau sempervirent étalé att. 1,50 m. Feuilles assez souples. R. −15° C.

Ilex dipyrena Wall. — Or. Himalaya (du Cachemire au Yunnan entre 1500 et 3 000 m), dans les forêts et ravins humides. Arbuste ou arbre sempervirent att. 14 m. Feuilles de 5 à 10 cm de long. Fruits rouges, de 8 mm de long, avec 2 graines. R. −20° C.

Ilex kingiana Cockerell — Or. E. Himalaya entre 1 800 et 2 400 m. Petit arbre sempervirent. Feuilles de 15 à 20 cm de long. Fruits de 5 mm de long, rouges. R. −10° C avec abri.

Ilex canariensis dans l'Ouest de Ténérife, en mars

Ilex colchica au-dessus de Trébizonde

Ilex aquifolium 'Aurifodina'

Ilex 'Nellie R. Stevens'

Ilex perado subsp. *platyphylla*

Ilex latifolia Thunb. — Or. S. Japon. Feuilles de 12 à 17 cm, avec de petites dents. Baies de 8 mm diam. R. −15° C.

Ilex ×altaclerensis (Loud.) Dallimore (souvent écrit ×*altaclarensis*) — Hybride entre *I. aquifolium* et *I. perado* subsp. *platyphylla* obtenu à Highclere (Berkshire, G-B). De nombreux cultivars en ont été nommés. R. −15° C, avec abri.
'Golden King' — Mutation de 'Hendersonii' apparue à la fin du XIXe siècle à la pépinière Lawson près d'Edimbourg. Clone femelle.
'Camelliifolia' — Grand arbre à port pyramidal. Jeunes tiges pourpres. Baies très abondantes.
'Purple Shaft' — Vigoureuse mutation à croissance rapide de *Ilex ×a.* 'Balearica'. Jeunes pousses poupres. Très fructifère.
'Hodginsii' — Obtenu par T. Hodgins en Irlande au début du XIXe s. Donne un bel arbre pyramidal att. 15 m de haut. Tiges pourpres ; feuilles att. 11 cm de long.
'Lawsoniana' — Mutation à feuilles panachées de 'Hendersonii' susceptible de revenir au type vert. Obtenue à la pépinière Lawson d'Edimbourg.
'Howick' — Mutation de 'Hendersonii' ; grand arbre avec des feuilles à bords blanchâtres et recourbés.
'Balearica' — Clone vigoureux dont l'origine est obscure ; donne un arbuste pyramidal de hauteur moyenne. **'Wilsonii'** — Clone vigoureux att. 10 m. Feuilles att. 12 cm de long.
'Nellie R. Stevens' — Hybride obtenu aux USA entre *I. aquifolium* et *I.cornuta.* Très fructifère ; femelle ; sempervirent.

Réduction à 33,33 %. Echantillons des Valley Gardens, Windsor, 19 novembre

Daphniphyllym macropodum à Yakushima

Ilex opaca dans l'État de New York

Rhamnus crocea subsp. *ilicifolia*

Ilex cornuta

Ilex serrata

I. ×***kœhneana*** Lös. ***'Chesnut Leaf'*** — Vigoureux clone de *I.* ×*kœhneana*, un hybride entre *I. aquifolium* et *I. latifolia.* Feuilles att. 16 cm de long. R. −15° C. Sempervirent.

Ilex aquifolium **'Angustifolia'** — Clone compact, étroitement dressé, avec des feuilles att. 6 cm env. ; mâle. Connu depuis 1838.
I. a. **'Lichtenthalii'** — Clone avec des pousses pourpres et des feuilles longues et étroites.
I. a. **'Alaska'** — Clone très rustique avec des feuilles att. 6 cm de long ; femelle.
I. a. **'Scotica'** — Clone avec des feuilles sans épines att. 7 cm de long et des tiges pourpres ; femelles.

I. **'Drace'** — Hybride entre *I. cornuta* et *I. pernyi* obtenu aux USA. Clone femelle.

I. **'Oriole'** — Hybride de 2e génération entre *I. myrtifolia* et *I. opaca.* Clone femelle.

I. glabra (L.) A.Gray — Or. E. Amérique du N. (de la Nouvelle-Écosse à la Floride et au Montana), en sol acide humide, fleurissant en juin. Sempervirent, att. 1 m. R. −20° C.

I. ciliospinosa Lös. — Or. O. Sichuan, dans les bois vers 1 500 m, fleurissant en mai. Arbuste sempervirent att. 4 m. R. −20° C.

I. pernyi Franch. var. ***veitchii*** Veitch ex Bean — Or. O. et C. Chine, dans les fourrés entre 1 200 et 2 100 m, fl. mai. Arbuste att. 10 m sempervirent. Fleurs jaune. R. −15° C.

I. **'Indian Chief'** Hybride entre *I. cornuta* et *I. pernyi.* Clone femelle.

I. yunnanensis Franch. — Or. O. Chine et N. Birmanie, dans les fourrés entre 1 200 et 3 100 m. Arbuste ou petit arbre att. 12 m. Fruits de 6 mm diam., rouges. R. −15° C.

I. verticillata (L.) Gray — Or. E. Amérique du N. (de Terre-Neuve au Minnesota et jusqu'à la Géorgie et au Tennessee) dans les marécages, fructifiant à partir d'octobre. Arbuste à rameaux étalés att. 3 m. Fruits de 6 mm diam., rouges ou oranges chez **'Aurantiaca'**. Sol acide frais. R. −35° C.

I. ×***meserveæ*** — Hybrides entre *I. aquifolium* et *I.rugosa* qui est une espèce très rustique or. N. Japon. **'Blue Princess'**, **'Blue Angel'** et **'Goliath'** sont des clones sélectionnés, plus rustiques que *I. aquifolium.*

I. attenuata Ashe **'Sunny Foster'** — Clone d'*I.* ×*attenuata*, qui est un hybride naturel entre *I. cassine* et *I. opaca*, donnant un arbuste assez étroit. Feuillage persistant.

I. cornuta Lindl. — Or. E. et C. Chine (jusqu'à l'O. Hubei), entre 150 et 600 m. Arbuste sempervirent, arrondi, att. 3 m. Feuilles de 3,5 à 10 cm. R. −15° C.

I. opaca Ait. — Or. E. Amérique du N. (du Massachusetts à la Floride et au Texas), dans les bois et champs, fl. en juin. Sempervirent, att. 15 m. Feuilles vert mat. R. −25° C.

Daphniphyllum macropodum Miq. (*Euphorbiaceæ*) — Or. Japon et Corée, dans les forêts près des cours d'eau, fleurissant en mai-juin. Arbrisseau de 4 à 10 m ; feuilles persistantes de 15 à 20 cm de long. Fleurs petites et vert jaunâtre. R. −20° C.

Ilex pedunculosa Miq. — Or. S. Japon, dans les bois des montagnes, fleurissant en juin. Att. 3 m, à feuilles persistantes. Fleurs blanches, de 4 mm diam., groupées par 2 à 5. Fruits de 7 mm diam. R. −10° C.

Ilex serrata Thunb. — Or. Japon (Honshu, Shikoku et Kyushu), dans les endroits humides en montagne, fleurissant en juin. Arbuste caducifolié att. 5 m. Fleurs pourpre clair à blanches, de 3,5 mm diam., les mâles et les femelles sur des plantes séparées. Fruits d'env. 5 mm diam., rouges ou jaunes chez f. ***xanthocarpa*** (Rehd.) Rehd., blanc chez f. *leucocarpa* Beissner. Sol acide et frais ; plein soleil. R. −20° C. Fructifiant en automne.

I. integra Thunb. — Or. Japon, Corée, Formose (?) et E. Chine, dans les bois des collines, souvent près de la mer, fl. en avril. Sempervirent, att. 12 m. R. −10° C.

I. crenata Thunb. — Or. N., C. et S. Japon, dans les fourrés, près des cours d'eau en forêt, fleurissant en juin-juillet. Sempervirent, à port généralement compact, att. 7 m de haut. Feuilles de 1,5 à 3 cm de long, avec de petites dents. Fleurs blanches, de 5 mm diam. R. −20° C. Souvent planté dans les mêmes situations que les buis (*Buxus*).

Rhamnus crocea Nutt. subsp. ***ilicifolia*** (Kell) C.B. Wolf (*Rhamnaceæ*) — Or. Californie et Arizona, en dessous de 1 500 m, fructifiant août-novembre. Sempervirent, att. 4 m, avec des fruits de 8 mm de long. R. −15° C, peut-être.

Abréviations

att.	atteignant
cv.	cultivar
C.	Centre (du/de la/des)
diam.	de diamètre
E.	Est (du/de la/des)
env.	environ
f.	*forma* (= forme)
fl.	fleurissant en
fr.	fructifiant en
G-B	Grande-Bretagne
incl.	incluant
lat.	latitude
N.	Nord (du/de la/des)
O.	Ouest (du/de la/des)
or.	originaire (du/de la/des)
p.	page
R.	peut résister jusqu'à
S.	Sud (du/de la/des)
s.	*sectio* (= section)
ss.	*subsectio* (= sous-section)
subsp.	*subspecies* (= sous-espèce)
syn.	synonyme
USA	États-Unis d'Amérique
var.	*varietas* (= variété)

Bibliographie

Généralités

Bean, W.J. (revu par D.L. Clarke), *Trees and Shrubs Hardy in the British Isles*, 8.e éd. revue par John Murray (1976-1988).
Beckett, Kenneth A., *Climbing Plants*, Croom Helm/Timber Press (1983).
Curtis's Botanical Magazine depuis 1984 : *The Kew Magazine*, Londres (1787–).
Dirr, M.A. & Henser, Charles R. (Jnr.), *The Reference Manual of Woody Plant Propagation : from seed to issue culture*, Varsity Press Inc., Georgia (1987).
Hillier's Manual of Trees and Shrubs, 4e éd. (1974).
Haworth-Booth, Michael, *Effective Flowering Shrubs*, Collins (1970).
Ingram, Collingwood, *A Garden of Memories*, Witherby (1970).
International Dendrology Society Yearbook, Londres (1976–).
Journal of the Royal Horticultural Society, depuis juin 1975 : « The Garden », R.H.S., Londres.
Krüssman, G., *Manual of Cultivated Broad-Leaved Trees and Shrubs*, (en anglais), Batsford/Timber Press (1986).
Plantsman, (The), (1979–), R.H.S., Londres.
Rehder, Alfred, *Manual of Cultivated Trees and Shrubs Hardy in North America*, Macmillan, New York, 2e éd. (réimpression : 1977).
Royal Horticultural Society Dictionary of Gardening, 2e éd. mise à jour, Oxford University Press (1977).
Wyman, Donald, *Shrubs and Vines for American Gardens*, New York (1949).

Europe
Heywood *et al.*, *Flora Europæa*, Cambridge University Press (1964-1980).
Polunin, Oleg, *Flowers of Greece and the Balkans*, Oxford University Press (1980).
Polunin, Oleg & Smithies, B.E., *Flowers of Southwest Europe*, Oxford University Press (1973).

Australie et Nouvelle-Zélande
Salmon, J.T., *New Zealand Flowers and Plants in Colour*, Reed (1963).

Asie
Cowan, J.M. (éd.) *George Forrest, Journeys and Plant Introductions*, R.H.S. and Oxford University Press (1952).
Davies, P.H. (éd.), *Flora of Turkey*, Edinburgh University Press (1965-87).
Fang, Wei-pei, *Flora Sichuanica* (en chinois) vol.I (1981).
Grierson, A.J.C. and Long, D.G., *Flora of Bhutan*, Edinburgh University Press (1983, 1984–).
Kingdon-Ward, F., *Pilgrimage for Plants*, Harrap (1960).
Ohwi, J., *Flora of Japan* (en anglais), Smithsonian, Washington (1965).
Polunin, Oleg and Stainton, Adam, *Flowers of the Himalaya*, Oxford University Press (1984).
Rechinger, K.H., *Flora Iranica*, Graz (1963–).
Sakhokia, M.F. (éd.), *Botanical Excursions over Georgia*, Georgia S.S.R. Acad. of Sci. Tblisi (1961).
Sargent, C.S. (éd.) *Plantæ Wilsonianæ*, Harvard (3 vol.) (1913-1917).
Wang, Chi-Wu, *The Forests of China*, Harvard (1961).
Woody Plants of Japan, Yama-Kei (1985).

Amérique du Nord
Fernald, M.L., *Gray's Manual of Botany*, 8e éd. (1950).
Little, E.L., *The Audubon Society Field Guide to North American Trees (eastern region)*, Knopf (1980).
Munz,P.A., *A Californian Flora and Supplement*, University of California Press (1968).
Vines, Robert A., *Trees, Shrubs and Woody Plants of the Southwest* (1960).

Amérique du Sud
Moore, David M., *Flora of Tierra del Fuego*, Nelson and Missouri Botanical Garden (1983).

Genres sélectionnés
Ahrendt, L.W., « *Berberis* and *Mahonia,* A Taxonomic Revision », Journ. Linn. Soc. London 57 : I-410 (1961).
Andrews, Susyn, « Notes on some *Ilex ×altaclerensis* clones », *The Plantsman* 5 (2) : 65-81 (1983). « The Blue Hollies », *The Garden 113 (I)* : 43-45 (1988).
Brickell, C.D. & Matthew B., *Daphne. The genus in the wild and in cultivation*, Alpine Garden Society (1976).
Brown, P.D., « The Genus *Skimmia,* as found in cultivation », *The Plantsman I* (4) 224-249 (1980).
Chamberlain, D.F., *A revision of Rhododendron II*, Notes, R.B.G. Edinb. 39 (2) : 209-486 (1982).
Cox, Peter, *The Larger Species of Rhododendron*, Batsford (1977).
Cullen, I, *A revision of Rhododendron I*, Notes, R.B.G. Edinb. 39 (1) : I-207 (1980).
Fang, Wei-pei *et al.*, *Rhododendrons of China* (en anglais), Binford and Mort 1980, avec un glossaire chinois-anglais de termes botaniques et de noms de lieux.
Galle, Fred C., *Azaleas*, Timber Press (1987).
Haworth Booth, M., *The Hydrangeas* (1959).
Hu, Shin-Ying, *A monograph of the genus* Philadelphus, Journ. Arnold Arbor (1954, 1955, 1956).
Lloyd, Christopher, *Clematis*, Collins (1977).
Macaboy S., *The Colour Dictionary of Camellias*, Landsdowne Press (1981).
McAlister, H., « New Work on Ivies », I.D.S. Yearbook 1981 : 106-109 (1982).
McClintock, D., « Bamboos » in Walters *et al.*, *European Garden Flora* vol.2, C.U.P. (1985-?).
Munz, P.A., *A revision of the Genus Fuchsia*, Proc. Cal. Acad. Sci. 25 : 1-138 (1943).
Rhododendron Yearbook, devenu *Rhododendrons, with Camellias and Magnolias*, R.H.S., Londres (1939).
Robson, N.K.B., Shrubby Asiatic *Hypericum* Species, *Jour. Roy. Hort. Soc.* 95 : 482-497 (1970).
Rose, P.Q., *Ivies*, Blandford Press (1980).
Salley, H.E. & Greer, H.E., *Rhododendron Hybrids : A Guide to their Origins*, Batsford (1986).
Saunders, E., *Wagtail's Book of Fuchsias* vol. I-IV, Wagtails Fuchsia Publications (1971-1987).
Treseder, Neil and Hyams, Edward, *Growing Camellias*, Nelson (1975).
Vertrees, J.D., *Japanese Maples*, Timber Press (1978).
Zaikonnikova, T.I., *Monograph of the genus Deutzia*, Leningrad (1966) (en russe).

Glossaire

ACUMINÉ : terminé progressivement en une pointe allongée
APEX : partie sommitale d'un organe
APICULÉ : terminé brusquement en une pointe courte, molle et arquée
APPRIMÉ : étroitement appliqué contre une surface
ARILLE : appendice charun ou enveloppe d'une graine, développé après fécondation.
BRACTÉE : feuille modifiée sous une fleur
BRACTÉOLES : petites bractées d'une inflorescence composée
CADUCIFOLIÉ : à feuilles caduques
CAMPANULÉ : en forme de cloche
CARPELLE : partie de la fleur qui produit les graines
CILIÉ : muni d'une frange de poils sur le bord
CORDÉ : en forme de cœur à la base
COROLLE : généralement la partie colorée de la fleur ; ensemble des pétales, en particulier lorsqu'ils sont soudés en tube
CORYMBE : large inflorescence à sommet plan grâce à des pédoncules de longueurs différentes
CRÉNELÉ : avec des dents superficielles et arrondies
CUSPIDÉ : terminé en une longue pointe acérée
CYME : inflorescence dont la fleur terminale s'ouvre la première
DIOÏQUE : avec des fleurs mâles et femelles sur des plantes séparées
ÉMARGINÉ : avec une petite échancrure à l'apex
ÉPI : inflorescence avec des fleurs sessiles sur un axe allongé
ÉPIPHYTE : qui pousse sur un arbre (sans le parasiter)
EXSERT : qui dépasse ; généralement le style ou les étamines vis-à-vis du tube floral
FRUTICÉE : groupement naturel d'arbustes ou arbrisseaux
GLABRE : sans poils ni glandes
GRAPPE : inflorescence allongée dont les fleurs sont pédonculées et commencent à s'ouvrir à la base
INDUMENT : poils, glandes ou aiguillons fins
INFLORESCENCE : ensemble des fleurs regroupées sur un même axe
LANCÉOLÉ : en forme de pointe de lance, plus large vers la base
LOBULÉ : avec des lobes arrondis irréguliers
MUCRONÉ : terminé brusquement en une pointe courte et raide
OBLANCÉOLÉ : en forme de pointe de lance, mais plus large vers l'apex
OBOVALE : en forme d'œuf, mais plus large vers l'apex
OBTUS : arrondi avec un angle supérieur à 90°
ŒIL DANS L'ŒIL : avec une corolle à l'intérieur d'une autre
ORBICULAIRE : presque rond
OVALE : en forme d'œuf, plus large vers la base
PANICULE : grappe à pédoncules ramifiés
PAUCIFLORE : avec un petit nombre de fleurs
PÉDICELLE : axe portant la fleur, puis le fruit, dans une inflorescence composée
PÉDONCULE : axe portant la fleur, puis le fruit, dans une inflorescence simple
PENNÉ : avec des folioles de chaque côté d'un axe
PÉTIOLE : partie base, étroite, plus ou moins cylindrique, de certaines feuilles
PHYLLODE : pétiole en forme de feuille
PINNULE : foliole d'une feuille pennée
PRUINEUX : couvert d'une matière cireuse grisâtre, la pruine
PUBESCENT : couvert de poils fins et courts, mais non particulièrement dense
SEMPERVIRENT : à feuilles persistantes
SERRULÉ : avec des petites dents acérées
SESSILE : sans pétiole
SOUS-ARBRISSEAU : arbrisseau ligneux seulement à la base
SPATULÉ : avec un apex élargi et arrondi
STIPULE : appendice écailleux, foliacé ou épineux à la base de certains pétioles
SUBULÉ : en forme d'alène de bourrelier
TETRAPLOÏDE : avec 4 fois le nombre de base de chromosomes
TOMENTEUX : couvert de nombreux poils longs et mous

Index

INDEX